本书为国家社科基金特别委托项目的资助成果（项目号：14@ZH020）

比较政治与中国社会科学话语体系研究书系

主编◎杨光斌

观念的民主与实践的民主

比较历史视野下的民主与国家治理

杨光斌 ◎ 著

中国社会科学出版社

图书在版编目（CIP）数据

观念的民主与实践的民主：比较历史视野下的民主与国家治理 / 杨光斌著. —北京：中国社会科学出版社，2015.11

（比较政治与中国社会科学话语体系研究书系）

ISBN 978 - 7 - 5161 - 6930 - 8

Ⅰ.①观… Ⅱ.①杨… Ⅲ.①民主—研究 ②国家—行政管理—研究—中国 Ⅳ.①D082 ②D035

中国版本图书馆 CIP 数据核字（2015）第 227259 号

出 版 人	赵剑英
责任编辑	王　琪
责任校对	郝阳洋
责任印制	王　超

出　　版	中国社会科学出版社
社　　址	北京鼓楼西大街甲 158 号
邮　　编	100720
网　　址	http://www.csspw.cn
发 行 部	010 - 84083685
门 市 部	010 - 84029450
经　　销	新华书店及其他书店
印　　装	北京君升印刷有限公司
版　　次	2015 年 11 月第 1 版
印　　次	2015 年 11 月第 1 次印刷
开　　本	710 × 1000　1/16
印　　张	24.25
插　　页	2
字　　数	336 千字
定　　价	79.00 元

凡购买中国社会科学出版社图书，如有质量问题请与本社营销中心联系调换
电话：010 - 84083683
版权所有　侵权必究

中国社会科学:从"游离中国"到"回到中国"

——《比较政治与中国社会科学话语体系研究书系》总序

杨光斌

中国自古以来只有"国学"即人文、国粹而无社会科学。张灏先生把1895—1925年称为中国政治思想的"转型时代",即西方的各种思想、概念开始抢滩中国思想市场,中国传统政治思想式微。不仅如此,中国的思想之神被妖魔化,而外来先贤则被神圣化,"中国"成为中国社会科学的"他者"。以至于,中国社会科学很可能成为中国历史上乃至世界历史上的大笑话!当中国即将实现民族的伟大复兴的时候,因为没有自己的话语权,很多人依然在按照"先生"的"标准答案"来对照中国,依然在说中国是一个错误的国家。我们现在面临的真问题是,如果"标准答案"错了,学生怎么做都被认为是错的。是时候放弃某些标准答案而寻求自己的答案了。

在中国思想界,已经不约而同地出现了这样的政治共识:中国需要由自己的"新概念新范畴新表述"而构成的社会科学话语体系。建设中国的社会科学话语体系,并不意味着要与既有的话语体系决裂和割舍,事实上没有必要也做不到，只能在对话基础上兼容并蓄，形成"以中国为中心"的说话方式和思维方式。不可思议的是，在社会科学已经"去中国化"百年之后，在只有西方中心主义而看不到中国影子的中国比较政治学，有"普世情怀"的学者则立志要"淡化中国"。这种学术方向的研究成果最终必然是"叫好不叫座"，只不过是延续了目前美国政治学的游戏学术套路而已。当政治学变成学术游戏的时候，其生命便走到了尽头。

"以中国为中心"的社会科学工程迫切且重要。原因在于，国际社会科学的性质决定了既有的、流行的话语体系已经不能解释中国的经验；而中国社会科学的"去中国化"历程决定了既有的中国社会科学理论不但不能指导中国的实践，甚至不能解释中国的经验。因此中国社会科学的前途只能是"回到中国"，在中国历史文化中汲取营养，在中国实践中重新定位。作为社会科学最古老也是最基础的学科政治学，有着不容推脱的责任为重述、重建中国社会科学做出自己的学科性贡献。

◇ 一 社会科学的性质与中国经验的挑战

我一直认为，由政治学、经济学和社会学组成的社会科学理论体系，是先贤们对特定国家的、特定历史时期的、特定经验的观念化建构，而且冷战时期的国际社会科学更是直白的意识形态学，东西方莫不如此。这样，问题来了，如何解释今天的中国？

中国取得的成就有目共睹，但如何判断中国的成就，目前的理论现状大致有两类。在不少人看来，中国错了，原因是不符合自己所熟悉的一套观念；另一派认为中国是对的，需要解释但理论上又无力解释，这同样是因为我们观念、话语的短板和欠缺。因此，社会科学范式重建是我们关心的问题。

我把社会科学话语体系分为两大类：一类是以个人权利和社会权利为中心的社会中心主义；另一类是以官僚制为中心的国家中心主义。在两套话语体系中，社会中心主义基本上是英国、美国经验的产物，其中个人权利和社会权利的核心是商业集团。英国建国有两个因素：战争和贸易，其中海外贸易是一个最重要的作用。美国从最早的十三州到西进运动，离不开实业家集团的力量。所以，在英、美等国家的形成过程中，商业集团起到了决定性的作用。在美国，当他们认为需要政府的时候，这些实业家集团加入联邦政府。在这个过程中，医院、学校、教会等先建立起来，最后才是建立政府。因此，英、美的经验突出了个人权利和社会权利至上。这就是我们通常所说的以个人权利为核心的自由主义理论体系。

国家中心主义的话语体系，比如法国、德国依靠国家组织自上而下的推动，是"战争制造的国家"。法国、德国和日本是一套组织体系，这些国家官僚制非常发达。建构能力特别强大的德国人，从黑格尔到马克斯·韦伯，建构了一套主要以德国经验为核心的理论即国家中心主义。

我们的问题是，政党在哪里？现代化是分批次的，第一波是英国和美国；第二波是19世纪六七十年代的德国、日本、俄国等。这些国家的现代化起点都有标志性事件，例如日本的明治维新、俄国的废除农奴制改革、德国的统一战争等。如果说第一波现代化国家是靠商业集团来推动，第二波是靠官僚制为中心的国家来主导，那么这些后发国家，比如中国，谁来组织这个国家？这种组织既不是商业集团，也不是官僚制（当时国家的官僚制体系已经崩溃了）。俄国在1917年"二月革命"的时候，国家组织瘫痪了，而国家又需要组织起来，国家组织者就是政党——布尔什维克。从此，政党组织国家就成了第三波现代化国家的一个基本路径。

在整个社会科学话语体系当中，只有第一波和第二波现代化的经验，没有后发国家现代化的话语经验。在第二次世界大战后的现代化研究年代，第三波现代化国家，即后发国家的经验需要基于第一波、第二波现代化国家的话语和理论来解释，结果，文不对题，无论怎么解释，发展中国家都是错的。

因此，中国的社会科学需要特别重视政党研究，为此我曾提出过政党中心主义的概念。政党中心主义是个历史范畴和客观存在，不能因为其过去出现的问题而否认其价值，正如国家中心主义，不能因为其在实践中出现过问题而否认它的历史价值和现实意义。因此，相对于社会中心主义和国家中心主义，政党中心主义的内核是什么？逻辑是如何构成的？这些都不是简单提出问题就算完成任务了，需要建构。不同于西方的一人一体系，中国形成一个体系需要若干代人的努力，比如儒学的形成。

我们的研究发现，很多西方概念的流行并不是因为它们有多好，而是因为国家强大，观念是物质实力的副产品。如果流行的概念、观念真的很好也很有用，为什么很多发展中国家因此而陷于发展的泥淖而难以自拔？从摩根索到亨廷顿，他们是坚决反对普世价值之说的。

学者中存在很多"观念战士"，他们习惯使用书本概念比照现实的对与错。所谓知识分子，首先应该是有知识的，但是很多学者只知道来自西方经验的书本知识，而对与中国更有可比性的发展中国家视而不见，或者根本不了解。在这种情况下，什么话都敢说，什么判断都敢下。这种现象，是中国社会科学现状的必然结果。

◇二 中国政治思想百年：从"游离中国"到"回到中国"

这里谈的政治思想，不是官方的意识形态，而是基于社会科学研究而提出的种种思想。从张灏先生划分的"转型时代"算起，中国开始引进、发展社会科学就是 100 年的事。以 30 年左右为周期，我把中国社会科学

100年大致划分为三个时期。

第一个30年：初步西学期（西学化1.0版），即从晚清到民国时期。这个时期除了中国人的个别概念，如费孝通的"差序格局"，基本上都是西方社会科学的初步学习者，或者说并不是合格的学生。因此，这一时期有很多国学大师，如清华大学的"四大教授"，北京大学的梁漱溟、冯友兰、熊十力等，但社会科学意义上的大师是谁？都是到国外走马观花，然后回国介绍一些政治社会方面的逸闻趣事。这一时期的社会科学教授与其说是学问家，不如说是政治活动家，因为关系到中国向何处去的大问题。正因为如此，西学中的各种思想在中国可谓百花齐放、百家争鸣，既有德国人的马克思主义，也有德国的法西斯主义，还有英国式的多元主义如基尔特社会主义，因此这里的"西学"是一个笼统的说法，其中包含着彼此冲突的思想和学说。在政治意义上，马克思主义最成功，即其解决了中国革命道路上的马克思主义中国化问题。但是，这一时期的共产党毕竟不是主导性的，主导性的还是留学生们介绍给官府的西方思想，反正没有自己的社会科学。

第二个30年：全盘苏联化时期（1949—1980）。这一时期不存在严格意义上的社会科学，有的只是马克思主义的三大学说，即哲学、经济学和科学社会主义，而这些思想成果无疑都是来自苏联的，因此是典型的全盘苏化时期。最典型的是，在这一时期，几乎所有的主要社会科学工作者都是苏联专家在中国人民大学培养出来的，无论是北京大学的赵宝煦教授还是中国人民大学的高放教授，更不用说很多著名的经济学教授。在这一时期，对经典作家能诠释好的就是大教授，"文化大革命"中能生存下来就很不容易。因此，我们不能苛求这一时期的理论工作者。

第三个30年：全盘西化时期（西学化2.0版）。改革开放不但是政策上的，必然伴随着思想上的。因为在过去30年中没有自己的思想和社会科学，改革开放30多年的社会科学曾全盘西化，这一时期成长起来的学者都是"留学生"，要么在西方读学位、进修，至少读的基本上是西方社会科学和政治思想的书，西方几乎所有代表性著作都翻译到中国了，真是开了中国人的眼界。比较而言，这个30年社会科学的西方化程度远远高于第一时期，第二个30年中的一些思想遗产在这一时期勉强生存，而经济学则几乎全盘美国化。

这就是中国社会科学百年的历史和现状，没有用自己的概念、理论、方法构成的"话语权"，是中国社会科学的总体性特征，而这一特征也意味着中国思想的贫困，思想的贫困导致国家安全危机。但是，主管者没有意识到的是，目前的社会科学管理方式正在强化着这种危机。

如何拯救、谁能拯救并复兴中国社会科学？按照目前中国的社会科学管理方式，似乎只有用英文发表文章和讲英文的教授能够充当中国社会科学的救世主，这真是给中国社会科学雪上加霜啊！要知道，不同于自然科学，人文社会科学的"语言"本身就是意义，就是目的。这是学术意义上的语言的意义。更重要也是常识性的知识是，语言是一个民族之所以是这个民族的重要特征之一。所以，在社会科学研究中，英语是重要的，但充其量是一个工具理性，而不能本末倒置地当作价值理性。

第四个30年：在中国社会科学已经他国化100年之后，自主性的中国社会科学时代应该到来了，"游离中国"的社会科学应该"回到中国"了！这是我期许的中国社会科学下一个30年即第四个30年的基本方向和定位！相对于张灏先生所说的"转型时代"，中国思想的"新转型时代"即自主性社会科学的时代已经到来。自主性的中国社会科学无疑是沟口雄三所说的"作为方法的中国"即以中国为中心的取向，中国与世界的关系是"中国的世界"而不再是"世界的中国"。其实，"以中国为中心"的研究方法，早在20世纪40年代就被毛泽东提出来了，事实上他也是这么做的。在《如何研究中共党史》中他这样说："我们研究中国就要拿中国做中心，要坐在中国的身上研究世界的东西。我们有些同志有一个毛病，就是一切以外国为中心,作留声机,机械地生吞活剥地把外国的东西搬到中国来,不研究中国的特点。不研究中国的特点,而去搬外国的东西,就不能解决中国的问题。"① 重读这段话,不知道中国社会科学界该做何种感想?毛泽东的理论自信来自其领导的中国革命的实践;同样,中国建设实践的伟大成就就不能给我们理论自信吗?

三 作为社会科学知识交汇点和知识增长点的比较政治研究

提出问题只是解决问题的第一步。但是,如何解决问题?首先要认识到,这无疑是一项世代工程,不是几个人在几年时间内能很好地完成的工程,任何人的工作都是这个"新转型时代"的一个分母。

政治学应该是一个大写的分母。我们知道,社会科学由政治学、经济学和社会学三大基础学科构成;而在这三大学科中,政治学产生于古典时期,经济学则是工业革命的产物即诞生于18世纪,而社会学来得更晚,是为了应对工业革命所带来的社会问题,因此诞生于19世纪。英雄不问出处,晚到的经济学已经形成"帝国主义"的架势,其对西方政治学和社会学的影响无处不在,甚至都经济学化了。但是,那种以个体权利为本位的经济学,毕竟不能回答人类的整体性利益和整体性难题,而政治学的天职则是回答和解决"共同体之善业"。这并不意味着政治学还停留在古典时期,还停留在孔子和亚里士多德的时代,无论是政治经济学、比较政治经济学、政治社会学还是历史社会学,都是一种社会科学一体化的学问,是政治学不容缺失的组成部分。因此,虽然我们的学科身份决定了必然要从政治学

---

① 《毛泽东文集》(第二卷),人民出版社1993年版,第407页。

出发而研究社会科学话语体系，但这里的政治学无疑是吸纳了经济学和社会学的大政治学科。

在政治学科中，对发展社会科学最有价值但在中国发展得最不好的则是比较政治研究。比较政治学与政治学理论、本国政治和国际政治的关系不待多言，很容易理解。为国内学术界所忽视的是，西方政治思想史乃至政治哲学到底是怎么来的？难道是"先验"的吗？即使是先验的，也是奥克肖特所说的"先前经验的理论化"。我们应该清楚的是，从亚里士多德到西塞罗，从马基雅维利到孟德斯鸠，从托克维尔到马克思，以及近代的白芝浩与威尔逊，这些"政治思想史上最杰出的思想家向来都是比较政治学者"[①]，他们都是针对他们时代的重大政治问题的。因此我们切不可把这些人的思想视为哲学中的"先验"，它们其实是历史语境中的"先验"即先前的经验。这就需要我们对"先前经验"（相对于比较政治研究的当下经验）有系统的理解与研究，从而才有能力做到甄别、放弃与吸纳，否则我们的政治思想史研究乃至政治哲学研究就永远停留在翻译、引介和诠释水平，诠释完一线思想家如柏拉图、亚里士多德、霍布斯、洛克、卢梭、马克思等，再诠释二线思想家如美国开国之父们，然后就是形形色色的三线乃至不上线的思想家。这种仅仅基于文本的思想解读陷入了社会科学的一元化思维，即从概念到概念，从思想到思想。社会科学至少是二维的，即理论与现实或者理论与历史。这里的现实或历史就是比较政治的经验研究。

另外，研究者如果熟悉比较政治研究中的比较政治经济学，就应该知道，很多古典思想需要得到反思甚至重构。这是因为，我们所处的社会结构既完全不同于政治化的古典城邦，也不同于近代洛克笔下的二元化结构即政治—社会，今天是政治—经济—社会的三元化结构。这就是说，"利

[①] ［美］霍华德·威尔亚达等：《比较政治研究的新方向》，台北韦伯文化公司2005年版，第4页。

维坦"不但是政治的、国家的，还有资本权力这个"利维坦"。考虑到这样完全不同的社会结构，无论是古典思想本身，还是基于文本解读而发展出来的新古典思想如保守主义政治哲学或者新共和主义等思潮，我们都需要更谨慎地对待，因为很多关于政治、关于国家、关于人性的古典命题都没有考虑到资本权力这个"利维坦"或波兰尼所说的"市场化社会"。在我看来，没有研究方法上的"新路径"，国内的政治思想史研究和政治哲学研究，就只能停留在引介与诠释阶段。要真正复兴国内的政治学理论，回到源头，即一开始比较政治研究与政治哲学就不分家的传统，或许是一个好的选择和好的路径。这也是美国政治学者阿普特（David Apter）所呼吁的。

简单地梳理这些学科之间的关系，人们应该相信比较政治学是政治学乃至整个社会科学的知识增长点。

比较政治研究的发现对既有的社会科学命题很有冲击力。在很多人的观念中，"历史终结"了，即自由民主已经彻底胜利了。但现实世界如何呢？世界上人口过亿的国家是12个，其中有3个是早工业化国家——美国、日本和俄罗斯。这3个国家靠掠夺和战争才得以发展，比如美国对印第安人的灭绝式掠夺，日本和俄罗斯就更不用说了，而其他9个是发展中大国，即中国、印度、孟加拉国、巴基斯坦、印度尼西亚、菲律宾、墨西哥、巴西、尼日利亚。在这9个国家当中，除中国实行民主集中制之外，其他8个国家都是代议制民主即自由民主。这9个国家有相同的地方，即曾经都是西方国家"分而治之"的殖民地。当殖民者撤出之后，这些地方的社会力量比较强大，国家力量较弱。而实行代议制民主更加地去国家化。所有的后发国家是需要组织化的，只有中国共产党的民主集中制政体能把整个国家有效地组织和统一起来。结果如何呢？难道不是明摆着的吗？其他8个国家在治理上能和中国相提并论吗？因此，代议制民主政体和民主集中制政体都需要重新研究。

放眼广大发展中国家，应该看到，很多国家有了经过党争民主而获得的授权及所谓的合法性，但国家治理得如何？有的甚至因选举而使得国家分裂、社会分裂。很多国家也有了宪法法院，但有宪政主义吗？很多国家的宪法法院不但不能维护民主，反而是反民主的，甚至是动乱之源。

与合法性理论密切相关的是，流行的西方治理理论给出的"善治"标准就是社会参与、公开透明、责任和合法性。这个药方具有道德上的优势，谁能否定公共参与和公开透明以及由此而达成的合法性的价值呢？但是，价值之善就一定是实践之福吗？在价值定位上，还有哪家价值比共产主义更有道德优势？还是看看世界政治的境况吧，世界上很多欠发达或发展中国家确实按照世界银行的标准去治理了，公民社会活跃起来且无比发达了，结果如何呢？地方自治需要负责任的公民社会，但林林总总的公民社会的关系之和就必然是善的吗？难道不需要强大的有责任的政府去协调公民组织吗？具体到中国，美国人孔飞力在《中国现代国家的起源》中这样说中国的地方自治：一旦超出县域范围，自治的乡绅们便不再合作。了解印度发展中的情况更让人慎思。根据张千帆教授主编的法政科学丛书中的《印度民主的成功》和《论拉美的民主》中的说法，恰恰是在印度民主社会最发达的二十几年来，印度的治理变得更差了，出现了奇怪的"托克维尔悖论"："1947年的最初几年里，民主政府运转顺畅，恰恰因为它不是发生在一个民主社会中；随着民主社会的慢慢出现，加上真正的政治平等意识的传播，它已经使民主政府的运转更加困难。"[①] 这实在是我们不愿意看到的结论，但却不是局限于印度的发展中国家的普遍现象：当一个群体最终安定下来并决定按规则行事时，其他新兴的鲁莽群体则以平等的名义公然违抗规则。或许正是因为这样的非西方性的"非守法性"文化，即使在已经发生民主转型并得以巩固的拉丁美洲国家，行政权远远大于议会的权力，

---

① [美]科利：《印度民主的成功》，车效波等译，译林出版社2013年版，第266页。

通常的做法是以行政法令绕开宪法,而且这是所有政党的惯例。[①] 更严重的是,民主化之后的巴西、墨西哥,依然有高达 75% 的百姓相信警察是为有钱人服务的,随时可能对百姓滥用暴力。

其实,关于公民社会的理论早就告诉我们,比如托克维尔的"民情说"和普特南的"强公民社会—弱公民社会"的区分,同样都叫公民社会,但"质"并不一样,而质具有多样性,有好的公民社会,还有意大利南部的坏公民社会,而在发展中国家更多的是印度式的碎片化公民社会、菲律宾式的封建制公民社会、尼日利亚的部族式公民社会,结果导致"无效的民主"。鉴于此,曾经放言"历史的终结"的福山,最近则在著名的《民主杂志》上发表《为何民主表现得如此差劲》,反思治理理论中的社会参与—公开透明的无效性问题,而绩效上的无效性必然伤害民主政治的合法性。而在我看来,一定程度的地方自治不但重要而且必须,但地方政治公共性之和并不等于全国政治的公共性,而将地方自治协调起来并变为行动能力的,非强大而有责任的政府不可。

这就是比较政治研究要告诉我们的,观察中国,不要眼睛只盯着那几个发达国家,还要了解更多的发展中国家。要知道,世界上有 70% 的人口生活在代议制民主政治之中,过得好的不过就是 32 个国家、地区,人口不到 10%,而其余的 60% 呢?

因此,"回到中国"的社会科学不但要通过理论"重述"而重新理解和建构既有的社会科学命题,更要通过比较政治研究尤其是可比较的发展中国家研究而更新我们的知识。中国社会科学过去几十年的一个大问题就是美国化的问题,很多人的问题意识都是假的,中国社会科学需要转型升级,需要自主性。当大部分人跳出了美国化的社会科学话语体系之时,理论转型就已经完成了。

[①] [美] 史密斯:《论拉美的民主》,谭道明等译,译林出版社 2013 年版,第 194—199 页。

最后要说的是，本套丛书在中国社会科学出版社出版最合适不过，对此本人深感荣幸。中国社会科学出版社已经是中国哲学社会科学出版重镇，而且赵剑英社长一直怀着不变的使命、坚强的定力去振兴中国社会科学。这套书系将是一种"世代过程"，由不同的主题构成，每个主题由几本书构成一个分论丛，首个分论丛（第一辑）将是人们熟悉而又陌生的"民主新论"。

2015 年 9 月
于中国人民大学

第一辑——"民主新论"推介

杨光斌

《比较政治与中国社会科学话语体系研究书系》按主题分类由若干系列构成，第一辑便是"民主新论"系列。称为"新论"，自然有理论上的道理，而不是为了吸引眼球。读者是蒙蔽不了的，很多读者有火眼金睛，有强大的鉴别能力。这一系列包括四本书，分别是杨光斌教授的《观念的民主与实践的民主：比较历史视野下的民主与国家治理》、曾毅博士的《政体新论：破解民主—非民主二元政体观的迷思》、张飞岸博士的《被自由消解的民主：民主化的现实困境与理论反思》以及杨光斌等著的《中国民主：轨迹与走向（1978—2020）》。

◇一 《观念的民主与实践的民主》：发掘民主的新常识

我把自己这些年的民主研究称为清理民主的常识，清理旧常识，发掘新常识。常识还有"新""旧"之分吗？先让我们从常识的概念说起吧。

给"常识"一个准确界定并不容易，首先是因为常识的说法实在是太流行，如犯常识性错误、连常识都不懂等，越是流行的概念越难以界定，日常生活中流行的说法就更难以界定。生活包罗万象，不同的领域有不同的常识，潘恩的"常识"是指人与生俱来的政治权利，而牛顿的万有引力则是自然界的常识。

尽管各个领域有各自的常识，但是常识都是被建构出来的。因此，所谓常识，就是对常在道理的发现并使之成为普遍观念的共享知识。成为常识的知识，事实上包括三部曲，第一是"常在性道理"即客观的潜在存在；第二是"发现"即建构，流行的常识尤其是观念上的常识都是对"常在"的发现；第三是传播"发现"，使之成为流行的观念即所谓的"共识"。

除了日常生活常识如社会规范是习惯习俗的产物，思想意义上的、学科意义上的"常识"都是对常在道理的发现、传播的结果。人类的进步形式就表现为对常在道理的认识和发现。所谓常在道理，就是客观事物运行的潜在道理就在那里，看你能不能发现，对常在道理的发现就是一项重大发现。千百年来无数农夫躺在苹果树下，苹果掉下来就吃掉了事，但牛顿却从中发现了万有引力。因此，发现"常识"是重大发现。

同样，犯常识性错误也是大错误。既然常识是人类对常在即客观事物的认识和发现，相当于人类运动的规律，违背规律必然导致灾难。"大跃进"式地进入共产主义社会，就是有违常识的灾难。当有军事评论员看到美军四辆战车进军巴格达而在电视上焦虑地呼喊"为什么不把它们吃掉"时，其实也犯了常识性错误，他不知道伊拉克人固然厌恶美军，但他们也早已受够了萨达姆的残忍统治，这就是为什么萨达姆政权不堪一击。没有认识到这一点，就是犯了常识性错误。

然而，既然"常识"是发现和建构而来，流行的常识就并不都是理所当然的正确，并非神圣到不可挑战的地步，尤其是一些政治常识。政治常识是对常在观念化加工的产物，而观念化加工就难免存在基于政治利益基础上的主观偏见，或者说这种偏见是为了保护特定利益的。但是，因为观念加工能力的不同，即西方人的概念化、科学化能力太过强大，把产生于特定国家、特定时期、特定历史经验的概念和观念，推广为普遍化的东西，即我们所说的常识。

即使是自然科学意义上的常识并非都是不容置疑的，近代以来的伪科学很常见，更何况社会科学意义上的常识？社会科学被称为"科学"，其实是人类面对科学革命的压力而不得已的妥协。社会科学必然带有观念偏见和利益分野，其科学性远不如自然科学那么可信。何况，我们所知道的社会科学基本上都是盲人摸象式的碎片化知识，是简约论的产物。以复杂性理论来看，即从概念的多样性、质的多样性、层次多样性、角度多样性、事物发生的时间性等视野看问题，很多流行的知识即常识都需要被重新认识。

遗憾的是，在政治生活中，很多人被简约论套牢，把碎片化知识甚至没有历史基础的知识视为常识，甚至当作信仰，以为自己之所读所知就是世界的全部，就是世界的规律。把知识转化为信仰并不容易，但靠谱的信仰至少应该建立在相对可靠的知识谱系上。

回到关于民主的常识问题。我们都熟悉的民主，是社会科学中的一个流行概念，很多人视之为信仰。关于民主的流行性认识即常识无外乎人民主权意义上的社会权利—个人权利，其实现形式就是选举式民主和社会自治的公民社会理论。这些固然是民主的常识，但绝对不是整全知识意义上的常识，因而不是不可以置疑的。把民主当作信仰值得称道，但问题是信仰基于什么知识基础之上。

近代以来，当我们谈论民主的时候，不是在简单的个人权利意义上的谈论民主，更是在政体意义上谈论民主制度，即相对于君主制和贵族制的政治制度。既然是一种政治制度，民主政体就不单单是选举式民主和社会自治问题，这些都是社会权利层面的东西，而政体必然包括"官"即国家层面的要素。不讲国家权力而只讲个人权利的重要性，而且个人权利的实现形式就是所谓的选举式民主和社会自治，结果一个国家会变成什么样子？政治上一人一票的平等权实现了，但在社会保障的社会权利上和经济权利上陷入更加窘迫的境地，追求平等反而落得更不平等，出现了"民主回潮""无效民主"甚至"政治衰朽"。这就是第三波民主化以来发现的"新常识"。民主的"旧常识"实现了，却导致了难以逆转的灾难性后果。而要避免国家建设中的灾难，就必须把"国家"引入民主理论。

原因很简单，个人权利不只是政治上的，还有作为社会保障的社会权利和基本财产权的经济权利，而社会权利和经济权利的实现，不是公民社会能够自动实现的，也不是靠投票能够解决的，在后发国家只能靠国家去推动。比较世界各国，不同权利实现的"时间性"很重要，好的顺序都是先有经济权利；而对发展中国家而言，在没有经济权利和社会权利时有了政治权利，而政治权利的主要功能是搞财产再分配，结果必然使社会陷入难以逆转的僵局。"观念战士"的思维可以海阔天空，但"观念战士"应该考虑到大众的实际需求，也应该把握制度变迁的基本轨迹。把个人权利区分为经济权利、社会权利和政治权利，是社会学家 T. H. 马歇尔发现的事关民主的"新常识"；而个人能力的实现有赖于国家能力则是阿玛蒂亚·森的福利经济学所讲的民主的"新常识"。

历史很吊诡。历史上资本主义的第二次生命来自凯恩斯主义式"国家"进场即"罗斯福新政"；同样，作为资本主义副产品的民主的重生，也需要"国家"进场来拯救。这不是你喜欢不喜欢的选择，不管你是否喜欢"国家"，人类只能在成本与收益之间权衡。民主的生命力来自国家？看上去是一种悖论，却是一种历史真实，是绕不开的民主"新常识"。

国家的进场并不必然排斥被民主"旧常识"奉为圭臬的公民社会。但是，也不必迷信公民社会，有托克维尔笔下的好公民社会，也有大量的坏公民社会，如意大利南部的恩主庇护型、印度的碎片化型、中国的土围子型。公民社会有利于地方自治，但与整个国家治理的好坏没有必然联系。

信仰公民社会的人可能不愿意知道，德国、意大利的法西斯主义就是产生于发达公民社会基础之上。这在国际社会科学界已经是旧知识，但在中国则可以看成是关于公民社会的"新常识"。

关于民主的"新常识"远不止这些。西方早发达国家玩选举式民主还不错，为什么后来很多转型国家都不灵？我们常说的民主条件即旧常识太笼统了。比如，今天大家都热议的法治与民主的关系，就存在一个"旧常识"束缚问题，有些法学学者堂而皇之地说没有民主就没有法治，这样断言的西方文明史基础是什么？西方法制史基础又是什么？法治是西方3000年的传统，而大众民主则是100年的事。同样，热议的自由与民主的关系，西方自由至少是500年的历史。这样，一个简单的"新常识"就是，法治和自由都是民主的"历时性条件"，而没有这等条件的国家搞民主，必然是命运多舛。

更重要的是，西方选举式民主是发生在一族一国的"民族国家"之内，党争只不过围绕具体议程的哪个党得到多一些哪个党得到少一些的问题，这次不行下次再来。但是，对于后发国家而言，宗教冲突、种族冲突、根本信仰冲突，都是关乎一个国家的根本建制。在建国问题上搞党争，结果如何呢？就是无休止的内斗乃至国家分裂。这样，好民主需要"同质化条件"这个"新常识"。

以"同质化条件"去衡量美国，不得不说美国的民主正在变质，演变为福山所说的"否决型政体"。党派斗争极化，凡是民主党所主张的共和党都要反对，反之亦然。利益集团太多太活跃，而且能力有天壤之别，结果是有利于穷人、大众的根本利益的公共议题变不成政策，如控枪问题。

民主的"新常识"都是第三波民主化以来的故事给予我们的启迪，但却是被人忽视了的或者故意掩蔽的"常在道理"。不仅如此，民主的"新常识"还表现在对民主形式的认识上。西式民主把自由民主即选举式民主当作民主的唯一标尺，把代议制民主看做实现人民主权的唯一形式，这就是在故意掩蔽历史常在，或者说没有发现"常在"。比如，难道分权不是一种民主形式？要知道后发国家的建国路线首先是战争集权，然后才是分权化治理，这个过程就是民主化过程。原因很简单，不分权到地方政府、企业、社会组织乃至个人的话，人民主权就是一句空话，人民主权是通过分权来实现的。

如果西方人能把宪政作为民主形式即所谓的宪政民主，真正体现民主精神的分权更应该被视为一种民主形式。要知道，所谓的宪政，并不只是约束政府权力，首要的是约束大众的权利，比如美国宪法就是具有反民主性质的保护寡头利益的"宪政"。这就是西方人的高明之处，居然能把约束大众权利的宪法安排称为宪政。据此，那些能真正体现大众权利的制度安排为什么不能称为民主？分权是一种理所当然的民主形式。

和分权是一种民主形式一样，自由、自治都是民主固有的内涵和形式，只不过以前只谈选举而淡化了这些制度形式的民主性。

有了民主形式的"新常识"，对中国政治性质的认识也就完全不一样了。难道中国不是民主国家吗？没有民主哪里来的活力和奇迹？只不过中国人比较诚实，说出了一套不符合西式民主因而让西方人不爱听的理论来，如"人民民主专政"和"民主集中制"。其实，哪个国家不是以强制力政权为基础的？哪个国家的决策只有民主而没有集中？中国以自己的实实在在的民主形式而实现了民主政治的根本即"民享"。吵架是政治家和知识分子的事，而老百姓则要安居乐业，实实在在地拥有。我经常说，与人口过亿的其他八个发展中国家比较，尽管中国的难题很多，困难重重，但在治理意义上，中国输给了其他八个国家没有？我们不能只待在旧观念的笼子里而不放眼世界。

民主很重要，但更重要的还有"致治"即国家得到治理，"致治"让民主更实在、更饱满，也更可爱。没有治理的民主，民主最后必然被污名化，空喊民主最后反而败坏了民主的声誉。当然，为了让中国更美好，拿放大镜看中国问题也未必是一件坏事，执政者的治理能力也会因为社会压力的存在而得以提升。事实如此，执政者执政能力的一路提升，是应对一个又一个、一波又一波看似危机性质的事件的结果。

民主的"新常识"意味着民主并不是简单的事。民主本来就不简单，民主的简单化认识已经让众多国家陷入泥淖而难以自拔。还有难以回避的"新常识"是，近代以来，民主从自由主义的精英民主，催生了社会主义的大众民主，大众民主进而演变为民族主义民主、伊斯兰主义民主和民粹主义民主，民主与国内冲突和世界政治冲突如影随形，"文明的冲突"表现为民主的冲突。

选择已经摆在我们面前，到底要什么样的民主？不管你追求什么样的民主，大家应该明白这样一个道理，"道"可以不同，但中国只有一个，道不同者必须相谋。

二 《政体新论》：解构民主—非民主二元对立的政体观

读完《政体新论：破解民主—非民主二元政体观的迷思》，不管你信奉何种"主义"，大概都不得不停下来反思一下自己曾习以为常的、张口就来的"民主—非民主"二分法思维方式。能改变思维方式的作品，无疑是该领域的里程碑式的研究。

《政体新论》是曾毅博士的博士学位论文。对于这样的博士论文选题，当初很多人都不看好，不是题目不好，而是怀疑一个博士生如何驾驭这样一个政治学最古老、最根本也是最宏大的问题。结果让人喜出望外：匿名评审平均得分在90分以上，这在博士论文匿名评审中是罕见的。后来闲聊得知，复旦大学的陈明明教授是匿名专家之一，他说这么多年来很少读到这么博大精深的博士论文，因此毫不犹豫地写了长篇评论，并给出他评审史上的最高分。在博士论文答辩会上，来自北大、清华、人大和中央党校的大牌教授们都不再像往常那样吝啬自己的语言，思想力和语言力都极为强大的任剑涛教授评论说："这是以次级命题冲击了终极性问题"；中央党校党建部主任王长江教授的评价最生动也最意味深长：从知识上到思想上，这部作品都是一道"龙须菜"。

"龙须菜"是怎么做成的呢？我们常常教导学生要有"问题意识"，这是做好学问的第一步：提出好问题。但是，在我看来，看起来是第一步的"问题意识"其实只是结果，其前提则是"身份意识"和"时代意识"。也就是说，如果作者搞不清楚自己是谁，不清楚自己处于什么语境下，所谓的"问题意识"很可能是伪问题或者无聊问题。时代已经变化到今天，世界政治已经从城邦国家走向现代国家，中国政治已经对全能主义进行全方位的变革，但是关于政体的话语还在亚里士多德那里，甚至还不如亚里士多德，中国政治依然被标示为各色各样的"威权主义"。

也就是说，流行的关于政体理论以及由此而导致的观念（思维方式）是与时代完全错位的。不仅如此，现代人比起古典时期，甚至变得更加懒惰。我们知道，古典时期的政治共同体的结构简单得不能再简单，但是亚里士多德依然区分出三种正宗政体、三种变态政体以及由此而衍生出的20多种亚政体，而且各种政体之间是随着条件的变化而可以相互转换的，在施特劳斯看来，亚里士多德的各政体处于一个连续光谱上。但是，随着古典政体向依赖军事权力的帝国政体演变，再到中世纪的以文化权力为主的教会政体，以及中世纪后期的彰显经济权力的封建制政体，更别说我们今天的超大规模的、由多民族构成的现代国家政制了，其中不但有传统上的政治权力这个"利维坦"，更有无处不在的资本权力这个"利维坦"。相对于政治利维坦，资本利维坦对人们的影响乃至宰制更是让人避之唯恐不及。在这样一个完全"质变"的政治社会结构中，权力关系的维度乃至权力的性质也都发生了质变，研究政体怎么能不研究中央—地方关系？怎么能回避得了政治—经济关系？但遗憾的是，流行的政体理论就是视而不见！

这就是作者的"时代意识"而推演出来的"问题意识"。

那么，从什么角度来驾驭这样一个纵观古今的大问题？做学问的人都知道，越是大问题越重要，但也越难以驾驭，很多人因此却步、放弃。因此，驾驭大问题一定要有好角度，否则就会失控而失去写作的意义。有很多驾驭大问题的好标本，比如诺斯从国家理论（即政治）、产权理论（即经济）和意识形态（即文化）这三个概念解释了西方世界的兴起和世界经济史，林德布洛姆也是从政治、经济、文化的三大角度（即强制、交换和规训）比较了资本主义政治和共产主义政治。

《政体新论》的角度则如其副标题，从政治科学方法论的角度而"重述"政体理论。我们将指出，这本身就是该书的研究路径或方法论上的贡献。政治学方法论具有典型的时代性，不同的时代有不同的方法论即所谓的"新政治学"，因而其对那个时代的政治学根本问题即政体的看法也是时代性的。在正确的路子上研究重要问题，便有了一系列新的发现。

在古典政体理论即"谁统治"的基础上，政治学到了旧制度主义时期，建构的政体理论是"如何统治"，典型的政体概念有代议制下的议会制和总统制，更有美国建国之父用于解决建国规模问题的联邦制，用于解决前所未有的中央—地方关系。后来的单一制、联邦制都是回答规模问题。我们看到，政体理论已经从单纯的横向政治结构发展到回答纵向结构的权力关系。可见，从古典政体理论到近代的旧制度主义政体理论，都是真正的科学理论，即描述问题、解决问题。

但是，到了标榜"科学"的行为主义时期，西方政治学则变成了"冷战学"下的意识形态学，其中表现在政体理论上，越来越复杂的政治社会结构却被越来越简单化，而且完全的二元对立化，仅以竞争性选举而衡量政体的民主—非民主性质，其中无处不在地影响政治权力的资本权力被

"闲置"起来。也就是说，二分法政体观完全有违现代社会尤其是西方社会的基本权力关系。当事实性权力关系被掩蔽而又变成了流行的观念而改造他国之时，便立刻有了结构性后果，那就是民主回潮而导致的政治衰败。对此，自由民主理论家说有了竞争性选举的转型国家是"竞争性威权主义""选举式威权主义"等，这其实是标志着以竞争性选举为标志而划分政体理论的破产。破产是必然的，因为其只顾一个维度上的权力关系即国家—社会关系上的选举，而不顾其他权力关系如中央—地方关系、政治—经济关系，这样的建国方案焉能不败？

这种发现来自比较政治经济学的方法论。而与比较政治经济学具有高度契合性的历史制度主义，其"否决点"理论的发现是，议会制国家之间的差别甚至大过议会制与总统制之间，而且民主国家与非民主国家之间的政治过程也有很大的相似性，或者说其差别并不像行为主义政治学所建构的差别那么大。历史制度主义的政体发现几乎是颠覆性的。不是吗？沿着历史制度主义的线索，福山说美国是"否决型政体"，是不是比自由民主政体更接近政治真相？历史制度主义不仅是一种方法论，而且是世界观和认识论，而既是世界观又是方法论的方法论少之又少。

政治学方法论在经历了"正反合"后，从意识形态回到了科学。如果说旧制度主义是科学，行为主义政治学则是以科学为标签的观念学，而其后的比较政治经济学和历史制度主义则是以探究真相为使命的科学。作者的结论是，当我们谈论政体时，事实上存在两种语境和两种场域，是意识形态的还是事实性科学的？就同一种政体而言，不同的场域具有完全不同的意义。研究方法变了，世界观变了，即观察问题的角度和层次变了，结论也就不一样了。

在概述完《政体新论》后，读者是不是觉得作者对政体的"重述"使政体有了完全不同的意义？国人一直把政体当作政治哲学或思想史中的问题加以处理，研究数不胜数，但一直难有异于西方学术界的成就。在我看来，只有回到研究政体的本来语境，才能对政体理论研究有突破性贡献。政体一开始就是如何"建国"，而如何建国则一直是比较政治研究的重要范畴。因此，在比较政治学的路径上研究政治哲学或思想史上的重大命题，更有可能取得突破性成就。其实，这只是研究方法上的回归。无论是古典时期还是旧制度主义时期，政治学家们都是在比较政治意义上建构政体理论的。

在正确的路径上研究重大问题以取得突破性进展，这其实是一种抽象的经验总结。如何做得到？这不但需要研究者长期的知识积累，更需要研究者对学术的信念、对自己事业的信仰。从本科到硕士研究生再到博士生，曾毅博士一直在人民大学接受正统的或者说正宗的政治学专业训练。《政体新论》是能够代表中国人民大学博士生水准的，那些能改变人们思维方式的研究无疑是中国社会科学的傲人成就。

三 《被自由消解的民主》：第三波民主化为什么没有带来平等

《被自由消解的民主：民主化的现实困境与理论反思》，不但会让一般读者读后大有斩获，相信功成名就之士读后也定会眼前一亮，必然会有"后生可畏"之欣慰感！我的极具战略智慧的同事黄嘉树教授在张飞岸的博士论文答辩会上如是说："从来没有读过语言如此有力量的论文，男生都写不出来。"中央党校政法部前主任李良栋教授则断言：张飞岸很可能成为民主理论大家。如此纯净的语言既让为师骄傲，也看成是对自己的激励。

张飞岸博士性格鲜明，看不惯不平等、不公正现象，更不能忍受虚伪的政治理论。其博士论文就是这种性情的产物，用她自己的话说：流行的自由民主理论事实上是为了遏制大众的利益，这个发现"让我接近于愤怒，不是因为它的邪恶,而是因为它的虚伪",立志"把自由民主请下神台"。

《被自由消解的民主:民主化的现实困境与理论反思》的第一个贡献是基本完成了对自由民主理论的解构,进而回答了为什么以追求平等为宗旨的第三波民主化非但没有带来平等,反而陷入更不平等的境地。如本书的历史分析径路上的论证,第一波、第二波民主化都是社会主义运动和大众运动的产物,不仅带来了社会的平等化,也带来了财产关系的变化即无产者第一次在政治上有了再分配财富的权利,西方以社会保障为中心的社会权利就是这样来的。因为民主化带来了财产关系即社会结构的变化,民主化不仅仅是普选权为标志问题,第一波民主化才显得如此漫长。相对于第一波民主化运动,以竞争性选举即普选权为标志的第三波民主化虽然很迅猛,但是什么都没有改变,不仅如此,社会反而更不平等了。

根本原因何在?就在于民主的去社会主义化,即过去的第一、第二波次的民主都是社会主义的社会民主,而当社会民主直接威胁到既定制度时,即 20 世纪 70 年代社会民主在西方达到高峰时,亨廷顿等人写出了《民主的危机》,认为民主需要降温;达尔写出了《多元民主的困境》,开始建构以竞争性选举为标准的自由民主理论;以捍卫自由而非民主为宗旨的萨托利的《民主新论》在冷战高峰时期如期出版。也正是在这种被我们忽视的语境下,自由民主理论成为社会民主的替代品。所谓的自由民主只是在以"民主"的话语追求"自由",自由民主的实质是自由而非民主。

这样的理论又被 1980 年以来西方的语境所坐实,那就是撒切尔主义、里根主义所实现的哈耶克式新自由主义。我们都知道,新自由主义的核心就是市场自由化和财产私有化,事实上是一种市场原教旨主义运动。在滚滚向前的资本浪潮中追求民主?民主必然被吞噬!所以,以民主化之名而行自由化之实,民主化的结果之一倒是最终消解了政府,为资本自由流动即自由掠夺打开了方便之门。不是吗?20 世纪 90 年代,无论是叶利钦时代的俄罗斯,还是南美,赢家都是资本集团,输家都是追求民主的大众。结果，深受新自由主义之害的大众反过来就成了民粹主义者，曾经追求民主的俄罗斯人转而呼唤强人普京，南美则普遍是左翼政党当家，新自由主义与查韦斯式政治家的出现有着直接的因果关系。

《被自由消解的民主：民主化的现实困境与理论反思》的第二个贡献则是回答了西方民主巩固理论为什么失效。在第三波民主转型国家，成功者寥寥无几，原因何在？为此西方政治学界如同其前辈在冷战时期的使命性表现一样，要回答民主如何巩固即民主为什么失败或无效民主这样重大的现实问题，其中学究气的探讨有文化主义的、理性选择主义的，还有制度主义的（国内学术界也基本上是跟着西方学术界走，说难听点就是"拾人牙慧"），只有戴蒙德（Larry Diamond）的"非自由的民主"影响最大，即成功的民主都是自由的民主，而很多竞争性威权主义的产生如俄罗斯的普京、伊朗的内贾德和委内瑞拉的查韦斯是因为缺少自由。那么，自由到底是什么？难道仅仅是戴蒙德所说的我们习以为常的言论自由、结社自由吗？难道有竞争性多党制就没有这些自由吗？在《被自由消解的民主：民主化的现实困境与理论反思》这里，最重要的还是洛克式财产自由这样的根本性经济结构和社会结构问题。也就是说，如果民主巩固理论不涉及这样的根本问题，其理论本身就毫无意义。在作者看来，民主不但是政治权力结构的变化，即所谓的普选权问题，更重要的是社会结构问题。而自由民主的核心即竞争性选举追求的仅仅是政治结构的变化，而无视甚至刻意回避社会结构问题，结果，在不变的社会结构上到来的民主，最终都是失败的民主或无效的民主。

且不说第三波民主转型国家的状况，在印度这样的老牌民主国家为什么也是无效的民主？关键在于其古老的不变的社会结构。结果，在封建制社会结构内玩选举民主，社会变得更不平等，因为少数人的特权以大众选举授权的方式获得了更大的合法性，不平等得以固化甚至恶化！这就是国内很多人口口声声授权的重要性，认为没有选举授权就没有政治合法性。

到底是纸面上的理论重要还是活生生的现实更有说服力！被国内很多人认为是有合法性的印度民主政权，在著名的印裔美籍政治评论家扎克里亚看来却是千真万确的"强盗式民主"。

与第二个贡献相关，《被自由消解的民主：民主化的现实困境与理论反思》还论及了所谓的威权政权的合法性来自绩效、民主政府的合法性来自选举制度程序这样的老生常谈却被当作"真理"的说法，不能提供基本的公共服务的民选政府有什么合法性？伊拉克民选政府有什么合法性？只不过，"党争民主"是一条不归路，一旦走上了，就永无回头的可能了，老百姓也只得认栽了，难道这就是所谓的合法性？不得不说，国内学术界关于合法性的认识还非常肤浅，总是把美丽的概念与美丽的结果相联系。

谈论民主不能不涉及"治理"，这是自 20 世纪 90 年代以来国际社会上最流行的两个概念或范式。与消解政府作用的民主化相呼应，西方人的治理概念即社会治理、非政府组织的治理结果如何虽然不是该文的重点，但《被自由消解的民主：民主化的现实困境与理论反思》还是给予了深刻的剖析，指出以社会为中心的治理理论，如同以选举为核心的民主理论一样，都是祸害落后国家的坏东西。我们知道，习惯于忘却历史的世界银行经济学家们发现，联合国援助项目由社会组织管理比政府管理更有效，由此搞出一个当代的治理概念（其实这个概念在 16 世纪的英国就有了，指的是国家的统治权）。这到底是无知还是故意陷害发展中国家？第一，谁是世界银行项目的最好完成者？当然是中国，是中国政府，因为中国政府受世行援助最多，也是做得最好的，怎么能说社会组织就比政府做得好？第二，在无数的发展中国家，由于长期被殖民的历史，国家力量被消解了，培育了贵族、地主、军阀等社会力量，在这些国家还强调所谓的社会作用而抑制政府的作用，不是落井下石吗？其实，也不奇怪，这一时期的民主化理论和治理理论都是新自由主义的不同形式。写到这里，不得不佩服中国人与生俱来的智慧，中国人谈的治理更多的是国家治理，即由国家（政府）主导、社会参与的治理，本质上还是如何实现公共善的治国理政之道！

至此，读者应该产生更强烈的愿望去读此书，我相信读者一定会被此书的思想和语言所吸引。正本清源的使命感、深邃的思想关怀、有力的语言表达、明确的价值取向，是我对该书的总体印象。

最后要指出的是，民主不但是一个观念上的大问题，更是一个制度问题，既然是制度问题，就需要在国家建设和国家治理的维度上去研究民主，这样关于民主的认识将会更深刻，也更有针对性。国家建设—国家治理的维度是复杂而多样的，而民主制度只是其中的一个维度而已。我相信在国家建设—国家治理维度上研究民主，必然能形成不同于流行的民主理论的新概念、新话语。在我们这个大时代，因为没有自己的话语而简单地用别人的话语来"观照"中国，中国如此伟大的实践和成就却被认为是错误的，被认为不具有合法性，还有什么比这更让人担忧的呢？

◇四 《中国民主》：在建设民主中推进国家治理现代化

中国民主的历史已经有了一个世纪。无论是孙中山还是毛泽东领导的革命，都是在民主的旗帜、民主的理想之下推动的，因此中国人对民主的热情大概在世界上是最高的。就新中国而言，毛泽东奠定了社会主义民主的基本制度和框架，即以民主集中制为原则的人民代表大会制度，而1978年以来的改革开放不但是经济上的，更是政治社会上的深刻的结构性变化，其中民主政治的成长更值得书写。

中国制度变迁的前提往往是观念的酝酿和观念的指导。就民主观念而言，从官方到学术界，都有一个从简单化到复杂化的过程，从一种民主形式到多种民主形式的认知过程的演变。这个知识论意义上的变化往往与政治实践分不开，而这个政治实践不但是自己的，还包括其他国家民主政治的经验教训对中国人的启示。也正是在世界政治的场景下看中国政治，看中国的民主政治，很多极大的变化才能得到理解。

具体而言，中国民主观念，从20世纪八九十年代的单维度的选举论，演变为21世纪之后的国家建设语境下的民主形式多元化的多维度论，我们熟悉的自由、自治、法治、分权、参与、协商等，都是民主政治的应有之义或"原本形态"。这看上去是"量"的变化，其实是"质"的变化，即涉及中国政治的属性问题。按照以竞争性选举为根本标识来划分民主与非民主，中国显然不是自由民主意义上的民主；而按照多维度论来审视中国政治，中国当然属于民主政治。多维度的民主观，恰恰是符合大国国家建设复杂性的特性。试想，如此大的国家，以一个维度来衡量政治性质即政治的好与坏，完全不符合国家建设要处理的多维度的复杂关系，一个大国怎么可能一选了之？其实，也正是因为把单维度的民主形式等同于一切，甚至代替了复杂性的国家建设，很多发展中国家就因此而难以自拔，我们熟悉的印度、巴基斯坦、孟加拉国等，莫不如此。

所以，观念很重要，而变成思维方式的观念更重要。中国的实践，第三波民主化之后，尤其是"阿拉伯之春"之后的世界政治实践，都使得很多中国人的民主观念开始复杂化起来，也可以认为是开始成熟起来。不知不觉中，中国人的民主观念发生了"巨变"。

观念的巨变主要来自中国政治的实践。一个有趣的发现是，自改革开放以来，如果以十年为一个政治周期，每一个十年都有标志性的、新的民主形式出现，并累积而成包容性的社会主义民主政治制度。

第一个十年即从1978年到整个80年代，主要的民主形式是选举民主，并培育了协商民主。1979年修改的选举法，旨在落实差额选举。在思想解放运动的推动下，差额选举成为80年代最引人注目的民主形式。到1986年换届选举时，全国绝大多数副省级职位的产生都实行了差额选举，而且中央委员会的选举也第一次实行了差额并延续至今。在实行选举民主的同时，也在培育协商民主。那时还没有协商民主这个词，但中共十三大明确提出建立社会协商对话机制，以此来纾解社会矛盾。这个理念在当时是很先进的，"社会协商对话机制"其实就是我们今天所熟悉的协商民主概念。

第二个十年即20世纪90年代，主要的民主形式则是基层民主即村民自治。1983年人民公社体制解体以后，农村曾一度处于一种"无政府"状态，社会秩序很乱，费税收不上来。怎么办？广西的农民自发地、首创性地搞出了一套自我管理的村民自治制度。按照中国政治发展的经典逻辑，即先实验后推广，村民自治制度成为20世纪90年代官方和学术界的显学，政治学不研究村民自治似乎就没有了出路。所以有这样的宰制地位和乐观主义情绪，是按照英国式民主的逻辑来看中国政治，即先有村镇民主，再逐渐往上推演。到了21世纪，村民自治研究开始式微，因为中国政治不但没有按研究者预期的逻辑去发生，就是在实行了基层民主的农村，反而出现了普遍性的村政衰败现象。内在原因何在？其中固然有村与政治环境的关系，更重要的是有村民的民主选举而无村民的民主自治，即选举完没有治理权，选举上来的村官乱政现象必然出现——何况选举本身都是可以被操作的。在我这个没有研究过农民选举的农村出身的政治学学者看来，基层民主的未来之路不但要有村民的民主选举，更要有村民的民主自治和民主监督，没有村民自治和监督的村民选举不会使基层政治变得更好。不得不说一句，虽然村民选举是一种自发的制度创新，但并不是没有历史基因的，要知道在宋朝开始就有了村规民约的传统，皇权不下县也一直到晚清。

第三个十年即2000—2010年，"网络民主—党内民主—协商民主"齐头并进。制度变迁充满非预期性，谁也想不到1992年开放的互联网平台在十年之后变成了互联网民主，这是中国民主前所未有的课题和挑战，当然也是机遇。互联网民主让民意直达中南海，互联网再度复活了因疆域和空间而消失的直接民主。技术改变了民主形式，改变了政治生态。与此同时，作为一种前所未有的新民主，其挑战性当然也是来势汹汹，一个又一个的网络事件直指中国共产党的所谓合法性问题，而"秦火火们"则指望用互联网压垮执政者。在经历了十年的挑战之后，目前执政者基本适应了这种新型政治生态，由此可见中共的适应性能力。

如果说互联网民主是一种技术革命带来的直接民主形式的社会民主，是一种自发而非预期的民主政治，但党内民主则是一种顶层设计和民主建构。从乡镇直选实验到乡镇公推公选，再到各级党委的民主测评，都是执政者在2004年即党的十六届四中全会之后的制度设计，即以党内民主来面对执政危机感，党的十六届四中全会明确提出党的执政地位可得可失，为此期望以党内民主来应对三个深刻变化：社会结构发生了深刻变化、利益结构发生了深刻变化、观念发生了深刻变化。

党内民主原则伴随着整个党史，其间有好有差，而这一时期党内民主则变成了选拔干部的一种普遍制度，其积极性毋庸置疑。问题是，由于唯票论人，必然减弱了干部做事的勇气和创新的动力。因此，用人上的唯票论必然被纠正。

伴随着互联网民主和党内民主，一个新的民主概念引入中国，那就是被中国人转化为协商民主的"审议民主"。中国人兴奋地发现，被外国人奉为一种民主理论和民主形式的审议民主，其实就是中国一直有的协商政治，比如"三三制"、群众路线以及广义上的统一战线，而且协商政治正是共产党取得胜利的法宝。理论上有说法，历史上有实践，从此协商民主成为中国民主建设的显学，党的十八届三中全会决定在中国建设全方位、多层次的协商民主。但是，怎么衡量协商民主的进程，即一个单位的用人过程、决策过程到底体现了什么量级的协商民主，依然是一个有待回答的问题。

第四个十年即2012—2022年，推进国家治理现代化。在过去30多年的民主实践中，该有的民主形式都有了，其中有的民主形式当然需要得到完善。但是，即使在形式上所有的民主形式都很完善了，就意味着解决政治中的所有问题了吗？我们看到的普遍性的世界政治现象是，很多国家的民主形式越发达，问题和难题反而越多。原因在于，尽管民主是一种价值，民主毕竟还有工具性属性，工具性属性甚至大于价值属性；作为一种工具，民主是用来搞利益分配的，其间必然是政治斗争乃至流血的斗争。

由此给我们的启示是，民主是重要的，但更重要的则是国家治理。具有正常的实践理性和实践智慧传统的中国人认识到，形式是重要的，但更重要的还是本质和目的。为此，在党的十八届三中全会的《中共中央关于全面深化改革若干重大问题的决定》中，明确提出了"国家治理体系和治理能力的现代化"，即作为第五个现代化的"国家治理现代化"。国家治理体系的现代化当然包括现代性政治的一些基本特征，比如民主问责、权力有限、大众参与、自由、市场与法治等，但这些形式的现代化说到底要通过治理能力来实现，否则发达的政治形式只是治理的羁绊，而治理能力现代化则要求中国这样的巨型国家必须有很多发展中国家所没有的强国家能力。因此，用学术语言来概括，中国的改革是要以"有能力的有限政府"来推进国家治理现代化。

这就意味着，未来改革即到2020年的方向是：国家有能力，权力有边界，权力受约束。我们应该认识到，有能力的有限政府其实就意味着权力的人民性和治理主体的人民性，因为权力有边界和权力受约束就意味着人民与市场主体的权利范围更大了、人民的自主性事实上也更强了。

目 录

第一部分 超越自由民主

民主的社会主义之维 …………………………………… (3)
政体理论的回归与超越
　——建构一种超越左右的民主观 …………………… (32)
民主观:二元对立或近似值 ……………………………… (69)
民主与世界政治冲突 ……………………………………… (97)
超越自由民主:"治理民主"通论 ……………………… (130)

第二部分 民主与比较国家治理

早发达国家政治发展中的民主与次序 ………………… (153)
民主主义、民族主义与现代国家建设 ………………… (172)
作为民主形式的分权
　——理论反思—历史启示—政策选择 ………………… (194)

公民社会的"民情"与民主政治的质量 ………………………（224）
一些国家推动民主化进程中的利弊得失、深层次原因、
　　对我启示与对策建议 ……………………………………（256）

第三部分　民主与中国国家治理

公民参与和当下中国的治道变革 ……………………………（269）
中国当下法治体系的问题与出路 ……………………………（305）
"以党内民主带动人民民主"还是"以党内民主带动
　　国家民主" …………………………………………………（319）
民主集中制是我国根本政治制度的优势所在 ………………（328）
民主重要，"致治"更重要
　　——基于九个超大规模发展中国家的发现 ……………（339）

第一部分　超越自由民主

民主的社会主义之维

在我们的社会科学知识体系中，充斥着不少神话般的故事以及由此而来的"常识"，它们被不加辨别地接受，被视为理所当然，渐渐地被内化为"定理""规律"和思维方式，以至于人们对"常识"不再辨别、不再思考，用"常识"去思考，用"常识"去讲故事、说历史、评现实，而这种神话般的"常识"却可能是伪知识、假规律。在思想界，美国著名现代化理论家巴林顿·摩尔的那句"没有资产阶级，就没有民主"就是一个神话般的故事。我们知道，巴林顿·摩尔是根据英国、法国、美国、德国、日本、俄国以及中国的农业阶级的资本主义化程度而得出这一著名论断的。[①]自1968年摩尔的著作问世以来，虽然也有批评，比如摩尔的学生认为其忽视了国际事件对民主化进程的影响，[②]有左翼学者则完全否认资产阶级在民主政治中的中心位置，[③]但是摩尔的论断事实上却一直是国际社会科学研究民主化的一个重要标杆。沿着摩尔的宏观的阶级分析方法论，亨廷顿将

---

① 参见［美］巴林顿·摩尔《民主与专制的社会起源》，拓夫译，华夏出版社1987年版。

② 参见［美］斯考切波《国家与社会革命：对法国、俄国和中国的比较分析》，何俊志、王学东译，上海世纪出版集团2007年版，第19—24页。

③ G. Therborn, "The Rule of Capital and the Rise of Democracy", *New Left Review*, No. 133, 1977, pp. 3–41.

4 观念的民主与实践的民主

"没有资产阶级就没有民主"置换成"中产阶级带来民主"[①]。但是和摩尔一样,亨廷顿不能回答中产阶级通过什么样的机制、制度而走向民主。迪特里希·鲁施迈耶等人则沿着发展主义路径,以发达工业国家、拉丁美洲为观察对象,他们发现,民主的兴起和存续既不能用资本主义与民主之间的总体性结构适应来解释,也不能用资产阶级作为民主改革的代理人来解释。事实上,是资本主义发展促进了民主。这是因为,资本主义发展改变着阶级结构,扩大了劳工和中产阶级,加速了他们的自组织化,使得政治精英在政治过程中很难排除他们。同时,资本主义发展还削弱了民主的最顽固的敌人即大地主阶级。[②] 这样,我认为,鲁施迈耶等人将20世纪60年代流行的发展主义(发展——民主)改版为新发展主义,即"资本主义发展——有利于民主的制度安排——民主"。

无论是亨廷顿的"中产阶级带来民主"还是鲁施迈耶等人的新发展主义,事实上都是从不同的角度强化摩尔的神话,民主说到底还是被当作资本主义的产物,民主自然也就有资产阶级性质——尽管新发展主义也承认发达工业国家中工人阶级在特定时期(20、21世纪之交)的民主飞跃具有决定性作用。[③] 因此,不管从什么样的角度,将民主看成是资本主义的产物,说到底都是自由主义意识形态的论证。这种观念依然流行。比如,研究中国政治的一些海内外学者,当他们谈到中国的新兴企业主阶层时,一个自觉或不自觉的话题就是他们与民主政治的关系。因此,才有海内外大量的学者不遗余力地去研究中国新兴企业主阶层与民主政治的关系,海外很多基金会也乐意资助这样的研究项目。遗憾的是,由于在研究"神话",

---

① [美]亨廷顿:《第三波:20世纪后期的民主化浪潮》,刘军宁译,上海三联书店1998年版,第76页。

② Dietrich Rueschemeyer, Evelyne Huber Stephens, and John D. Stephens, *Capitalist Development and Democracy*, Chicago: University of Chicago Press, 1992.

③ Ibid., p. 141.

几乎所有的研究都得出了与其期望相反的结论：中国的新兴企业主更愿意在体制内实现利益诉求。[①] 这种结论似乎是意料中的，很多国家的政治发展根本不是能用这个神话解释的。摩尔、亨廷顿和鲁施迈耶等人不能回答的一个难题是，尽管资本主义经济带来新的商业化阶级并形成有利于民主的制度条件，但为什么很多国家的商业阶级不再是民主的推手或代理人，他们甚至成为民主的反动力量？我认为，这既有政治时空变迁以及由此导致的民主功能转化的原因，也有阶级合作主义的政治文化上的因素，因而使产生于特定语境中的概念的分析功能大打折扣。基于此，本文的目的在于重新认识民主的政治属性，认为大众民主是在资本主义社会这个母体中孕育的一个社会主义因素。本文的研究路径将主要是从社会主义运动史的视角，辅助于政治文化视野的诠释。为了证明本文的假设，首先需要弄清楚"神话"是怎么产生的，需要回答为什么"神话"依然还有市场？如果资产阶级与民主无关，谁是民主的推手？

◇ 一 "神话"的脚本

"神话"有两种：一是根本不存在的"嫦娥奔月"式的民间传说；二是曾经发生过的故事而被渲染成普世性的、神话般的"常识"和"奇迹"，人们渐渐地把故事当作"神话"。

民主是一种和文明的人类社会一样古老的政治。在民主的古希腊语 δημοκρατία 中，δημος 包含全体公民与平民两层含义，κρατία 的含义主要是统

[①] 代表性研究参见 Bruce J. Dickson, *Red Capitalists in China: The Party, Private Entrepreneurs and Prospects for Political Change*, Cambridge University Press, 2003。

治权。① 两个希腊词汇组合在一起之后，民主（δημοκρατία）也就包含了两层含义，即公民统治和平民统治。亚里士多德也正是在这个意义上论述古希腊共和政体与平民政体的。② 这是民主的原始形态。在大多数时候，本文所谈的民主是原始形态意义上的民主。资产阶级革命以后，资产阶级民主的理论基础虽然是"人民主权"，但是"人民"变成了以财产权为基础的少数人。英国革命、法国大革命和美国革命以后的宪政民主（它由法治、权力制衡、代议制、选举制、多党制、任期制等一系列制度构成），在理论上被总结成"精英民主"，坊间也接受这样的说法。"精英民主"排除了大众的贡献，这是完全不符合历史的。没有以新兴资产阶级为主体的"第三等级"攻占巴士底狱，就没有法国的民主，法国民主是典型的资产阶级制造。这里，法国民主与资产阶级的关系也被简单化并被神话化了。首先，没有巴黎下层阶级的冲锋陷阵，资产阶级能否取得革命的成功？其次，在没有宪政条件下所发生的民主，结果是暴民专政即雅各宾专政，没有宪政约束的民主政权反而变成了一匹脱缰野马；再次，没有宪政以及法国资产阶级的脆弱性和政治上的依附性，又必然导致法国大革命后的民主政治反反复复，从法国大革命到1958年第五共和国，其间经历了十个"朝代"，资产阶级在大多数时期都不能独立地发挥作用，总是依附于波拿巴皇帝和国家力量，由此才形成了中央集权制的自主性国家。托克维尔指出："民主革命扫荡了旧制度的众多体制，却巩固了中央集权制。"③ 革命导致的混乱使法国人更加渴求秩序，因而先后有拿破仑皇帝和波拿巴皇帝。在整个19世纪，中央集权制更加完备，社会各阶级依然依附于政权，法国并没

---

① 郭小凌：《古希腊作家的民主观》，载施治生、郭方主编《古代民主与共和制度》，中国社会科学出版社1998年版，第288页。

② [古希腊]亚里士多德：《政治学》，吴寿彭译，商务印书馆2008年版，第135—139页。

③ [法]托克维尔：《旧制度与大革命》，冯棠译，商务印书馆1997年版，第100页。

有因为资产阶级革命而使资产阶级强大起来并主导国家发展，从而形成了马克思所说的自主性国家。根据英国经验，马克思总结出了社会中心主义的工具主义国家理论。但是，在历史与现实中，国家作为凌驾于市民社会/生产关系领域之上的力量并未完全表现出工具性，有时甚至不顾统治阶级的诉求而采取行动。马克思注意到了国家的这种自主性现象。马克思认为，波拿巴国家之所以能够摆脱工具性角色，取得相对于社会的自主地位，主要与两方面因素有关：首先，法国的行政机构十分庞大，深入社会生活的各个领域，严密控制着整个社会，而市民社会却相当软弱。其次，法兰西第二共和国时期分裂的阶级关系为波拿巴国家赢得自主性创造了条件，使"行政权成为不可克制的权力"[①]。简单地说，在法国，资产阶级掀开了民主政治的序幕，却没有能力巩固民主，最终还是国家力量将法国的民主定型，这就是戴高乐的法兰西第五共和国。

更有必要重新审视英国尤其是美国的民主故事。我们知道，"五月花号"上的船民们在航行中就开始依据社会契约观念[②]而设计新大陆的生活方式和政治秩序，最初的13个州基本上都是依照社会契约观念而形成的新型共同体，也就是我们今天所看到的美国政治的原初形态。[③] 我们需要追问的是，"五月花号"上的船民们都是些什么人？最初到新大陆的一批人是资产

---

① 《马克思恩格斯选集》第1卷，人民出版社1995年版，第623—624页。

② 今天流行的社会契约观念来自洛克和霍布斯，而他们的理论不过是英国历史和文化的写照，因为在英国的中世纪就存在"神法"观念，国王和封臣都普遍地接受这种观念而约束自己的行为，这就是为什么有奠定英国"王在法下"的大宪章运动。因此，不能简单地认为接受社会契约观念的人都属于资产阶级，或者说社会契约论并不是资产阶级的专利。

③ John Camp, *Out of Wilderness*: *The Emergence of an American Identity in Colonial New England*, Middleton, Conn.: Wesleyan Univ. Press, 1990; Morison's, "The Mayflower Compact", in Daniel Boorstein, ed., *An American Primer*, Chicago: University of Chicago Press, 1966. 转引自［美］施密特、谢利、巴迪斯《美国政府与政治》，梅然译，北京大学出版社2005年版，第24—25页。

阶级吗？历史告诉我们，他们中间有的是受迫害的异教徒，有的是为了逃避英国政治的压迫，有的根本就是在英国生活不下去的穷人。因此，美国政治的原初形态很难说是资产阶级创造的。如果非要说他们是资产阶级，那么就必须指出工人阶级在哪里，因为二者是孪生兄弟，可当时美国根本不存在工人阶级。

到独立战争后，尽管签署1776年《独立宣言》和参加1787年制宪会议的129个开国元勋们来自最富有、最显贵的家庭——他们是种植园主、律师、商人、金融家、制造商和高级官员，但是当时美国也没有形成一个具有统一的阶级意识的资产阶级，拥有的只有来自英国的天然的自由气质。尤其是，当时这些精英分子设计的是一种精英主导的共和政体，而不是我们今天所看到有大众广泛参与的民主政体，而且他们反对的就是资产阶级革命已经发生100年后的英国政治秩序，反对大众参与的政治，[①] 追求的是罗马共和国中的贵族政体，设计一种"由少数公民亲自组织和管理政府的社会"[②]。古罗马当然没有资产阶级，但是希腊化的罗马人设计出了一套今天依然是西方宪政民主原形的混合制政体。因此，美国的共和政体针对的是英国政体，效法的是古罗马共和国。结果，美国的开国之父们设计了一个限制多数的政体，其中最重要的是三个：第一个是重大事务由宪法明文加以规定，而非通过一般的政治程序来决定，而要修改宪法不是单一的程序和简单的多数所能做到的；第二个是联邦制；第三个是三权分立与制衡。[③]

可以说，从最初13州的地区性民主政治到美国作为一个国家，美国宪

---

① ［美］汉密尔顿、麦迪逊：《联邦党人文集》，程逢如等译，商务印书馆1995年版，第45、323页。
② 同上书，第48页。
③ ［英］戴维·波特等：《最新民主化的历程》，王谦等译，台北韦伯文化公司2003年版，第150页。

政民主设计中阶级因素或物质利益因素并不特别重要,重要的是复兴古罗马政体的梦想和英国文化的信息遗传。至于说后来美国民主政治中具有越来越多的资产阶级性质,那就是另一个故事了,或者说是资产阶级在这个既定的宪政共和体制中成长起来的,宪政共和体制特别有利于资本主义的成长。① 特别需要强调的是,如果美国能够被有些人当作西方宪政民主的"典范",有两个历史事件是不能忘却的:一是19世纪30年代民粹主义运动所破除的财产资格限制,使得80%的美国白人男性有权参与总统选举以及其他各类选举,美国政治不可逆转地由精英政治转变为大众政治。② 二是1963年通过的《民权法案》,黑人由此获得了平等的选举权,而《民权法案》显然是作为下层阶级的黑人推动的结果。可以说,美国的共和政体产生于开国之父们的理性设计,而现代民主则得益于民众的压力。因此,美国的政治学家才经常这样说,如果美国的开国之父们活到今天,他们一定会为面目全非的政体而目瞪口呆。③

与美国有所不同,英国早期的宪政民主则主要是阶级博弈的结果,是"光荣革命"以后新兴资产阶级与皇室和贵族阶层斗争的结果,尽管英国有着天然的自由传统。但是,后面我们将会看到,也正是因为阶级利益的关系,我们才可以看到英国资产阶级追求民主政治的有限性。"光荣革命"从根本上约束了国王的肆意妄为,真正实现了"王在法下"的宪政,使英国不再存在因国王借钱不还而导致的"君主债务危机"即国家财政危机,这

---

① 因为今日美国是资本主义民主政治的典型,我们就想当然地认为美国民主是资产阶级制造的,这实在是对美国历史的误解,这也是生活中经常见到的颠倒因果关系的问答方式。比如,在谈到中国在历史上为什么落后时,一个常见的回答就是因为小农经济。这是典型的因果颠倒,小农经济不是落后的原因,而是落后的表现,因为是专横权力,才使得明清之际的小农不能转化为"大农"资本主义萌芽"萌"而不发。

② [英]戴维·波特等:《最新民主化的历程》,第151—152页。

③ Paul Pierson, "Transformation of American Politics", *Conversations with History*: Institute of International Studies, UC Berkeley, Dec. 1, 2005.

就从根本上保障了公民的财产权。在洛克那里，财产权是公民权的基础和根本，"人们联合成为国家和置身于政府之下的重大的和主要的目的，是保护他们的财产"①。因此，在公民权系列中居首要地位，没有财产权的公民权只不过是水中月镜中花。正是因为公民财产权的实现，再加上工业革命，新兴资产阶级才作为一个强大的、独立的阶级而登上政治舞台，有能力要求废除保护土地贵族的古老"选邑"，得以在1832年的选举改革中进入议会，将有选举权的人数扩大了约50%，选民人数达到100万。

1832年的选举改革把英国民主截然分为两个阶段。资产阶级获得选举权以后，立刻变得保守起来，和传统的贵族势力一道，封杀工人阶级的民主要求。19世纪30—40年代英国发生了规模浩大的宪章运动，工人提出了《人民宪章》要求参政权。但是，议会不但没有讨论过《人民宪章》，统治阶级还残酷地镇压了宪章运动，因为工人阶级政治权利的要求直接威胁着资产阶级的财产权利。宪章运动中所表现出的阶级对立和冲突看不出被后人颂扬的英国渐进和妥协的政治传统，而是坚定不移地镇压。更重要的是，宪章运动催生了一种新的阶级意识——资产阶级的而不是无产阶级的阶级意识，资产阶级的团结才使得政府毫不动摇地对宪章运动采取镇压。② 宪章运动虽然被镇压了，但是下层阶级所表达的参政诉求是一种持续性的强大压力，最终迫使20年以后两党在选举中竞相承诺开放选举权，才有了1867年的第二次选举改革。1867年的选举改革法使选民总数达到230万，其中城市选民的增加人数大大超过农民选民的增加人数，中产阶级和城市中的手工业者和大多数家境富裕的产业工人也有了选举权。③ 因此，如果说英国

---

① [英]洛克：《政府论》（下），叶启芳、瞿菊农译，商务印书馆1986年版，第77页。

② [英]迈克尔·曼：《社会权力的来源》（第二卷·下），陈海宏等译，上海世纪出版集团2007年版，第585—586页。

③ [英]伯里编：《新编剑桥世界近代史》第10卷，丁钟华等译，中国社会科学出版社1999年版，第259、456页。

第一阶段的民主是资产阶级推动的，第二阶段的民主则是工人阶级推动的，而且资产阶级是不愿意让下层阶级获得选举权的。这就是英国宪政民主的早期历程，这也就是所谓的资产阶级推动民主的神话故事。

关于英国、美国和法国的民主神话，大致可以进行这样总结：资产阶级创建了宪政体制和有限的精英民主，而工人阶级或大众则是以平等为基础的选举民主的主力军。现代民主的早期民主历程告诉我们，民主只有在宪政体制下才能正常运转（英、美），没有宪政的民主往往是极端危险的（法国），而没有民主的宪政也是不公正的（英、美）。所以，"宪政民主"对西方人来说是不可分割的。但是，二者毕竟不是一回事，我们已经并将继续看到，民主的诉求是平等的权利，而宪政的设计在于理性秩序加精英民主，而"宪政民主"则是各个阶级合作博弈的结果，绝不能简单地把民主归功于资产阶级。

◇二　没有资产阶级的民主

对第一波现代化国家而言，即使"没有资产阶级，就没有民主"是可以接受的命题，但是民主运动中下层阶级已经是不可忽视的重要力量，因而英国—法国的民主是资产阶级和工人阶级共同推动的结果。"没有资产阶级的民主"包含两个意思：一是一个国家没有资产阶级但实现了民主政治；二是一个国家存在资产阶级但它没有起到推动民主的作用。现代化的后发国家纷纷实现了民主政治，到底是什么力量在推动着民主呢？还得从主要国家的民主历程说起。

第二波现代化国家包括从19世纪60年代开始形成的一些新型帝国或古老帝国开始的中兴计划，前者以德国和日本为代表，后者以中国和俄罗斯为代表。德国的资产阶级曾经一度有希望把德国变成代议制民主国家，但是资产阶级力量的脆弱性决定了它不能担此重任。在1862年的"宪法之争"中，在议会中居多数席位的资产阶级力量要求军队成为议会军队，要求把德国变成英国一样的"王在法下"的国家，威廉一世也曾决意退休，但政治强人俾斯麦在关键时刻维护了君主政体。从此，资产阶级就成为军国主义战车下的一个轮子，在军国主义的呵护下从事赚钱营生，西门子和克虏伯就这样壮大起来，并和君主一道压制下层阶级的民主要求。资产阶级的进步党领袖欧根·李希特尔这样说：同反对派斗争是次要的事，同社会民主党斗争才是主要的事。① 就这样，资产阶级政党和俾斯麦一道于1878年炮制了对工人阶级实行白色恐怖的"非常法"即《反对社会民主党企图危害治安的法令》。在"非常法"时期，帝国政府实行戒严和报禁，解散工会，禁止集会，逮捕、监禁、流放社会民主党人。但是，恰恰是在"非常法"时期，社会民主党的斗争方式的转换使得工人运动更加强大。至少可以这样说，与资产阶级相比，在新的历史阶段，德国工人阶级对于民主的贡献甚至更大，因为在德国社会民主党所领导的工人运动的压力下，俾斯麦不但建立了世界上第一个"福利国家"，还在欧洲比较早地实行普选，使得工人阶级的代表有机会进入议会进行和平斗争。

和德国相比，其他第二波现代化国家的资产阶级对民主的贡献不值得一提，有的国家甚至根本没有资产阶级，因为阶级存在的前提是阶级意识。在俄国，即使有所谓的资产阶级，脆弱的资产阶级也和所有其他阶级一样，依附于沙皇而没有独立性——因为在这个专制主义国家，人们的地位不是依照财产关系而确立的，而是依据个人与宫廷的私人关系。因此，代表国家的沙皇政权运转不灵时，1905年的资产阶级政权也只是昙花一现。在专制主义的沙皇俄国，没有哪个阶级真正地要求民主。在日本，没有天皇也就没有以三铃重工为代表的现代企业，没有企业家，何况那时的日本文化

---

① 丁建弘：《德国通史》，上海社会科学院出版社2002年版，第242页。

根本就不可能产生与皇权对立的资产阶级，有阶级的话也只是阶级合作主义。和德国一样，日本今天的宪政民主来自外来统治。晚清中国呢？洋务运动所产生的所谓的企业家阶层只不过是官本位的另一个更经典的诠释，人们推崇的是胡雪岩式的"红顶商人"，他们怎么可能追求民主？正是因为中国不存在一个以独立的商业利益为基础的资产阶级，几个知识分子所发动的"辛亥革命"才可以被称为"没有资产阶级的资产阶级革命"，革命以后的代议制民主必然流产，共和国之于革命者只能是水中捞月。

和德国一样，第二次世界大战以后成功地走向现代化的新兴民族国家基本上走了一条国家主导下的发展道路。这些国家的资产阶级力量不能和英国相比，甚至也没法和德国相提并论，他们如襁褓中的婴儿，根本不能指望他们去和国家相抗衡而追求民主。何况，下面我将指出，他们根本不想要民主。例如，被西方当作发展中国家民主典范的印度，其民主来自民族独立运动中国大党的民主式运动和目标诉求，而在民族独立运动中所形成的国家意识便是民主和民族主义（国家发展）。[①] 印度独立以后，强人和国大党建构的代议制民主不是建立在阶级基础之上，何况当时的印度根本不存在一个强大的商业阶级。在独立以后的30年时间里，印度的经济政策一直被称为尼赫鲁模式。尼赫鲁模式的基本原则，第一是社会公平，印度不能等待工业化以后再实现社会公平，而是把社会公平作为政府的首要目标。为此，借鉴苏联模式而实行计划经济式的统制经济，因此，在所有制上虽然是公私并存的混合制经济，但是保护公营部门而抑制私有经济是印度政府几十年的基本政策。"混合经济并非印度所独有，但是赋予公营经济以如此重要的地位和如此广泛的功能，这在世界资本主义国家中还是罕见的。"[②] 在尼赫鲁看来，要实现社会公平，必须限制私有经济的发展。第二

[①] ［美］科利：《国家引导的发展：全球边缘地区的政治权力与工业化》，朱天飙等译，吉林出版集团公司2007年版，第246—247页。

[②] 林承节主编：《印度现代化的发展道路》，北京大学出版社2001年版，第84页。

是自力更生，认为政治上的独立必须以经济上的自立为保障，以免成为发达国家的经济附庸，为此长期实行进口替代政策。在典型的资本主义的代议制民主政治制度中建立了完整的社会主义的计划经济体制。代议制民主加计划经济体制，这样的政治经济体犹如狮身人面，而且这种设计也恰恰说明国家而不是阶级的作用。

如果说印度的民主在形成过程中看不到资产阶级，那么在国家统合主义的南美和威权主义的东亚更找不到资产阶级的影子。在巴西，国家和资本之间存在正式与非正式的合作关系。商人不仅与政策制定者合作，也与中间层次的官僚普遍合作，在外汇管理、执照发放、关税以及信贷等领域都有密切的合作关系。[①] 怎么能指望与政府有着全面合作关系的商业阶级去推动民主？但是巴西确实有了民主。巴西20世纪60年代的民主来自军人。因为在第二次世界大战与美军一道作战，战后又在美国受训，巴西军官产生了强烈的民主意识，于是他们在1964年发动军事政变后挟持总统实行民主政治。到70年代以后，巴西的民主则主要来自劳工运动的推动。具有讽刺意味的是，和当初的德国资产阶级一样，与国家紧密结盟的私人资本和国家一道，控制和镇压劳工运动。

在威权主义下的东亚国家韩国，国家的目标和私人企业家的目标高度一致，那就是经济发展和利润最大化，私人资本得到政府的充分保护，而私人资本也离不开政府的保驾护航，并以此为无上的光荣。在民主化以前的韩国，商人们议论最多的趣事便是谁能到青瓦台（总统府）喝茶、议事。因此，不能指望这样的资本力量反对自己的"父母官"而去追求所谓的民主。和巴西相似，韩国的民主主要得益于劳工阶层以及学生运动，而办奥运会所面临的国际压力更是韩国民主化的直接动力。在中国台湾地区，政治权力集中于组织体系严格的国民党手中，有着与韩国相似的其他特征，

---

① 林承节主编：《印度现代化的发展道路》，北京大学出版社2001年版，第218—219页。

其民主运动则主要是一股知识分子力量的推动。

被西方人当作"第三波民主"一部分的苏联东欧国家，当时根本就没有发育出私人资本阶层，谈不上所谓的资产阶级。我们知道，苏联解体直接来自苏共上层失败的改革战略——戈尔巴乔夫完全按资本主义政体设计苏联的改革，① 而有美国学者却把苏联解体归结为资本主义经济力量，是经济上资产阶级化的上层的一场阴谋。② 这种说法完全颠倒了因果关系，完全不顾历史基本事实，是非常不严肃的学术行为。或者说，这样的学者中毒太深，他们实在难以想象：没有资产阶级怎么可能会有西方式民主？因此，也可以认为他们在潜意识中继续演绎着"没有资产阶级，就没有民主"的神话，把苏联解体而转型为西方式政体看成是资产阶级推动民主的另一个证明。

亨廷顿同样在延续着这样的神话。是什么力量推动着"第三波"民主化浪潮？亨廷顿认为是中产阶级。亨廷顿这样定义中产阶级：由商人、专业人士、店主、教师、公务员、经理、技术人员、文秘人员和售货员组成的社会力量。③ 显然，亨廷顿继承的是"没有资产阶级，就没有民主"。但是，亨廷顿关于中产阶级的范畴有问题，他列举的若干有助于民主化的变量包括：一个强大的资产阶级；一个强大的中产阶级。④ 拥有生产资料和再生产能力的商人属于资产阶级，而那些受过良好教育并以自己的专业技能谋职者属于中产阶级，二者的利益根基是完全不一样的。一个是可以继承、可转让的生产资料；一个是不可继承、不可延续的个人能力。不但利益根

---

① 参见杨光斌、郑伟铭《国家形态与国家治理：苏联—俄罗斯转型的经验研究》，《中国社会科学》2007年第4期。

② 参见[美]大卫·科兹和弗雷德·维尔《来自上层的革命：苏联体制的终结》，曹荣湘、孟鸣歧译，中国人民大学出版社2002年版。

③ [美]亨廷顿：《第三波：20世纪后期的民主化浪潮》，刘军宁译，上海三联书店1998年版，第76页。

④ 同上书，第45页。

基不一样,二者的阶级或阶层意识也不一样。何况,把"售货员"都归类为中产阶级,中产阶级就成了一个无所不包的概念。

其实,上述故事告诉我们,民主来自中产阶级的说法也过于笼统,何况有些国家的民主根本不是来自中产阶级,比如印度、苏联东欧国家和拉开"第三波"序幕的葡萄牙。在《第三波:20世纪后期的民主化浪潮》中,亨廷顿还说菲律宾和阿根廷的民主来自中产阶级的推动。如果把这两个国家的民主力量归类为中产阶级,中产阶级的标准也未免太低了,中产阶级也太泛滥了,成了一个包罗一切阶层的概念。和巴西一样,阿根廷的民主推动者是广大劳工,否则就不存在典型的民粹主义即庇隆主义。同样,被称为"人民的力量"的菲律宾民众主要是一般大众。

在过去150年的历史中,无论是第二波的民主还是第三波的民主,资产阶级都不是民主政治的主力军和推动者。作为资产阶级的一个连续体,中产阶级在有些国家的民主化中起到积极作用,但是很多国家的民主恰恰不是中产阶级推动的,尤其不是拥有生产资料的中产阶级(即资产阶级)推动的。不仅如此,中产阶级甚至是代议制民主政治的反动者。在泰国,中产阶级要么拥护以军事政变的方式推翻民选政府,要么自己以"街头政治"的方式而推翻民选政府。在2008年的政治动荡中,代表中产阶级的"人民民主联盟"提出新的政治模式,即泰国政府组成"30%靠大选、70%靠任命"。西方人认为这是一个"令人吃惊的反动性计划"[①]。这个"反动性计划"恰恰说明,在泰国这样一个贫民居多而中产阶级为少数的国家,中产阶级为了捍卫自己的利益是不愿意看到以一人一票为基础的代议制民主政治的。在大多数国家,说中产阶级有利于民主的巩固倒是正确的,因为受过良好教育、有好工作和丰厚收入的中产阶级不愿意采取极端的方式,从而有利于民主的巩固(但是,泰国又是一个反例)。也正因为他们不愿意诉诸极端方式,

---

① 张哲:《泰国民主政治走上歧路?》,《南方周末》2008年9月11日。

他们往往不能成为民主化的领导者，因为民主化转型往往伴随着剧烈的动荡和冲突，而这又是追求稳定工作和稳定生活的中产阶级所不愿意看到的，或者说他们没有意志和决心去牺牲稳定而投身民主运动。那么，很多其他国家民主化的主力军和推动者到底是谁呢？为什么不是资产阶级？

三 为什么不是资产阶级？

资产阶级或有产阶级不再是民主的推动者，这既有财产权与民主的关系，也有国家与社会的关系，以及民主语境的转换。在我看来，说到底，是因为反对资本主义的社会主义意识形态已经成为世界的一种主流思想，各种形式的、轰轰烈烈的社会主义运动已经成为一种改变传统观念和旧秩序的重要方式。

财产权与民主。人们往往认为，拥有了财产权的资产阶级自然地、必然地要求民主，只有民主才能更好地保护他们的财产权。如果这一命题正确，也要把这一命题放在特殊语境中去看。在君主借钱不还的时代，民主是保护财产权的最好武器，因此才有英国资产阶级的"光荣革命"和法国大革命。而从第二波次的现代化运动开始，比如德国和日本，似乎不能再用"君主债务论"来解释一些国家的行为，相反，政府更多地在强化市场并保护产权。因此，我们可以看到，私人资本和政府有着良好的合作关系，而不是财产权上的对立关系。

更重要的是，财产权对于民主的作用是非常有限的。在洛克强调财产权的重要性时，代议制还鲜为人知，还没有出现以政治为职业的政治现象，或者说他根本想象不出来，在大众政治时代，没有财产的人会有把持议会并进而将它作为侵犯财产权的工具的可能。事实上，拥有财产权的人并不愿意看到大众政治时代的民主。这是因为，财产权是少数人的特权，而民主是多数人的权利。在财产权上，企业老板和他的雇员是绝对不平等的；在政治上，二者的人格又是完全平等的，一人一票。这样，多数人就可能依据民主选举而控制立法机构，并进而改变财产权的性质，从而形成多数人对少数人的剥夺。这就是托克维尔在150年前所预见的"多数人暴政"：

> 普选制度事实上使穷人管理社会。
>
> 制定法律的人大部分没有应当课税的财产，国家的公共开支似乎只能使他们受益，而决不会使他们受害；其次，稍微有钱的人不难找到办法，把赋税的负担转嫁给富人，而只对穷人有利。这是富人当政时不可能出现的事情。因此，在穷人独揽立法大权的国家，不能指望公共开支会有显著节省。这项开支经常是很大的，这是因为立法抽税的人可能不纳税，或者因为他们不让赋税的负担落到自己身上。换句话说，民主政府是唯一能使立法抽税的人逃避纳税义务的政府。[1]

托克维尔的洞见已经被多次验证。在2004年印度大选中，几乎所有的观察家都认为代表有产阶级的人民党必胜无疑，因为当时印度经济正在高速增长，结果让所有的观察家跌破眼镜，自诩代表穷人的国大党获得胜利。恰恰是为了保护自己的财产权，今天的有产阶级在民主问题上变得更加保守了，今天的有产阶级已经完全不同于200年前的资产阶级，这是因为政治生态已经发生了革命性变化。泰国的乱局是一个最为经典的注脚。

政治文化以及现代化道路的差异。我认为，"没有资产阶级就没有民主"，是典型的英国—美国式现代化道路的写照，而英国—美国式现代化就是社会力量尤其是商业阶级主导的现代化，社会的利益和诉求总是适时地成为国家的利益和诉求。有人这样评价英国的国家与社会、观念与政策的

---

[1] [法]托克维尔：《论美国的民主》（上），董果良译，商务印书馆1988年版，第238—239页。

关系:"思想和政策的新阶段的特征是政府利益和私人利益的结合,国家和商人利益的结合,而他们所追求的理念不仅是国家实力,而且是国家势力与私人及社会利益的结合,而这阶段的开始应该追溯到1622年。"① 我们知道,国家具有内在的稳定诉求而习惯于维持现状,而思想家总是向前看,二者之间总是或多或少地存在观念与政策上的冲突,但是在英国却能达成共识,这一点尤其难能可贵。在英国,经济和国家战略的要求,私营商人和国家利益的要求,都得到相当成功的平衡。因此,当资产阶级强大以后,他们的政治诉求自然而然地得以实现,正所谓"资产阶级带来民主"。

但是,从19世纪60年代开始,几乎所有国家的现代化都走了一条以德国为代表的国家主导型现代化道路,形成了国家中心主义的现代化模型。国家中心主义的次生形态是政党代替国家而主导的现代化道路。在很多国家,国家组织失效以后,政党担当起组织国家的使命,如俄国、中国以及很多发展中国家,形成了党和国家一体化的组织体系。② 在以国家为主导的现代化运动中,各个阶级尤其是有产阶级非常脆弱,只能依附于国家,只有得到国家的保护才能壮大。得到国家权力呵护的私人资本怎么可能挑战国家权力?我们一定要认识到,同样被称为"资产阶级",后发国家的资产阶级完全不同于早发达国家的资产阶级,此资产阶级非彼资产阶级,二者具有本体论上的差异。因此,把早发达国家资产阶级在现代化过程的角色移植到后发国家,是一种源于本体论错误而衍生的认识论上的误区。

由于根本不同的国家社会关系以及由此导致的不同的现代化道路,我们才会看到,很多发展中国家要么被定位为国家统和主义,要么被定位为发展型国家。

---

① [英]波斯坦等主编:《剑桥欧洲经济史:16世纪、17世纪不断扩张的欧洲经济》(第四卷),王春法等译,经济科学出版社2002年版,第470页。

② 参见杨光斌《制度变迁的路径及其理论价值:从社会中心主义到国家中心主义》,《中国社会科学内刊》2007年第5期。

作为一种政治形态或政治结构，统合主义形成于两次大战期间的欧洲和拉美，第二次世界大战以后在拉美国家得到进一步发展。施密特对统合主义的定义是：在国家体系中，组织化的利益被整合到国家的决策结构中；这些代表性组织具有如下特征：有限的数量，单一性，强制性，非竞争性，层级秩序，功能分化，受国家承认，代表的垄断性以及国家对领导选择和利益表达的控制。① 施密特强调了统合主义的结构特征和制度基础，其重心在于描述利益集团之间和利益集团与国家之间的制度安排。韦尔达（Howard Wiarda）归纳了统合主义的三个基本特征：强指导性的国家；对利益集团自由和行动的限制；将利益集团整合到国家系统中，使其既代表其成员的利益，又帮助国家进行管理和政策的执行。②

而在东亚地区，统合主义国家的次生形态则是发展型国家。③ 早期的发展经济学均重视国家在经济发展中的作用。但是，发展型国家的提出，还源于对"东亚奇迹"的研究。根据查默斯·约翰逊的总结，发展型国家的构成要素是：第一，一个规模小而廉洁的为发展经济而有效存在的精英官僚体系；第二，一个将职能限定在立法和司法的"安全阀"上的政治体制，官僚体系能够在其中发挥主动性；第三，国家干预经济适应市场经济的需要；第四，一个协调各个经济部门和企业的类似通商产业省之类的导航组织。④

查默斯·约翰逊的"发展型国家"迅速成为研究东亚国家的一个主流

---

① Schmitter, "Still the Century of Corporatism?", in Philippe C. Schmitter & Gerhard Lehmbruch (ed.), *Trends Toward Corporatist Intermediation*, London: Sage Publications Ltd., 1979, p. 21.

② See Howard J. Wiarda, *Corporatism and Comparative Politics: The Other Great "Ism"*, N. Y.: Armonks, 1996.

③ [美] 禹贞恩编：《发展型国家》，曹海军译，吉林出版集团2008年版，第32页。

④ Chalmers Johnson, *MITI and Japanese Miracle: The Growth of Industrial Policy, 1925–1975*, Stanford: Stanford University Press, 1982, pp. 314–320. 转引自查默斯·约翰逊"第2章：发展型国家：概念的探索"，见 [美] 禹贞恩编《发展型国家》，第45—47页。

范式。在韩国，发展型国家表现为凝聚性资本主义国家：在一个具有凝聚力的军人领导层内权力越来越集中于总统一人身上；国家具有发展经济的强烈愿望以及与大商业集团合作的愿望；四处延伸的具有经济倾向的官僚体系；民族主义的社会动员；利用强大的情报机关来实施控制并威慑社会低层的反对者。① 在我国台湾，政治权力集中于一个列宁主义式的国民党手中，有着与韩国相似的其他特征。

在总结东亚地区经验的基础上，"发展型国家"被概括为：（1）在国家结构上，政府具有明晰的发展议程，权威结构的非人格化以及一个纪律严明的官僚体系，国家权威自上而下渗透到社会之中；（2）国家建立了具有导航能力的诸多经济结构；（3）一个新型的国家—社会关系：因为共同的发展愿望而使得国家与商业集团结盟，并因为限制权利而采取成功的压制劳工的策略控制工人和农民。总之，"一个具有清晰的以发展导向为目标的官僚化的渗透性威权国家，加之全副武装与有产阶级结盟以抗衡劳工社会阶级的经济机构，乃是国家控制转型权力的关键"②。

统合主义国家和发展型国家的核心特征是国家主导，商业阶级与国家密切合作。在这样的体制内，资产阶级怎么会有民主政治的动力呢？

统合主义国家形态的存在必然有其文化基础，韦尔达基于对拉美的观察，指出统合主义并不是一件可随意选择的工具，它的出现需要一定的社会文化条件。③ 从政治文化的角度看，绝对不能将二元对立下的国家—社会关系移植到具有不同文化传统的国家，以为拥有经济权力的私人资本必然和国家处于对立状态。事实上，在以日本、韩国为代表的东方社会，自古

---

① ［美］科利：《国家引导的发展：全球边缘地区的政治权力与工业化》，朱天飙等译，吉林出版集团公司2007年版，第85页。

② ［美］科利：《高速增长的体制从何而来？韩国"发展型国家"的日本谱系》，见［美］禹贞恩编《发展型国家》，第154—155页。

③ See Howard J. Wiarda, *Corporatism and Comparative Politics: The Other Great "Ism"*, N.Y.: Armonks, 1996.

以来传承的是和谐文化，追求的是国家与社会的和谐、社会内部的和谐，并没有明确的"阶级意识"。因此，我们才会看到，私人资本和国家总是天然的盟友，二者的目标和目的具有高度一致性。这种合作主义的文化不仅是东方社会的主流，也是南美国家的传统。

民主语境的转换。有产阶级不再是民主的推动者，那么谁是民主的主力军呢？很多国家的历史已经告诉我们，下层阶级是民主的主力军！19世纪中叶开始的欧洲社会主义运动标志着大众政治时代的来临，民主也因此经历了正—反—合的语境转换。马克思在对摩尔根《古代社会》一书的研究中，对民主形式进行了再次探讨，认为未来社会的民主正是原始民主的回归。正是经历了原始民主到近代阶级社会的民主形式，再通过无产阶级新型民主的过渡，才最后实现了全人类的自由。这就是马克思所认为的民主在更高形式上的"复活"和"复归"。[①]

民主是希腊人的发明，其原始意义就是多数人统治。古希腊的民主体制以古雅典城邦为代表，而雅典的民主体制是针对迫近的现实社会问题不断对既有政治体制进行修改的结果，其间历经梭伦改革、克里斯提尼改革和厄菲阿尔特改革而最终形成，至伯里克利时代达到极盛。雅典政制的每一次民主化改革都是城邦贫富矛盾加剧的结果，改革也可能伴随着政客们的争权夺利，但每一次改革都标志着城邦平民阶层政治力量的增强和政治影响力的扩展。到伯里克利时代，雅典民主政制已经完全成熟，由于财富差异而对平民施加的政治限制已经完全取消，所有公民都取得了平等的政治权利。民主政制曾经创造了雅典城邦的辉煌，整个希腊世界在雅典的带领之下击退了波斯帝国的进攻，雅典成为海上同盟的霸主和"整个希腊的学校"。但是，随着伯里克利时代的结束和雅典在伯罗奔尼撒战争中的失败，雅典民主政治的缺点逐渐暴露，逐渐陷于各种政客、煽动家和私人利

---

① 《马克思恩格斯全集》第45卷，人民出版社1985年版，第398页。

益的无休止竞争之中。因此，雅典民主受到来自各方面的批判，而且这些批判者往往是思想界的巨擘。修昔底德认为，雅典的失败，归根结底在于民主政治制度。①众所周知，苏格拉底、柏拉图、亚里士多德等举足轻重的思想家都曾经批判过雅典的民主政制。总结起来，对雅典民主政治的批判主要体现在以下几点：第一，民众缺乏政治智慧，容易受人煽动，造成政治混乱；第二，将国家交由没有专业知识的民众，违背专家治国的基本原则；第三，民主制赋予了广大素质较低的民众过大的、不相称的权利，造成对其他阶层的侵犯。

希腊化的罗马人则实行混合制政体，大众和精英各得其所。但是，罗马以后，欧洲陷于长达千年的寡头政治和专制政治之中，民主被淹没，资产阶级革命以后民主才重见曙光，比如1832年的英国选举改革。但是，民主的主体"人民"已经从大多数人演变为以财产权为基础的少数精英阶层，民主从原初的人人平等变成了保护少数人财产权的工具。

《共产党宣言》的出版、1848年欧洲二月革命以及第一国际，揭开了社会主义运动的序幕，社会主义从此成为能与自由主义和保守主义相抗衡的第三大主流意识形态，②民主因此逐渐恢复其本来面目，具有了新的政治属性。正因如此，甚至在社会主义意识形态还没有成为主流之前，民主已经就遭遇到来自自由主义和保守主义两大阵营的攻击。在自由主义阵营中，托克维尔关于"多数的暴政"思想众所周知，认为"民主政府的本质，在于多数对政府的统治是绝对的，因为在民主政治下，谁也对抗不了多数"③。沿着托克维尔，密尔认为多数压制少数、抑制少数派意见的表达则是一种

---

① [古希腊]修昔底德：《伯罗奔尼撒战争史》，徐松岩译，广西师范大学出版社2004年版，第150—151页。

② 在亨廷顿看来，能够称得上意识形态的只有三种，即自由主义、保守主义和社会主义。参见 Samuel Huntington, "Conservatism as an Ideology", *American Political Science Review*, Vol. 51, No. 2, 1957, pp. 468–469。

③ [法]托克维尔：《论美国的民主》（上），第282页。

"社会暴虐"。① 在保守主义阵营中，保守主义的鼻祖柏克发明了"多重暴政"说，认为民众的统治是一种暴政，而且是"多重的暴政"。② 直到20、21世纪之交，保守主义者依然认为民主是乌合之众的事，是对传统和秩序的破坏。③ 因此，如果恢复到民主的原始形态，19世纪以前的主流舆论大都敌视民主。

不管如何敌视原始形态上的民主，包括社会主义力量在内的各种势力所推动的反资本主义政治的、以选举为主要形式的大众民主已经成为不可阻挡的潮流。1848—1849年，法国、德意志、奥地利、意大利、匈牙利相继爆发民众广泛参与的革命。1848年革命震动了欧洲的精英阶层，其中部分人开始意识到民主潮流难以阻挡，谈民主的人多起来，民主变革也接踵而至。自由主义大师约翰·密尔的态度转变最具有代表性，有必要长篇引证。这位曾发明"社会暴虐"思想的自由主义者，其晚年则重点思考社会主义问题。谈到1867年扩大工人阶级选举权的改革，他说："在我看来，这场变革的伟大性迄今既没有被它的反对者，也没有被最近发动这次宪政改革的人所完全意识到。"谈到当时的社会主义运动和社会主义学说，密尔这样说："现在，政治根据工人阶级的观点受到科学研究，根据这个阶级特殊利益而获得的观点被组织成为了体系与信条，这些体系与信条要求在政治哲学论坛上获得一个位置，要求拥有同以往的思想家所详细阐释的体系一样的权利。"智慧的密尔要求人们正视已经成为体系和信条的社会主义，"被上代人认为理所当然的基本信仰现在又处在考验之中。直到当代，从过去继承的完整的财产制度，除了在一些纯理论家那里，还没有受到严肃的

---

① ［英］密尔：《论自由》，许宝骙译，商务印书馆2006年版，第5—6页。
② ［英］柏克：《法国革命论》，何兆武译，商务印书馆2003年版，第125—126页。
③ 参见［法］勒庞《乌合之众：大众心理研究》，冯克利译，中央编译出版社2004年版。

怀疑。因为，过去在阶级之间发生冲突时，各个阶级对于当时的财产制度都有利害关系。事情将不再是这样了。当几乎没有自己财产的阶级参加到争议时，他们仅仅对与公共利益相关的制度感兴趣，他们不会把任何事情视为理所当然——当然包括私人财产原则"①。在轰轰烈烈的社会主义运动的推动下，大众民主已经不期而至。可以这样说，马克思主义以及马克思主义指导下的国际工人运动的一个最重要贡献，是将民主由保护少数人财产权的工具转变为实现多数人平等权的工具，实现精英民主向大众民主的转变。因为，在社会主义流派中，影响最大的是马克思的思想。

❖四 民主的社会主义属性及其限度

正是因为工人运动的推动，以选举为主要形式的民主政治成为西方的普遍现象，不管精英们是否喜欢。而技术革命的影响，从印刷、广播、电视再到互联网，政治生态已经发生了革命性变化，已经从过去的精英政治演变为第二次世界大战以后（在欧洲是从19世纪末开始）的大众权利政治甚至是民粹主义政治，技术革命普及了民权观念，公民权利早已成为一般大众的自觉诉求。另外，就权力关系而言，可以把权力分类为政治权力、经济权力和文化权力，权力主体分别是政府、企业家和知识阶层，那么一般老百姓的权力呢？民主就是他们最好的武器，在经济上处于劣势地位的大众则在政治上他们以多数决的方式影响政府，控制立法机关，从而形成有利于自己的社会政策和公共政策。

在精英政治时代，私人资本会寻求具有贵族政治色彩的共和政体而更好地实现自己的利益；而在民权普世化的大众政治时期，民主则是无权无

---

① ［英］密尔：《密尔论民主与社会主义》，胡勇译，吉林出版集团2008年版，第296—298页。

势的大众保护自己权益的最好武器。还因为民主与民粹之间的界限的模糊性，有产阶级就更不愿意看到民主的财产再分配功能。也就是说，民主的工具价值已经发生了革命性变化，从过去的保护财产权的工具变成实现平等权的工具，是实现下层阶级集体权利的一种利器。在欧洲，这个成就归功于社会主义运动。哈耶克说："民主在本质上是一种个人主义的制度，与社会主义有着不可调和的冲突。"① 这既不符合民主的历史，也不符合社会主义的性质。值得思考的是，"民主"怎么会从上层阶级眼中的洪水猛兽变成今天西方资产阶级的"专利"？原来，由于预先存在宪政体制，民主并没有他们原先想得那么可怕，民主是可以规制的。可以规制的民主反而为以财产权为基础的政权增加政治合法性，资产阶级由此才变得更加自信，并接过民主的旗帜而挥舞。将大众民主与宪政体制结合得如此巧妙，应该说是人类政治史上的一个奇迹。

在此值得思考的一个问题是，一个并不符合很多国家历史的"神话"为什么依然流行，或者说以不同的面目在延续着？这就必须从认识论上追问，即对于我们所处的世界我们能够知道些什么、我们又是如何知道的？一般地说，社会科学就是使我们如何知道的知识体系，而社会科学深受观念的影响，观念又来自经验传统。这就对我们如何运用社会科学的有关理论而认识、知道我们所处的世界提出了挑战，我们是简单地套用既定的概念呢？还是要追问概念本身的意义，尤其是其渊源？无疑，要想更好地认识自己的世界，就需要在比较制度变迁的基础上，对概念进行追根溯源式的辨析。

具体而言，我们的社会科学基本上是产生于西方经验的西方观念，而且是基于特定经验而产生的特定观念。其中，基于英国和美国经验而产生的社会中心论是由流派众多的政治哲学所构成的"社会科学群集"，或者说

---

① [英]哈耶克：《通往奴役之路》，王明毅、冯兴元译，中国社会科学出版社1997年版，第30页。

绝大多数政治哲学流派都有社会中心论的印记。就这样，基于其他现代化经验而产生的思想和理论就自觉不自觉地被掩蔽了，或者说人们不愿意接受根据德国经验而产生的国家中心主义思想，更不愿意接受根据俄国—中国经验而产生的政党中心主义。① 就这样，基于特定经验而产生的"没有资产阶级，就没有民主"成为神话，这个神话今天又被演绎为"中产阶级带来民主"。

真实的民主历程告诉我们，从一开始，下层阶级就一直是民主的重要力量；而到了大众政治时代，下层民众则是很多国家民主政治的主力军。如果说早期的精英民主与资产阶级联系在一起的话，那么当代的大众民主则与以下层民众为主体的工人运动密不可分。在这个意义上，大众民主的本质是社会主义。社会主义的含义可能是多方面的，但是，无论是什么样的社会主义都必须承认，社会主义运动是反对等级社会和不平等的产物，因而其核心是平等与公正；而追求平等与公正的社会主体（即社会主义运动的主体）必然是那些无权无势的下层民众。一人一票的选举民主则是下层阶级实现平等权的最好工具。因此，民主的本质具有社会主义性质。至于民主历程中的曲曲折折，比如民主与多数人暴政、民主与"民粹主义"的复杂关系，到底应该实行什么样的民主，以及如何实现民主，那是特定语境中的特定课题。

虽然社会主义运动揭开了大众权利政治的序幕，民主的本质因而具有社会主义属性，以选举为主要形式的民主也是实现大众权利的一种重要形式，但是我们必须看到选举式大众民主在特定时空中的局限性。虽然马克思、恩格斯肯定大众选举民主的到来，但是对选举民主之局限性有着最深刻认识的也是马克思。通过对1848年法国二月革命后情势的考察，在1851

---

① 关于社会中心主义、国家中心主义和政党中心主义的详细论证，参见杨光斌《制度变迁的路径及其理论意义：从社会中心主义到国家中心主义》，《中国社会科学内刊》2007年第5期。

年《路易·波拿巴的雾月十八日》一文中，马克思指出，普选制在法国具有重要的作用，他认为，只有将普选权归还给人民，行政权和立法才能真正代表人民的意志。恩格斯晚年在为马克思《1848年至1850年的法兰西阶级斗争》一书所作的"导言"中再次重申："争取普选权、争取民主，是战斗无产阶级的首要任务之一"，并认为有效地利用普选权等议会民主形式，是无产阶级的一种新的斗争方式。① 同时，马克思也将选举制当作未来民主政体实现人民主权的主要形式。在《法兰西内战》中，马克思提出了选举式直接民主与人民代表制相结合的思想，巴黎公社的普选制实现了这一结合。"公社是由巴黎各区通过普选选出的市政委员组成的。这些委员是负责任的，随时可以罢免。其中大多数自然都是工人或公认的工人阶级代表。""普遍选举权不是为了每三年或六年决定一次由统治阶级中什么人在议会里当人民的假代表，而是为了服务于组织在公社里的人民。"②

在我看来，在马克思那里，资本主义社会中大众的选举权至少受到两个方面的限制。首先是经济关系以及由此而导致的阶级关系的限制。马克思指出："选举是一种政治形式，在最小的俄国公社和劳动组合中都有。选举的性质并不取决于这个名称，而是取决于经济基础，取决于选民间的经济联系。"③"国家内部的一切斗争——民主政体、贵族政体和君主政体相互之间的斗争，争取选举权的斗争等等，不过是一些虚幻的形式——普遍的东西一般说来是一种虚幻的共同体的形式——，在这些形式下进行着各个不同阶级间的真正的斗争。"④ 第二个是政治程序对实体的限制，即在只有选举权而不能决定国家生活的具体环节的情况下，选举式民主的价值在实质上就会受到限制。马克思深刻地指出："在民主制中，任何一个环节都不

---

① 《马克思恩格斯全集》第22卷，人民出版社1965年版，第602页。
② 《马克思恩格斯选集》第3卷，人民出版社1995年版，第55、57页。
③ 同上书，第289页。
④ 《马克思恩格斯选集》第1卷，人民出版社1995年版，第84页。

具有与它本身的意义不同的意义。每一个环节实际上都只是整体人民的环节。"① 用今天的话说，必须建立一套实现人民主权的政治机制。

关于资本主义社会大众民主的问题，韦伯的出发点与马克思所说的"环节"相似。② 如果说马克思因为看到国家只不过是资产阶级的管理委员会这个本质而认识到选举民主的局限性，韦伯则因为看到国家是由社会精英阶层而组织起来的等级结构的科层制而质疑甚至否定"大众民主"的价值。在韦伯看来，工业资本主义所导致的宰制结构无处不在，"毫无例外，社会行动的每一部分是深刻地受着宰制（优势，dominance）的影响……优势的结构仍旧决定性地规定了社会行动的形式，以及它怎样朝'目标'取向［定取方向朝向目标］"③。在这种由精英构成的宰制结构下，"面对这里令我们感兴趣的国家官员的日益不可或缺和由此所制约的日益上升的权力地位，如何能提供某种保障能有一些权力来限制这个日益重要的阶层的巨大优势并有效地监督它？如何才能使民主哪怕仅仅在这个有限的意义上变为可能？""'少数的原则'，也就是说，小小的领导集团里优越出众的、运筹帷幄的政治能力，总是控制着政治的行动。这种'独裁专制的'特点（在大的国家里）是无法根除的"④。显然，在韦伯，国家的主权者不是民主

---

① 《马克思恩格斯全集》第 3 卷，人民出版社 1995 年版，第 39 页。

② 关于韦伯与马克思的关系，在冷战的第一个阶段（20 世纪 50—60 年代），西方主流社会科学为了证明资本主义政治的合法性，特别强调现代社会科学的韦伯之知识渊源，并以韦伯而否定马克思。1970 年，吉登斯的研究（参见 Anthony Giddens, "Marx, Webber and the Development of Capitalism", *Sociology*, 1970, 4: 289—310）打破了这样的局面，使得马克思思想被认为是现代社会科学的一种重要知识渊源，同时还认为，无论是在方法论上，还是在对资本主义、民主政治、阶级与集团等很多具体问题上，虽然有差异，但更多是互补。事实上熊彼特在其著名的《资本主义、社会主义与民主》中早就有类似的看法和论断。因此，将二人对立的观点已经很落伍了。

③ Max Webber, *The Religion of China*, New York: Free Press, 1968, p. 941. 转引自洪缣德编著《从韦伯看马克思》，（台湾）扬智文化 1998 年版，第 48 页。

④ ［德］韦伯：《经济与社会》（下），林荣远译，商务印书馆 1998 年版，第 756、786 页。

的主体即"人民",而是庞大的官僚机器。在韦伯这样的国家主义者这里,国家机器实际上使民主变得不可能。但是,与马克思不同的是,韦伯是以精英主义的立场来看待他提出的"大众民主"(mass democracy)。秉承传统的精英主义者的一贯看法即大众是情绪化非理性的,在他看来,"群众民主(即'大众民主',——作者注)在国家政治方面的危险,最最首当其冲的是感情的因素在政治中占强大优势的可能性……因为正如种种经验告诉我们的一样,群众总是处于现实的纯粹感情的和非理性的影响之下"。这样,"群众性民主化"的一个后果就是"采取群众性蛊惑煽动的手段赢得政权"。在韦伯看来,大众民主是与议会制度相对立的,"因为真正的议会制仅存在于实行两党制时,而这只有政党内部实行贵族式的绅士统治才是可能的"①。这样,作为精英论者的韦伯不仅正确地认识到大众民主遭遇官僚政治的难题,同时又贬抑大众民主的积极意义,并把它与议会制对立起来。

韦伯的精英主义民主观被熊彼特演绎为著名的"熊彼特式民主"。在熊彼特看来,"民主是一种政治方法,即为达到政治——立法与行政——决定而作出的某种形式的制度安排"。因此,民主"就是那种为作出政治决定而实行的制度安排,在这种安排中,某些人通过争取人民选票取得作决定的权力"②。这是经典的精英民主主义的表述,将民主当作民众选举统治者的过程。我们知道,精英民主主义既是对古典民主主义所倡导的人民主权理论的一个修补,也是为了回答资本主义遇到的现实难题,即如何回答人民与政治统治合法性的关系。这是因为,资本主义就是一个合理化的过程,而来自理性主义的资本主义现在却与理性主义形成紧张关系。熊彼特这样说,"当日常生活的合理分析习惯和合理行为已习以为常和相当成熟的时候,它转过来使群众产生集体的观念,批评和在一定程度上以质疑来'合理化'

---

① [德] 韦伯:《经济与社会》(下),第800、810、793页。
② [美] 熊彼特:《资本主义、社会主义与民主》,吴良健译,商务印书馆2002年版,第359、395—396页。

生活中的某种现象，他们提出为什么要有国王、教皇、臣属关系、什一税和财产"。因此，"资本主义创造了一种批判的心理结构，这个结构在毁坏许许多多其他制度的道德权威之后，最后掉过头来反对它自己；资产阶级人士惊异地发现，理性主义态度在得到国王和教皇信任之后没有停步，而是继续攻击私有财产和资产阶级价值的整个体制"①。说白了，理性主义对资本主义批判的结果就是以群众的集体观念为基础的社会主义，而大众民主正是具有社会主义属性的对资本主义批评与改造的产物。

我认为，无论从什么立场来看待大众民主，无论是积极的肯定或消极的贬抑，其实都在把民主当作社会主义的东西，或者是实现社会主义的工具与手段。毕竟，自19世纪中叶社会主义成为一种主流意识形态以后，民主已经有了完全不同的含义，它已经是大众的诉求，是大众实现平等权的工具。可以说，以平等的选举权为要义的大众民主是资本主义母体中孕育出的社会主义胚胎，正如封建社会母体曾经孕育出资本主义生产方式一样。

---

① ［美］熊彼特：《资本主义、社会主义与民主》，第197、225页。

政体理论的回归与超越

——建构一种超越左右的民主观

涂尔干告诫的情况在中国尤其严重,即研究者经常被虚假的知识和错误的真理所侵扰,其中政体理论就是最值得清理的一个概念。政体理论从一开始就是政治学的核心,古典主义政治学在很大程度上就是关于政体的学说。罗伯特·达尔因此才说政体研究一直推动着政治学的发展。[①] 保守主义者施特劳斯甚至呼吁政治哲学(包括政治科学)就是关于政体的研究。[②] 但是,由于冷战中的意识形态冲突,影响很大的西方政治学中的政体理论已经严重偏离了政体理论的初衷并西方化标签化,以西方政体为标准而丈量其他所有国家的政体。冷战刚结束时,福山就宣告"历史的终结"即自由民主的胜利,亨廷顿在《第三波:20世纪后期的民主化浪潮》中将世界划分为民主世界和非民主世界。在冷战结束很多年后,西方最权威的比较政治学教科书依然以冷战式的两极对立方式来划分政体类型,即民主与威

---

① [美]达尔:《现代政治分析》,王沪宁、陈峰译,上海译文出版社1987年版,第71页。

② [美]施特劳斯、克罗波西主编:《政治哲学史》(下),李天然等译,河北人民出版社1991年版,第1070页。

权主义的二分法。① 今天，研究中国政治的美国学者依然被"威权主义"概念所套牢，不是说中国是"柔性威权主义"，就是说"分权化威权主义"。②更要命的是，在特定政治背景时期形成的政体理论已俨然普适化，其他国家的学者、思想界甚至是接受过一般教育的人均以西方政体而自觉不自觉地判断自己是否合理是否正确，或者用以判断中国政治的类型。中国台湾地区代表性的政治学者吴玉山认为，当今中国大陆一方面出现了"后极权主义"（post-totalitarianism）的特征，如制度化、技术官僚、消费主义，与苏联东欧等共产党国家并无明显差异；另一方面，中国大陆又出现了东亚式的"资本主义发展国家"，与中国台湾地区、韩国的发展特性相近。一群受到政治领袖信任的优秀经济官僚来主导国家的产业政策、操控市场，决定商业竞争的赢家。由于是"后极权主义"与"发展型国家"两种看似南辕北辙的体制，使得中国的整体经验与众不同。③尽管指出了中国整体经验的差异性，但是基本话语还是源自西方用于分析共产主义国家和东亚国家的流行概念，何况用"极权主义"来分析中国在西方一开始就存在争议，大多数研究中国政治的西方学者一般也不用"极权主义"来指称毛泽东时期的中国。

问题的根本在于，当下流行的政体理论本身就是有问题的，其解释力和适用性自然就应该受到质疑。已有学者有了这样的理论自觉。通过研究

---

① ［美］阿尔蒙德等：《当代比较政治学：世界视野》（第八版，更新版），杨红伟等译，上海人民出版社2010年版，第116页。

② 翻开美国的中国政治研究，基本上都称中国为"威权主义"，以"威权主义"字样作为书名的比比皆是。比如，著名的中国问题专家黎安友称中国为"soft authoritarianism"，参见 Pierre Landry, *Decentralized Authoritarianism in China: The Communist Party's Control of Local Elites in the Post-Mao Era*, Cambridge University Press; illustrated edition (August 4, 2008)。

③ 吴玉山：《观察中国：后极权资本主义发展国家——苏东与东亚模式的糅合》，载徐斯俭、吴玉山主编《党国蜕变：中共政权的精英与政策》，（台北）五南图书公司2007年版，第309—335页。

改革开放以来中国政策过程变化中所体现的民主政治性质,王绍光批评道:"中国政治的逻辑已经发生了根本性的变化,而西方舶来的'威权主义'分析框架则完全无力把握中国政治中这些深刻的变化。在过去几十年里,这个标签像狗皮膏药一样往往被随处乱贴。中国政治在此期间发生了翻天覆地的变化,贴在中国政治上的标签却一成不变。如此荒唐的概念与其说是学术分析工具,不如说是意识形态的诅咒。现在已经到了彻底摆脱这类梦呓的时候了。"[1] 由于王文的任务不是概念清理,也不是方法论意义上的政体理论探讨,为此并不能回答流行的政体理论为什么不能适用于中国,也就不能破解意识形态诅咒。

在政体理论的知识层面,很多人依然停留在亚里士多德的古典主义政体观上,认为政体就是指最高权力归属问题,何况这种认识也不完全符合亚里士多德的政体观。与此相联系,当人们提及政体时,往往想到的便是总统制、议会制之类的纵向的政权的组织形式,其实它们只不过是政体理论所指的一个部分而已,并不能代表一个国家政体的全部,因为还有纵向权力结构问题。更重要的是,冷战时期两极对立的意识形态进一步搞乱了政体理论,将其先辈以反民主政治为宗旨所设计的代表选举制即代议制论说成自由民主政治,形成了观念性概念与政治现实的巨大反差。

非常有必要重新检视并建构政体理论。本文的第一部分着重于政体概念的线条性梳理,因而必然集中于主要经典文献而不能过多地涉及学界的相关研究,在这个过程中提出不同于传统的政体观。第二部分检视古典主义政体理论的意识形态化过程。时代的演变使得政体争论变成了民主政治之争,但是到底应该如何认识民主政体?本文提出新的视野,并力图建构民主政体的新原则。

---

[1] 王绍光:《中国公共政策议程设置的模式》,《中国社会科学》2006年第5期。

◇ 一 古典政体理论的遗产

作为政治学的开山之作,亚里士多德的《政治学》其实就是政体学说。我们一般把政体当作政权的组织形式,核心是谁居统治地位并以何种形式组织国家。在亚里士多德看来,"政体可以说是一个城邦的职能组织,由以确定最高统治机构和政权的安排,也由以订立城邦及其全体各分子所企求的目的"①。因此,自古以来的政体学说绝不是简单地谈论最高权威和权力归属问题,还有围绕最高权威的制度安排。人们对亚里士多德的政体分类已经耳熟能详,但是这里值得发掘其方法论,因为这个问题直接关系到古典政体理论与当代政体理论的关系。

除了众所周知的比较研究方法外,我认为至少有以下几个方法论上的重要特征值得关注:第一,政治—经济的双重分析法。人们对亚里士多德的政体理论的政治分析已经习以为常。不仅如此,在亚里士多德那里,每一个政体形态都是以财产占有状况为基础的,也可以因此而认为这是最早的政治形态的阶级关系研究。

第二,政治过程分析。在亚里士多德看来,一个平民政体如果不以法律而以命令为依归,这样的平民政体就有了专制君主政体的性质;一个民主政体因人民的教育和习性没有法制基础,具有寡头主义的统治;相反,非民主政体的城邦若以法制为基础,却有了民主政体的作风和趋向。② 对此,萨拜因指出,亚里士多德是高度现实主义的,政体是一回事,而政体实际运作的方式则是另一回事。萨拜因由此感叹道,亚里士多德对城邦国

---

① [古希腊]亚里士多德:《政治学》,吴寿彭译,商务印书馆 2008 年版,第 181 页。

② 同上书,第 194—196 页。

家的内在运作方式的把握和精通程度，是此后任何政治学家在讨论任何其他政体时所不及的。① 我们将会看到，这一点更是意识形态化的政治学理论家所不能企及的。

第三，政体序列上的差异性。经济利益的多变性以及政治过程的复杂性，决定了政体之间的差异更多的是一个序列上的级数差异而非类的对立。亚里士多德没有把158个城邦国家简单化，不仅根据正宗与变态的标准划分出六大类政体，又在大类下面划分出若干"亚政体"。② 这种政体类型复杂性的价值被西方学者注意到，"政体亚种之间的差别不单单具有极大的政治重要性，这些差别有时在一些关键方面比政体种类本身之间的差别还要大"。例如，一个温和的民主政体与一个温和的寡头政体相比，可能与一个民主政体相比具有更大的共同点。一旦考虑到政体的亚种，政体的种类便更多地表现为单一的序列，而较少地表现为政治上或意识形态上的排他性的种类，这确是亚里士多德所关心的中心问题："在某种程度上淡化政体间的界限具有实质意义，假如渐进的政体改革方略要获得成功的话。"③ 可以认为，亚里士多德政体思想的一个重要方面是单一序列上的"级数差异"而非"种类对立"；如果有对立的话，那也只是政治过程中政治目的（正宗与变态）的区别，而不是因名称的不同而对立。这是亚里士多德政体思想的一个重要遗产，但是却被后来的意识形态家所遗弃。

亚里士多德的政体理论确立了政体理论的基本方向和基本方面，除了中世纪的神学政治，直到20世纪初，形形色色的政体理论都是围绕亚氏的政体理论而展开的。现代国家在横向规模上的空前扩大也必然导致纵向程

---

① ［美］萨拜因：《政治学说史》（上），邓正来译，上海人民出版社2008年版，第148页。

② ［古希腊］亚里士多德：《政治学》，第187—195页。

③ ［美］施特劳斯、克罗波西主编：《政治哲学史》（上），李天然等译，河北人民出版社1993年版，第152页。

度的不同，无论"主权"归谁，必须有一套将主权落地的工具，即贡斯当所说的"中介原则"。① 中介原则使得绝对性最高原则用于现实世界。如果说贵族共和制是一个最高原则，而让贵族共和制运转起来的中介原则就是以代议制为核心的关于横向权力结构的三权分立和关于纵向权力结构的单一制——联邦制。我们将会看到，这些中介原则的核心就是为了限制多数人的权利并维护本质上的贵族制。

不理解基督教，就不能理解西方文化和政治思想。同样，我也认为，不理解作为组织的基督教的组织方式，就很难理解西方近代政治制度的起源和演变。在基督教中，由于不能以强制和世袭的办法产生领导人，选举似乎就成为一种必然选择。在中世纪最重要的一个思想家马尔西利奥的教会理论中，宗教大会是解决纷争的最高机构，其构成是代议原则，即各教区都按照其统治者的命令并按照其基督教居民人数的比例选出各自的代表。② 不仅如此，中世纪的世俗政治也到处可见代议制，从13世纪到15世纪，议会制度在英格兰、法兰西、伊比利亚半岛等地纷纷出现，英国因而有"议会之母"之称。

制度是积累性演进的产物。到了近代，世俗国家代替了神权，但神权政治时代所积累的选举制度并没有被遗弃，因而很自然地产生了"光荣革命"以后洛克式自由主义的委托—代理理论，即人民委托或选择代表进行统治。洛克说，当人民发现作为最高权力的立法机关的"立法行为与他们的委托相抵触时，人民仍然享有最高的权力来罢免或更换立法机关"③。洛克的社会契约论开创了并非民主政治的代议制。代议制虽然具有混合制

---

① 转引自〔美〕萨托利《民主新论》，冯克利、阎克文译，东方出版社1993年版，第71—72页。

② 参见〔美〕萨拜因《政治学说史》（上卷），邓正来译，上海人民出版社2008年版，第358—359页。

③ 洛克：《政府论》（下），叶启芳、瞿菊农译，商务印书馆1964年版，第91页。

（即贵族共和制）的特征，但并不妨碍其贵族制的本质，因为最重要的政治主体还是贵族、寡头或者说少数精英。

洛克式自由主义代议制与哈林顿式共和主义的选举制度设计有异曲同工之妙。① 代表选举制的必要性被孟德斯鸠系统论证过。"代表的最大好处，在于他们有能力讨论事情。人民是完全不适宜于讨论事情的。这是民主政治重大困难之一。"② 很清楚，孟德斯鸠所说的选举代表制其实是为了避免民主政治，虽然其政体思想已经有了混合性质。

作为西方现代政制的设计师，孟德斯鸠还设计了如何产生代表的制度，即英国式的两院制。③ 限制多数人权利又维护了作为代表的贵族统治权的代议政制进一步在美国的制度设计中得到确认。④ 文献清楚地表明，联邦党人主张的代议制也是为了限制多数人权利，反对的是民主政治。

无论是洛克的社会契约论假设还是哈林顿虚构的"大洋国"，还是麦迪逊的代议制理论，都是建立在历史经验的信息遗传基础之上；反过来，这些遗传信息在英国和美国政治中传递，最终约翰·密尔成为代议制理论的集大成者。密尔指出，平民政府是不可能的政府形式，"一个完美政府的理想类型一定是代议制政府"⑤。

密尔之所以如此否定平民政府而为代议制辩护，是因为1848年革命颠覆了千年以来的欧洲等级制和贵族制，大众权利意识空前高涨，社会主义和民主主义的平等权运动势不可当。在英国，1832年的第一次宪政改革也

---

① ［英］哈林顿：《大洋国》，何新译，商务印书馆1996年版。

② ［法］孟德斯鸠：《论法的精神》（上），张深雁译，商务印书馆1987年版，第157页。

③ 同上书，第163—164页。

④ ［美］汉密尔顿、杰伊、麦迪逊：《联邦党人文集》，程逢如等译，商务印书馆2007年版，第44—51页。

⑤ ［英］约翰·密尔：《代议制政府》（英汉对照全译本），段小平译，中国社会科学出版社2007年版，第79、81、103—105页。

进一步推动了下层阶级的权利意识，宪章运动推动下的工人权利已经是不容回避的现实政治。由此，我们才能理解密尔为何还在论证其前辈的代议制政府理论。

但是，出于对作为人民的大多数人深深的不信任，密尔提出了著名的"多数暴虐"和"阶级立法"思想。这和密尔所推崇的托克维尔的思想如出一辙。托克维尔关于"多数的暴政"思想众所周知，认为"民主政府的本质，在于多数对政府的统治是绝对的，因为在民主政治下，谁也对抗不了多数"①。而"多数暴政"主要表现为对富人财产的剥夺，即密尔所说的"阶级立法"。

到19世纪中叶，即以密尔的《代议制政府》为标志，代议制理论的建构基本完成。如果说代议制是贵族共和制的"中介原则"，而选举制又是代议制的"中介原则"。在密尔的代议制理论中，和其前辈一样，选举制只不过是经中世纪积累而成的一个中介性工具，是宗教制度、政治上的贵族制和民主制都离不开的一个工具，并没有多少意识形态或价值性色彩，因而是无论自由主义、保守主义还是马克思主义都不否认的一项工具性制度，只是它们对选举制度的评价有所不同。

通过上面的梳理我们应该知道，所谓"代议制"主要讲的是立法机关的产生办法及其职能，而较少涉及今天代议制中的行政权部分。一般认为，有了限制民众直接管理政府的以代表制为核心的代议制、权力制衡、联邦制以及修宪的极为苛刻的规定，美国政体事实上就是一个限制简单多数的政体，直接地说，就是一种保护精英而排斥大众的政府。这种复杂的政治设计被美国人自己称为"复合共和制"，即以相互制约的多元权力中心而限制多数派。再到后来，奥斯特罗姆进一步拓展"复合共和制"的政治设计，但其"立宪设计"的核心之一还是离不开如何约束多数人的问题。我认为，

---

① [法]托克维尔：《美国的民主》（上），董果良译，商务印书馆1988年版，第282页。

无论是"复合共和制"的设计者,还是奥斯特罗姆这样的"复合共和制"的论证者,信仰的都是一种限制权利的立宪主义,而立宪主义显然是反平民主义和民主主义的,是"都铎政体"的另一类表达而已。

近代政体理论既是时代的产物,又是旧制度主义政治学方法论的体现,即所有的政体理论都是围绕硬性的制度安排展开的,而不问政治过程,不从政治过程研究找出相同或不同政体的异同。而制度设计的核心则是围绕反对民主政治或限制多数人权利的代议制而展开的,无论是中世纪的代议制论者,还是近代的洛克、孟德斯鸠、美国联邦党人,甚至包括约翰·密尔,代议政制都是关于选举代表的制度设计,其目的都是避免实现作为多数人权利形式的民主政治。也就是说,以选举代表为核心的代议制保护的是传统上的贵族制,而非民主制。就是这样一个明白无误的、源远流长的制度,却被后来的精英主义者即贵族制拥护者说成是民主制,被赋予特定的价值意义,名曰"自由主义民主",实在是历史的玩笑。在号称"意识形态终结"的冷战时代,政体理论不但有制度主义的因素,更添加了意识形态色彩。

◇二 政体理论的意识形态化

正如民族国家的形成催生了新的政体理论一样,新的时代也造就了新的政体理论。只不过,这个新时代已经不主要是国内政治的变化,更多的是国际关系的变迁。而新国际关系下形成的政体理论直接决定了今天的政体观念。有意思的是,政体本来是国内政治的,怎么会变成国际关系的问题呢?要知道,到 20 世纪中叶,西方国家的国内政治并没有什么根本性变化,宪政结构不变,只不过选举权在有些国家有所扩大,而美国的黑人依然没有选举权。但是,冷战发生了,而冷战起源于意识形态冲突,话语权的"主义"之争成为20世纪下半叶国际政治的主要特征。这样,"人民主权"学说下的关键词"人民""自由""民主"等便成为西方思想界争论和论证的焦点。客观地说,就世界范围而言,从第二次世界大战结束的一个时期内,社会主义阵营在"自由"和"民主"的话语权上并不逊色于资本主义阵营,要知道人口最多的中国就是在要"自由"、要"民主"的旗帜下建立新中国的,而且建立新中国的主体正是马克思笔下的"人民"即劳苦大众。因此,正是新中国和其他社会主义国家践行着真正意义上的"人民主权",其他发展中国家的穷人革命运动也轰轰烈烈地展开着。也正因为担心多米诺骨牌效应,西方阵营与社会主义阵营展开了不遗余力的意识形态之争,也可以看做社会主义民主观与资本主义民主观的斗争。遗憾的是,由于教条主义的限制,社会主义国家在民主理论上并没有什么突破性建树,只停留在经典作家那里;而且以为有了"人民主权",一切问题都不是问题了,因此在实践上也出现过与"人民主权"相悖的个人崇拜以及由此而导致的一些错误和灾难。在与社会主义阵营斗争的同时,西方阵营内部也出现了关于"民主"的大争论,即表现为自由主义民主的精英民主主义与表现为古典民主主义的参与式民主主义(精英主义者称之为"激进民主主义")之争,精英主义者试图解构古典民主主义的人民主权理论并建构所谓的自由主义民主,反精英主义者则极力维护古典民主主义。[1] 精英主义者似乎占了上风,以至于今天全世界范围内流行的民主理论都是精英主义的民主观,即"熊彼特式民主"——选举式民主。

民主之争就是政体之争。熊彼特在政体意义上讨论民主,[2] 萨托利和达尔也如此。萨托利说:不同于社会生活中的社会民主和工业民主,政治意义上的民主是大范围的宏观民主,是政体层面上的民主问题即国家范围和

---

[1] 参见《国际社会科学百科全书》。
[2] [美]熊彼特:《资本主义,社会主义与民主》,吴良健译,商务印书馆2000年版,第395页。

国家管理的民主问题；民主就是一级实体——政体——意义上的民主制度。① 达尔以选举权的范围和反对的自由为标准，将世界上的政治体系划分为"霸权政制"和"民主政制"或"民主国家"。②

在冷战时期，政体之争从来没有停止过，只不过从事实层面的"亚里士多德的战争"变成了意识形态化的"民主的战争"。到冷战高峰时期的20世纪60年代，在西方政治学中，曾经影响很大的亚里士多德和韦伯不得不让位给意识形态理论家们，出现了形形色色的政体类型学，形成了罗伯特·达尔所说的"类型学的洪流"，以至于在1967年举行的"国际政治学学会第七届世界大会"上，所有的分组会议都集中于讨论"政治体系的类型学"。③

虽然达尔认为不存在一种最佳的类型学，很多政体类型的划分看上去也很复杂，我认为其中都贯彻着"二分法"（即两个类别的对立）：一是以西方的政治体制为中心进行的传统与现代之分；二是现代政治中的民主与专制之分，或自由主义民主与极权主义之分。二者都是西方中心主义。为了厘清意识形态化的政体理论，这里首先有必要简单地提及类型学及"二分法"的问题。

亚里士多德主义者的一个重要遗产是：没有归纳，就没有科学。即使基于事实的科学化分类，也具有排他性、掩饰多样性和时效性等诸多问题。如果在类型学中采用最简单的"二分法"，那么问题会更多，解释力更差；而如果采用以意识形态而非事实为标准的"二分法"，这种分类的价值就更值得怀疑。

寻求类的对立的"二分法"往往建立在单一的决定性因素之上，舍弃

---

① ［美］萨托利：《民主新论》，第12—13页。
② ［美］罗伯特·达尔：《现代政治分析》，王沪宁、陈峰译，上海译文出版社1987年版，第104—105页。
③ 同上书，第89页。

了政治社会结构中的其他重要变量。在社会科学中，没有任何单一变量能够解释历史进程和政治现象，总是存在几个甚至更多的解释性变量。我认为，政体类型学的"二分法"既是西方宗教文化传统的体现，还有冷战的时代背景，冷战就是两极世界的对立，必然是思维方式上的二元对立。而二分法无视或忽视了中间地带、混合地带以及政体谱系上的"级数"，是一种简单的非对即错、非白即黑的二元对立。但是，难道现代美国社会中没有传统色彩很重的宗教？所谓的专制主义社会就没有自由？因此，在很多时候，二分法是无效的。

"自由主义民主"就是二分法的政体类型学的产物，其最有力的辩护者也不讳言。萨托利说，"民主是什么"这样的命题是指一个实体的类型，"由此而要求的逻辑处理是分类处理，即二分法处理或分离处理。我们要确定某个政体是不是民主政体。这也使得由这样的处理而产生的不同是类的不同，而不是程度的不同"①。

分"类"而不问"程度"，就意味着只讲差异和对立，而不讲共性和通融。在这一点上，自由主义与保守主义并没有区别。施特劳斯的看法是："在我们的时代，压倒一切的政治论战是以美国为中心的自由民主和以苏联为中心的马克思主义之间的论战……政治科学的一个主要职能，若加以正确理解的话，就在于消除这种幻想，而达到这一目的的途径就是传播对政体之间之一般冲突及马克思主义与自由政体之特殊冲突的意义的正确认识。"②众所周知，施特劳斯式的研究反对历史主义和相对主义，不问经验和事实，只追问价值。这样，在对待政治学的根本问题即政体上，自由主义和保守主义都是只在价值上强调对立，而不关心事实本身到底如何。这种思维方式和方法论是冷战时期两极对立现实的思维方式写照。由于冷战的需要，被贬抑几千年的"民主"终于在理论上被正名，成为理论家们相

---

① ［美］萨托利：《民主新论》，第185页。
② ［美］施特劳斯、克罗波西主编：《政治哲学史》（下），第1072页。

互争夺的一个话语，没有发生根本变化的西方国家的代议制（贵族共和制）被说成是"民主政制"。但是，冷战时期两大阵营的国家都自称"民主国家"，因此达尔用"多头政制"、精英主义者用"自由主义民主"来指称西方国家，以区别于其他类型的国家。因为本文旨在澄清政体理论在西方的演进，那么接下来的任务就是专门考察"自由主义民主"政体了，看看以代议制为基础的"贵族共和制"如何被论证成"自由主义民主"政体。

"自由民主"是一个笼统的概念，其中包括很多不同的思想体系。本文所考察的"自由民主"就是在国外是主流之一而在国内影响最大的"熊彼特式民主"即选举式民主。

把政体意义上的"自由民主"之说归结于一个人、一个事件，是很困难的事。谁最早提出"自由民主"是一个说不清的问题，有人归结为约翰·密尔，[1] 也有人说是托克维尔。[2] 我认为这些都是事后追认或寻求合法性证明，因为西方的主流思想直到20世纪初还是在负面意义上指称民主，它们也不愿意这样标榜自己是民主国家。从19世纪中叶开始，"自由民主"已经导致诸多严重问题，因此才有了马克思的革命性批判，也有帕累托、莫斯卡、米歇尔斯等人的精英主义批判。"自由民主"已经不堪重负。到了20世纪中期以后，在和激进民主主义的论战中，"自由民主"被修正主义者重构后才被"正名"，成为一个积极的概念。其中熊彼特和其后尘的萨托利是两个绕不开的人物。下面将集中讨论二人的代表著作，间或涉及其他人。

鉴于第二次世界大战后来势凶猛的社会主义运动，不喜欢社会主义更不喜欢马克思主义的熊彼特也预言，人类将"大步进入社会主义"。[3] 也就

---

[1] [加]坎宁安：《民主理论导论》，谈火生等译，吉林出版集团2010年版，第35—37页。

[2] 参见[美]萨托利《民主新论》，第377页。

[3] [美]熊彼特：《资本主义，社会主义与民主》，吴良健译，商务印书馆2000年版，第25—42页。

是说，西方国家面临空前的政治挑战，如何认识"人民主权"就成为问题的焦点。在当时，社会主义意味着大多数当家作主，而在以"人民主权"为旗帜的西方资本主义政治中"人民"到底是什么样的角色？西方的理论家必须回答这个根本性问题。

熊彼特和萨托利等人给出了答案。要使"自由主义民主"成立，首先必须直面千百年来盛行的"人民主权"。熊彼特这样解构古典的民主理论即"人民主权"：第一，人民是一个不确定的概念，"不同的集团在不同时期都声称他们是人民"，而且，"'人民'怎么有技术上的可能性去进行统治？"①第二，作为社会选择理论的先驱，熊彼特认为不存在共同的社会福利。②第三，基于政治与人性的关系，熊彼特援引勒庞关于大众心理的"乌合之众"之说，指出"典型的公民一旦进入政治领域，他的精神状态就跌落到较低水平上"，"即使没有试图影响他的政治集团，典型公民在政治问题上往往会听任超理性或不合理的偏见和冲动的摆布"。第四，从西方国家的真实政治过程看，职业政治家和利益集团"能够在很大程度内改变甚至制造人民的意志……人民的意志不会是政治过程的动力，只能是它的产物"③。

和熊彼特一样，所有其他的精英主义者都不认为"人民"是一个真实的存在，并且群众社会不利于民主政治。萨托利说："今天的'人民'代表一个无定形的集合体，一个高度混乱和分化的社会，它最终成了一个无序的社会。"无序的一盘散沙的社会很容易进行动员和操纵，因而群众社会的心理类型十分不利于自由民主制度。④

萨托利甚至无视读者的智商，从语义学上解构"人民"和"民主"。⑤

---

① ［美］熊彼特：《资本主义，社会主义与民主》，吴良健译，商务印书馆2000年版，第361、364页。

② 同上书，第372页。

③ 同上书，第373页。

④ 参见［美］萨托利《民主新论》，第28、30页。

⑤ 同上书，第377页。

绕来绕去，他主张的所谓有限多数即保护少数派权利的多数原则，说到底不过就是为了捍卫精英政治。这一点萨托利本人毫不含糊，但是读者却可能掉进其思辨的陷阱之中，干脆连"人民"也不要了，连"人民的统治"也不要了。

总之，在精英主义者那里，人民是不存在的，人民的意志也是虚无的，群众心理更是靠不住的，而且社会中还不存在共同福利，那么"人民主权"还有什么意义呢？也就是说，在资产阶级革命已经完成的世俗化时代，在民族国家规模空前的条件下，古典民主理论中的"人民主权"也就失去了存在的理论和基础。①

但是，"政治正确"的需要意味着任何人既不能放弃"人民"，也不能不要"民主"。聪明的精英主义者对"人民主权"进行了革命性改造。熊彼特这样说，古典主义民主观是"人民以挑选能保证他们意见得以贯彻的'代表'来实现这个主张。这样，选举代表对民主制度的最初目标而言是第二位的，最初目标是把决定政治问题的权力授予全体选民。假如我们把这两个要素的作用倒转过来，把选民决定政治问题放在第二位，把选举作出政治决定的人作为最初目标"。作为经济学家的熊彼特将经济生活的竞争移植到政治生活，认为民主政体就是为争取获得领导权的自由投票的自由竞争，"民主政体看来是指导竞争的公认方法，而选举方法实际上是任何规模社会唯一可行的方法"②。

这样，民主将不再是一种价值追求，而是一种"程序方法"，即一种可以衡量的实际存在。更重要的是，程序民主理论能够回答古典民主所不能回答的"领导权"问题，即集体的意志通过控制"领导权"（政府）而实现，而"领导权"是一个社会运行的关键性制度。③ 为此，民主政体就变成

---

① ［美］熊彼特：《资本主义，社会主义与民主》，第390—394页。
② 同上书，第398页。
③ 同上书，第396—397页。

了"那种为作出政治决定而实行的制度安排,在这种安排中,某些人通过争取人民选票取得作决定的权力"①。也就是说,民主政体仅仅意味着选民选择政治家的过程和权利,而对于提案、立法等纯属形式性质的活动,属于议会与政府之间的互动,民主方法会产生反常的结果,因而不适宜民主政治。② 这样,熊彼特式民主就是"民主等于选举",萨托利将之界定为"选举式民主"。"选举不是指定政策,选举只决定由谁来制定政策。选举不能解决争端,它只能决定由谁来决定解决争端。"③ 而选举只不过是诸多政治过程中一个可以衡量的"程序方法"而已。

从此,民主政体被说成是人民通过选举的程序而同意谁领导、谁统治了,也就变成了"选举式民主",通过选举式民主而变成了"同意的政治"。那么,"选举式民主"的"同意的政治"意味着什么呢?熊彼特和萨托利都很坦率,说就是人民"同意"被统治。因为"选民的选择——在意识形态上被尊称为人民的召唤——不是出于选民的主动,而是被塑造出来的,对选择的塑造是民主过程的本质部分"。"在一切正常的情况下,主动权在企图取得议员职位和取得这个职位所体现的当地领导权的候选人那里。投票人只是限于接受他比较喜欢的一个或拒绝接受。"这是政党政治和利益集团政治的常态。④ 在熊彼特式民主那里,"民主政治并不意味着人民真正在统治……民主政治的意思只能是:人民有接受或拒绝将要来统治他们的人的机会……民主政治就是政治家的统治"⑤。用萨托利的话,作为一种"描述性"而非规范性概念,程序民主倒是真实地描述了西方民主政治的过程,即人民被统治的过程。

---

① [美]熊彼特:《资本主义,社会主义与民主》,第395—396页。
② 同上书,第424页。
③ [美]萨托利:《民主新论》,第115页。
④ [美]熊彼特:《资本主义,社会主义与民主》,第412—413页。
⑤ 同上书,第415页。

熊彼特和萨托利虽然道出了事实真相，但有违"政治正确"，在一波又一波要求人民权利的社会运动的美国，怎么能明目张胆地说民主就是统治人民呢？达尔主张将赤裸裸精英政治的自由主义民主改造为政治多元主义，提出了著名的"多头政治"之说。在达尔看来，多元民主指的是"现代那种实行了普选权的代议制民主"，其"多头政治"与"多元统治""大规模的民主""多头政体"等都是同义语。而构成达尔"多头政治"六项政治制度中的第一项便是选举产生的官员。① 这些制度和萨托利所说的精英民主没有任何实质区别。② 不仅如此，萨托利甚至还多次引征达尔关于选举与民主的关系来强化其"选举式民主"理论。③ 也就是说，和熊彼特、萨托利一样，对于达尔而言，选举也只是选择谁统治。由此也可以知道，多元民主并不像很多国内学者所想象的那样与精英民主有什么不同，其实都是"熊彼特式民主"或"选举式民主"，只不过换一个表达方式而已，是话语上的进步。

精英主义者和表现为多元主义的精英主义者告诉人们，不要回避民主就是被统治，因为在自由主义民主中，人民的选择权自主且自由，有拒绝选择的权利。但是，在政党政治和利益集团政治中，选民的选择权到底有多大？即使可以拒绝选择，但不能拒绝接受。因此，拒绝选择的自由是形式上的，而被政党政治和利益集团所统治倒是实质性的。至此，我们不得不追问"自由主义民主"或"自由民主"这一命题本身了。

精英主义者讲民主，首先是自由主义的民主，或者自由民主。"我们有时所说的民主系指'自由主义民主'，有时则仅指'民主'。在第一种场合，民主被赋予了自由主义的全部特质，因而民主理想体现为一种自由的理想。在第二种场合，自由主义和民主被分割开来，结果是民主理想回归到平

---

① ［美］罗伯特·达尔：《论民主》，李柏光等译，商务印书馆1999年版。
② ［美］萨托利：《民主新论》第5章，"被统治的民主与统治的民主"。
③ 同上书，第115页。

等……如果使西方政体围绕自由理想而运转，论题就应当是自由之锚泊定于自由主义；另一方面，如果使之围绕平等理想运转，那么论题就是：民主可以或者应当脱离自由主义。"[1] 萨托利显然是将民主寓意于自由主义之中，否定的是以平等权为宗旨的民主即大众民主。

从这里可以明确两点：第一，"选举式民主"其实就是自由主义的民主，这在政体上意味着什么呢？萨托利援引克罗齐的话说："自由主义生来就是并将继续是真正的反平等主义，对它来说，自由——按照格拉德斯通的说法——是产生并推动贵族政治而非民主政治的途径。"[2] 因此，在萨托利看来，"自由主义的平等本身的意图首先是——经由自由之路——推动良好的精英政治"[3]，而不是更多地以平等为基础的大众政治。可见，自由主义民主的内在逻辑是自由主义而非民主主义。

第二，如果把自由主义与民主相联系，很多思想家包括精英主义者萨托利都承认，二者的关系就是自由与平等的关系。那么在政体上又意味着什么？"自由主义民主可被视为两股线拧成的一条绳，只要这条绳保持安宁，那就万事顺遂；不过一旦我们开始拆散它，两股线就互不相干了"[4]。

在这里，萨托利是正确的，因为自由主义和民主主义的内在诉求各不相同，是两股道上跑的车，尽管二者有时会会车。萨托利花大篇幅批判新马克思主义者麦克弗森对自由主义的解释，即自由主义的实质就是财产"占有性市场社会"或"占有性个人主义"。[5] 但是只要承认洛克式自由主义，自由首先就是个人主义的财产权。理解了这一点，就应该知道，柏林的消极自由（免受国家干扰的权利）和积极自由（行使政治权力的权利）

---

[1] ［美］萨托利：《民主新论》，第371页。
[2] 同上书，第391页。
[3] 同上。
[4] 同上。
[5] 同上书，第381—385页。

之分就是没有意义的。所谓不受侵害的自由，比如财产权，其实是以国家强力为后盾而保护的，而国家强力的存在又是以税收为基础的，因而是世界上最昂贵的权利之一。直接或间接保护私有财产权的相关开支事项包括：国防、治安、消防、专利、知识产权、强制合同执行、监督股票和其他有价证券公平交易等，这些开支的总和甚至多于社会福利的开支。① 如此巨大的国家开支说到底就是为了保护拥有财产权的人，那么谁拥有财产权？当然是社会中的一小部分能人，市场经济社会是精英们的天堂。也就是说，洛克式自由主义首先是个人主义的经济自由主义。

那么平等呢？我们知道，一人一票的民主选举是实现平等权最好的工具。大众民主是怎么来的？如果说"没有资产阶级就没有少数人的民主"，同样正确的是，"没有社会主义运动就没有大众民主"。简单地说，大众民主是19世纪中叶以后，尤其是1848年欧洲革命以后一波又一波工人运动的产物。平等与其说是民主主义的，不如说是社会主义的。

这样，自由与平等的关系背后就是自由主义与社会主义的关系。首先，精英主义者不喜欢"社会主义"这个字眼，因而用民主主义替换社会主义，表述成自由主义与民主主义的关系。其次，作为社会主义运动产物的平等已经成为政治社会中的一部分，怎么办？也就是说，仅承认自由主义的精英政治而不承认民主，既不符合时代潮流，也不符合现实政治，因为西方政治已经变成了一个合成物、一个复合体，既有设法限制国家权力的自由主义，也有越来越多的平等参与政治的民主。② 同样，只承认以平等权为标志的大众民主，既不符合精英主导的现实，也不符合秉承个人首创精神和财产占有权的自由主义原则。为此，干脆来一个调和，名曰"自由主义民

---

① Stephen Holmes & Cass Sunstens, *The Cost of Rights*: *Why Liberty Depends on Taxes*, NY: W. W. Norton & Company, 1999, 转引自王绍光《祛魅与超越：反思民主、自由、平等、公民社会》，中信出版社2010年版，第40—48页。

② ［美］萨托利：《民主新论》，第394页。

主"。萨托利说得明白:"自由与平等之可以调和,正是体现在这一事实上:西方式的制度既是自由的、又是民主的。我们投入大量精力所要研究的,就是在于它们是怎样汇合到一起的。"①

即使做了这样的调和,自由主义的精英主义者还是有着深刻的忧虑。如何保持自由主义与民主的平衡或抑制民主的增长依然是个问题。"自由主义民主中民主成分的增长,越来越要求我们正视走向反面的危险。""如果追求更大平等这一目的损害了使我们得以要求平等的手段,民主政体将会再度灭亡。"②相反,如果把"民主作为自由主义所作的补充,同时也就是自由主义的一种成果"。真正的"民主国家——如果我们要想重新为其正名的话——就是自由立宪国家,这就意味着政治民主与自由主义的结合,并且大体上已被它取代"③。至此,又可以明白,萨托利的自由民主其实和哈耶克的政体观一样——自由立宪国家(即都铎式政体)而非自由民主国家。可见,这种"汇合"并不是简单的并立,在自由民主理论那里,社会主义消解于自由主义之中,平等消解于自由之中。现实给出了诠释:20世纪70年代美国《平等权利修正案》的失败,恰好说明美国开国之父所涉及的复合共和制是一个"自由立宪"政体而非保护平等权的大众民主政体,修宪的严格规定即国会的通过和州的3/4的许可,其实就是使得多数人权利的获得变得难上加难。

在几代精英主义者"投入大量精力"(萨托利语)之后,"自由民主"终于成为一个规范性概念,进而变成了一套观念和常识而流行。目前西方关于民主转型与巩固的讨论,基本上都是在自由民主理论的脉络下进行,比如将自由的竞争性选举作为衡量民主转型与巩固的根本指标。国内关于民主的看法,不少也是基于自由民主理论,比如将民主等同于选举。而我

---

① [美]萨托利:《民主新论》,第390页。
② 同上书,第395、397页。
③ 同上书,第395、396页。

们没有认识到或者没有注意到的是，自由主义民主所明确宣示的政治实质：贵族政治、精英政治、自由立宪。不管用什么样的词汇，目标所指都是限制多数人的权利，多数人的政治权利充其量是行使选举权，而选举政治仅仅是一个政治周期的开端，而政治过程中其他重要的角色还有官僚体系和利益集团，更不要说政治社会结构发生深刻变化以后的政治关系。但是，自由民主给人的印象是，西方政治既自由又民主。实际上，西方人享有相对多的法治和个人自由，或者是法治下的生活方式自由，但民主活动是极为有限的（选举权）。如果老百姓对此满意，我们不得不思考另外一个问题，民主在西方国家的政治中到底有多重要？我们印象中的"民主国家"是虚幻还是真实？是不是把法治和自由统统冠以民主？

至此我们可以说，"自由民主"与其说是萨托利所说的"描述性概念"，[1] 不如说是规范性概念，是观念的产物，是对立性的观念性概念。作为一种观念，其内在的紧张关系很明显。把自由与作为平等的民主糅合在一起，即把相互冲突的一对范畴糅合在一起而变成让人接受的规范性观念，也不得不承认其意识形态建构能力。我们知道，自由虽非完全是自由主义的成就，但主要是自由主义的功劳；同样，平等虽非完全是社会主义的成就，但也主要是社会主义的功劳。把自由与民主拧在一起，其实就是将自由主义与社会主义拧在一起，其内在的张力是显然的。著名民主理论家科恩和马克思一样，都认为自由民主与社会主义是不相容的。[2] 尽管社会主义来自自由主义，但是二者在本体论上是对立的：一个是多数人（下层阶级）的平等主义哲学，一个是少数人（资产阶级/精英阶层）的个人主义哲学。正是这种差别，我们才会看到，即使在西方国家，不同理念的政治家所推行的社会政策差别很大，比如是增税还是减税、增加还是减少社会福利、加强还是弱化政府监管、扩大还是缩小政府职能。那么，不同的"主义"

---

[1] ［美］萨托利：《民主新论》，第14、64页。
[2] ［加］坎宁安：《民主理论导论》，第66页。

如何能在同一种政治制度内运行？这又需要回到亚里士多德政体思想的方法论那里，即重要的不是名称，而是过程。不同的"主义"（过程）都可以在同一名称的政体内存在，或者说政体具有舞台性功能。

不仅如此，理论家们还可以因"主义"（过程）的变化而将不变的政体贴上不同的标签。"自由民主"就是这样来的。在政体上，"自由民主"与18—19世纪思想家们所说的贵族共和制没有什么区别，只不过把早已存在的代表选举制嵌入了代议制，论证出了一个"选举式民主"，贵族共和制因而也就变成了自由民主政制；其中民主只限于选举权，而选举权只不过从一部分人那里拓展到所有公民那里。匪夷所思的是，当熊彼特式民主开始流行时，战后很长一个时期内美国黑人还不是"公民"，没有选举权，他们也敢称自己的政制是"自由民主"，也足见重点是自由而不是"民主"。

更不可思议的是，当理论家们把嵌入了选举制而代议制转换成自由民主政制时，正是代议制衰落、官僚制（行政权）坐大的时期，政治社会结构的其他方面也发生了革命性变化，政治权力关系和政治过程因而也发生了根本变化。无视已经变化的结构—过程而聚焦于早已存在的选举制，其理论的政治社会基础都是问题，何况"自由民主"还是不能自洽和充满张力的意识形态话语。这里的教训是，如果自己因教条主义而不能建构自己的话语，就会接受别人的话语，哪怕是经不起推敲的话语。

如果说作为意识形态的"自由民主"不能真实地描述西方政治本身，那么"二分法"下的与"自由民主"相对立的"极权主义""专制主义"等概念能否真实地描述其他国家的政制呢？在方法论上，萨托利采用典型的二分法，寻求非连续性的"类"的对立。如前所述，保守主义者施特劳斯也不过如此。在二元对立的世界观里，选举就是民主，那么没有选举的国家就是非自由民主的，是自由民主的对立面"极权主义""专制主义"。如前所述，二分法只讲"类"的对立而不问"程度"的不同。"程度"意味着复杂性和客观性，是连续性谱系上的"级数"，这样的研究才具有更多的科学性而更少的意识形态性。可见，不讲"程度"只讲"类"的政治研究，只能说具有"政治性"而非"科学性"。何况，"类"的划分只基于选举这一单一变量，其他的甚至更重要的政治社会结构被舍弃了，这样的"类"也就更没有政治科学上的意义了。

这就是冷战时期的政治学，无论是自由主义还是保守主义，都信奉方法论上的"二分法"即"类"的对立，神话化自己，妖魔化对手。由于"类"建立在单一或简约化的变量之上，话语和政治事实本身可能有很大出入，甚至南辕北辙。但是，在美国影响最大的比较政治学教科书似乎并没有因为冷战的结束而更新其知识体系，依然以"二分法"来界定政体。在"政府与政策制定"的篇章里，阿尔蒙德等人说政府主要有两种类型，即民主和威权主义。"在民主和威权体系之间，存在着政策制定功能的最重大差异。民主意味着'民治政府'……在民主体系中，竞争性选举使公民能够选择和拒绝关键的政策制定者，从而赋予他们影响政策的机会。在大型社会中，竞争性选举与成年人的普选权是真正'民治政府'的必要条件。相反，在威权政体中，政策制定是由军事委员会、世袭家族、主导性政党之类的政治结构选择的。公民或者被忽视，或者被迫对政府的选择表示象征性的同意。"① 显然，这种简单的二分法严重脱离实际。比如，以二分法标准，中国属于威权主义国家，"主导性政党"无视民意。这种判断显然与政治社会结构已经发生重大变化的中国南辕北辙。但是，无论是美国大学里受教育的美国人还是读到此类教科书的中国学生，有几个人能质疑阿尔蒙德这样的重量级学者？其实，一直以来，阿尔蒙德的研究与其说是科学的，不如说是政治的，或者说政治性大于科学性。必须正本清源，跳出意识形态化的"二分法"政体理论，寻求新的政体理论。

---

① [美]阿尔蒙德等：《当代比较政治学：世界视野》（第八版，更新版），第116页。

◇三 认识政体的新视野

以意识形态化的二元对立法来界定政体类型，必然存在客观性不足而主观性有余的痼疾。但是，作为一种思想概念，又具有静态性和滞后性，而现实又是变化着的，从而导致概念（观念）与现实的落差、静态与动态的张力。让我们回到过去吧，因为"政体"本身就是关于制度间关系或权力关系的理论。另外，政体理论又是时代或制度变迁的产物。在各国根本政治制度不变的情况下，时代和制度变迁已经大大地改造了既定的政治制度，从而使得传统的标签失去效力。"时代"（即当下的问题）也可能是建构出来的，意识形态家们能够把一种制度说成为另一种制度。但是作为事实的"时代"对政体理论来说更重要，比如全球的民主化趋势，任何政体理论都不能忽视或放弃"民主政治"这个普遍化概念。应该说，政体争论已经转换成如何认识和界定民主政体的争论。必须重新理解和建构民主政治。应该看到，不但对其他后发国家而言决不能把民主简单地等同于选举，西方"民主国家"本身也有一个再民主化过程，而代议制的衰落和多元治理主体的兴起就是再民主化的标志。更重要的是，互联网的兴起则为各国的民主化和再民主化提供了新的契机和平台，从而使传统的权力关系和硬性的制度间关系都发生了革命性变化。再则，政治学方法论的革命也为我们重新认识政体提供了新视野，使我们认识到那些看起来相同或相似的政治体制可能在政治过程上存在重大差异，而那些看起来差异很大的政治体制却存在相似的政治过程。也就是说，我们不但要看硬性的权力关系，更要看权力关系下面的政治过程。

传统的政体理论以代议制为核心，第二次世界大战后意识形态化的政体理论也基本上把民主等同于代议民主，因为"选举式民主"主要是指选举代表的功能。不幸的是,当意识形态家们倾力论证民主就是代议民主的时候,以议会为主体的代议制却早已呈衰落之势,政治社会结构已经有了革命性变化。比如,行政国家、大公司主导、民间组织的盛行以及互联网革命,都意味着不能再以传统的以代议制为核心的政体理论而解释西方政治。(限于篇幅,这些需要另文专论)

同样的道理,不能以代议制为基础的政体理论而解释其他政治制度。在大多数国家,行政国家早已存在,建立在市场经济基础上的大企业也深刻地影响着政治生活。而且,NGO、互联网都根本性地改变着政治生活的方式。各国已经生活在多元主义社会里,传统的二元对立的"类"的划分早已过时,政治差异更多的是"级数"上的、程度上的。但是,由于"类"流行已久,深入人心,很多人依然是这种话语的囚徒。有思想家提出这样的问题:"在一个从文盲到影音媒介年代的国家里,国会的重要性还保留了多少?"[①] 沿着命题我们进一步追问:在新的政治社会结构里,传统代议制的价值所剩几何?所有这些,都要求我们寻求新的政体理论或民主政治概念。

那么应该以何种纬度来认识民主政体呢?除了秉承古典民主主义的马克思主义民主观和被称为"激进民主主义"的参与式民主观,大致说来,被称为实质民主的古典民主被"重新认识"了两个波次,实质民主因此变成了程序民主:第一次就是众所周知的"熊彼特式民主",即将选举当做第一位的,因此也称多数决民主;第二次是利普哈特的"共识民主"模式,他是在多数决民主基础上的反思与建构。这就提示我们,面对同样的变量,只要认识角度变了,"民主"的内涵和所指也就不同了。

跳出既有的民主观念并不容易,国内根深蒂固的民主观念是"选举

---

① [法]杜甘:《国家的比较:为什么比较,如何比较,拿什么比较》,文强译,社会科学文献出版社 2010 年版,第 65 页。

式民主",尽管人们也开始谈论"协商民主"。且不说"共识民主"① 本身的问题,至少利普哈特早就摆脱了对"选举式民主"迷信。② 但是,我认为,无论是"共识民主"还是"协商民主",都是在"选举式民主"的大框架内谈问题;且和"选举式民主"一样,"共识民主"和"协商民主"在本质上都是一种程序方法,是程序民主,而民主的价值呢? 如果民主停留在程序层面,结果必然主要讲程序上"民"的权利,而程序正义并不必然导致价值正义。历史和现实多次给予我们警示,即程序完备的选举民主却带来社会冲突、族群分裂甚至国家解体。之所以如此,就在于所有的民主理论存在一个错误的前提性假设,即民主是个人和社会的权利,国家或政府只是被动地回应社会和民众的诉求。这实在是一个天大的误区。如果就民主而论民主,在公民权利意义上讲民主,倒也说得过去。但是,在政体意义上讲民主,就大错特错了。政体的本意是统治权以及由此而展开的政权的安排。这就是说,政体不但有"民",还有"官";民主政体在根本上就是"官民关系"问题。既然有"官",其作用只限于回应"民"的诉求,这是不符合历史常识的,因为任何国家的"官"(政府或官僚系统)都有不同程度的自主性,即国家超越社会控制而独立地实现自己的意志和利益的能力。③ 如果没有自主性而一味地回应社会的诉求,受制于社会的束缚,这样的国家会变成什么样子呢? 且不说霍布斯的个人反社会倾向

---

① 《关于"共识民主"模式的基本特征》,参见〔美〕利普哈特《民主的模式:36个国家的政府形式和政府绩效》,陈崎译,北京大学出版社2006年版,第2—3页。

② 关于利普哈特的民主思想转型的心路历程,参见其《民主的模式》,"中文版序言"。

③ 关于国家自主性的研究,参见〔希腊〕普朗查斯《政治权力与社会阶级》,叶林等译,中国社会科学出版社1982年版;〔美〕斯考切波《国家与社会革命》,何俊志、王学东译,上海世纪出版集团2007年版;〔美〕埃文斯和斯考切波编著《找回国家》,方力维等译,生活·读书·新知三联书店2009年版;〔美〕诺德林格《民主国家的自主性》,孙荣飞等译,江苏人民出版社2010年版。

假设，历史上因没有政府或国家失败而导致的"丛林规则"并不少见。绝不能过高地估计社会力量的道德自律度，而且在资本主义市场系统下，资本的贪欲不但能引发一次又一次的战争，① 最终还能毁灭绿色的地球。社会约束国家权力而减少其专横性固然值得大书特书，而同样不能忽视的是，历史上一个又一个的灾难就是因为国家顺从社会或社会不受约束而导致的；相反，人类很多光明时刻和伟大的制度安排则来自自主性国家对社会的主导，比如林肯废奴、罗斯福新政、福利国家。

因此，在政体意义上的民主理论中，只讲"民"是没有意义的，把"民"和"政府"联系起来的民主理论才有政体意义。民主政治讲的是国家与社会两种力量的关系：不但要讲社会权利和社会约束的重要性，也要讲国家自主性的重要性。也就是说，民主政治理论必须引入国家自主性变量。或许，这样视角下的民主理论研究可能才会有新的突破。我非常同意诺德林格教授对于精英民主主义、多元民主主义、新多元民主主义、新马克思主义等实证民主理论的判断及其所指出的方向："对实证民主理论的激烈辩论已经到了精疲力竭的程度，因为它基本上还是继续围绕着一些对公民社会显然不可调和的描述而进行，所以它已经超过了收益递减点。不要再继续争论哪种政治资源是特别有效的，不要再去一次又一次地描绘它们的分配，不要再去论证（或者假定）一个或者另一个系列的私人行为者组成了有效的需求集团。目前只有通过把主要的关注重点转移到国家，民主理论才能得到更好的论证。"② 实证民主理论把社会与国家割裂开来而谈社会权利，如同撇开政府机构改革而谈政府职能转变一样没有意义。这不仅是国家主义者的洞见，也是实用主义民主哲学的深刻观察。美国最重要的民主哲学家杜威指出，好的国家"能使正当合宜的团体更牢固、更一致；它

---

① 参见［英］卡尔·波兰尼《大转型：我们时代的政治与经济起源》，刘阳、冯钢译，浙江人民出版社2007年版。

② ［美］诺德林格：《民主国家的自主性》，第201页。

（国家）间接地澄清它们的目的、纯化它们的活动。它抑制有害团体，使它们朝不保夕、难以为继。与此相反，它赋予有价值的团体的个体成员以更大的自由和完全。它减轻他们的沉重负担，而这些负担若由他们自己来应付，他们的精力就会耗费在同恶势力的消极斗争中"。杜威说，没有"好的国家"，民主的充分程度及其充分意义都不可能实现。① 杜威在批判多元主义民主理论的同时又指出了国家的自主性以及国家自主性与民主政治的密切关系。遗憾的是，由于冷战的意识形态对立，杜威的远见既没有成为美国主流的民主理论，也不为社会主义阵营所接受。

这些思想家的洞见反映的是现代国家的常识。国家合法地垄断了暴力，能将其权威强加于各类组织之上。在制度建设上，现代国家内的各种行动者及其活动方式，无不受到国家的规制，比如保护富人的产权，保护行业公平的反垄断法，保护劳动者的劳动法，保护弱势群体的社会保障制度，都是国家的规制性权力的表现，也是民主政治为人们拥护的原因，即规制性国家权力使得民主政治更有责任。菲利普·施密特的统合主义理论、林德布洛姆的比较政治经济学以及诺斯的新制度经济学，都从不同角度研究过国家如何规制社会。因此，必须突破传统的社会中心论下的各种民主观。

四 民主政体的基本原则

民主既是工具理性也是目的理性，也就是程序方法和本质意义的统一，这一点也要求我们必须跳出只讲程序方法不问价值目的的各种民主理论。而非对立的国家—社会关系传统和现实则为程序民主和实质民主的统一提供了可能的平台。

---

① 转引自［美］施特劳斯、克罗波西主编《政治哲学史》（下），第991—992页。

作为一种工具理性,主要指公民行使权利的程序和方式;作为一种价值理论,主要指人民权力的终极价值意义即"人民主权"。我认为,到此为止还不够,太抽象,需要对这两个方面进一步分解,从而把民主变成更有用的分析性概念。

在程序方法上,民主的基本形式当然是公民参与,但不能在静态的制度层面定义民主,比如"熊彼特式民主",而应该在动态的过程层面定义民主,即参与形式上的民主是否在政治过程中达到了民众的应有诉求。谁回应?由于不存在真正意义上的"民治",因而只能是政府回应,即政府回应民众的参与。作为一种目的理性,民主的"人民主权"价值也应该落实到人民利益的实现程度上,不能满足人民利益的"人民主权"是没有意义的,因而民主政治离不开责任,即政府的责任。不负责任的民主政治不是选民所期望的。这样,最低限度的民主政体应该包括作为程序方法(程序民主)的"参与"和作为目的理性(实质民主)的"回应"和"责任"的统一体。① 这样,"民主"不仅仅是关乎民众政治参与的权利,还是满足民众利益的政治过程和政治价值,因而不能离开政府谈民主。这样,我们的民主理论就与仅强调公民权利的程序民主区别开来。

(1)参与。从"民治"的角度看民主,当今世界几乎不存在民主国家,因为所有国家的决策权都掌握在一小部分人手里。因此,"民治"主要是指公民的政治参与,这是民主政治的前提,无此便谈不上民主政治。如前所述,精英主义者只把民主的公民参与限定在选举制度上,而把鼓吹公民直接参与的民主理论称为"激进的民主主义",认为在非城邦的民族国家规模意义上,公民的直接参与是不可能的民主形式。精英主义民主理论无视已经发生革命性变化的政治社会结构,在制度层面上是不成立的。

---

① 从价值上以回应和责任来界定民主,受到其他学者的启发。参见〔美〕劳伦斯·迈耶等《比较政治学:变化世界中的国家和理论》,罗飞等译,华夏出版社2001年版,第34—41页。

首先，公民决策参与的重要性。如前所述，把民主定义为选举意味着选举就是政治过程的一切。这不符合常识。"熊彼特式民主"无视所有国家的现代政治中最重要的权力主体即作为官僚制的行政机关的重要性，也没有看到大企业的政治功能，无视了"重新夺回政治权威"的社会力量。在大众政治时代，公民以各种方式影响行政机关的决策已经比比皆是。从官僚制的角度看，这种行政过程被称作"行政民主"；从公民参与的角度看，这种"官民互动"可以称作"参与式民主"。甚至可以说，公民影响行政机关决策的意义并不比影响选举过程逊色，因为行政决策往往直接关乎公民的切身利益，而选举更多的是一种价值偏好的表达，选举之后的政治主角便是行政机关。作为既执法又立法的行政机关，在政治生活中无处不在，与百姓的生活休戚相关。

其次，互联网为重返"直接参与"提供了平台。网络这种"新媒体"使公民的直接参与成为可能，已经并将进一步深刻地改变政治生态，进而成为现时代政体的重要变量。

必须指出，在公民参与的诸多方式中，参与的主要目的都是实现利益的最大化。什么方式能够满足民主的价值理论，这既要看一个国家的政治进程，也要研究一个国家的历史文化即民风民情。政治是利益分配的过程，政治斗争无处不在，因而任何国家的政治都具有竞争性。但是，以什么样的方式竞争、竞争到什么程度，比较政治发展的经验与教训不能不总结。有学者指出，不同于目前流行的协商民主理论，中国政治的协商政治传统和智慧应该得到充分认识。[1]

（2）回应。如果说"民治"是不可能的，借用利普哈特的话说，那么民主意味着"要为民享，也就是说，政府要与人们的偏好一致"[2]。在其

---

[1] 林尚立：《协商政治中国特色民主政治的基本形态》，《毛泽东邓小平理论研究》2007年第9期。

[2] ［美］利普哈特：《民主的模式：36个国家的政府形式和政府绩效》，第1页。

"共识民主"模式中,回应是民主的重要原则。在民主的"回应"原则上,民主理论的各家各派似乎空前一致。达尔说民主的根本在于回应民众需求。萨托利也说民主说到底是为了回应选民的诉求,尽管它是以批判的口吻来指责因应"民意"的民主的灵活性。① 虽然萨托利质疑林肯的"民享"不具有民主意义,说什么所有类型的政府都能声称"为了人民",但不具有民主性质的政府显然不会有事实上的人民关怀,甚至不顾人民的死活。"民享"首先是一种政治价值,又不失工具意义。在工具意义上,民享就是政府在民众的压力性输入下满足民众利益诉求的政治过程。

回应只是民主政治的一项原则,也是一个政治过程。但是,政府的回应应该是有选择性的、负责任的,否则就是民粹主义政治,民主也就真的变成了"多数暴政"。这就要求政府自主性(国家自主性的另一个说法)。

(3)责任。单向度的社会权利运动或社会约束机制绝不会自动导致功利主义追求的最大多数人的最大幸福;相反,甚至还会出现最大多数人的最大灾难。这就是政府的必要性。政府的首要原则是对人民的信托负责任,即满足民众的安全、秩序、福利、正义等基本需要。这是社会中心论的视角,即政府是回应人民的需要。但是,在没有合理秩序和缺少自主性的国家中,"人民的需要"非但不能得到满足,甚至会导致政治失序。因此,必须结合国家中心论之国家自主性来论证"人民的权利"和"人民的需要"。这样,国家—社会关系会演绎出不同的结果来。考虑到社会关系本身的复杂性,即社会可能分为冲突性的对立阶级或族群分裂,国家与社会的关系就更为多元化,其中包括但不限于以下几种场景。

场景1:当社会偏好与政府偏好一致时,社会中心论所假设的民主

---

① [美]萨托利:《民主新论》,第83页。

的社会约束功能会得以充分实现，即政府满足民众的需求，社会力量和政府一同推动社会进步，比如英国资本主义上升时期资本力量与国家的协同互动。

场景2：当社会偏好与政府偏好一致时，社会中心论所假设的民主的社会约束功能会得以充分实现，即政府满足民众的需求，但却是坏结果，比如第二次世界大战前满足英国民众和平愿望的张伯伦首相搞绥靖主义，耽搁了英国备战。

场景3：当社会偏好与政府偏好不一致甚至相冲突时，社会约束力改变政府的偏好和选择，结果更好，比如美国1964年《民权法案》的出台就是民众抗争的结果。

场景4：当社会偏好与政府偏好不一致甚至相冲突时，社会约束力改变政府的偏好和选择，结果更差，因为政府既可能为资本阶层俘获，比如20世纪90年代的俄罗斯；也可能为大众俘获，比如南美的民粹主义政治。

场景5：当社会偏好与政府偏好不一致甚至相冲突时，政府强制性或诱导性改变社会偏好或解除社会约束力，结果或者更好，如以改变放任主义为代价的"罗斯福新政"和以牺牲资本利益并最终保护了资本利益的西方福利国家的建成。

场景6：当社会偏好与政府偏好不一致甚至相冲突时，政府强制性或诱导性改变社会偏好或解除社会约束力，结果或者更坏，如陈水扁冻结甚至恶化两岸关系的八年（2000—2008年）。

场景7：当社会无偏好选择或没有经济发展意愿时，如果政府发展偏好强烈并引导社会选择与偏好形成，政府推动福利最大化，如东亚的"发展型国家"；如果政府无发展意愿，则社会限于停滞甚至倒退，如非洲的一些"新世袭型国家"。

……

在上述场景中，无论结果好坏，都不能简单地以社会中心论来审视民主政治，政府作用在任何情况下都不容忽视，因而政府绝不是私人安全的奴仆或"守夜人"。从国家—社会关系中的政府层面看民主，民主政体的责任原则转换成治理；政府说到底是为了国家治理的需要，不管是何种形式的民主政府。西方国家的学者总是想当然地认为，西方民主国家的精英比其他国家的精英更为负责。这种意识形态化的定位既偏执又肤浅。按照民主的责任原则，"第三波民主化"后的国家大多数是不成功的：俄罗斯转型的失败、中亚国家和中国台湾地区的族群冲突、南美的民粹主义、泰国的贫富阶级之间的斗争、菲律宾的流血式选举，都是责任原则的反面，而"选举式民主"的不适当运用进一步削弱了"民选"政府的责任性。治理得不好，甚至因形式完美的民主而导致社会动荡、族群冲突、民粹主义、国家失败（Failed State）或国家分裂，谁又会欢迎这样的民主呢？不仅如此，现在联合国和很多西方学者甚至开始怀疑被美国政府标榜为发展中国家西式民主样板的印度：几乎在所有的治理指标上，印度都远远落后于中国。其实，林德布洛姆早在30年前就有这样的判断。[1]

总之，民主政治是形式、过程与结果的统一。仅有好的民主形式而无好的绩效的民主不是好民主，人民最终不会认同；同样，仅有好的绩效哪怕是人民认同的政治而没有应有的民主形式，也不能称其为民主政治。"参与"是民主的主体即人民行使权利的基本形式；"回应"是政府对人民参与和利益诉求的响应；而"责任"则是官民互动的政策产品输出。具有"三要素"的政治不能说不是民主政治。很难像"选举式民主"那样给具有三要素的民主政治一个概念性概括，暂且称为"参与—回应—责任的民主"吧。

"参与—回应—责任"的民主政体虽然不是对既有的民主理论的彻底否

---

[1] ［美］林德布洛姆：《政治与市场：世界政治—经济制度》，王逸舟译，上海人民出版社1991年版，第184—185页。

定，至少也是一种扬弃，甚至具有替代既有民主理论的价值。第一，它既不同于工具主义的实证民主，即民主不仅仅是民众的投票权或其他形式的参与，也不同于本质主义的古典民主，而是二者的混合形态，能够满足二者各自的诉求。第二，作为政体和民主治理意义上的民主政治，工具主义和本质主义的民主观强调个人权利和社会权利只是两只手的一只手，另一只手则是国家。在这个意义上，它又是社会中心论和国家中心论的混合形态，即在重视社会时而不忘记国家。第三，在政体类型划分的意义上，政体的指标不但有传统的制度性安排，还应该有政治过程和政治产品要素。在历史经验中，这样的现象并不少见，即相同的制度安排具有不同的政治过程和政治产品或不同的制度安排具有相同或类似的政治过程和政治产品。第四，在实践上，它的混合性质则可能解决民主转型中的"转型正义"难题，鼓吹个人权利至上的公民权利理论并没有实现转型国家的有序转型，相反却带来很多非正义难题，问题的纾解最终还需要自主性国家的在场。第五，这种混合性质的民主理论暗合了中国传统的政治文化（伦理性集体主义）和中庸之道哲学，因而是一种中国人更能接受的民主理论。若没有本国政治文化的基础和传承，理论上很好的民主政治在实践中却难以存续，这已经是比较民主转型研究的一个共识性结论。

◇◇五 结语：让过程还原真相

参与、回应和责任所构成的民主理论可以用来诠释新政治生态。在现代行政国家中，如果大企业、NGO、互联网都在发挥着作用，政府能够负责任地回应民众的参与、多元主体的参与，这样的国家就是程度不同的"民主政治"。没有真正意义上的民主政治，任何民主政治都是"民主形式的一个大体的近似"。林德布洛姆曾说，"多头政治不过是对任何理想的自由民主模式或任何其他民主形式的一个大体的近似"①。林德布洛姆秉承了杜威的实用主义民主观，即民主无处不在，民主只是一个程度问题，任何国家都存在有利于民主和反民主的因素；而且，创立民主政治所需要的普遍同意并非都是民主的本质内容。②受此启示，我们可以这样说，"民主政治"是对由行政国家、代议制、大企业、NGO、互联网所构成的政治社会及其互动关系的一个大体近似的称谓。更得益于熊彼特、利普哈特从不同视角得出不同民主模式的启示，我们又可以这样说：考察政治社会结构在实际政治过程中官民互动程度（回应）以及由此而形成的政府责任和治理绩效，才能发现一个国家的民主政治的多少和好坏。

政治社会结构的根本变化意味着，政治过程分析比结构主义视野更重要，因为过程分析必然涉及政治、经济、社会等多元变量及其互动关系，而结构分析则可能聚焦于简单变量的静态研究。阿普特这样建议：比较研究应该远离正式结构，而集中于对动态过程的理解。③ 其实这只不过是回归亚里士多德传统。政治过程的关键是政策过程，政策过程分析更利于我们认清政体的性质和实质。林德布洛姆的研究和总结印证了过程分析的重要性："当政治学转向对诸如立法机关、行政机构、政党和利益集团等机构建制的讨论时。它实际上是在同次要问题打交道。议会和立法机关、行政当局、政党以及利益集团的活动，大多取决于政府替代市场或者市场替代政府的程度。在政治学中，甚至连那些界说民主理论的雄心勃勃的尝试，也都伴随有对政府或国家功能的疏忽，这种功能依市场在政治—阶级生活中的作用大小而不同。"④ 显然，市场是林德布洛姆政策过程分析的核心，而

---

① [美] 林德布洛姆：《政治与市场：世界的政治—经济制度》，王逸舟译，上海人民出版社1991年版，第314页。

② 参见 [加] 坎宁安《民主理论导论》，第188—189页。

③ David Apter, "Comparative Studies: A Review with some projection", in Ivan Vallier (ed.), *Comparative Method in Sociology*, University of California Press, 1971.

④ [美] 林德布洛姆：《政治与市场：世界的政治—经济制度》，"序言"。

忽视这一关键变量的政治理论也就失去其解释力甚至其逻辑合理性。也可以说，以市场为核心的政策过程分析意味着，忽视政治—经济关系的过程而空谈结构性质的精英主义民主理论是没有什么价值的。

过程分析很重要。如果政治学研究还停留在宪政、权力结构等政治学传统的边界之内，停留在结构分析层面，就失去了很多创新的机会。遗憾的是，时至今日，国内相当多的研究都还没有超越40年前的林德布洛姆，依然停留在规范性概念和传统的研究议程上，以规范性概念来审视已经发生了革命性变化的政治社会结构—过程，形成观念与现实的巨大反差。结果便是，要么观念改变现实，并可能把现实引向灾难；要么是现实改变观念，让观念与时俱进。

在进行细致的比较政治经济关系研究即过程分析以后，林德布洛姆得出这样的结论："哪怕是在缺少多头政治的条件下，市场和私有企业也采用了最大限度的相互调整和政治多元化"①。这话既是经验总结，也是对其他国家制度变迁的正确预测。今天，所有主要国家都实行市场经济了，都有了基于市场而产生的多元主义因素，若以市场经济为中介而进行政策过程分析，政治过程的近似性会更多，以结构为中介而进行的政体分类更失去了其解释力。也就是说，政策过程之中"级数"与"程度"研究比结构主义的"类型"研究更重要，也更有意义。要使我们的研究接近真实，我们必须摆脱和超越意识形态化的二分法的类的对立的桎梏。

政治社会结构和政治过程远比规范性概念复杂，这应该很好理解。难以理解的是，一些存在着内在张力的建构性概念却在流行，进而变成了人们判断现实是非曲直的观念。这一现象值得我们深刻自省。维特根斯坦的后期语言哲学或许能帮助我们理解问题，即话语是社会建构的一种关系系统，话语连接着社会。至于社会真相是否如话语所表述，不但要研究社会，

---

① ［美］林德布洛姆：《政治与市场：世界的政治—经济制度》，第259页。

还需要对话语本身进行分析。当代社会科学的很多概念和理论体系都是充满文化再生产冲动的思想者有选择的意识构造，将基于利益的观念符号化，符号本身变成了看不见的象征性权力，即接受了简单化而又神秘化的符号就等于接受了特定的政治权力，自己成为权力的客体和权力的附庸。在这个意义上，一些新马克思主义者倡导的"话语领导权"理论倒是值得重视。①

---

① 参见拉克劳、墨菲《领导权与社会主义策略》，黑龙江人民出版社 2003 年版。

民主观：二元对立或近似值

不管你是否喜欢民主，不管你实行的是什么形式的民主，我们已经生活在全球民主化时代，我们都绕不开"民主"这个话语。也正是因为它太流行、太有宰制地位，关于民主的争论也就最多。其中，我们习以为常的但从来不去认真思考的，就是什么样的民主观在流行？本文并不去讨论那些耳熟能详的说法比如"人民当家作主"，无论什么样的民主理论大概都不否认民主的最原始含义即人民的统治、多人数统治等意义上的"人民主权"原则，因为资本主义革命和社会主义革命的旗帜都是这一原则。但是，如何定义"人民的统治"历来就是一个充满争议的问题。为此，社会主义国家的官方话语把资本主义国家的民主称为"资产阶级民主"甚至"资产阶级专政"，而资本主义国家的官方话语则将社会主义国家政治称为"威权政体"甚至"独裁政治"。显然，在"人民主权"下面，存在民主观上的冲突，存在如何划分民主问题。

在西方思想界，在民主形式上，既有历史悠久的宪政民主与多数决民主的区分，① 也有共识民主与多数决民主的区分，以及审议民主与多数决民

---

① 在罗尔斯看来，宪政民主是确保某些基本的权利和自由不受日常政治（与宪法政治相对）之立法多数决即多数决民主的影响，他和大多数自由主义者一样，他本人青睐的是宪政民主而不是多数决民主（参见［美］罗尔斯《政治哲学史讲义》，中国社会科学出版社2011年版，第4—5页）。其实，所谓的宪政民主就是法治的另一种说法而已。

主的不同，更不用说被称为激进民主的参与式民主对多数决民主的不满。为什么有那么多的不同于多数决民主的其他民主形式而流行的却是多数决民主呢？在我看来，多数决民主固然最简单，同时背后还有民主观的冲突即近似值民主观与二元对立民主观（背后也是多数决民主）的冲突。有意思的是，中国学术界和思想界所接受的民主观似乎是以多数决民主形式为基础的二元对立民主观，而与之相区隔甚至相对立的宪政民主形式、共识民主形式、审议民主形式、参与民主等民主形式背后的近似值民主观却不那么被重视。在理论上，多数决民主的问题已经被深刻讨论，所有其他形式的民主都是因为不满多数决民主而提出来的。在实践中，即使是在欧美二十多个国家，多数决民主在实践中的问题也备受诟病，更不要说在转型国家中的问题。更有讽刺意味的是，已经实行多数决民主的俄罗斯、伊朗、委内瑞拉等国却被西方国家称为"非民主"。看来，以竞争性选举为唯一指标的二元对立民主观面临根本性挑战。

为此，很有必要对大行其道的以二元对立为基础的多数决民主进行理论反思，同时试图找回历史悠久的近似值民主观。本文将讨论这两种对立民主观的来龙去脉以及各自的立场表述，并分析新的政治社会形态对于二元对立民主观的制度性挑战。我们非常明白，民主问题不是简单的理论命题，更多的已经是意识形态问题。在二元对立民主观已经意识形态化并因而内化为一般人观念的条件下，理论的学术讨论与思想反思都会显得苍白无力，但这绝不意味着没有必要、没有责任去正本清源，更不意味着我们可以不负责任地随波逐流。

◇一　政体类型：从近似值到二元对立

民主分为社会民主、经济民主和政治民主，政治民主主要是政体意义上的民主，因此民主一开始就与政体相联系。根据权力归属的人数多少，在对158个城邦国家比较研究的基础上，沿着柏拉图的传统，亚里士多德以统治者人数为标准，把政体划分为君主政体（1人统治）、贵族政体（少数人统治）和共和政体（多数人统治）。同时，在亚里士多德那里，政治是关乎城邦的最高的善，并以此为标准即是否追求善业，将上述三类政体演绎为变态的僭主政体、寡头政体和平民政体。但是在亚里士多德那里，158个城邦国家的政治制度研究是如此复杂，绝不是几个类型可以概括的，因此在每一种大类下面又梳理出若干"亚政体"，而且指出同一种类型政体之间的差异甚至大于不同类型的政体。① 对此，萨拜因指出亚里士多德开创了政治过程研究，而且其精细程度是后来者所不能企及的。② 就连保守主义阵营的学者也认识到，亚里士多德的政体观是单一序列上的级数差异而非类的对立，而这种非实质性差异就为政体之间的转换和改革提供了可能性。③ 也就是说，政体系列上的"级数差异"其实是一个近似值问题，即名称上不同的政体在政治过程意义上可能是近似的，没有其名称所反映的差别那么大。

但是，世界进入意识形态时代，意识形态学说与亚里士多德式的政治科学截然不同。我们知道，基督教的兴起就意味着世界的意识形态化，但是今天意义上的意识形态则是西方社会工业革命以后的事。在曼海姆看来，如果说作为意识形态的宗教是一种世界观或对一种生活方式的信奉，而生活中大量的"思想方式"（即所谓的"观念的科学"）则是一种特殊的虚假观念，即为了其特殊利益而有意掩饰或扭曲社会情景真相的一套说辞。我

---

① ［古希腊］亚里士多德：《政治学》，吴寿彭译，商务印书馆2008年版，第194—196页。

② ［美］萨拜因：《政治学说史》（上），邓正来译，上海人民出版社2008年版，第148页。

③ ［美］施特劳斯、克罗波西主编：《政治哲学史》（上），李天然等译，河北人民出版社1993年版，第152页。

们知道，马克思也是在这个意义上使用意识形态的。阶级虽然在古希腊就有，但工业革命把人群以财富为基础划分为结构性对立的有产者、无产者以及其他阶级。不但如此，过去只是有产者能受教育并因此而掌握着话语权和思想的特权，宗教改革提高了识字率，而科学革命和工业革命更是社会知识化的开始，"思想"慢慢地已经不再是有产者的特权，其他阶级或阶层也开始享有思想的权力。这样，就形成了密尔所说的思想历史上的分水岭：以前都是有财产者论说其权利，而现在无产者也开始系统地主张权利。①

在密尔看来，没有财产的阶级在历史上第一次以"思想"的形式主张权利，这无疑是人类历史上的新鲜事，必须认真面对。不但如此，工业革命带来的人间悲剧，生活在有产阶级阵营内部的"反叛者"也要为公平和正义呐喊。因此，工业革命以后的社会其实也就进入了意识形态化的时代，各个阶级都在主张有利于自己的政治体制。这样，利益的对立演变为观念的对立；为了使自己的利益和观念合理化甚至神圣化，观念的对立又演变为智慧上的角力和智慧的对立，居优势地位的一方通过文化再生产而矮化对方直至接受自己的屈从地位，而被支配者的思想代表也极力揭露问题的真相并主张自己的权利。因而，亚里士多德的政体学说就演变为"亚里士多德的战争"，真正意义上的亚里士多德式的政治科学演变为意识形态战争。

亚里士多德的政体理论确立了政体理论的基本方向和基本方面，除了中世纪的神学政治，直到 20 世纪初，形形色色的政体理论都是围绕亚氏的政体理论而展开的。到文艺复兴及资产阶级革命以后的很长一个时期，代表性人物的政体观依然是权力归属性质的，因为资产阶级革命说到底就是为了解决谁统治的问题，而资产阶级革命以后引发的问题也并不意味着资

---

① 参见 [英] 密尔《密尔论民主与社会主义》，胡勇译，吉林出版集团 2008 年版，第 296—298 页。

产阶级革命真正解决了统治权问题。因此，一人统治的君主制在马基雅维利和霍布斯那里得到继承和鼓吹（我称为"亚里士多德－A"）；少数人（精英）统治的贵族共和制被洛克、孟德斯鸠和美国开国之父们所继承并西方主流思想界合理化、神圣化（"亚里士多德－B"）；而多数人（大众）统治的民主共和制的大旗被卢梭和马克思接过来，但在西方主流思想中却被妖魔化（"亚里士多德－C"）。令人深思的是，它们之间已经不再是亚里士多德式的宽容，而是把自己的主张绝对化并否定其他政体形式的合理性。鉴于此，我称它们之间的争论为"亚里士多德的战争"。

"亚里士多德的战争"构成了传统政体论的主体。当革命导致混乱时，人们渴求利维坦式的君主，但一人统治的君主制是一种不合时宜的政体，尽管它偶尔为人所向往。贵族政制与民主政制就成为争论的焦点。资产阶级革命以后确立的贵族共和制似乎真正解决了革命者的统治权问题，因而为其辩护的理论适时而出；但是，贵族共和制所引发的问题又带来对这一制度的否定性主张和实践，那就是民主共和制；而民主共和制无论是理论和实践都难以为当时甚至后来的西方主流思想所接受，以自由主义、保守主义之名实为捍卫贵族共和制而批判民主共和制的思想又甚嚣尘上。因此，贵族政制与民主政制一直是两种对立性的政体理论。

时代改变了理论走向和人们的思想观念。到了两极对立冷战时代，早发达国家的国内如何组织政权之争变成了晚发达国家的如何建国问题，民主建国已经成为一种普世性诉求。这是政体理论的分水岭，更是民主理论的分水岭。无论是第二次世界大战后的社会主义革命国家，还是新兴的民族解放运动，都把"民主共和国"当作建国目标。正如不喜欢社会主义更不喜欢马克思主义的熊彼特所预言的，第二次世界大战后人类将"大步进入社会主义"①。在这种国际大趋势下，过去一直视民主为洪水猛兽的西方

---

① ［美］熊彼特：《资本主义，社会主义与民主》，吴良健译，商务印书馆2000年版，第25—42页。

主流思想不得不直面大众权利时代的民主政治问题，不得不展开与社会主义国家和新兴民族国家争夺民主话语权的斗争。最终，自由主义不得不接受民主，实现自由主义与民主的和解。萨托利说，我们投入大量精力所要研究的，就是如何把自由与民主融合在一起。① 不得不承认，西方理论家做得相当成功，将民主改造为二元对立的民主观。而今天中国学术界和思想界流行的民主观也基本上来自冷战时期西方思想家建构的二元对立的民主观。

两极对立的现实世界激发并强化了二元对立的思想方式。那么，二元对立的民主观到底是什么样的？

◇二 二元对立的民主观

人类将"大步进入社会主义"使西方国家面临空前的政治挑战，如何认识"人民主权"就成为问题的焦点。为此，产生了资本主义与社会主义的"民主"之争。同时，在西方阵营内部，也出现了关于"民主"的大争论，即精英民主主义与古典民主主义（精英主义者称为"激进民主主义"）之争。

民主之争也就是政体之争。到冷战高峰时期的20世纪60年代，亚里士多德和韦伯的政体理论不得不让位给意识形态理论家们，出现了形形色色的政体类型学，以至于在1967年举行的"国际政治学学会第七届世界大会"上，所有的分组会议都集中于讨论"政治体系的类型学"。关于这一时期的政体研究状况，达尔总结道：

---

① ［美］萨托利：《民主新论》，第390页。

近年来,韦伯和亚里士多德的方法几乎被涌进政治分析的类型学家们撇在一边了。学者们提出,政治体系可以有效地分为专制的、共和的或极权的;分为动员的、神权的、官僚的或和解的;分为现代化的寡头政制、传统的和传统主义的寡头政制,加上监护的和政治的民主政制;分为英美式的、欧洲大陆式的、前工业化或半工业化式的,以及集权式的;分为原始的政治体系、世袭帝国、游牧或征服帝国、城邦、封建制、集权的历史上的官僚帝国和现代社会(民主的、专制的、极权的和"不发达的")。有两位学者运用因数分解这一统计方法对115个国家的68个特征进行分析,"归纳"出八类政治体系的一种类型学。①

虽然达尔认为不存在一种最佳的类型学,我认为其中都贯彻着"二分法"(即两个类别的对立):一是传统与现代之分;二是现代政治中的民主与专制之分。

"自由主义民主"就是二分法的产物。萨托利说得最直白,"民主是什么"这样的命题是指一个实体的类型,"由此而要求的逻辑处理是分类处理,即二分法处理或分离处理。我们要确定某个政体是不是民主政体。这也使得由这样的处理而产生的不同是类的不同,而不是程度的不同"②。

在冷战时期,西方阵营中的主流政治理论就是强调"类"的对立。与萨托利式的自由主义民主一样,施特劳斯的看法是:"在我们的时代,压倒一切的政治论战是以美国为中心的自由民主和以苏联为中心的马克思主义之间的论战……政治科学的一个主要职能,若加以正确理解的话,就在于消除这种幻想,而达到这一目的的途径就是传播对政体之间之一般冲突及

---

① [美]达尔:《现代政治分析》,王沪宁译,上海译文出版社1987年版,第90—91页。

② [美]萨托利:《民主新论》,第185页。

马克思主义与自由政体之特殊冲突的意义的正确认识。"①

那么,二分法下的民主观到底是什么?如前,无论是社会主义民主还是资本主义民主,根本理论都来自人民主权,这样,似乎就分不清到底有什么区别。为此,解构"人民主权"就成为西方思想家的出发点和着力点。

要使"自由主义民主"成立,首先必须面对的是千百年来盛行的"人民主权"。熊彼特这样解构古典的民主理论即"人民主权":第一,人民是一个不确定的概念;一个不确定的存在,②而且人民的"乌合之众"心理也不利于民主政治。③第二,社会不存在共同的福利,不同的"人民"有不同的诉求,因此无法以"人民"的贸易做出决定和安排。④第三,在西方国家,人民的意志都是被制造出来的,即受制于职业政治家和利益集团。⑤

总之,在精英主义者那里,人民是不存在的,人民的意志也是虚无的,群众心理更是靠不住的,而且社会中还不存在共同福利,那么"人民主权"还有什么意义呢?在熊彼特看来,如果说古典民主理论有什么价值的话,它的经验基础充其量是城邦规模的共同体,它之所以流行,是因为与宗教信仰有关思想的有力支持,并且是反抗统治者的旗帜。⑥也就是说,资产阶级革命完成以后,"人民主权"也就失去了理论价值。不仅如此,甚至还成为批判资本主义政治的有力工具。为此,必须对其进行革命性改造。

结果就是"熊彼特式民主"或"选举式民主"代替了人民民主,即把人民当家作主当做第二位的,第一位重要的是人民选举产生做决定的政治家。因而,民主政体事实上只变成了选举政治。⑦这样,民主不再是一种价

---

① [美]施特劳斯、克罗波西主编:《政治哲学史》(下),第1072页。
② [美]熊彼特:《资本主义,社会主义与民主》,第361、364页。
③ 参见[美]萨托利《民主新论》,第28、30页。
④ [美]熊彼特:《资本主义,社会主义与民主》,第370页。
⑤ 同上书,第373页。
⑥ 同上书,第390—394页。
⑦ 同上书,第398页。

值，只不过是一种程序。选举之后，人民的使命就算完成，至于被选举出来的政治家如何决策、政府和议会如何互动，都不是民主政治的范畴。①

萨托利跟进道："选举不是指定政策，选举只决定由谁来制定政策。选举不能解决争端，它只能决定由谁来决定解决争端。"② 为此，他还干脆直言"民主政治就是政治家的统治"③。萨托利也援引其他人的研究，说民主制度一开始就是被统治的，"由于我们的民主制度都是代议制民主制度这一驳不倒的根据，也必须把它们称为被统治的民主"④。

在精英主义那里，民主最多是用来选举政治家，而政治过程则不适用民主。"选举式民主"由此得名，有无竞争性选举，也成为政体分类的根本标准。

可见，在二元对立的哲学那里，民主政治就是选举式民主，竞争式选举是衡量民主政治的最重要甚至是唯一的指标。我们不禁要问，这样的民主形式和贵族制时代的代议制有什么区别？竞争性选举在中世纪的教会代表大会中就已经采用，而中世纪俗世政治即贵族政制中的代表也多由选举产生。为什么那时的选举代表制称为贵族制，而熊彼特将选举定义为民主的时候美国黑人还没有选举权却称美国为民主制？这就是"语言"的力量！语言不仅是用来表达事实的、交流的工具，更是一种建构的力量，因而语言是一种权力关系。不得不说，全世界的人们已经生活在这种权力关系之中，不得不用这种建构起来的话语和逻辑去思考。这就是为什么自以为自己是"历史的终点"的西方国家在政治制度上虽然事实上面临诸多难题而失去创新能力，更是为什么非西方国家将"选举式民主"当作"历史的终点"而趋之若鹜却碰得头破血流。

---

① ［美］熊彼特：《资本主义，社会主义与民主》，第424页。
② ［美］萨托利：《民主新论》，第115页。
③ ［美］熊彼特：《资本主义，社会主义与民主》，第415页。
④ ［美］萨托利：《民主新论》，第130页。

◇ 三 二元对立民主观的制度性挑战及其替代性思考

以竞争性选举为标准的二元对立民主在理论上和政治上都陷入困境，普京、内贾德和查韦斯等都是竞争性选举产生的政治领导人，西方却说他们是"独裁者"，这本身就是对二元对立民主观的否定。另外，传统的政体理论以代议制为核心，二分法民主观论证的主要是政体中的代议制民主。萨托利等意识形态家没有意识到，代议制只是政体的一个组成部分，从古希腊到当代，政体的含义已经发生了重大变化，不仅包括谁统治这样的传统命题，还包括中央—地方关系、国家—社会关系、政治—市场关系。这样，只论证政体一个方面的二分法民主观显然不能解决已经发生了革命性变化的社会结构问题。

（1）行政国家。早期西方国家的国家职能很简单，官僚制规模也很小。在英国，直到18世纪中叶，内阁大臣也只有区区5人，既没有负责地方事务的机关，也没有负责经济事务的机关，而今天呢？在美国，早期联邦政府仅限于制定进出口关税，林肯所说的"民治"有些真实。但是"新政"时期是美国政府职能和规模的转折点，联邦政府雇员从1920年的50万人扩张到1999年的300万人，增长了6倍。与此相对应，美国《联邦公告》从1960年的14479页上升到1999年的71161页，多了4倍。[①] 更不要说其他国家了。在中国，党政群意义上的公务员多达1291.9万人，占总人口的

[①] U. S. Bureau of Census, *Statistical Abstract of The United States*: 2000, 120th ed, Washington, D. C.: Government Printing Office, 2000. 转引自［美］格雷姆和巴拉《官僚机构与民主：责任与绩效》，俞靳暄译，复旦大学出版社2007年版，第61页。

0.97%，① 行政主导下的"发展型国家"特征更明显。其他发达国家的公务员规模都在总人口的1%—2%。② 这样规模的官僚制又被称为行政国家。

选举民主怎么来面对规模如此庞大的行政国家？关于民主与官僚之间的关系，在韦伯看来，在庞大的官僚机器面前，选举制的民主的意义微不足道。③ 如果韦伯看到今天规模空前的行政国家，不知道他又该做如何感想。

在熊彼特—萨托利那里，民主的范围只限于选举，而不能拓展至立法以及政治过程的决策。如果这样，选举式民主在所谓的"民主国家"中的地位微乎其微，因为主导政治的官僚制不在民主之列。其实，官僚制在根本上不是代议制政体的机构，比如发达的官僚制最早出现在古代的专制主义中国，而以官僚制起家的德意志帝国当然也不是代议制民主。因此，民主的议程不应该限于选举，而应该是如何影响和制约行政国家的绝对主导局面，行政民主（与后面将提到的对话民主有共同之处）是更重要的一种民主形式。民主政体理论不能解释行政国家的话，就没有解释力；不研究"行政国家"的民主理论，要么是自娱自乐，要么就是自欺欺人。

（2）大公司主导。与行政国家相伴而生的是大公司的兴起与对政治过程的影响。美国的崛起在一定程度上得益于"看得见的手"即19世纪末兴起的托拉斯化大企业。④ 绝对不能忽视大企业的政治功能。私有化大企业虽然是以盈利为主要诉求，但其提供的就业机会、税收以及影响的产业政策又具有公共性。因为这种公共性职能，在官员们看来，实业家不是简单的利益集团，而是以履行职责的官员身份行事。为此，政府总是与实业家持

---

① 《中国统计年鉴》(2009)，中国统计出版社2009年版，第116页。
② 参见李利平《中国公务员规模问题研究》，博士学位论文，南开大学，2010年。
③ ［德］韦伯：《经济与社会》（下），林荣远译，商务印书馆1998年版，第756、786页。
④ 参见［美］钱德勒《看得见的手：美国企业的管理革命》，董武译，商务印书馆2004年版。

合作态度，最大限度地满足他们的要求并给予他们特权地位。① 在德国，一直以来存在着著名的政府、雇员和企业主三方"共决制"，而议会甚至被排除在这一主要的社会政策议程之外。日本实业界与政府部门的密切关系更是众所周知，部门为企业导航，企业影响部门的决策。

在详细比较西方国家的政治经济关系后，林德布洛姆这样说："在任何私有企业制度下，一系列主要的决策转移到实业家手里，不论是小的决定还是大的政策。他们取代了政府的议事日程。因此，对他们加以广泛的观察的话，实业家们已成为一种公共官员，并履行着公共职能。对于多头政治，这一情形的主要的逻辑结果在于，公共政策的一大片领域已经从多头政治的控制下挣脱。在现实世界所有多头政治中，某种实质性的决策范畴已不再受多头政治的控制。"② 所谓多头政治就是选举政治和利益集团政治。

林德布洛姆认为，没有必要否认也没有根据批评马克思主义关于公司和经济精英对公共政策有重要影响的判断。与一般利益集团相比，实业家享有三重优势：雄厚的资金来源，完备的组织结构和接触政府的特殊管道，其影响与其拥有的选民数量极不对称。③ 具体而言，大公司能确定"宏大议题"，通过控制的媒体而影响、制造选民的个人偏好和价值判断。④

结果，在所有工业社会，"政府官员受到两种形式的控制：多头政治的控制形式和实业家靠特权地位行使的控制形式"⑤。而在另一位新多元主义者加尔布雷斯（J. K. Galbraith）看来，大公司更是与行政国家融合在一起了，"当公司遭遇政府时，就再也没有组织形式的冲突和程序的不相容，取

---

① [美]林德布洛姆：《政治与市场：世界的政治—经济制度》，王逸舟译，上海人民出版社1991年版，第253页。
② 同上书，第281页。
③ 同上书，第249页。
④ 同上书，第292—310页。
⑤ 同上书，第274页。

而代之的是彼此的理解以及行政制度上的高度一致"①。正如当年流行的"通用的利益就是美国的利益"一样，今天"Google 的利益就是美国的利益"，虽然决策者不再这么明目张胆地宣称。同样，又有哪一个国家的关乎其国计民生的大企业的利益不是这个国家的国家利益？

并不夸张地说，实业家和大企业俨然拥有"主权者"的地位，其对公共政策的影响有时并不比代议机关逊色。如前，自由民主理论并没有给予大公司应有的地位。只要是市场取向的制度，大企业的特权地位就是这一制度的固有部分，无论好坏，都是必须面对而不能回避的问题。

（3）与议会制政体平行的有机治理。行政国家挤压了议会作用的范围，降低了代议制民主的意义。非政府组织（NGO）在西方世界的兴起，再次极大地挑战了代议制民主的地位，并形成了与议会制政体平行的治理形式，即与议会制的形式化治理相平行的"有机治理"。议会制研究权威伯恩斯（T. R. Burns）这样说："新式政治力量——即非政府组织（NGOs）——的爆发性成长和急剧专业化，议会在当代社会的地位变得越来越边缘化。出现了一种新的治理和规制形态，即有机治理，在这种方式中，议会的角色或地位变得模糊，或者越来越边缘化。这种治理形态与议会制政体平行发展，并与后者交互作用——又是相互合作，又是相互竞争。"②

确实，在环境、性别、卫生保健、动物保护、科技伦理、少数族群以及移民等问题上，非政府组织的作用都越来越大，有绕过甚至凌驾于以公民个体为基础的选举政治及其议会代表制之上的趋势。对"有机治理"与形式化治理的关系，不得不长篇引用伯恩斯的权威总结。

---

① 参见[英]邓利维、奥利里《国家理论：自由民主的政治学》，欧阳景根等译，浙江人民出版社 2007 年版，第 202—203 页。

② [德]伯恩斯：《议会的演变：从比较历史的视角看集会和政策决策》，见[英]德兰迪和伊辛主编《历史社会学手册》，李霞、李恭忠译，中国人民大学出版社 2009 年版，第 484 页。

解决问题和制定规则方面的直接参与，从来没有像今天这样广泛、这样具有深远影响。这种"治理"体系主要是一种组织的治理，通过组织、为了组织而治理——而不是为了自主的个体公民而治理。这种复合的治理过程的发展，意味着政治秩序的关键成分的转变：主权、代表、责任和义务，法律和规章角色的扮演。大部分规则和政策制定活动都从议会制政体转移到其他框架中：全球性、区域性和地方性的层面，以及那些专门致力于公共事务的框架，和现代社会中的各个政策部门。这种新兴的政治秩序是多极的。根据这一特征，我们可以对如下二者进行区分：一方面是以议会民主为基础的统治；另一方面是以各种复杂的调节过程、代表过程和权威过程为基础的治理。

在当代的背景之下，地域性的议会制度和中央集权、形式化的立法，在组织、技术和资源的英明和广播程度上都比不上有机的治理形态。①

就这样，"社会行动者重新夺回政治权威"，议会再也不能独自代表各种社会利益和社会力量，社会群体通过自组织的方式，能自己代表自己。比较而言，"有机治理"更加灵活，还可以集思广益，更好地汲取各类专家的智慧，实行更加专业的治理。"有机治理"因其运作过程的透明性而获得了合法性。这一新式治理形态的日趋成熟，提醒我们需要重新思考传统的代表制概念和主权模式。也可以说，"有机治理"意味着新式代表制和主权模式的兴起，迫使我们反思以议会代表制为基础的政体理论存在的合理性问题。

（4）网络世界塑造的新政治形态。近代民主政治与公共领域即公共舆

---

① [德]伯恩斯：《议会的演变：从比较历史的视角看集会和政策决策》，见[英]德兰迪和伊辛主编《历史社会学手册》，李霞、李恭忠译，中国人民大学出版社2009年版，第485页。

论形成的场所有着密切关系，而公共领域的形成与科技革命有着密切关系。按照哈贝马斯的说法，最早的公共领域是咖啡馆、沙龙，后来是纸质传媒即报纸和出版物，再到后来则是电视等电子传媒。今天，科技革命的结果之一便是互联网和手机短信构成的新公共领域即网络世界。

公共领域的基本特点是：公开及自由，所有参与者都有公平的机会参与讨论；参与者的自主性和批判性，讨论者不受外界的限制而自由地表达自己的意志，且具理性批判精神；以一定的场所为媒介。无须过多解释，网络世界就是一个公共领域。

网络世界的公共性是任何传统的公共领域都无可比拟的。第一，网络世界参与者的互为主体性。传统的媒体，无论是纸质的报纸、出版物还是广播、电视等电子媒体，其沟通方式都是单向的，编辑居设定话语权和沟通方式的优势地位，而网络世界的参与者则都是自主性的参与主体，通过邮件、论坛、聊天室、博客和即时通信等平台，既接受信息又发布信息，既消费信息又生产信息。第二，空间的无限性和跨地域性，突破了传统媒体的地域性局限。第三，作为一个自主性参与者，不再被动地接受传统媒体单向度式的信息，而是有选择性地接受信息。

网络世界的这些公共性特征能够产生很多影响现实世界的公共舆论。在代议制政治和官僚政治中，公民只能间接地通过其代表而表达利益，网络则让公民能够不受限制地直接表达；在代议制不发达的地方，过去公民的权利要么被压制，要么以社会运动的方式而表达，现在网络本身则为公民提供表达利益或各种诉求的平台。这样，网络空前地促进了政府与公民的互动关系，政府更好地、更积极地回应百姓的诉求。

网络世界以改变政策议程设置的方式而改变世界。[①] 传统的自主性媒体具有议程设置的功能，但传统媒体控制在精英和财富手中，因此主要是精

[①] 参见尹冬华《公民网络参与与中国民主政治建设》，博士学位论文，中国人民大学，2009 年。

英在设置议程。网络世界的自主性参与则意味着网络舆论不仅来自精英阶层，还有大众阶层。这样，大众可以通过网络世界而直接影响甚至左右政策。比如，在选举政治中，奥巴马对互联网的运用成功地动员了年轻选民并获得雄厚的选举经费；在公共政策中，"网络民族主义"是决策者在制定对外政策中不可忽视的力量；在舆论监督上，网络更是发挥着传统舆论监督难以比拟的作用。所有这些，都意味着网络正在改变传统的政治生态。

一句话，网络世界让直接民主又得以回归，这是精英主义者和代议制鼓吹者当初无论如何都始料未及的。和其他公共领域一样，网络世界也有自己的先天不足，但这并不能否认其是公共领域的事实。正是因为这一事实，各国的政治性制度安排也及时做了调整，设置专门的"舆情"部门，以跟踪、过滤、筛选铺天盖地的网络公共舆论。

行政国家以及其他政治主体的出现，根本性地改变了以代议制为核心的传统政体。以西方国家而言，100年来，行政国家和官僚制式大企业的兴起意味着代议制政治的衰落；冷战结束以后，社会中间组织和互联网的兴起，又极大地改变了各国的政治形态。因此，只解释代议制民主的二分法民主观显然不能回答已经变化了的西方政治。

同理，更不能以二分法民主观解释其他政治制度。在大多数国家，行政主导是普遍存在的，市场经济也深刻地影响着政治过程。而且，和西方的社会统合主义的社会中间组织的基础不同，东方国家的NGO在国家统合主义框架下有序地运转。更重要的是，无论是在所谓的"自由民主"国家，还是在"威权主义"国家，以互联网为平台的技术革命已经根本性地改变着政治生态。

我们认为，凡是行政主导的国家，都意味着代议制民主的局限性；凡是大公司影响政治过程的国家，既显示代议制民主的有限性，又彰显政治的多元性；凡是存在与代议制平行的有机治理尤其是网络参与的国家，都是代议制民主理论所不能解释的民主政治制度和民主政治生活。因此，我们需要寻求新的替代性民主观。

◇ 四 找回近似值民主观

如果说以论证代议制民主为核心的二元对立的民主观是冷战的产物，而近似值民主观则源远流长，即可以在亚里士多德那里找到理论的元点。作为政体单一序列上的"级数差异"，近似值政体观虽然更接近事情的真相，因它不符合政治斗争的性质，不符合将政治对手妖魔化和标签化的理论特质，意识形态家和政治家并不喜欢近似值民主观，因而也难以流行。但是，在世界因意识形态而对立之前，近似值民主观在美国大有市场，如杜威的实用民主观；即使在两极对立的冷战时期，近似值政体观也没有被人遗忘，如美国著名公共政策理论家林德布洛姆的近似值民主理论。

即使是冷战时期的意识形态家也不得不承认，杜威的实用民主理论是20世纪美国最有影响的民主理论。杜威在20世纪20年代曾和当时的美国舆论领袖李普曼有过激烈的论战，李普曼代表的是精英主义，认为大众连选择好的领导人的能力都没有，遑论"民治"的能力了。我们看到，熊彼特—萨托利的"选举式民主"和李普曼一脉相承。不仅如此，萨托利甚至说如果"民治、民有、民享"是出自斯大林而非林肯之口，也会被解释成民主的含义，但不会被人们接受了。[1] 可见，精英主义者连林肯的民主定义也不接受。而对于杜威而言，民主的最好的定义就是"民治、民有、民享"。在中国的一次演讲中，杜威说："民主（德谟克拉西）的定义，在美国的林肯曾经定义过。他说：民主（德谟克拉西）是一种政治，是一种

---

[1] [美]萨托利：《民主新论》，冯克利、阎克文译，东方出版社1993年版，第38—39页。

'为民的''由民的''被民的'政治。这个定义，到现在也是最完全的，也不琐碎，也无须更改增删了。"① 在杜威看来，"为民的"就是民主的目的是为多数人谋幸福，而不是为少数人服务，这是民主政府与独裁政府的根本区别。为此，民主政府必须具备"同情"和"推想"的能力，想大众之所想。"由民的"就是重视民意，是否重视民意是民主政府和专制政府的最大区别。"被民的"，即指由人民选举出的代表而组成的公共权力组织根据公共意志而统治，其中最重要的是法治，"民主（德谟克拉西）是被治于法律的"，法律的种类即是否是为多数人谋利的法律就至关重要。②

杜威对公共意志、大多数人利益的强调，使得他不仅将民主视为一种政府形式即政体，还是一种生活方式，是一个伦理问题。因此，民主不仅是政治的，还是经济、学校、宗教、家庭等生活中的人格问题和生活方式。这且不说，就是在政体意义上，杜威也不认为其所生活的美国政治就符合林肯的民主定义。杜威是在批评自由主义中分析自由主义与民主的关系的。自由主义的精华是个性、探讨以及表达的自由，而其糟粕则是自由主义与资本主义的结合，因而自由主义民主其实就是"中产阶级"的民主。在他看来，民主的建立伴随着权力从农业贵族向工业资产阶级转移，权力最终落到金融资本家手里，无论如何声称政府是民有、民治、民享的。虽然大众也因为意识形态垄断而接受了自由主义思想，但权力属于少数人是不争的事实，基于金钱和竞争的现存制度对人性的扭曲和愚化使得"自由主义的社会"成为谎言，为维护少数人权力的自由主义也成为一种保守的意识形态。由此，杜威看到了激发自由主义的潜力和空间。③

---

① 袁刚等编：《民治主义与现代社会——杜威在华讲演集》，北京大学出版社2004年版，第103页。
② 同上书，第103—107页。
③ [美]维斯布鲁克：《杜威与美国民主》，王红欣译，北京大学出版社2011年版，第454—455页。

另外，杜威清楚地看到美国政治经济中的不平等以及强势团体的宰制地位，而弱势团体地位的提升不能依靠其自身，因为在残酷的竞争中他们没有能力去改变现状，只能诉诸"好的国家"。针对将国家视为工具的多元主义民主观，针对商业集团和政治集团的破坏性以及科学、艺术、教育、社会服务等团体对人的"发展"的重要性，20世纪美国最重要的民主哲学家杜威指出，好的国家"能使正当合宜的团体更牢固、更一致；它（国家）间接地澄清它们的目的、纯化它们的活动。它抑制有害团体，使它们朝不保夕、难以为继。与此相反，它赋予有价值的团体的个体成员以更大的自由和完全。它减轻他们的沉重负担，而这些负担若由他们自己来应付，他们的精力就会耗费在同恶势力的消极斗争中"。杜威说，没有"好的国家"，民主的充分程度及其充分意义都不可能实现。①

最近，诺贝尔经济学奖获得者、原世界银行资深副总裁兼首席经济师约瑟夫·斯蒂格利茨提出只有1%的美国人享有"民有、民治、民享"的命题。美国上层1%的人现在每年拿走约近25%的国民收入；以财富而不是收入来看，这塔尖的1%控制了40%的财富。25年前，这两个数字分别是12%和33%。斯蒂格利茨尖锐地指出美国的官商关系是"钱能生权，权又能生更多的钱。最高法院在最近市民联盟诉联邦选举委员会一案中取消了竞选经费上限，赋予企业买通政府的权利。现在代理人与政治完美地结合在一起了。事实上，所有美国参议员和大多数众议员赴任时都属于塔尖1%者的跟班，靠塔尖1%者的钱留任，他们明白如果把这1%者服侍好，则能在卸任时得到犒赏。大体而言，美国历任贸易和经济政策的重要决策者也来自这一人群。当制药公司获得万亿美元的大礼时——通过立法禁止作为最大药品采购方的政府讨价还价——也就没有什么大惊小怪的了"②。

---

① 转引自［美］施特劳斯、克罗波西主编《政治哲学史》（下），第991—992页。
② ［美］约瑟夫·斯蒂格利茨：《1%的民有、民治、民享》，《环球时报》2011年10月18日。

塔尖上的1%的美国人才真正享有林肯的民主定义，这和杜威的认识是一致的。这样的民主显然不是好的民主，但确是代议制民主的必然结果——任何形式的代议制最后必然都演变为少数"代表"的权力。为此，杜威认为，不但自由主义有进一步的空间去激发出来，民主政治本身也只是规范意义上的，民主的程度还很不充分。加拿大著名民主理论家坎安宁将杜威的近似值民主归纳为以下几点。①

（1）民主无处不在。民主不但应该存在于官民互动之中，还应该体现在社会生活的其他方面，家庭、教会、学校、工厂等都应该是民主的生活方式。

（2）民主是一个程度问题。既然民主无处不在，任何国家都既有民主也有反民主的，"公众"在某些情况下都可能从事危害社会的活动。为此，民主是一种理想而不是一种社会的具体品质，关键在于"公众"到底有多民主或多不民主，如何使他们变得民主。公众对公共事务的努力是杜威民主理论的核心。

（3）民主深受情境影响。如果说任何社会都存在民主，而其民主程度又深受情境的影响。杜威致力于最好的国家形式的讨论，但又认为政治组织的主要特征是暂时性和地域的多样性，公众对公共事务的努力是经验性的，并且因时、因地而异。

（4）民主的难题永远存在。由第三个命题而推断出，民主总是理想中的事，实现民主的难题永远存在。"实用主义的基本信条是，最好将人类事务看做一个永无止境的解决为题的过程，因为每一次解决都会创造出新的问题。"

另外，我个人认为，谈到杜威的实用民主观，不能忘记其国家观。如前，没有"好的国家"，民主的充分程度及其充分意义都不可能实现。以国

---

① ［加］坎安宁：《民主理论导论》，谈火生等译，吉林出版集团公司2010年版，第190—192页。

家手段来实现充分的民主，这是自由主义民主理论的重大突破，因为自由主义强调的是社会权利和个人权利对国家权力的限制，而蔑视或掩蔽国家权力对于社会权利的保护。

如果说杜威是基于对美国政治的深刻观察而提出了抽象的哲学和伦理学上的近似值民主观，那么著名的公共政策分析家林德布洛姆在比较政治经济过程研究中则明确提出了近似值民主观。在他看来，民主理论中应该有大公司的一席之地。但是，任何自由民主理论都没有给予原理上的阐述。按照经典的马克思主义式民主理论，大企业控制似乎不利于民主政治。因为企业的影响，美国民主制度本身从未完全是民主的，多头政治也只是民主的近似值，仅仅是民主制度的一个部分而已。[1]"多头政治不过是对任何理想的自由民主模式或任何其他民主形式的一个大体的近似。"[2]

反过来说，虽然企业对政治的影响不利于真正的民主，但是却意味着政治多元化。林德布洛姆的结论是："哪怕是在缺少多头政治的条件下，市场和私有企业也采用了最大限度的相互调整和政治多元化。"[3] 若以市场经济为中介而进行政策过程分析，不同国家的政治过程的近似性会更多。

五 结语：走向"有效的民主"

本文并不反对多数决民主形式对于民主的重要性，也不是回避多数决民主形式在中国依然是一个需要完善的制度安排，但是反对把选举式民主

---

[1] ［美］林德布洛姆：《政治与市场：世界的政治—经济制度》，王逸舟译，上海人民出版社1991年版，第279页。

[2] 同上书，第314页。

[3] 同上书，第259页。

作为划分民主与非民主的唯一的"类"的标准。相反,只有在近似值民主观下,我们才可以理解为什么有那么多的不同于多数决民主形式的其他民主形式,比如前述的宪政民主、共识民主、审议民主和参与民主,以及今天中国人谈得比较多的行政民主。可以说,凡是有法治、公共参与、决策民主和权力分享与共治基础上的分权的地方,就有民主政治制度和民主政治生活。

我们不得不承认,在冷战中,西方国家打了一场漂亮的"没有硝烟的战争"即意识形态战争,而且西方继续在操纵这场战争,今天中国思想界主流的民主观就是二分法下的民主。只要中国不实行二分法下的民主,很多人就不承认中国的民主政治性质。如前所述,这已经不简单是学术、思想的理性之辩,而是宗教化的意识形态问题。因此,虽然学术和思想上的民主形式与民主观之辩在意识形态战争面前显得疲软无力,但依然有必要对二分法民主进行理性认识。

跳出既有的民主观念并不容易,国内根深蒂固的民主观念是"选举式民主",尽管人们也开始谈论"协商民主"。利普哈特的反思历程具有参考意义。

过去我对"传统说法"也深信不疑,直到多年之后才从中挣脱出来。20世纪50、60年代攻读本科和硕士学位时,我曾认为威斯敏斯特式的多数模式无论从哪个方面来讲都是最好的民主形式,足以令比例代表制、联合内阁等相形见绌。当然,对威斯敏斯特式模式的推崇代表了美国政治学界长期以来的一项牢固的传统……20世纪60—80年代,我的认识进入了第二阶段。我开始强烈地意识到多数民主给宗教和种族高度分化的社会带来的危险,不过,此时我仍然相信多数民主对同质性比较强的国家来说是更好的选择。直到20世纪80年代以后,我才逐渐确信共识民主模式比多数民主模式更胜一筹，不仅对所有的民主国家来说均是如此，而且就民主的各个方面而言都是这样。①

利普哈特的反思精神与建构能力非常值得国人研习。在中国人狂热追求多数决民主的时候，在已经拥有了多数决民主形式的国家，其理论家批评和反思最多的也是多数决民主形式的问题，因而才有一个又一个区别于多数决民主其他民主形式。除了前述的多数决民主面临的制度性难题而不能得到有效解释，多数决民主在实践中更有难以回避的难题。

第一，发达国家的"政治衰退"与再民主化诉求。当一个国家的政治制度不能与时俱进地调整而应对新的挑战时，借用其导师亨廷顿的术语，弗朗西斯·福山称之为"政治衰退"。在西方观察家看来，西方的民主变成了"自由市场民主"，从而导致了2008年以来的全球治理危机，诸如金融危机、政府债务危机、社会骚乱、政治动荡等，并进一步昭示着西方民主制度本身的缺陷。"一贯推销民主制度的西方国家，对于变味的民主制度逐渐变得冷漠，不满其繁琐的程序。选举机制导致可供选择的人员越来越少，媒体肆意编造的故事令候选人再难有出头之日。在市场利益的驱动下，民主制与社会公平正义渐行渐远，人们的政治参与热情逐日湮灭……人们对民主制度化程序越来越缺乏兴趣，出现了代表性危机。"这份主流报纸进一步指出，西方民主制的深层危机在于市场对民主的宰制以及由此而致的政治制度的自由散漫。② 源自民主制本身缺陷的全球治理危机其实就是二分法下的代议制民主的危机。我们知道，代议制民主解决的是代表产生程序问题，坚决反对的是决策过程中的民主。代议制民主的危机是必然的。为此，吉登斯指出，民主化不但是未民主化国家的事，也是

---

① [美]利普哈特：《民主的模式：36个国家的政府形式和政府绩效》，陈崎译，北京大学出版社2006年版，"中文版序言"。
② 《民主制度本身存在缺陷》，英国《观察家报》2011年11月20日。

民主国家制度的再民主化问题。一直以来，有志之士都警告人们，代议制民主必然是那些组织得很好的利益集团的民主，选举民主并不能从根本上解决公民的代表权问题，比如重大决策中的民意。为此，吉登斯提出了对话民主，即重大决策必须通过公民的审慎的对话与协商而做出。"按照这样的理解，民主不是定义为是否所有的人都参与它，而是定义为对政策问题的公共商议。在代议制民主制度中，商议民主条件不可能通过保证选出的代表所做的事情的透明度来满足。如果公众反对达成特定共识的途径或反对在它们的基础上制定政策，那么，正常的选举程序会适当地保持取消的可能。这个观点对于民主国家的民主化具有十分重要的意义。"[1] 显然，吉登斯的对话民主已经不是选举民主的简单补充，而是一种替代性民主形式。这是因为，作为最简单的民主形式的选举民主，其合法性来自地方风俗和习惯，来自传统的符号。但是，时代已经发生了根本变化，日常生活和全球化体系都发生了根本变化，在已经形成的发达的交往自主权中，资源"透明"成为根本要求，通过对话而形成政策是其必然结果。[2]

第二，如果说多数决的代议制民主制度的市场宰制民主的制度缺陷导致发达国家的治理危机，而在发展中国家或转型国家的表现则是"无效的民主"导致的治理失效。就连美国著名的民主理论家英格尔哈特也不得不承认，多数决民主是一种最简单的民主形式，"我们可以在几乎任何地方建立选举民主，但是如果民主不能扎根于使精英回应人民的基础之中，选举民主基本上没有意义"[3]。这是对第三波民主化国家的"无效的民主"的

---

[1] [英]吉登斯：《超越左与右：激进政治的未来》，李惠斌、杨雪冬译，社会科学文献出版社2009年版，第87页。

[2] 同上书，第87—88页。

[3] [美]英格尔哈特：《现代化与民主》，见[俄]伊诺泽姆采夫主编《民主与现代化：有关21世纪挑战的争论》，徐向梅等译，中央编译出版社2011年版，第151页。

评价，这个评价同样适用于已经长期实施了选举民主的印度。

不能拿小国与中国比较，就发展中国家而言，与中国最具可比性的无疑是印度和俄罗斯。西方称之为发展中国家西方民主的样板，印度人也自诩民主政治是他们的最大福利，国内的一些民主主义者也鼓吹印度的民主。但是，如果中国实行的是"印度式民主"①下的无效治理，不知道又有多少国人能接受？每年有上百人死于假酒、几乎每年都有火车相撞或脱轨事故、恐怖主义泛滥、分别有上百万人居住在孟买和新德里但广大农村依然处于最原始的"牛车经济"阶段，多数决民主何日能解决几乎近于失败的国家治理？更别提转型时期的俄罗斯了。西方人憎恶"普京式民主"而对叶利钦时代情有独钟，但"普京式民主"实现了大国的复兴，叶利钦时代恰恰是失败的十年。②

我认为，无论是印度的问题还是俄罗斯的问题，作为必然诉求的多数决民主不能阻碍大国治理的根本之道即权威的决策和权威的政策执行，否则就存在国中之国，变成了名副其实的"邦联"。印度的根本问题就在于只有民主的表达利益渠道而无权威的利益聚合机制，结果再好的民意也会付之东流。"普京式民主"则是强调政策制定与执行的权威性，一改叶利钦时代的邦联化格局。对于中国而言，做到既有民主的利益表达又有权威的政策过程，从而超越印度式民主和"普京式民主"，是当下和未来极具智慧的大课题。

第三，多数决民主与国家/社会分裂和国家失败。"无效的民主"不仅可能导致无效的治理，更严重的是导致国家失败。民主是值得向往的，

---

① 相对于"印度式增长"即长期的经济缓慢增长而导致的事实性停滞，我认为印度在政治上应该有一个"印度式民主"的雅称，意指有民主的利益表达系统而无权威的政策决策—执行机制，从而导致无效治理。

② 杨光斌、郑伟铭：《国家形态与国家治理：苏联—俄罗斯转型的经验研究》，《中国社会科学》2007年第4期。

但是如果在追求民主的过程中把国家搞没了，大概又不是有良知的民主主义者所不愿意看到的。但是，"民主"最有可能分裂国家。为此，西方民主转型理论的一个前提性概念是"国家性"（Stateness）。这个概念当然是有所指，即苏联民主化中的民族主义而分裂了苏联，南斯拉夫也是如此。这就不得不说到民主与"民族国家"的关系。"民族国家"是西方人的发明，它是西方从古典时代过渡到现代的重要载体。顾名思义，"民族国家"就是以民族为单元的国家。在反对拿破仑的民族解放战争中，民族主义得以觉醒。19世纪，民族国家思想开始流行，即"任何民族都有权建立国家。正如在人群中会区分出民族一样，世界也应划分出不同国家。任何民族都是一个政治国家，而任何国家都具有民族性"[①]。直到20世纪50—70年代民族解放运动，奉行的都是民族自决权思想。冷战后，被压抑的民族主义再度复兴，成为冲垮一个又一个国家的政治力量。在这些意义上，民主是民族国家的亲密战友，因为民族借助于民主运动而独立建国。

另一方面，民主与民族国家又是敌人。欧洲以外的越来越多的现代国家都是多民族国家，一个主权国家内多民族通过民主运动而谋求独立，又是包括中国在内的民族国家所坚决禁止的。但是，冷战后以民族为单元的国家还是一个接一个地出现了。

我们只能说，"民族国家"虽然是走向现代性的重要载体，但同时也为世界的冲突甚至战乱埋下了祸根。因此，需要从根子上反思"民族国家"之类的所谓"真理"。与中华民族的具有包容性和和谐的"天下观"相比，"民族国家"实在是一个冲突性概念和思想；而当这样的冲突性概念与民主潮流结合在一起时，足以变成一个分裂国家的怪兽。

这些就是中国必须面对和需要思考的历史遗产和现实困顿。以近似值

[①] [德] 齐佩利乌斯：《德国国家学》，赵宏译，法律出版社2011年版，第106页。

民主观而言，民主形式是丰富多样的，比如各种形式的大众参与、民主协商，尤其是西方国家所没有的自上而下的"群众路线"。在西方国家，参与式民主必然变成强者的游戏，历来都是那些组织起来的强势团体利用参与式民主而更好地实现自己的利益，弱势群体享有的参与式民主更多的是象征性的。好的"群众路线"则可以很好地弥补参与式民主的不足，做到强势群体与弱势群体利益表达的平衡，进而有利于公平政策的形成。但是，由于我们的社会科学生产的思想观念基本上是西式的，大多数人对于自己的"群众路线"这样的政治优势视而不见，甚至视之为"左"。其实，任何民主形式都有其自身难以克服的问题。或者由于霍布斯所说的人的这样的习性，即用放大镜观察自己而把自己的问题无限放大，用望远镜观察别人而别人似乎无比美好。

这并不是说，中国的民主不需要完善了。比如，中国在选举环节就有问题。我们必须看到一个普遍性现象，即越来越多的国家在搞竞争性选举。毕竟，选举民主是"实现"多数意志的最简单的形式。因为其形式最简单，而政治过程又最复杂，因而选举民主可能形成"无效的民主"而非回应民众需求的"有效的民主"。[1] 并非武断地说，竞争性选举将给中国带来三种可能的后果或其混合形态。

第一种可能即轻者，必然是强势利益集团对选举的支配，市场对民主的宰制，从而使二元化结构下的中国社会变得更不公正甚至更加对立，结果那些对目前不满的人将会更加失落；

第二种可能即中者，形成"印度式民主"，有表达自由而无权威决策从而使治理失效，那些对目前不满的人将怀念今日之中国；

第三种可能即重者，民族主义与选举式民主结合而分裂国家致使国家

---

[1] ［美］英格尔哈特：《现代化与民主》，见［俄］伊诺泽姆采夫主编《民主与现代化：有关21世纪挑战的争论》，徐向梅等译，中央编译出版社2011年版，第151—153页。

失败，那些对目前不满的有"国家"情结的人将呼唤普京式政治家以拯救国家。

历史已经提供了剧本，时间将是最好的证人。

民主与世界政治冲突

"文明的冲突"因"民主"而成为现实,这大概是亨廷顿当年不曾预料到的,或者说亨廷顿不会刻意把民主与文明的冲突的关系突出出来。虽然亨廷顿也偶尔提及民主化对于"文明的冲突"的影响,[①] 但核心是论证种族认同所引发的冲突,并专门以巴尔干半岛为例论证建构出来的种族认同如何导致种族清洗式的文明的冲突。[②]

本文所要回答的是,近代以来的种族—宗教认同(本文有时统称"文化认同")固然是"文明的冲突"的一个重要诱因,但是历史上很多种族—宗教认同问题,哪怕是种族—宗教认同危机并不必然导致冲突或者战争,其中的差异在哪里?为什么历史上不同时期的种族—宗教认同危机会演绎出不同的结局?为此就必须寻找从文化认同到文明冲突之间的中介机制,我认为这个机制就是民主化或者民主本身。对于这个问题的回答必然带来对世界未来秩序的思考:如果文明的冲突是必然的和普遍的,而民主又是文明冲突的内在机制,是不是意味着美国推广民主的国家安全战略最终却是在为自己制造敌人?"阿拉伯之春"或许就是这个问题的答案。

---

① [美]亨廷顿:《文明的冲突与世界秩序的重建》,周琪等译,新华出版社2002年版,第158页。

② 同上书,第301—343页。

曾何几时，伴随着"历史的终结"的大狂欢，西方思想界制造出"民主和平"即民主国家之间无战争的康德的"永久的和平"论。此时，头脑清醒者提醒人们，在民主转型中，由于垄断性体制的瓦解和毫无约束的言论自由，各方都会毫无节制地诉诸民族主义动员而获得权力，因此民主化过程中发生战争的几率更高。[1] 第三波民主化验证了这一道理，"阿拉伯之春"也是如此。但是，问题是，即使是老牌的民主国家之间及其国内，冲突也从来不断，比如印巴之间以及巴基斯坦、泰国等国的国内。也就是说，不但民主化转型会诱发国家冲突，巩固的民主国家同样会发生冲突。根本原因在于，过去我们对于民主的期许太高，以为民主能解决一切问题。本文最后我将详细论述，尽管民主是一种相对于君主制—贵族制等权力私有制的"权力公有制"，是一种巨大的历史进步和价值优越，但是民主说到底也不过是一种政体，而且是根本利益大调整的政体，因此民主本身就包含着内在的冲突。从第一波民主化到不被西方人视为"民主化"的民族解放运动（20 世纪 40—70 年代），民主化都带来国内和国际冲突；而当民主遭遇伊斯兰主义或者与伊斯兰主义合谋的时候，民主所带来的冲突几乎是难以调和的，这是西方国家民主化进程中所不曾有的冲突模式。也就是说，我们必须改变我们对于民主的一系列错误认识，比如民主在国际上有利于世界和平，在国内是一种最好的利益调节机制而保证国泰民安。民主本身不具有这样的功能！民主本身就是根本利益结构的再调整这一事实表明，民主是一个冲突性概念，而且是一个扩张性的冲突性概念，就像看上去很美的"文明"一样会带来冲突。民主本身不会自动而和谐地调节利益冲突，能够安顿利益冲突的是法治，比如当 2000 年美国大选陷入僵局时，是最高法院定输赢。

当西方人心目中属于个人权利范畴的自由的民主延伸到其他文化或文

---

[1] Jack Snyder and Karen Ballentine, "Nationalism and Marketplace of Ideas", *International Security*, Vol. 21, No. 2 (Autumn, 1996), pp. 5–40.

明时,正如我们已经看到的那样,"自由主义民主"就变成了"民族主义民主"和"伊斯兰主义民主",或者演变成"民粹主义民主"。显然,这些变种后的"民主"的冲突属性就会得到加强,它们甚至会压制和摧毁原生态的保护个人权利的自由民主,使得诸种民主形式之间有了内在张力和冲突。

如果把世界近代政治文明史看做托克维尔所说的人类不可阻挡的平等化趋势以及由此而来的民主化的历史,而民主本身具有冲突属性,民主的历史就是人类利益大冲突的历史,只不过这种利益冲突在西方国家似乎已经成为过去时,因而"非历史的"西方行为主义社会科学总是以乐观主义姿态看待民主,即忘却民主的冲突过程而极力推广民主的终端模式,结果却是变种的民主反过来压制甚至摧毁西方人所熟悉的自由主义民主。这种历史的非预期结果肯定不是西方人所乐见的。

◇ 一 近代民主的"元形式"及其变种

世界上的民主理论形形色色,诸如选举民主、参与式民主、协商民主等各种实证民主理论和这些理论相关的民主形式,并不是本文要讨论的。本文所关心的是那些能对国内秩序和世界秩序构成重大影响的民主形式,即能够称得上政体意义上的民主,它们分别是自由主义民主以及与之相对立的社会主义民主,作为民主变种后的民族主义民主与伊斯兰主义民主。

把民族主义—伊斯兰主义与民主关联起来的根据是什么?对于西方人而言,民主是以不同的宪法形式呈现出来的(联邦制或中央集权制,国会制或分权制,任期制),竞争性选举与民主制是密不可分的,民主政治的两个主要方面是平等和自由,所以西方人熟悉的民主是"自由的民主"。其实,对于民主的本义而言,平等权才是判断一切形式民主的根本标准。在国内政治中,平等权可体现为平等的选举权、"法律面前人人平等";在世界政治中，平等权是种族/民族的平等权或者政治共同体的文化/宗教平等权，是从国内政治的个人权利演变为世界政治的政治共同体的平等权利。其实，如果有人认为把社会主义、民族主义和伊斯兰主义与民主叠加在一起有问题的话，自由主义与民主的叠加同样是问题，正如萨托利所言：自由和民主是两条道上跑的车，战后西方社会科学倾注了巨大努力才把这两个概念糅合在一起。总之，本文以平等权为标准而区分民主的基本形式，有时用于国内政治民主的个人平等权（或者阶级的集体平等权如普选权），有时用于世界政治的集体平等权。

自由主义民主与社会主义民主。这是一对大家都知道的老冤家，在冷战中打斗不停，纠缠不休。看上去对立的自由主义民主和社会主义民主，二者之间却存在共同基础或者享有最大公约数，即个人的自由和平等。所不同的是，一个是更多的强调自由，一个是更真实平等；在此基础上，一个是更突出经济上的个人自由，一个是更强调经济上的集体平等权。

简单地说，自由主义民主来自洛克式自由主义，而洛克式自由主义的核心就是个人财产权。在市场化社会，个人能力的不平等以及继承下来的不平等如财产权，必然导致个人占有财富的不平等，因此洛克式自由主义说到底就是麦克弗森所说的"个人占有主义"，而基于"个人占有主义"的政体即以自由资本主义或放任资本主义为基础的自由主义民主并不符合正义原则。[1] 尽管自由主义民主理论源远流长，很发达，从洛克——托克维尔——密尔到当代的熊彼特——萨托利——达尔，基本上都在谈自由民主的社会条件和政治特征，而不理会在西方政治社会中占有重要地位、对政治决策有着直接影响的大企业。林德布洛姆在《政治与市场》中指出，不观照大企业的自由主义民主理论还有多少意义？资本和大企业所导致的不平等，是自由主义民主的结构性硬伤，即不符合正义原则。

---

[1] ［美］罗尔斯：《作为公平的正义：正义新论》，姚大志译，中国社会科学出版社2011年版，第167页。

也正因为其有违正义原则，在历史的政治实践上，以放任资本主义为基础的自由主义民主的一个副产品就是以计划的统制经济为基础的传统社会主义民主。作为放任资本主义的反面或者补救，计划的统制经济在财产所有制上的国家所有以及期盼由此而带来的人人平等，最终却陷于制度上的统制经济和结果上的经济停滞，因而作为政体的传统社会主义民主也不符合理想中的正义原则，以至于社会主义阵营最终以苏联解体、东欧剧变而告终，中国也不得不改革开放并由此而形成混合经济。

尽管自由主义民主和传统社会主义民主具有内在的冲突性，但并不是不能融通，事实上自由主义民主吸纳了很多社会主义的因素，而社会主义民主也汲取了不少自由主义的要素，因为二者之间具有共同的源头，也有自由、平等、民主等最大公约数。在理论上尤其在制度安排上，二者依然会有冲突，但在冷战以后，其冲突的烈度已经让位于自由主义民主与其他民主形式的冲突，也就是说，自由主义民主的最大敌人已经不再是社会主义民主，而是变种后的民主形式即民族主义民主和伊斯兰主义民主。

民族主义民主。对于自由主义来说，只有基于个人权利平等的自由民主才是民主，其他形式的民主都不是真正意义上的民主。这种看法并不符合理论、历史与现实。

法国革命者在《人权宣言》中明确提出民主主义、民族主义和民族自决权的口号。受法国大革命的影响，基于康德的自由和自决观念，费希特（1762—1814）演绎出了民族自决理论。他认为个人的完全自决最终要求民族的自决，因为个人自由只有在团体（包括社群和民族）的生命中才具有意义，个人只有融入整体才能实现完全的自由。这样，在历史上，民主和民族主义几乎是一对孪生概念。法国大革命催生了当时欧洲其他国家的民族主义，从意大利的民族主义到德国的民族主义，无不是法国大革命的产物。民族主义的一个核心诉求就是民族平等权。这是就民族主义的起源而言。

民族主义的扩大也是世界民主化的产物。"威尔逊十四条"和列宁民族自决权理论指导下的苏俄主动放弃沙皇帝国的殖民地，无疑具有国际关系民主化的性质，事实上也推动了国家关系的平等化。第二次世界大战后，从冷战时期的民族主义到冷战后的民族主义的复兴，无不与民主化密切联系在一起。因此，民族主义是世界范围内的民主平等权的产物。不管自由主义是否承认民族主义民主，20世纪50—70年代的世界范围内的民族解放运动又被称为"民族民主运动"。同时，民族主义的复兴也助推了世界范围的民主化，因为，民族主义运动总是借助于作为民主工具的选举而达到目的，比如全民公决对于苏联的解体至关重要。也正是因为民族主义的民主性质，冷战时期两大阵营都号称自己是民主国家，因而都分别支持有利于自己的民族解放运动；冷战后美国又致力于推动民主化，不得不支持各种形式的民族主义运动，哪怕是民族分裂主义。

可以认为，历史上的民族主义民主也是自由主义民主的副产品。吊诡的是，相比于自由主义民主与社会主义民主，自由主义民主与民族主义民主之间具有更大的内在张力或内在冲突性，因为强调具体平等权的民族主义很多时候无视个人权利，或者说不得不为了整体的"民族"而牺牲掉个体的"民权"。

伊斯兰主义民主。如果说自由主义不愿意把民族主义与民主结合在一起，更不愿意看到"伊斯兰主义民主"这样的概念。但是，无论是伊斯兰主义本身的内涵，还是伊斯兰主义的产生与复兴，都与民主具有密切的相关性。在教条意义上，伊斯兰教因为强调服从真主似乎与民主原则有冲突，但事实上各宗教都如此，都强调神的意志的至上性，都是与民主根本对立的。不同宗教的某些教义可以支持民主的某些理念，为推行民主提供有限政治资源，这是量上的差别。① 伊斯兰主义是以真主为中心而强调人人平等的教义，比如穆斯林兄弟会号召穆斯林抵制西方思想的侵袭，消灭等级差

---

① 王林聪：《论伊斯兰教与民主之间不确定的关系》，《西亚非洲》（双月刊）2005年第5期。

别，使人们融为一体，回到早期伊斯兰教生活中去。再则，在强调协商的同时，《古兰经》明确提出的另一个民主原则就是公议（Ijma），它要求通过社区的一致同意或是集体判断来作出决定。按照埃及著名伊斯兰学者阿卡德（Abbas Mahmud 舢— Aqqad）的解释，公议"是伊斯兰对于民主选举最完满的解释和范例，它让社区通过一致同意来决定由谁担任管理者"①。可见，伊斯兰主义中的平等诉求与协商、公议原则，与西方自由民主中的核心原则在很多方面不谋而合。

就历史而言，作为政治运动的泛伊斯兰主义，是反抗西方自由主义的帝国主义霸权的产物；到20世纪70年代的伊斯兰复兴运动，同样反抗的西方主导的现代性运动，强势的现代性运动带来的"中心—边缘"结构，使得处于"边缘"地带的文化共同体寻求自己固有的国粹即宗教而争取自己的世界平等权即文化平等权，这就是20世纪70年代开始的伊斯兰复兴运动，这场宗教原教旨主义运动恰恰赶上了世界民主化浪潮，选举民主成为伊斯兰主义复兴的最有力工具，也使得穆斯林民众国家认同民主体制。皮尤2010—2011年的追踪调查显示，除巴基斯坦外，穆斯林民众对民主政体的认同较为普遍，大多数民众认为民主优越于其他政府形式。根据调查，"阿拉伯之春"进一步强化了某些国家穆斯林对民主的认同，埃及穆斯林对民主的好评程度从2010年的59%上升到2011年的71%。②

因此，从教义本身和伊斯兰主义的历史看，穆斯林世界的民主都可以被称为"伊斯兰主义民主"。与民族主义不同的是，特别重视平等的伊斯兰主义，对外是一种事实上的民族主义，对内则是一种"永恒的多数"原则。在中东地区，伊斯兰主义内部分类为逊尼派和什叶派，二者互不妥协，任何一派占多数，则永远是选举民主的赢家，因而是一种不同于"多

---

① 参见汪波《价值观比较分析》，《阿拉伯世界研究》2007年第2期。
② 转引自钱雪梅《试析政治伊斯兰对中东北非剧变的解读：以伊扎布特为例》，《国际政治研究》2011年第4期。

重少数"的自由民主的"永恒的多数",伊拉克的选举和伊朗的选举便是如此。问题是,"永恒的多数"如何尊重并保护宗教上的"永恒的少数"?因此,在教派意义上,伊斯兰主义民主具有内在的冲突性。不仅如此,教派上的"永恒的多数"与世俗自由派的关系也存在内在张力,甚至压制世俗自由派即压制自由民主派。因此,伊斯兰主义民主又与自由主义民主存在内在冲突性。由于当初西方人陶醉在"大中东民主计划"中,才炮制出"阿拉伯之春"这样的可笑概念,错把伊斯兰主义民主当作自由民主,才会有"春天"这样极端幼稚的概念。"春天"去了,留下的是瑟瑟秋风中的血色黄昏。

通过简单梳理几种民主形式可以知道,不要指望所有国家的民主最终都是自由主义的民主。即使不是民族主义民主或者伊斯兰主义民主,发展中国家的自由主义民主也很可能是民粹主义民主,而民粹主义民主是不能兼容自由主义民主的,正如南美国家的民主政治一样。如果说民主和平论鼓吹民主国家之间无战争,至多也是自由主义民主国家之间的事。当全世界都民主化后,民主国家之间决不会彼此之间相安无事,看看世界近代文明史就清楚了。

自豪于"救世"文化的西方人总是把自由民主视为极乐世界,不但以为"民主国家之间无战争",而且一旦实现了民主就国泰民安了。也正是在这种"救世"心态的指导下,世界文明史就这样被建构起来,以推广民主作为"使命"的国际政治著作汗牛充栋。遗憾的是,殖民化的中国社会科学基本上也是沿着"救世"产品而看待民主。其实,只要回归到民主的基本常识,即民主是一个冲突性政治、冲突性概念,就能发现,近代历史上的国际国内冲突几乎都与民主有着直接或间接的瓜葛。

◇二 自由主义民主—社会主义民主与现代世界体系的到来

根据我的理解，自由主义民主和自由主义是一对密切关联而又有很大不同的概念。自由主义是一套政治哲学，是关于个人权利的学说，而民主则是一种政体，是关于大多数权利的主张。把个人权利和整体权利的两种本体论性质不同的学说糅合在一起而成为"自由主义民主"，是冷战时期美国为了对付敌人而建构起来的不伦不类的概念，其核心只不过是把中世纪就存在的选举找回来，炮制出"熊彼特式民主"即选举式民主。如果说有选举就是民主了，中世纪的选举政治为什么被称为贵族制或神权政治？为了论证"自由民主"的合法性，人们往往从洛克那里寻找理论资源，从而把洛克式自由主义和选举政治混杂在一起，美其名曰"自由民主"。

如果说"自由民主"源自洛克式自由主义，那么就得重新认识民主的性质、民主的历史甚至整个世界近代史了。过去我们习惯上把殖民主义视为帝国主义的产物，这并不错，但是帝国主义的根源又在哪里？在于洛克式自由主义，这大概是西方人万万不愿意承认的，也是国内思想界也不愿意正视的。但是，我说殖民主义是洛克式自由主义的产物，是由历史的链条证据构成的。

很多人或许不知道，当洛克主张财产权时，他正在贩卖奴隶，因此他所说的财产权绝不是普罗大众的权利。洛克主张财产权的大背景是英国和其他欧洲国家的对外贸易。我们知道，欧洲民族国家的形成过程中，有两个因素至关重要，一个是查尔斯·梯利所说的"战争制造国家"，一个就是对外贸易。在英国，当战争最终确定了英国的现代国家形态以后，战争也就伴随着其对外贸易，世界上没有哪个国家比英国更多的因为商业利益而发动战争。

如果中国人还不清楚英国国家成长中商业与战争的关系，应该知道作为中国近代史分水岭的"鸦片战争"。鸦片战争为什么发生在1840年而不是更早？其实，就中英贸易利益而言，英国早在19世纪初就一直出现贸易逆差，从而向中国走私鸦片，清政府也早有禁烟行动，但是为什么在1840年发动了鸦片战争？1832年宪政改革是英国历史的分水岭，获得了选举权的新兴资产阶级在政治上有发言权后，英国对外政策变得更强硬、更具扩张性，从而强势主导了对华政策。这个故事就是自由主义民主在国际关系中的生动写照。其实，从18世纪到20世纪初英国"日不落帝国"殖民体系的形成，就是洛克式自由主义即财产权扩张而形成的冲突性国际关系。

这样，源自洛克式自由主义的"自由民主"诞生以后，世界秩序不是更安宁了而是更有冲突性了，欧洲尤其是在全球范围内，世界从此变得更不平静了。读书人如果只盲信西方人说的洛克式自由主义与看上去很美的"自由民主"的密切关系，而看不到或者不愿意承认洛克式自由主义与帝国主义贸易和殖民主义的关系，那是知识的悲哀。

作为扩张性和冲突性的力量，自由主义民主不但导致了新型的世界秩序和国际冲突，也造成了国内关系的空前紧张，从而出现了与之对立的工人运动和社会主义民主，国内秩序在不断冲突中得以重组。洛克的财产权理论和其以后的苏格兰启蒙运动中的亚当·斯密的世界主义理论，犹如英国经济的发动机，极大地推动了英国经济，工业革命离不开这些思想观念。第一次工业革命培养出了新兴资产阶级，但是作为一个阶级的出现，工人阶级出现在第二次工业革命之中，19世纪30—40年代的宪章运动是工人阶级成为与资产阶级对立的阶级的标志。英国宪章运动、欧陆1848年二月革命，推动了为无产者利益说话的社会主义学说的诞生，用约翰·密尔的话说，历史上第一次出现了没有财产的阶级而主张利益的现象。晚年具有社会主义关怀的密尔这样说，事情到了今天，我们不得不承认无财产阶级思想主张的正当性。

在国内秩序层面，按照费纳在《统治史》中的说法，18—19世纪就是欧洲国家危机四伏的200年，一轮危机接着一轮危机，一场危机的解决是诱发新危机的肇因。200年的危机意味着什么？对于今天的人们来说实在难以想象。200年，是一个降解特权、平等权扩大的国内秩序重组的长周期，其中阶级冲突和社会矛盾之激烈不难想象。即使是一直被视为和平渐进变革典范的英国，当迈克尔·曼在《社会权力的来源》中谈到英国19世纪中叶的冲突时，他说必须改变"和平渐进"的看法，因为这一时期的流血冲突、社会犯罪空前激烈。英国尚且如此，遑论其他国家政治冲突的激烈程度了，法国政治动荡和流血斗争是周期性的，德国魏玛共和国即自由民主政治的失败导致的是更惨绝人寰的法西斯主义的种族灭绝。就是在这样一个一波又一波的危机中，工人阶级的基本主张之一普选权逐渐实现了，但最终并没有因此而实现社会主义。分析马克思主义学派的带头学者日瓦斯基（Adam Przeworski）的一个重大发现是，欧洲社会民主党人原来指望通过普选而占据议会，通过阶级立法而实现社会主义，但是在实践中根本行不通，因为阶级立法必然会有损企业界、资本家的利益，他们会用脚投票，由此导致的经济下滑会使社会主义者在下一次大选中落败，因此最终也不会实现理想中的阶级立法和社会主义。这样，社会主义运动推动的选举权也不能改变资本主导的元秩序，再加上宪法政治第一位的重要性，西方国内秩序重组中至多是增添点社会主义元素，诸如平等权和社会福利，基本秩序得以维持。即使追求平等的社会主义政党，比如社会民主党，其运转方式也没有改变组织铁律即"寡头统治铁律"。这样，追求平等的社会主义政党依然是一种等级制的寡头政治，更不要说改变整个政治结构了。长达两个世纪政治冲突后所达成的平衡，至多是一种混合制状态，固有的寡头政治结构不变，宪法第一和资本宰制不变，社会主义学说的一些主张如选举权和社会福利被体制吸纳。

在欧洲的"世界秩序"层面，虽然拿破仑战争以后经历了100年的长和平周期，但是这种和平之下却是暗流涌动。正是因为社会主义学说的指导，从19世纪下半叶到第二次世界大战，几乎是在整整一个世纪的长周期里，西方国家的工人运动风起云涌，"第一国际""第二国际"都是全欧洲范围内的工人运动，第一次世界大战结束时德国爆发了社会主义革命。洛克式自由主义带来国内治理危机，按照卡尔·波兰尼的看法，国内危机直接诱发了两次世界大战。世界上第一个社会主义国家苏联是世界战争的产物，苏联通过"第三国际"而支持世界革命，中国等一批新兴国家成为社会主义国家。世界由此而划分为自由主义民主阵营和社会主义民主阵营。

◇三　民族主义民主与世界秩序的重构

自由主义民主不仅催生了社会主义民主，也是民族主义民主的助产士。但是，民族主义民主有两个有趣的故事：一是与社会主义民主相呼应，肢解了洛克式自由主义民主一统天下的西方殖民体系；二是借助自由主义民主并与之结合，瓦解了社会主义阵营。因此，民族主义民主是自由主义民主和社会主义民主斗争的延续，并进而成为一种重构世界秩序的民主形式。

民族解放运动源远流长，从德国、意大利到美国独立和南美解放运动，都可以算得上民族解放运动。但是，它们在本质上是建国运动，而且并不是以民主为建国目标。所以，本文所说的民族主义民主，特指第二次世界大战后到今天的民族解放运动或民族民主运动，因为无论是第二次世界大战后的民族民主运动，还是冷战以后的民族主义运动，都与民主有着千丝万缕的联系，并且往往以民主共和作为建国目标。这是世界民主政治的转折点，因为过去民主只是一种国内政治概念，而且是一种不受欢迎的理论，现在民主一跃而成为主流思想，转而成为世界上新兴国家都要建立的政治制度。

第二次世界大战后冷战时期的民族主义运动在理论上应该归功于前述的列宁的民族自决权思想和威尔逊的《十四点计划》。从19世纪末至第一次世界大战，帝国主义把世界十亿以上人口的大部分地区变成了自己的殖民地和半殖民地。在这个背景下，为社会主义而奋斗的列宁把社会主义运动与民族解放运动联系起来，主张民族自决权，在政治上给殖民地民族分离自由、建立分立国家的自由，并把民族自决权提高为"社会主义原则"。主张民族自决权的新生苏维埃政权，不仅主动放弃沙俄的殖民地，还在1919年"巴黎和会"上力挺中国，反对将战胜国中国的胶东半岛由德国分割给日本。就是在这样的国际背景下，中国的知识分子由过去的亲美开始亲俄，知识界的左翼思潮开始兴起。

著名的"威尔逊十四点计划"也同样主张民族自决权。1918年1月8日，美国总统威尔逊在美国重建战后世界秩序的纲领性文件即《十四点计划》中，承认了奥匈帝国、巴尔干半岛的各民族有自决权，宣布"我提出的所有方案贯穿着一条明确的原则，它是对所有人民和民族的公正原则，每个民族无论强弱，都享有自由和安全的平等生活权利"。比较而言，同样主张国家关系平等化和国际关系民主化的美国，在实际行动上并不如苏俄那么彻底，在第一次世界大战后依然和西方列强一道重新安排世界。

苏美的主张相同，但行动上大相径庭，从而产生不同的结果。由于苏联的言行一致，冷战时期的民族解放运动往往与社会主义革命运动联系在一起。结果，作为世界社会主义运动一部分的民族解放运动，又称为"民族民主运动"或"民族民主革命"，这一民主性质被写进新兴民族国家的绝大多数共产党和革命民主党的纲领性文件中。例如，1978年热带和南非许多国家的共产党和工人党召开了第一次代表大会，在其《争取热带和南非国家的自由、独立、国家繁荣和社会进步》的总结文件中曾指出："以社会主义为方向的国家所实施的措施不仅具有反帝的性质，而且具有反资和前社会主义的性质……今天提到非洲大多数国家日程上的不是社会主义革命而是民族民主革命。"①

正是因为这一时期的民族民主运动与社会主义密切地联系在一起,无论苏联和中国当时如何分裂,事实上它们各自都在致力于支持民族解放运动。最终,新兴民族国家在亚非拉的批量出现,使得殖民主义体系得以彻底解体,根本性地动摇或改变了西方统治世界的历史格局。

这是"民族主义民主"的第一个故事,即冷战时期社会主义国家支持民族解放运动而反对帝国主义和肢解西方霸权的故事。"民族主义民主"的第二个故事则是第三波民主化浪潮中和冷战后,西方国家利用"民族主义民主"肢解社会主义国家和推动民主化的故事。历史就是这么诡异。

冷战时期尽管存在大量的民族主义问题,但两极世界的安全需要超过一切,民族主义因而在各自阵营内部得以压制下来。但是,当冷战结束后,被压制已久的民族主义以井喷之势爆发出来,亨廷顿笔下的"文明的冲突"归根到底就是民族之间的冲突。如前,民族冲突恰逢第三波民主化,使得民族主义顺理成章地冠以民主之名而成为新式的"民族主义民主"。

在戈尔巴乔夫的民主化、公开化和透明化政治多元化改革中,民族主义首先撕开国家解体的口子。公开性和民主化必然导致多元化。多元化既是民族分离主义崛起的原因,也是民族分离主义的结果。苏联建国以来一直面临严峻的民族主义问题。在苏联的"国事犯罪"中,有3/4是因"民族主义"入狱的。就是在这种条件下,赫鲁晓夫和勃列日涅夫却异口同声地宣称,苏联民族问题已经完全解决了,并且是"彻底和一劳永逸地解决了"②,戈尔巴乔夫在改革初期也不断重复其前任的判断。③ 由于长期以来的

---

① [苏]孙巴强:《民族民主革命:问题和前景》,《科学社会主义》1985年第12期。
② 中国社会科学院苏东所等编译:《苏联民族问题文件选编》,社会科学文献出版社1987年版,第250、343页。转引自黄宗良、孔寒冰主编《世界社会主义史》,北京大学出版社2004年版,第492页。
③ 陆南泉等主编:《苏联兴亡史论》,第794页。

自欺欺人,这个可能威胁苏联国本的问题被束之高阁,戈尔巴乔夫也根本没有意识到在公开性和民主化过程中民族问题的严重性,结果民族分离主义一发而不可收拾。比如,1989年4月格鲁吉亚首都帝比利斯因民族主义运动而发生了严重的流血事件,为此戈尔巴乔夫、苏共其他领导人和地方领导人均互相推诿,不愿担当责任。苏共领导层和苏联社会的共识是,必须用"民主的方式"处理包括民族问题在内的国内政治问题。① 此事成为苏联民族问题的分水岭,结果受到民主化推动的民族主义,迅速成为一支肢解苏联的势不可遏的力量。1990年春天,波罗的海三国宣布独立,与苏联展开"主权战"和"法律战",这意味着作为一个主权国家的苏联开始走向失败。从1990年春天波罗的海三国宣布独立到1991年12月8日俄罗斯、白俄罗斯和乌克兰三国签订宣布苏联解体的《明斯克协议》,其间不到两年的时间。

南斯拉夫的解体更是民族主义民主的最好注脚。本来和谐共处于一个村庄、彼此通婚的克罗地亚人、塞尔维亚人和穆斯林人,在民主化中突然变成不共戴天的仇人和"种族","穆斯林"被建构出来,因而也出现了野蛮的对穆族的种族屠杀。千万别说巴尔干半岛的种族冲突与民主无关。

民主化催生了更多试图分裂国家的民族主义即民族分离主义运动,非洲一些国家饱受因种族认同而导致的战争之苦甚至种族灭绝,俄罗斯依然有车臣问题,中国的"疆独"也是这个世界政治的一部分。

曾经并不那么强大的美国呼吁国际关系的平等化、民主化,对抗社会主义民主的自由主义民主最终以胜利者姿态出现,并利用民族主义民主而战胜了对手。但是,正如民族主义民主曾经是社会主义民主的盟友而后来又成为一些社会主义国家的敌人一样,民族主义民主也不会是自由主义民主的永恒朋友。在民族主义民主强大的地方,都是与宗教极端势力密切结

---

① 陆南泉等主编:《苏联兴亡史论》,第803页。

盟的地方，因而事实上是一种宗教民族主义。不仅如此，宗教民族主义中混杂了难以区分的恐怖主义势力。鉴于此，受到美国支持而成长起来的民族主义民主，最终又成为反对美国的敌人。卡扎菲被干掉了，但美国驻利比亚大使却死于恐怖袭击，利比亚陷入部族政治纷争。美国不喜欢亲伊朗、亲俄罗斯的叙利亚总统阿萨德，但是美国也只是半推半就地支持反政府势力而不敢贸然推翻阿萨德政权，因为叙利亚的情况比利比亚更复杂也更危险，反对独裁政权的力量并不必然是文明的民主力量，甚至是一种比现行政权更野蛮、更血腥的邪恶政治势力。

◇四 伊斯兰主义民主与世界政治的不确定性

不但伊斯兰教义中充满着可以称为民主的因素，伊斯兰主义民主兴起的方式正是自由主义民主所鼓吹的——公民社会的兴起。西方人说苏联东欧的剧变得益于公民社会，这样的研究在西方连篇累牍。由此观之，"社会科学"可真不是科学！在苏东剧变前夜，连起码的市场经济体制都没有，不但没有出现和国家抗衡的资本力量，更没有能和国家抗衡的社会组织——瓦文萨的团结工会是政治反对派而不是公民组织；所谓宗教的调解作用在很大程度上也是编织出来的公民社会的神话——因为东正教和天主教一直被西方人视为民主的障碍，此时怎么突然又被说成是推动民主的力量？果真如此的话，研究南美民主化的西方人为什么不把真正有信仰自由的天主教当作民主化力量？政治过程一目了然，苏东剧变就是国家失败了，国家机器运转不灵了，和历史上的很多制度突变一样，比如俄国的二月革命甚至十月革命，都是国家不战而败的结果；苏联对东欧控制力的瓦解是东欧剧变的直接原因，并不是什么公民社会的作用。

如果说第三波民主化中的苏东剧变不是什么公民社会作用的结果，"阿拉伯之春"中的公民社会绝对是不可以被忽视掉的。自1979年伊朗革命以来，伊斯兰复兴运动中的派别林立，比如遍布70多个国家的穆斯林兄弟会、分布40多个国家的"伊斯兰解放党"（即"伊扎布特"，是"Hizb ut-Tahrir"的音译）、分布很多非洲国家的"伊斯兰青年党"，其中穆兄会组织最有成效。

从20世纪80年代初，穆斯林兄弟会逐渐开始控制部分行业协会，到20世纪90年代中期，穆斯林兄弟会全面控制了埃及五个最主要的、在政治上非常活跃的行业协会：医师协会、工程师协会、药剂师协会、科学家协会和律师协会。除了控制上述重要的协会外，他们还渗透或控制了大学的教师联合会、大学生联合会以及大约1.4万个私人慈善机构。穆斯林兄弟会在公民社会方面发展壮大并取得了明显成效，一时被称为"虽遭到国家拒绝，却得到社会承认"，其"合法性来自社会而不是国家"。穆兄会运用他们的组织力量从事一些政府很难办到的事情：给生活在开罗贫民窟和上埃及地区的社会下层提供帮助，给行业协会成员提供廉价服务。例如，由其控制的共有8万成员的医师协会，给这些医师及其家庭以最低的价格提供最好质量的医疗保健。他们以诚信和节俭而赢得了声誉。其结果是，这种声誉遍及整个埃及，更令人感到政府已经完全腐败了。[①] 穆兄会在1992年开罗地震中小试牛刀。在地震发生的几个小时内，穆兄会就出现在街头，分发食品和毛毯，远远快于政府的救援工作。

在约旦、加沙地带、印尼以及其他穆斯林国家，穆兄会等伊斯兰组织虽然被法律禁止从事政治活动，但都组织完好，提供"从摇篮到坟墓"的服务，其所提供的公共服务甚至比20世纪初的美国政府还多。[②]

由于基层组织最完备，提供的公共服务最多、最系统，因而伊斯兰组

[①] 参见王泰《埃及现代化进程中的世俗政权与宗教政治》，《世界历史》2011年第6期。

[②] [美]亨廷顿：《文明的冲突与世界秩序的重建》，第114页。

织深得民心，一旦有竞争性选举便绝对是胜券在握。但是，能够赢得政权的伊斯兰组织并不一定是西方人期望的民主政权。其实，具有未来洞察力的亨廷顿早在20世纪90年代中期就这样说，中东的威权政体有可能动摇或垮台，取而代之的将最可能是伊斯兰政权。请注意，亨廷顿没有说威权之后的政权是民主政权，而是伊斯兰政权。这是因为，在亨廷顿看来，伊斯兰主义与自由主义民主之间的张力远远大于自由主义民主与马克思主义。为此，"除个别例外，自由民主主义者无法在穆斯林社会中取得持久而广泛的支持。甚至伊斯兰自由主义也不能站稳脚跟"①。

这样，亨廷顿一方面用"公民社会"这样的词汇来描述穆兄会这样的伊斯兰组织②；但另一方面他并不是简单地把这样的"公民社会"与民主政权相联系，甚至视为民主政治的反面。个中原因，大概是他对伊斯兰组织的性质的认识。政治伊斯兰组织从现实社会的弊端出发，把社会政治、经济和文化道德的各种问题、伊斯兰国家力量和地位的衰落等，归因于穆斯林偏离了自己的信仰，进而又把政府政策错误造成的特定社会政治环境当作让穆斯林难以坚持真正伊斯兰信仰的罪魁祸首。几乎所有的政治伊斯兰组织都把现实社会的各种问题归结为"偏离正道"或"背离真正的伊斯兰教信仰"，并基于因果逻辑得出一个抽象的结论，即"伊斯兰是唯一出路"。由此完成了一个巧妙的政治推论：必须推翻现存的政治制度和腐朽政权，代之以伊斯兰国家，依据沙利亚进行统治。③ 马里兰大学"国际政策态度"（The Program on International Policy Attitudes，PIPA）研究项目2007年在埃及、摩洛哥、巴基斯坦和印尼调查的结论是："总体而言，大约3/4的受访者同意应努力严格执行沙利亚，努力'让伊斯兰国家免受西方价值观的影

---

① ［美］亨廷顿：《文明的冲突与世界秩序的重建》，第116页。
② 同上书，第113页。
③ 钱雪梅：《政治伊斯兰意识形态与伊斯兰教的政治化》，《西亚非洲》2009年第2期。

响'。2/3 的受访者甚至希望'把所有的伊斯兰国家统一成为单一的伊斯兰国家或者哈里发'。"皮尤调查 2011 年 5 月发布的数据表明，一半以上的穆斯林赞成把沙利亚作为国家法律的依据之一。在巴基斯坦、约旦和埃及，60% 以上的穆斯林认为国家法律应该严格遵循《古兰经》教义，另有 16%—27% 的民众虽然认为法律不一定要严格遵循《古兰经》教义，但却应该遵循伊斯兰的价值观和原则。也就是说，在这三个国家，90% 以上的穆斯林民众主张，国家法律不能离开伊斯兰原则和基础，只有 5% 以下的民众反对《古兰经》教义影响国家法律。①

沙利亚国家就是伊斯兰组织的政治诉求，这样的"公民社会"的性质即"民情"，显然与自由主义民主背道而驰。因此公民社会与民主政治是什么样的关系，视"民情"而定。亨廷顿如是观，哈佛大学的另一位政治社会学教授普特南不也是把南北意大利划分为"强公民社会"和"弱公民社会"？为什么都叫"公民社会"，但它们与民主—治理的关系就南辕北辙呢？在我看来，关键就在于托克维尔所说的"民情"，比如在托克维尔那里美国的公民社会具有法治、自治、公共关怀等"民情"，意大利南部公民社会的"民情"更多的是存在"恩主庇护"，而印度公民社会的"民情"就是基于种姓—族群的碎片化社会组织。因此，公民社会与民主政治之间到底是什么样的关系，视"民情"而定，或者说"民情"是连接公民社会与民主政治之间的"中介机制"。②

遗憾的是，不但包括中国在内的思想界不愿意承认或者没有认识到公民社会的"民情"对于民主属性的重要性，美国的决策者也无视美国学术界的大量研究成果而鲁莽地推动"大中东民主计划"。"9·11"事件后，美

---

① 上述数据转引自钱雪梅《试析政治伊斯兰对中东北非剧变的解读：以伊扎布特为例》，《国际政治研究》2011 年第 4 期。
② 杨光斌：《公民社会与民主—治理的另一种关系》，载杨光斌主编《比较政治评论》2013 年第 2 辑，中国社会科学出版社 2013 年版。

国对阿拉伯—伊斯兰国家政策大调整，从获得能源或建立军事基地向更加强调促进市场经济、教育改革和公民参与——男女同等地参与——社会事务，并逐步加强民主制度和程序建设转变，以扭转对恐怖主义的支持不断增长的社会气候。2004年1月，布什在国情咨文中正式提出"大中东"概念，并向国会阐述了扩展民主的政策措施。

遗憾的是，海内外的穆斯林对美国的好意和使命都不领情。曾任克林顿总统的国家安全事务助理伯杰这样说：穆斯林世界的民主派活动家、政治家、新闻记者和知识分子——我们进行这种努力的天然伙伴——几乎无一例外地用怀疑甚至蔑视的态度来迎接布什总统的"大中东民主计划"；在整个中东，他的话几乎没有改善民众对美国及其意图的看法。确实，沙特《生活报》刊文认为，美国布什政府的"大中东倡议"犯有四个错误："一是把外来意志强加给这个地区的国家；二是缺乏应对阿拉伯国家改革使命的信心；三是忽视了阿拉伯国家面临的主要问题；四是忽视'倡议'所针对的国家和人民的特性。所以，阿拉伯人必须拒绝外来的改革计划。"而据美国国防科委2004年9月的民意调查结果显示，在华盛顿的埃及人和沙特阿拉伯人，对美国及其政策的"不赞成"率分别是98%和94%，多数人支持自由和民主这类价值观，要民主但反对美国。①

中东地区的穆斯林自由派要民主。"9·11"事件后，许多伊斯兰国家的反对派和广大民众要求进行政治改革的呼声明显趋高，2002年由30多位阿拉伯学者在联合国发表的《阿拉伯人文发展报告》中指出，伊斯兰世界存在"民主缺失"和"妇女权益缺失"——这种"自由缺失"（Freedom Deficit）破坏了人的发展。皮尤2010—2011年的追踪调查显示，穆斯林民众对民主政体的认同较为普遍，大多数民众认为民主优越于其他政府形式。

但是，穆斯林民众心目中的民主是什么呢？根据皮尤调查，在绝大多

---

① 马丽蓉：《多向维度中的中东民主问题考量》（上），《西亚非洲》（月刊）2006年第7期。

数受访者看来，经济繁荣和政治稳定是民主内涵中最重要的两项内容；不仅如此，当穆斯林被进一步要求在"经济强盛"同"民主政体"之间作出唯一选择时，大多数民众选择了前者。换言之，穆斯林普遍认为，"经济强大"比"民主政体"更重要，要求实现经济发展的愿望更加强烈。[①]

看来，同样都在谈论和追求民主，但民主的内涵却千差万别。穆斯林自由派的民主观和自由主义民主观比较接近，比如《阿拉伯人文发展报告》所展示的那样；但普通民众的民主观则是经济繁荣和政治稳定。如果说自由派追求的是价值层面和制度层面的民主，而老百姓事实上是在要求民生。可见，即使在一国之内，不同阶层关于民主的看法也有天壤之别。

但是，不同阶层的不同民主诉求则存在共同之处，那就是对威权主义长期统治的不满，改变现状是共同诉求。就这样，在国际大气候和国内小气候的双重作用下，中东国家开始了美国期望中的民主进程。但是，过去二十多年的历史表明，大中东地区的民主却不是西方自由主义者想要的结果，甚至是直接针对自由主义民主，真可谓因正因而生变果。从20年前的阿尔及利亚选举到2012年的埃及选举，几乎所有大中东地区的民主选举结果都让美国人闹心。

阿尔及利亚：1991年阿尔及利亚国民大会选举第一轮结果显示，伊斯兰拯救阵线党获胜，恰恰是在美国的支持下，政府取消了选举，声称伊斯兰拯救阵线将结束民主。长达20年的内战爆发了。伊斯兰拯救阵线党开展游击战，目标是政府及其支持者。冲突以政府的胜利有效地结束，但夺取了20万人的生命。

巴基斯坦：巴基斯坦的选举是典型的西方代议制民主，但是这十几年来，民众却越来越仇视美国。

巴勒斯坦：巴勒斯坦的选举更是让美国人头疼，结果是穆斯林兄弟会

---

① 参见钱雪梅《试析政治伊斯兰对中东北非剧变的解读：以伊扎布特为例》，《国际政治研究》2011年第4期。

的分支机构哈马斯获胜。

伊拉克：结束萨达姆统治后的伊拉克第一次大选曾让美国人倍感鼓舞，因为选民不畏危险参加选举，投票率在70%以上，但选举结果让美国人大失所望，选举出的是美国人担心的什叶派政府。今天，伊拉克已经陷于内战之中，其中教派因素很大。

伊朗：美国的老对头伊朗的选举，是在最高精神领袖的控制下进行，选举产生的内贾德总统是强烈的反美、反以色列的斗士。

"阿拉伯之春"国家：突尼斯、也门、利比亚、埃及、叙利亚的剧变被西方人美誉为"阿拉伯之春"。在"阿拉伯之春"后的选举中，有的国家如埃及被穆斯林兄弟会"窃取革命成果"，穆尔西政权比穆巴拉克政权更专横、更压制自由，结果导致死900多人、伤近万人的流血冲突。利比亚则陷于部落政治的混乱甚至仇杀了美国大使。叙利亚内战已经完全演变为混乱的部族和教派战争，反政府军比政府军更野蛮。

这些国家的选举政治难道不是民主？从政治形式上说，完全符合西方国家的程序民主要求，但结果却是反美反以色列的。为此，善意制造话语和概念的美国人又制造处一系列新的概念：竞争性威权主义、选举式威权主义等，反正不是自由民主。

这就是美国人的不对了，因为"熊彼特式民主"的核心不就是竞争性选举吗？这可是第二次世界大战以后美国社会科学最伟大的成就，即把相互冲突的"自由"和"民主"拧在一起，美其名曰"自由民主"，而自由民主的核心就是"竞争性选举"，因而自由民主又被称为"选举式民主"。怎么能说美国的竞争式选举是民主、大中东国家的竞争性选举就不是民主了呢？中东国家的竞争性选举完全符合程序民主的基本规定。

看来，程序民主是很容易学习和移植的，即所谓的现代性形式上的同一性。但是，形式上的同一性难以改变一个国家固有的历史文化和社会"民情"。如前，伊斯兰国家民众对反对西式自由民主的沙利亚国家情有独钟，而伊斯兰原教旨主义派比如"伊斯兰解放党"（伊扎布特）对西方式民主一直持否定态度。针对西方媒体对"阿拉伯之春"的"民主"定性，伊扎布特予以驳斥，提出穆斯林反抗和推翻离经叛道的专制统治者，是一种伊斯兰责任，不是西方所说的民主责任；穆斯林抗议者想要的是自由公正地选举能代表和保护穆斯林利益、捍卫伊斯兰事业的领导人，而不是西方式的民主。① 因此，程序民主选举出的是亨廷顿所说的伊斯兰政权，而不是西方人期盼的自由民主政权，但事实上确实是一种民主政治，是自由主义民主的变种形式。

不仅如此，伊斯兰国家实行程序民主后的一个共同特征是：赢家的确定性！穆斯林内部教派林立，其中最典型的是有不可调和性冲突的逊尼派和什叶派。过去，比如萨达姆的伊拉克、今天的海湾国家，教派之争靠强权压制；今天，在选举民主中，多数派教派成为永远的赢家，少数派永无掌权的机会。同样是选举民主，在伊斯兰国家则是"永恒的多数原则"，即赢家是按照教派预定的；而在西方则是"多重少数人的统治"，即不确定的群体基于公共政策的选择而变化组合。结果，选举民主成了教派斗争的工具，而且是不可逆的规则，使得多数派教派的统治永恒化。多数派感谢选举民主，让他们永远统治着少数派；少数派为此而憎恨选举民主，恐怖手段或许是他们的必然选择。

这样，大中东地区的民主选举不但招致国内和地区的教派之间的冲突，同时还自然成为压制城市自由派的制度安排。2011年11月28日开始的议会选举，被认为是埃及历史上第一次自由公正的选举，拉开了埃及民主的序幕。由于埃及国内的反对派力量中，几乎只有穆斯林兄弟会有强大的基层组织能力、雄厚的资金和从事政治活动的长期经验，这次选举仿佛就是专门为它量身定制。选举结果是：革命主力军即城市自由派年轻人只赢得

---

① 参见钱雪梅《试析政治伊斯兰对中东北非剧变的解读：以伊扎布特为例》，《国际政治研究》2011年第4期。

了有限的几个席位；占埃及一半多的女性在议会中得到的席位不足2%；占埃及人口总数约10%的科普特基督徒只拿到了少于2%的席位；而连同穆兄会和萨拉菲派的"光明党"在内，伊斯兰主义政党赢得了压倒多数的70%席位。在经济社会政策上，穆尔西政府甚至试图规定将"扎卡特"（Zakat）——伊斯兰教徒每年一度的慈善捐款——规定为强制性的而非自愿的，招致城市自由派的恐惧。在文化领域，国家电视台开始改变风格，播出的政治节目与爱国歌曲越来越多，电视剧和情爱视频越来越少，出台了一些禁止亵渎神明和进行侮辱的规定，并允许以国家安全的名义对媒体实施审查，思想钳制毫不逊色于穆巴拉克时期。就这样，选举所拉开的民主序幕却成了后穆巴拉克时代流血政治的开始。

美国的"大中东民主计划"本来意在以民主政权来铲除恐怖主义，结果选举产生的民主政权却导致更大规模、更血腥的冲突。"阿拉伯之春"的故事再次验证了我们常说的道理：民主的价值是普世的，民主的形式是特殊的。说得过去的民主一定是有相应的条件做基础，比如共享法治信念、分权、尊重个人权利，等等。就民主的形式而言，如果把竞争性选举当作民主的主要甚至是唯一的衡量标尺，竞争性选举的结果就可能是"阿拉伯之冬"。道理很简单，既然是竞争性选举，竞争性选举若是在没有共同的国家认同、共享信念和大致平等的社会结构中进行，竞争性选举就很可能变成部族、种姓或民族，教派或民族之间的竞争，进而演变成国内冲突甚至分裂国家。一个很简单的常识是：第二次世界大战后世界上国家数量从几十个到二百多个，是怎么来的？竞争性选举功不可没！

◇◇五 作为"文明的冲突"的中介机制的民主

"文明的冲突"为什么会发生？亨廷顿列举了五大原因：第一，每个人都会有多重认同，它们可能会相互竞争或彼此强化，全世界的人都会根据文化界限来区分自己，因而文化集团之间的冲突越来越重要，不同文明集团之间的冲突就会成为全球政治的中心；第二，现代化运动刺激了非西方国家的本土认同和文化的复兴；第三，任何层面的认同只能在与"他者"的关系中界定，而交通和通信的改善导致不同文明的人们之间互动更加频繁，结果是对自己的文明的认同更显著；第四，控制其他集团一直是冲突最古老的根源，不同的文明国家总是企图将自己的价值、文化和体制强加于另外一个文明集团，物质利益的冲突可以谈判解决，但文明冲突则无法通过谈判解决；第五，常识是，憎恨是人之常情，人们需要敌人，冲突无所不在。"冷战的结束并未结束冲突，反而产生了基于文化的新认同以及不同文化集团（在最广的层面上是不同的文明）之间冲突的新模式。"① 这就是亨廷顿所说的文明的冲突模式，用图 1 表示一目了然：

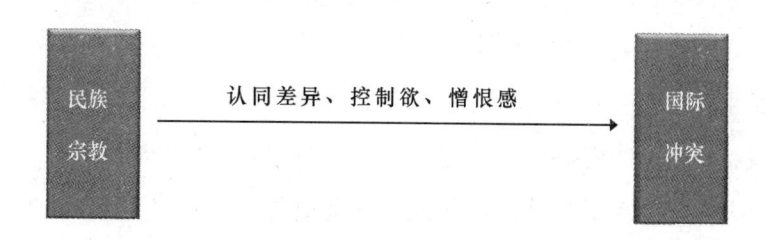

图 1 文明的冲突模式

文明的不同认同必然导致冲突吗？亨廷顿上面所列举的原因，其实主要是一般性的因果律，但是一般性因果律的问题总是似是而非：一个原因导致 n 个结果，一个结果也可能是由 n 个原因所致。当然，亨廷顿不是完全没有涉及中介机制，在谈到"控制"时，才涉及因果之间的连接机制，即控制与反控制引发了冲突。

---

① [美] 亨廷顿：《文明的冲突与世界秩序的重建》，第 133—135 页。

那么，到底是什么东西使得不同文明之间认同最终走向冲突呢？我认为一个重要的答案是民主化和民主。在《文明的冲突》的其他地方，亨廷顿对于民主化所引发的冲突略有涉及，杰克·斯奈德则专门论述了民主化转型中民族主义对于国家冲突的关系。亨廷顿这样说，民主化刺激了本土化、民主化与西方化相冲突，因为竞争性选举刺激非西方政治家把自己的信仰说成是最能吸引大众的东西，那些东西通常具有种族的、民族主义的和宗教的特征。① 这是讲伊斯兰主义民主与自由主义民主之间的张力。如前，亨廷顿并不认为受西方政治行为影响的伊斯兰政治比如选举政治是民主政治，而是属于伊斯兰政权。再则，即使亨廷顿认识到民主化和民主本身比他罗列的五大原因更直接诱发冲突，在情感上他也不愿意这样说——尽管他作为一个新国家主义者曾开列出"威权—稳定—发展"的药方。他曾认为，稳定和发展比民主更重要，但是鉴于其所说的"民主的第三波"以及西方国家是冷战的胜利者，因而在感情上似乎很难把民主本身作为国际冲突和国内冲突的直接诱因。

民主化过程引发冲突已经是公认的常识，但是实行了民主或者巩固的民主就不会引发冲突吗？20世纪90年代西方国际关系理论流行"民主和平论"，即民主国家之间无战争。通过本文前面几个部分的叙述，我们应该这样说，"民主和平论"讲的只是自由主义民主国家的部分故事，比如并不讲历史上都是"自由民主"的英法长期争霸的历史，甚至可以忘记了早期英美之间的战争；而当民主变种以后，即出现了流行的民族主义民主和伊斯兰主义民主以后，民主国家之间（不同文明集团之间）以及民主国家内部（文明集团内部）都可能发生冲突甚至战争，比如都是代议制民主国家的印度和巴基斯坦之间的持续性紧张关系；即使是所谓的自由主义民主国家，比如日本，民主也会导致与周边国家的紧张关系；更别说民主在很多发展

---

① [美] 亨廷顿：《文明的冲突与世界秩序的重建》，第91—92页。

中国家所招致的无穷尽的教派冲突、种族冲突与等级冲突。

为什么是这样？这就需要重新认识民主的性质。在冷战时期，两大阵营都给民主营造了太多的光环，赋予了民主太多的使命，以至于民主不堪重负，很多国家因"民主"而遭殃，很多国家也以"民主"之名而行不义之事。比如，民主是人民当家作主、民主有利于和平、民主有利于稳定、民主有利于经济增长、民主有利于控制腐败、民主有利于治理……民主的这些使命性命题，有的来自人类的美好愿望，更多的是来自发达国家"经验"的观念性臆造。确实，西方民主国家之间更和平、政治相对更稳定、腐败相对较少、治理得也不错。但是，这些都是民主之功吗？这些与民主到底有多少关系？或者说民主本身能达成这些目标吗？西方国家之间更少战争，在根本上是因为它们之间打怕了，欧洲无穷的战争和第一次世界大战、第二次世界大战都是白人之间的战争；政治相对稳定首先是因为宪法政治而不是民主，因为即使实行了普选后的西方依然不稳定，是第二次世界大战后"大收买"式的福利国家建设才使政治较为稳定下来；政治相对清廉更不是民主之功，而是阳光法治和完善的行政体制，没有这些的时候西方曾经也很腐败，缺少这些制度的民主国家如印度、墨西哥、菲律宾等依然很腐败；经济发达是因为有先发优势、市场经济、法治保护的产权，乃至对他国的殖民掠夺，而太多的民主并不利于增长，这已经是经济学常识。一句话，西方国家发展得好、治理得不错，绝不能一揽子归功于选举式民主，而是法治、民主、市场经济、分权、官僚制、企业家精神、殖民地掠夺、主宰性国际制度等一系列综合性因素。

民主不仅不是让西方国家领先于世界的秘籍，今天西方国家的难题恰恰来自其体制。比如，美国分散的权力结构使得美国已经成为"否决型政体"，难以形成国家力量实行有效的国内治理，别说不能凝聚大多数意志干"大好事"，就是"大坏事"也难以对付，比如在枪支管制问题上难以形成多数意志，结果每年任由三万多人死于枪支泛滥——远远比国际恐怖组织造成的伤害更严重（死于恐怖组织的是一万多人）。由今天西方的治理难题，再加上印度、墨西哥等自由主义民主大国的无效治理，恰恰是"反事实法"的经典案例，即民主与治理的关系并不是传说中的线性正相关关系。那么，民主的性质究竟是什么呢？其性质与政治冲突有着什么样的关联呢？

第一，民主价值上的最高性与冲突性民主政体之间的冲突性，道德正义性与政治正义性之间的张力。几乎所有的现代文明国家都自称是民主国家，因而没有人会在价值上否认民主，否则就是道德上的敌人。确实，权力从一人所有（君主制）到少数人所有（贵族制）再到多数人所有（民主制），无疑是历史的巨大进步，权力的身份从一家一姓演变为无特定所指的共有性和公共性，人们很少会为权力而头破血流。英国、法国等西方国家的历史似乎验证了权力共有性的优越。但是，"共有者"是谁呢？一族一国的"共有"具有最大的同质性，同一文化内的"共有"也是同质性的共有。也就是说，在种族和文化的同质性前提下，作为权力共有性的民主，无论是一人一票的选举，还是公共协商，都是人们所期盼的。但是，历史经验告诉我们，即使是在同质性的公众内部即"人民"内部，也有不同利益的支配阶级和不同利益的被支配阶级，不但支配阶级与被支配阶级之间存在利益冲突，就是在支配阶级之间也存在难以调和的利益冲突，这种冲突很多时候远比"人民内部矛盾"激烈。就这样，在道德价值上具有正义性的民主，并不因为理论上的权力公共性而消弭"人民"之间的冲突，并不必然意味着政治正义性。其实，只要置换一下就明白，财产权的个人所有到共有在道德上是正义的、是善的，但实践中并不必然意味着产出最大化和经济外部性最小化，因而并不必然意味着政治正义性。尤其对很多多民族国家的发展中国家而言，"人民"包括不同的种族和信仰群体以及贫富对立阶级。换句话说，理论上的权力公共性并不能回答实践中的"人民"之间的冲突性。请注意，就种族和信仰对立而言，罗尔斯的"重叠共识"并不是答案，因为"重叠共识"的前提是"在秩序良好的社会"。其实，回到亚里士多德那里就会知道，无论是一人统治的君主制、少数人统治的贵族制还是多数人统治的民主制，都有内在的难以逾越的难题，其中最大的难题就是只顾及自己的利益而引发的冲突和政体变迁。亚里士多德很有先见之明，过去如此，今天依然。今天，"人民"的多元性和复杂性远不是亚里士多德所能想象的。南美等很多发展中国家的民主政治最后不都是陷入民粹主义政治而难以自拔？多数人的意志和利益实现了，结果企业家用脚投票，国内经济出现问题了。托克维尔所说的"多数暴政"和密尔所说的"阶级立法"没有在英、美出现，但却是很多发展中国家的现实问题。在中东地区，多数暴政则以教派形式表现出来，结果是赤裸裸的暴力冲突。因此，和君主制与贵族制一样，民主制也有其固有的问题，决不能看上去是因为多数人统治就万事大吉了，就像我们曾经以为有了社会主义就万事大吉一样，结果出现了赤裸裸的侵害人权的政治。既然任何单一的政体都会有问题，西方自由民主运行得还不错的话，决不是因为熊彼特、萨托利、达尔等人所论证的"选举式民主"，而是亚里士多德所归纳的最好形式的政体即混合政体，其中当然包括法治的第一位重要性，因为没有法治，任何政体其实都一样，民主制也绝不会比贵族制更好。

这样，语境演变到今天，如果把民主笼统地等同于混合制或者是混合制的代名词，自然不会有什么问题。其实，美国的所谓自由民主是典型的混合制，在开国之父那里是复合共和制，而在托克维尔那里一切以法治为标准。但是，如果把自由民主简单化为"竞争性选举"而又赋予其太多的光环，这样的民主自然不会被很多人所接受，因为竞争性选举的结果有目共睹。遗憾的是，流行的民主观是后者。

第二，民主的同质性条件。不同于君主制和贵族制，民主是关于大多数参与甚至"人民当家作主"的政治，实现条件自然比其他政体要多、要高，其中最攸关的应该是前面提及的同质性条件。我们已经很熟悉诸如民主的经济条件和公民文化条件等，以及总统制还是议会制好等政体条件。

这些固然都很重要，但是民主引发问题甚至冲突最多的原因则是民主出现在异质性结构中，即或者出现在贫富对立的两极社会结构，或者出现在民族仇恨的国家，或者出现在教派冲突的地区。民主是关乎多数人的政治，多数人如果分别处于对立或异质化结构中，冲突必然发生。同质性条件在卡尔·施密特那里就是同一性："所有民主论证在逻辑上依靠一系列的同一性。有统治者与被统治者的同一性，主子与服从者的同一性，国家权威的主体与客体的同一性，人民与其议会中代表的同一性，国家与现有选民的同一性，国家与法律的同一性，最后，还有数量（人数上的多数或全体一致）与质量（法律的公正）的同一性。"①

这样的论述会让非专业读者云里雾里，其实，根据世界民主化成败经验，民主的同质性条件至少有以下三个要素。

（1）"国家性"。如今的国家尤其是很多发展中国家，都是多民族国家，如果按照英国、德国、日本那样的一族一国，发展中国家将四分五裂，因此，研究民主转型的代表学者林茨等都把"国家性"即对同一个国家的认同，当作民主成败的前提条件。在魏玛共和国时期，自由主义的最有力评判者卡尔·施密特也是从这个角度谈论其民主同质性理论的。"民主制度显示其政治权力的办法是，它知道如何拒绝或排斥威胁到其同质性的外国人或不平等的人……在17世纪的英国部族民主中，平等基于宗教信仰的一致性。自从19世纪以来，平等首先存在于一个特定民族的成员之中，存在于民族的同质性中。"② 在施密特那里，同质性首先是指同一个民族，"民主首先要求同质性，其次要求——假如有必要的话——消灭或根除异质性"③。今天，后发国家与早发国家的最大不同之处是，早发国家的民主都是在施

---

① ［德］卡尔·施密特：《当今议会制的思想史状况》，载卡尔·施密特《政治的浪漫派》，冯克利、刘锋译，上海人民出版社2004年版，第179页。

② 同上书，第165—166页。

③ 同上书，第165页。

密特所指的同一个民族内进行，而后发国家则是多民族的事。事情到了这个地步，不能说多民族不能搞民主，但至少有多元一体的"国家性"认同，即同质性不再是单一的民族性，而是国家性。没有国家认同而搞选举民主，结果只能是国家的分裂，比如乌克兰的克里米亚和东部地区。

（2）共享信念。连自由民主的最有力论证者萨托利也这样说，没有政治观念上的共识，多党制是很危险的。确实，在英美等西方国家，不管是什么党，哪怕是共产党，信奉的都是法治和以自由主义为基调的意识形态。因此，同质化条件至少包括一个国家中存在基本的至少是大概的共享信念。第三波民主化以来的历史是，很多国家恰恰是因为缺少共享信念而内斗不止，甚至导致国际冲突，比如巴勒斯坦的哈马斯政权和埃及的穆兄会政权。

（3）平等性。民主本身就是社会平等化的产物，因而平等性也是同质性的首要条件。在托克维尔看来，美国基于平等的社会自治本身就是人民主权的生动体现。在亨廷顿看来，美国是一个没有民主化而首先有社会现代化的国家，这个社会现代化就是平等。今天，很多失败的民主化转型就是因为社会结构的极端不平等。在不平等的社会结构里，民主不过是民粹主义的另一种说法，冲突是必然的，比如泰国的周期性政治动荡。

第三波以后的民主化之所以出现那么多问题甚至是国际—国内冲突的根源，大概都可以从民主本身的冲突性质以及民主的同质性条件那里找到答案。民主本身是冲突的，而冲突性的选举式民主如果发生在政治信仰对立、主张一族一国的异质性国家或者社会结构严重不平等的国家，冲突是必然的事。道理很简单，民主本身是冲突的，而选举式民主更强化了冲突，因为在异质性国家，竞争性选举是以党派、信仰、民族为基础而展开的政治动员。

这样，亨廷顿的"文明的冲突"模式则可以拓展为"民主的冲突"模式，如图2所示：

图 2 民主的冲突模式

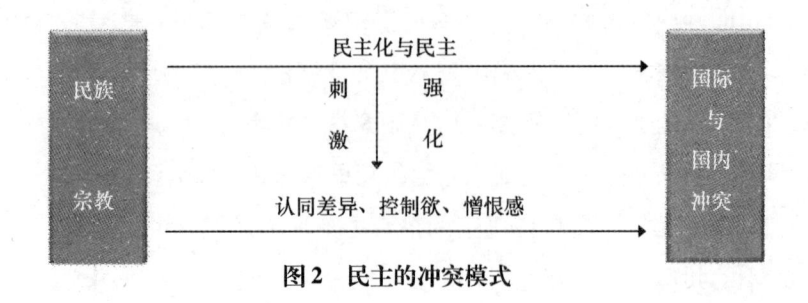

历史进程中总是充满着非预期结果。民主来自西方，是同一性形式的现代性的绝好体现，但是，这个同一性最终却刺激了本土化文化的认同，强化了种族和宗教差异，使得不同民族和宗教之间产生了更强烈的控制欲望以及由此而来的对非我族类的憎恨，最终不仅导致国际冲突，也伴随着频繁的国内冲突以及由国内冲突而引发的国际冲突。

◇ 结 语

未来的世界将会是不同形式的民主国家之间的冲突。美国人应该知道，不能指望后来国家的民主都是自由主义民主。不但伊斯兰国家的民主不可能是自由主义的民主，很多发展中国家的民主也不可能是西式的自由民主，比如美国后院南美国家的民主是民粹主义的；面临"民族"和"民权"双重追求的中国的民主最终也很可能是民粹化的民族主义民主，正如中国历史上曾经出现的"救亡"压倒"启蒙"；而民族主义民主则很好斗，即使在日本这样的自由主义民主的国家。

人类追求民主本来是为了更美好的生活，但事实上民主却一直是冲突和流血的根源。尽管如此，我们还是不得不感叹人类自主性情结的坚强和伟大——为了自己能当家作主，抛头颅洒热血也在所不惜！

难道人类错了吗？追求民主本身并不错。既然不错，为什么实现民主的进程如此血腥？其中肯定有值得反思的地方。或许，我们需要重新认识民主。其实，民主只不过是国家建设的一个环节而已，但是受西方观念的影响，发展中国家的精英或人民把民主当作国家建设的全部。[①] 因此，我们一直强加给民主太多太重的使命，把很多不属于民主的因素都强加在民主身上；赋予民主太耀眼的光环，把民主看得太理想太浪漫。结果，人类忽视了政治生活中应有的逻辑和秩序，世界因此而冲突不止。世界政治冲突的原因很多，民主无疑是最重要的一个原因，而且是诱发冲突的直接动力性机制。学术无力阻止利益搏杀，但学术有责任厘清利益搏杀的观念根源，其中重新认识民主的内容和民主的内在性质很重要。比如，占据道德高地的"自由民主"被说成是西方的政体，"自由民主"被几代西方政治学家建构成"选举式民主"，如法炮制的多民族国家和教派对立国家的结果有目共睹。其实，被建构成"自由民主"的美国政体和西方政体是典型的混合制，其中选举民主只是混合政体中的一个要素，而且是来得很晚的要素。由于冷战的需要，西方政体的真正属性被遮蔽了，复杂结构被简化了，建构和输出的则是"自由民主"，美国因此而打败了对手，但最终也会反受其害。同样，高喊"人民主权"的国家也不可能实现真正的民治，正如任何国家都不可能实现真正的民治一样，充其量是民有和民享。就这样，全世界都在为一种价值最高但政治生活中并不一定是最重要的制度安排而争吵而斗争而流血。人类真的像他们自己想象得那么聪明吗？或许，西方人的聪明之处在于明修栈道暗度陈仓！

---

① 杨光斌：《民主化成败的国家建设视角》（未刊论文）。

超越自由民主:"治理民主"通论[*]

"自由民主"已经不是福山所说的大胜利即"历史的终结";不仅如此,它还有进一步的出路吗?在西方国家曾经表现不俗的"自由民主"如今已经因为资本集团的泛滥而不能有效地解决其国内重大问题,其在西方国家已经看不到优越性的更大空间,而是重重问题。而对于一些老牌的发展中民主国家如印度,那里的"自由民主"是一种"无效的民主";而一些国家则因为向自由民主转型而出现国家失败并重回"威权主义"。所有这些,其实就是西方三边委员会早在20世纪70年代就断言的西方国家的"民主的危机"[①],只不过当时的社会主义阵营陷于停滞和更深重的危机才使得"危机中的自由民主"彰显其相对优势。真可谓不是自己太好,而是对手太差。时过境迁,从停滞和危机中走出来的传统社会主义国家正在创造新的发展道路,比如甚至被西方人鼓吹的"中国模式"[②],以及可接受的但并一定是

---

[*] 笔者曾就本主题分别在中国人民大学、中国社会科学院、中国政法大学、中国青年政治学院等学术机构做过演讲,感谢听众在问答环节中提出的宝贵意见和智识卓见。

[①] [美]亨廷顿等:《民主的危机》,求实出版社1988年版。

[②] 石之瑜、李梅林:《"西方中心论"与崛起后的中国:英美知识界如何评估中国模式》,《人民论坛·学术前沿》2013年3月上,总第21期。

过渡性的"威权主义"如俄罗斯,[①] 从而对被视为人类的理所当然的政治制度即"自由民主"构成了严重挑战。自由民主的危机已经是不争事实,世界正在大转型之中。危机需要出路,转型需要理论。为此,本文试图建构出超越"自由民主"的被称为"治理民主"的一般理论。

◇一 当前危机中的"自由民主"

在西方人看来,第三波民主化后一些国家的"民主回潮"和转型中的停滞不前即进入"灰色地带"是民主的危机。"民主回潮"的国家包括实行了竞争性选举的俄罗斯、伊朗和委内瑞纳,而进入"灰色地带"即并没有进入西方式民主又没有回到传统威权主义的则是中亚很多国家。

在我看来,如果上述两类国家可以被认为是民主的危机,其实属于民主危机序列的国家还包括一些民主已经巩固的国家,因为它们要么还是无效治理,要么是经济危机。属于无效治理的国家有墨西哥、乌克兰和菲律宾,甚至还有老牌的自由民主国家印度,这些国家都实行了西式的竞争性选举,但其治理的有效性并不比俄罗斯和委内瑞拉好,美国著名民主理论家英格尔哈特的"无效的民主"概念完全可以用来分析墨西哥、乌克兰、印度、菲律宾的民主政治。

那么以美国为代表的西方国家呢?它们的民主政治正常吗?由于话语霸权,西方人总是在以自己的标准衡量他国。其实,2008年西方金融海啸不但是经济的危机,其背后是政治的危机。为什么这样说?我们知道,权力分为三种:政治权力、经济权力(资本权力)和社会权力,其中任何一种权力不受约束都可能导致"暴政"和灾难。我们总是看到政治权力的暴

[①] Azar Gat, "The Return of Authoritarian Great Powers", *Foreign Affairs*, July/August 2007.

政，但是不受约束地带来一次又一次灾难的资本权力难道不是暴政？而资本权力危机的背后其实是宪法的危机，这一点往往被我们忽视。

2008年金融危机以来，英国的《卫报》称西方的民主是"市场的自由民主"，诺贝尔经济学奖得主斯蒂格利茨称美国是1%美国人的"民治、民有、民享"。我认为这些说法有宪法上的根据。我们知道，1787年美国制宪会议搞出来的宪法就是种植园主、银行家、律师等129个拥有财产的"协商"的产物，宪法的宗旨就是保护神圣的私有财产以及建立一个防止多数人直接参与的"都铎式政体"（亨廷顿语）即贵族政体。由此我们应该明白，美国宪法对政治权力的约束算是到位的，最不受约束的则是资本权力。在农业经济时代，自由放任的资本权力有利于制度创新，并最终有利于国家的发展和扩展，这一点需要肯定，虽然问题重重。但是，到了工业经济尤其是金融资本时代，不受约束的资本权力意味着什么呢？在农业经济时代，经济对政治的影响力并不那么直接，大多数时候甚至是政治主宰着经济，比如中国几千年的历史、欧洲前资本主义时代以及美国的开国时代。但是，"资本主义"诞生以后，即人类进入工业经济时代尤其是金融资本时代，"资本"的力量以及由此而带来的资本的权力则具有至高无上性。事实上，人类一次又一次的大灾难，如两次世界大战，都是由于资本权力招致的。① 2008年金融危机更是资本权力泛滥的结果。而在宪政层面呢？能够主宰政治的资本权力居然不被约束！不仅如此，美国依然在强化资本权力的作用，2010年1月，在"联合公民诉联邦选举委员会"（Citizens United v. FEC）案中，美国最高法院以"最高捐款属于言论自由的一种"为由，判定政府不得限制企业、工会投资选举宣传，取消了个人与企业向独立支出的政治行动委员会的捐款上限，更加突出了资本在政治生活中起主导作用。所以说，金融危机的背后其实是宪政危机，也就是我们说的民主的

---

① 波兰尼：《大转型：我们时代政治与经济的起源》，浙江人民出版社2007年版。

危机。

如何看待从老牌的自由民主国家到转型国家的民主政治危机？福山这样说："民主的失败，与其说是在概念上，倒不如说是在执行中。"① 这里，福山和其之前著名的"历史的终结"一样，再一次暴露了其理论修养不足的底色。世界范围内的民主政治危机，绝不能简单地归因为民主执行问题，在我看来，是流行的民主理论、民主观念本身的问题。那么，流行中的民主观念是什么，又是怎么来的呢？

二 "竞争性选举"及其观念背后

目前在世界上流行的民主观念就是被称为"竞争性选举"的"熊彼特式民主"。而"熊彼特式民主"的时代背景是什么，其理论背后又是什么，值得我们深入检讨，因为这样的民主观不但导致民主政治的危机，甚至招致一个有一个国家的分裂（如近三十年世界上国家数量的猛增则直接来自民主化），因此才有后来的民主理论家不得不客观地说，除非一个国家存在基本的政治共识，否则以多党制为基础的竞争性选举是非常危险的，② 而在存在种族冲突和宗教分裂的地方更加危险，③ 因此民主化的前提是"国家性"即保证统一国家的存在。④

首先，"竞争性选举"其实捍卫的就是美国的"都铎式政体"。我们知

---

① ［美］福山：《政治秩序的起源》，广西师范大学出版社2013年版，第11页。
② 参见［美］萨托利《政党与政党制度》，（台湾）韦伯文化事业出版社2000年版。
③ 参见［美］利普哈特《民主的模式：36个国家的政府形式和政府绩效》，陈崎译，北京大学出版社2006年版。
④ 参见［英］林茨、［美］斯泰潘《民主转型与巩固的问题：南欧、南美和后共产主义欧洲》，孙龙等译，浙江人民出版社2008年版。

道，19世纪下半叶到20世纪中叶，全世界最流行的观念就是社会主义，以至于哈耶克的精神导师米瑟斯在《社会主义》一书中说社会主义价值具有道德上的优势，不接受社会主义价值就是道德上的瑕疵，20世纪上半叶，整个西方知识界都"左"倾化了，而新中国的诞生以及新兴民族解放运动，"社会主义"以及与社会主义密切相关的"民主共和国"已经成为全世界的趋势，在第二次世界大战前后的世界，以新中国为代表的新兴民族国家几乎不正自明自己就是"民主共和国"，而西方国家则必须在理论上论证为什么自己就是民主国家。也就是说，在第二次世界大战前后，美国在政治制度的理论阐释上处于守势地位。不但如此，沿着西方主流思想的脉络，20世纪20—30年代，采用了心理学、统计学等新型手段而研究美国政治的美国政治学主流即方兴未艾的行为主义，论证的是一般选民为什么不适宜搞民主选举。但是，面对来势凶猛的社会主义运动即大众权利政治，在与社会主义国家的竞争中，西方思想界必须转型，转而论证自己的制度为什么就是民主的。

在熊彼特那里，流行几千年的"人民主权"即人民当家作主的民主理论被改造为"竞争性选举"：民主就是选民选举政治家做决定的过程，而政治家如何做决定、议会如何立法，均不是民主政治的范畴。这样，熊彼特来了一个简单的颠倒：传统的人民主权理论把人民当家作主当作第一位的，而在他那里，选举过程是第一位的，人民当家作主是第二位的。① 经过西方社会科学几代人的努力，"熊彼特式民主"在萨托利那里得到最完整最系统的阐述和肯定。② 一句话，"人民主权"就被置换成"人民的选举权"。有意思的是，从中世纪开始的宗教政治以及俗世政治，就有了程序精密的选举，为什么这个时代的政治被称为贵族制或君主专制而不因为有了选举被称为民主制？而当熊彼特因选举制而称美国为民主制的时候事实上美国黑

---

① ［美］熊彼特：《资本主义、社会主义与民主》，商务印书馆2000年版。
② 参见［美］萨托利《民主新论》，冯克利、阎克文译，东方出版社1993年版。

人的政治权利又在哪里呢？

显然，"竞争性选举"事实上是对西方千年来政治制度的一种延续，但是却是理论上和观念上的革命。用维特根斯坦后期语言哲学以及符号学的解释，语言是一种权力，也是一种权力关系，接受某种由语言而构成的观念或符号，事实上就是接受了由话语所构成的权力关系和权力秩序。这就是流行于世的民主观，正是这种民主观打赢了一场没有硝烟的战争。

"竞争性选举"到底颠倒并掩盖了什么？表面上看，颠倒的是熊彼特本人所说的选举与人民主权的秩序，掩盖的是人们常说的"自由民主"关系中以"自由"代替"民主"。其实，在我看来，"竞争性选举"是沿着西方根深蒂固的社会中心主义脉络而对民主政治本身的否定。

本文下面会涉及，西方社会政治理论的一个基本脉络就是掩蔽历史真相中的"国家"而把"社会权利""个人权利"置于中心地位。"竞争性选举"事实上就是这种理论脉络的延续。一个简单的常识是，"人民主权"是一种国家形态或政权组织形态，即亚里士多德所说的"政体"。既然是"政体"，不但涉及谁统治，更有围绕谁统治而组建的政权机构（包括中央—地方关系）以及权力主体而进行的政策过程即利益分配过程；而在"资本主义"进场后，即资本大企业成为一种事实上的公权力后，民主理论必须给大企业应有的地位。[1]作为政体的民主理论必须回答这些最基本的要素和基本的权力关系。也就是说，作为政体的民主涉及的其实就是官民关系；而在官民关系中，资本大企业既有公权力的属性，又有社会的一面即"民"的属性，而其与"官"的关系即公权力属性更为突出。

明白了这些基本关系，就可以知道"竞争性选举"所描述的充其量是诸政治过程中的一种，也是"民"的诸权利的一个方面。显然，"竞争性选举"不等于民主政体和民主政治。但是，就是这样一种非民主本身的观念

---

[1] 参见［美］林德布洛姆《政治与市场：世界的政治经济制度》，王逸舟译，上海三联书店1994年版。

的流行，才使得很多国家看上去因实行了"竞争性选举"成为"民主国家"而最终却是危机重重、无效治理甚至国家分裂和国家失败。因此，民主的危机绝不是福山所说的执行中的问题，而是民主理论本身就有问题。换言之，分析危机中的民主政治还需要从重构民主理论开始。

三 找回民主政体中的"国家"

首先一个需要重视的命题是：资本主义与民主的活力来自何方？在近代史意义上，资本主义与民主是一对孪生概念，即资本主义革命带来了有限的精英民主。一个有意思的现象是，资本主义的危机是靠国家来拯救的，即鼓吹国家干预的凯恩斯主义挽救了资本主义，从而使得资本主义在今天依然有活力、有生命力；而一直批判凯恩斯主义的以哈耶克为代表的新自由主义则几乎毁掉资本主义。我们知道，资本主义是一个经济系统，其活力和生命都离不开国家，何况作为政治本身的民主？危机中的民主需要国家进场，从而使民主保持活力。

但是，简单的道理往往被流行已久的近似宗教教义般的蒙昧所掩蔽，从而使人们丧失应有的思考能力、反思能力和建构能力。也就是说，经由洛克开启、以休谟和斯密为代表的苏格兰启蒙运动完善、法国启蒙运动光大的以个人权利—社会权利为中心的人的解放运动，使历史完全变成了个人权利史，而国家则被视为"必要的恶"。这种思想使以个人权利为中心的资本主义一路狂飙，资本主义变成世界的主宰，结果也招致人类的灾难和社会动荡。在这种情况下，"国家"被迫"进场"，放任自由主义变成了以格林和霍布豪斯为代表的新自由主义，直至凯恩斯主义。是凯恩斯主义最终拯救了资本主义。这个故事就是波兰尼著名的"双向运动"。

在只有个人权利—社会权利的自由主义那里，没有"国家"的资本主义还可以理解，一开始就是一种政体的民主怎么也剥离了"国家"而使民主仅仅变成了一种社会权利？这就是前述的"熊彼特式民主"的实质所在。在这种学说里，国家只是各种政治社会力量的竞技场，无力整合社会，最终国家也就变成没有国家能力的容器。不是吗，2008年金融危机就是不要国家的新自由主义的崩盘，而英国、美国想学习中国建设高铁也只能是一种愿景，国家甚至已经失去了对大规模威胁人民生命的资本集团如美国枪支协会的管制力。为此，西方的有识之士提出了西方国家需要"再民主化"，因为不能应对和解决重大社会问题的政治制度已经是一种"政治衰败"——尽管这一观念很诱人而且曾经还不错。一句话，如果说是国家进场拯救了资本主义，那么作为资本主义孪生兄弟的民主更离不开国家。我曾指出："民主政治讲的是国家与社会两种力量的关系：不但要讲社会权利和社会约束的重要性，也要讲国家自主性的重要性。也就是说，民主政治理论必须引入国家自主性变量。或许，这样视角下的民主理论研究可能才会有新的突破。"[①]

其实，关于"国家"与民主的关系，100年来西方有识之士早就给出明确的答案，只不过因为以个人权利为核心的自由主义太泛滥而被湮没了。

美国最重要的民主哲学家杜威在批判多元主义民主理论的同时又指出了国家的自主性与民主政治好坏的密切关系。[②]

哈佛大学诺德林格教授对精英民主主义、多元民主主义、新多元民主主义、新马克思主义等实证民主理论作出了判断并指出方向："对实证民主理论的激烈辩论已经到了精疲力竭的程度，因为它基本上还是继续围绕着一些对公民社会显然不可调和的描述而进行，所以它已经超过了收益递减

[①] 杨光斌：《政体理论的回归与超越：建构一种超越左右的民主观》，《中国人民大学学报》2011年第3期。

[②] 转引自[美]施特劳斯和克罗波西主编《政治哲学史》（下），李天然等译，河北人民出版社1993年版，第991—992页。

点。不要再继续争论哪种政治资源是特别有效的,不要再去一次又一次地描绘它们的分配,不要再去论证(或者假定)一个或者另一个系列的私人行为者组成了有效的需求集团。目前只有通过把主要的关注重点转移到国家,民主理论才能得到更好的论证。"①

林德布洛姆教授的看法很深刻:"当政治学转向对诸如立法机关、行政机构、政党和利益集团等机构建制的讨论时,它实际上是在同次要问题打交道。议会和立法机关、行政当局、政党以及利益集团的活动,大多取决于政府替代市场或者市场替代政府的程度。在政治学中,甚至连那些界说民主理论的雄心勃勃的尝试,也都伴随有对政府或国家功能的疏忽,这种功能依市场在政治—阶级生活中的作用大小而不同。"②

西方人的认识是重要的,来自中国的智慧和思想同样不能忽视,因为民主在价值上是普世的,但在制度形式上又是因时因地(Positional)或语境式的(Contextal)。这样,在中国谈民主必然离不开中国最重要的传统思想和智慧。其中,"民本"这个最重要的儒学思想就是可以与民主嫁接的智识传统,因为"民本"说到底就是关于国家的思想。将民本与民主关联起来,不是没有传统的。100年前,当民主传入中国之时,中国的精英们就以"民本"看民主。③ 今天,根据美国杜克大学史天健教授的大规模抽样分析,普通百姓心目中的民主观事实上依然是"民本"。难道从中国思想精英到草根阶层的认识都没有道理?也只有在"民本"层面,才能理解作为一种民主形式的群众路线,才能理解共产党这个新儒家式执政集团与中国成就之间的关系。

---

① [美]诺德林格:《民主国家的自主性》,孙荣飞等译,江苏人民出版社2010年版,第201页。

② [美]林德布洛姆:《政治与市场:世界的政治—经济制度》,王逸舟译,上海人民出版社1991年版,"序言"。

③ 黄克武:《近代中国转型时期的民主观念》,载王汎森等《中国近代思想史的转型时代》,(台湾)联经出版集团2007年版。

另外,"民本"思想与"治理"理论有着天然的关系。20世纪90年代以来兴起的"治理热"依然方兴未艾。"治理"是一个可以与民主并驾齐驱的范式性概念,甚至可以作为一个替代性概念而使用,因为即使西方人热衷研究的巩固的民主如果不能实现有效治理,如老牌的民主国家印度以及很多第三波民主转型国家,依然属于"无效的民主",无效的民主不能当饭吃。90年代开始兴起的治理概念强调的是社会组织的重要性,在一定意义上依然是哈耶克式新自由主义的衍生品。但是,无论怎么强调社会组织的作用,都不可能取代国家的角色。在世界银行援建的项目中,做得最好的就是中国,而不是所谓以社会组织为主的非洲国家。不仅如此,一个被世行经济学家所忽视的历史事实是,早在16世纪,英国就有一本专门以 Governance 为名的著作,解释为 to rule over by right of authority。时代到了今天,社会组织在治理中是不可或缺的,但最重要的主体还是国家。其实,在"治理"理论流行起来之前,早在20世纪七八十年代,"把国家找回来"(bring the state back in)的国家学派就已经是西方历史社会学的主流了。国家学派是用来研究公共政策和公共治理的,只要涉及公共政策问题,就不可能离得开国家,而公共政策则是政治学理论的实践形式。

在民主潮流浩浩荡荡的今天,找回"国家"干什么?当然是为了更好的民主,为了更好的民主生活,即有效的治理。为此,我提出超越"自由民主"(liberal democracy)的"治理民主"(governable democracy)。请注意,这里是"超越"而不是"取代",即西方国家不可能不搞"自由民主",自由民主的某些要素毕竟也可资传承,但是人类不能止步于已经问题累累的"自由民主",必须寻求更好的政体理论和政体形式以超越它。

◇四 以"治理民主"超越自由民主

"自由民主"仅是一种程序民主,而且并不是能够影响到决策过程或不考虑决策者自主性（即"国家自主性"）的程序，是民主诸多工具性中的一种。如果程序民主即民主的工具性不能为实质民主做出贡献，程序民主的意义至多是程序正义，但是程序正义并不能等于正义本身。今天，我们必须认识到，正义是古往今来的最高政治目标，任何政体如果不能实现正义，都不是好政体。作为政体的民主，不但要符合程序上的正义，更要满足实质正义即其治下的民众能切实从中获得所需的公共服务。为此，民主必须与有效的治理联系在一起，让民主能为老百姓提供有效的公共服务。

governable（"可治理的"）是一个好词，如前，其正统意义就是 to rule over by right of authority（可理解为"国家的管辖权利"），因此在语义学意义和现实政治意义上，一个"可治理的"社会首先是国家的事，不管洛克式的自由主义还是哈耶克式的新自由主义如何在理论上淡化甚至丑化"国家"，"国家"都是现代人生活中的空气，呼吸着空气不觉得其重要性，但却一刻也少不了空气，对于这一点研究国家史的西方历史学家最坦诚，将国家直接比喻为生活中的空气。[①] 另外，不但词的语义随着时代的变化而变化而延伸，即"可治理的"不再局限于国家的权利，因为社会结构本身的变化使得治理主体不是单一的，而是多元的，治理是社会组织应该享有的权利，即世行经济学家心目中的"治理"。

这样，governable 就成为一个连接国家与社会的概念，理想的国家或理想的社会必须是"可治理的"。同时，"可治理的"国家又必须是民主的。在大众政治时代，尤其是互联网化社会，治理得再好，如果没有老百姓的参与即不能保障老百姓的参与权，老百姓也不干，好坏都要自己玩。在治理意义上，新加坡应该排在世界首列之中，但是老百姓还是要求选举和参与的民主权利，结果开国之父李光耀成为选举中的"票房毒药"。因此，民主是大众政治时代绕不开的话语和现实。

[①] ［美］约瑟夫·R. 斯特雷耶：《现代国家的起源》，华佳等译，格致出版社、上海人民出版社 2011 年版。

如前，民主是一种政体或国家形态，是一种权力关系，即国家与社会关系的总和，而 governable 则是联系国家与社会的好概念。在任何国家，统治者都追求可治理性，否则将危及政权；老百姓的要求则更多，不但要求能直接实现自己价值的各种形式的民主权利，更追求好的公共服务即善治，而目前流行的主流民主形式如选举民主、参与民主等实证民主理论都不必然是 governable。或者说，治理不错的西方国家并不一定是理论上的"自由民主"所能解释的，即"自由民主"掩蔽了真正的国家治理之道，如前，自由民主只是强调社会权利而无视国家本身的作用，事实上国家作用无处不在。[1] 不仅如此，民主政治在西方国家建设的次序上并不是与生俱来的，英美的普选制民主都是资产阶级革命后两个世纪的事。这样，无论是在理论的逻辑上还是在现实的国家—社会诉求上，"governable democracy"都可以视为一种替代性民主理论或民主观念。governable democracy 直译是"可治理的民主"，为了方便和词义上的美感，可以简称为"治理民主"，就如"自由的民主"（liberal democracy）直接称为"自由民主"一样。

我曾经以回到历史真相即复原国家作用和政体意义的方式而试图"建构一种超越左右的民主观"，即以"参与—回应—责任"表现出来的新民主观，[2] 这三要素就是我今天提出的"治理民主"的基本内涵，只是当时我尚未想好以什么概念来指称它们。我曾这样总结可被称为"治理民主"的三要素之间的关系。

民主既是工具理性也是目的理性，也就是程序方法和本质意义的统一，这一点也要求我们必须跳出只讲程序方法而不问价值目的的各

---

[1] 杨光斌：《被掩蔽的经验，待建构的理论：社会中心主义的理论与经验检视》，《社会科学研究》2011年第1期。

[2] 杨光斌：《政体理论的回归与超越：建构一种超越左右的民主观》，《中国人民大学学报》2011年第4期。

种民主理论。作为一种工具理性,主要指公民行使权利的程序和方式;作为一种价值理论,主要指人民权力的终极价值意义即"人民主权"。我认为,到此为止还不够,太抽象,需要对这两个方面进一步分解,从而把民主变成更有用的分析性概念。

在程序方法上,民主的基本形式当然是公民参与,但不能在静态的制度层面定义民主,比如"熊彼特式民主",而应该在动态的过程层面定义民主,即参与形式上的民主是否在政治过程中到达到民众的应有诉求。谁回应?由于不存在真正意义上的"民治",因而只能是政府回应,即政府回应民众的参与。作为一种目的理性,民主的"人民主权"价值也应该落实在人民利益的实现程度上,不能满足人民利益的"人民主权"是没有意义的,因而民主政治离不开责任,即政府的责任。不负责任的民主政治不是选民所期望的。这样,最低限度的民主政体应该包括作为程序方法(程序民主)的"参与"和作为目的理性(实质民主)的"回应"和"责任"的统一体。这样,"民主"不仅仅是关乎民众政治参与的权利,还是满足民众利益的政治过程和政治价值,因而不能离开政府谈民主。这样,我们的民主理论就与仅强调公民权利的程序民主区别开来。

关于"参与"和"责任",可参见本人的拙作,在此就"回应"这个要素进行更加明确的解释性说明,因为在自由民主理论家那里,也强调"回应"对于自由民主的重要性。那么本人的"回应"有什么不同之处?

萨托利民主说到底是为了回应选民的诉求。① 达尔甚至远远超越了熊彼特—萨托利的选举式民主,强调"议程控制",即民主不再只是熊彼特—萨托利所说的选举权利,还应该对政策议程进行控制。② 其他民主理论家如前

---

① [美] 萨托利:《民主新论》,阎克文译,东方出版社1998年版,第83页。
② [美] 达尔:《民主及其批评者》,吉林人民出版社2006年版。

面提到的英格尔哈特更是将选举产生的政治家不能回应选民诉求而称为"无效的民主"。在利普哈特的"共识民主"模式中，回应是民主的重要原则。在民主的"回应"原则上，民主理论的各家各派似乎空前一致，自由民主理论体系中并不乏"回应"分析。

但是，必须认识到，自由民主理论的基石是社会中心主义或个人权利主义，所谓的"回应"也只不过是"国家"对社会的被动性反应，自由民主理论家们压根儿都不会想到或者根本不愿意想到"国家"因其不能被忽视的"自主性"而主动地或有选择性地"回应"社会，更不愿意承认国家因其自主性而对社会的塑造作用。这样，第一，国家被动地回应了社会，但结果可能是灾难性的，如第二次世界大战前英国张伯伦首相一味地迎合英国老百姓的和平愿望而搞"绥靖主义"；第二，"被动回应说"已经与西方国家的历史，更不用说其他国家的历史严重脱节，如英国在资本主义初期保护贫民的努力、从霍布豪斯的新自由主义转向到凯恩斯主义的作用、美国林肯解放黑奴以及罗斯福新政；第三，自由民主所说的选举式民主即多数决民主在西方国家的政治生活中处于第二位，第一位的是宪法政治即所谓的宪政民主，而且总是以宪法为核心的司法权在主宰着西方国家的政治生活。[①]

也就是说，西方国家存在诸多的民主形式，而且在诸多民主形式中，选举民主并不是首位重要的，最重要的是体现国家性或国家意志的宪法与司法权。而且在我看来，当宪政民主确定基本秩序后，还需要制度的合理化安排，这就是分权。现代国家产生的路径一般是通过战争而完成的中央集权化，国家形成以后在建设过程中又需要分权化，因此现代国家的分权其实就是一种民主形式，是一种使制度合理化的民主形式。没有宪法根本秩序和分权所形成的合理秩序，选举民主即多数决民主不会形成好的治理，

---

① [美] 罗尔斯：《政治哲学史讲义》，中国社会科学出版社2011年版。

正如历史上很多国家所证明的那样。根据西方国家的政治发展史，可以认为民主的形式有着不可颠倒的词典式序列关系，即宪政民主——分权民主——选举民主。[①] 但是，西方国家对外却只宣扬以竞争性选举为核心的自由民主，无视宪政民主所体现的国家意志和国家自主性。

国家自主性（即国家不受社会约束而独立地实现自己的愿望）不但被自由民主理论遮蔽掉了，更是一直被洛克式—斯密式—哈耶克式自由主义掩蔽了，但事实上在历史关键时刻都从正反两方面反复证实着国家自主性的重要性。流行观念掩蔽"国家"的结果之一便可能是，过度地强调社会重要性而一味地满足社会要求的决策便可能是人类的灾难，过去是这样，今天还是如此，如没有"主权"的分散国家权力结构的结果便是国家性不足而难以控制大规模危及美国人生命安全的枪支。

为此，西方很多学者试图在公共政策研究中"找回国家"。在西方国家尚且如此，何况在发展中国家和作为发展中国家的中国？"亚洲四小龙"是因为"国家引导的发展"，[②] 中国的成就同样受益于具有深厚"民本"传统的国家思想。

显然，"治理民主"中的"回应"是国家自主性的回应。"自主性回应"至少包括以下几点：（1）国家必须了解并回应社会的最必须、最迫切的诉求，"国家从社会中来"（state in society），不可能无视社会的要求；（2）国家的回应必须是自主性的、有选择性的，因为社会很多元，诉求多样化，一味地迎合社会的做法最终会陷入民粹主义的泥淖；（3）参与的主体是不平等的，有社会弱势群体，更有大企业这样的强势利益集团，因此利益表达渠道也就不平等以及由此而来所传递的政治信息的不对称，这就需要本着"民本"思想的国家自主地发掘真实的政治信息。因此，自主性

---

① 杨光斌：《民主与中国的未来：历史比较—理论建构—政策选择》，《战略与管理》2012年第3—4期。

② [美]科利：《国家引导的发展》，朱天飚等译，吉林出版集团公司2007年版。

回应意味着，甚至在社会没有进行系统的利益表达时，国家主动地深入民间，了解百姓疾苦，这就是"民本"思想下的"群众路线"，有人称为"逆向参与"。

这样，原来的"参与—回应—责任"则可以发展为"参与—自主性回应—责任"所构成的"治理民主"。弄清楚了"治理民主"的内涵，从而也就能梳理出"治理民主"与"自由民主"的不同之处和优越之所在。

第一，在理论逻辑上，"治理民主"是一种政体意义上的强调国家—社会关系的政体民主，强调的是国家与社会关系的均衡。"自由民主"谈不上政体意义，尽管萨托利在《民主新论》中试图在政体意义上谈论民主，事实上以"竞争性选举"为标杆的自由民主理论充其量是自由主义一直以来所谓的"天赋人权"下的社会权利，只有"社会"而无一直存在并一直发挥重要作用的"国家"，因而不符合历史真相的单向度理论。无疑，在政体意义上，"治理民主"在理论上更自洽。

第二，理论上的合正义性，即"秩序良好的民主政体必须在其基本结构中体现正义原则"[①]，这一点至关重要。罗尔斯正义论的两大基本原则的最新表述如下。

（1）每一个人对于平等的基本自由之完全适当体制（scheme）都拥有相同的不可剥夺的权利，而这种体制与适于所有人的同样自由体制是相容的；以及

（2）社会和经济的不平等应该满足两个条件：第一，他们所从属的公职和职位应该在公平的机会平等条件下对所有人开放；第二，他们应该有利于社会之最不利成员的最大利益（差别原则）。

第一个原则优先于第二个原则；同样，在第二个原则中，公平的

---

① [美]罗尔斯：《作为公平的正义：新正义论》，姚大志译，中国社会科学出版社2011年版，第176页。

机会平等优先于差别原则。这种优先意味着，在使用一个原则（或者针对试验样本来检验它）的时候，我们假定在先的原则应该被充分地满足。①

这些就是被罗尔斯称为词典式序列的正义原则，而其正义论的主题是制度问题，即第一原则是以宪政为基础的政治制度正义性，第二原则中不可颠倒的秩序分别是社会制度和经济制度的正义性。显然，在罗尔斯这样的政治哲学家那里，正义首先是政体问题。

如果接受罗尔斯的正义论原则，那么什么样的民主政体符合或者不符合正义原则呢？因为只强调社会权利和个人权利，"自由民主"本质上是以"自由"为主的"民主"，或者是以"民主"而掩饰"自由"，而且只能讲政治民主而反对经济民主，这是自由民主理论的旗帜鲜明的观点。在对自由民主的最有力的批评者、西方著名的新马克思主义者麦克弗森看来，自由民主其实不过是"占有式个人主义"（possessing individualism），即洛克所主张的财产权，在现实中必然因为制度和个人能力的不平等而导致个人占有财产的不平等，因而自由民主是保护了这种不平等。但是，作为"占有式个人主义"化身的大企业在自由民主理论那里被搁置起来，而在林德布洛姆看来没有观照到大企业的当代民主理论是没有意义的。但是，也正是因为这种有意的搁置，才使得大企业可以更自由地而不受限制地干预甚至主宰民主政治，比如近来美国甚至取消了企业赞助选举的限制。因此，"自由民主"捍卫的是洛克式自由主义。洛克式自由主义显然反对财产权民主，而只有财产权民主的政体才是正义的，"财产所有的民主实现了两个正义原则所表达的全部主要政治价值"②，而"自由放任的资本主义仅仅保证形式

---

① ［美］罗尔斯：《作为公平的正义：新正义论》，姚大志译，中国社会科学出版社 2011 年版，第 56 页。

② 同上书，第 164 页。

的平等，而否认平等的政治自由的公平的自由价值和公平的机会平等。它的目标是经济效率和经济增长，而唯一制约经济效率和经济增长的东西是一种相当低的社会最低保障"，即福利资本主义不过是对自由放任资本主义的一种修补，其关切机会平等但缺少实现机会平等所需要的相应政策，因而也是不符合正义原则的民主政体。① 我们看到，罗尔斯关于资本主义只是保证形式平等的看法和马克思已经没有什么本质上的区别，基于放任自由的资本主义和福利资本主义的自由民主政体是不符合正义原则的。

相对而言，"治理民主"因为嵌入了"国家"，是一种兼顾社会中心主义和国家中心主义的社会理论，国家和社会相互纠偏而达成均衡，很多时候以国家来救济社会弱势群体因自我难以逾越的事实上的不平等机会和障碍所导致的最不利地位，因而具有"事实性社会主义"（de facto socialism）情愫的理论；而且还因为"治理民主"观照到社会权利、个人权利和民主，这种"事实性社会主义"情愫的理论又是自由的或民主的，即自由的社会主义或民主的社会主义。在罗尔斯看来，和财产所有的民主政体一样，自由的社会主义政体或民主的社会主义政体的理想描述满足两个正义原则的安排。"财产所有的民主制度和自由社会主义的政体两者都建立了民主政治的宪政框架，保证了基本自由以及政治自由的公平价值和公平的机会平等，而且使用相互性原则，如果不是差别原则的话，来规范经济不平等和社会不平等。"② 根据罗尔斯正义论原则，具有"事实性社会主义"情愫的"治理民主"则符合公正原则。

第三，实践上的合正义性。在政治实践逻辑上，由于强调的是国家—社会关系的均衡，即事实上的"相互性原则"，"治理民主"不但重视政治过程意义上的民主政治，比如公民参与和国家自主性回应，更强调民主政治的结果即良治；而"自由民主"更多的是重视政治过程即选民的选举权

---

① ［美］罗尔斯：《作为公平的正义：新正义论》，第167页。
② 同上书，第168页。

利而不问过程的可行性以及由此而来的政治后果是什么。由此也可以断定，"治理民主"比"自由民主"更符合正义原则。如前，只有过程而不问结果的"自由民主"已经处于危机之中。中国人想到的是往往官员如果不是选举产生怎么可能受控制，这种担心不是没有道理。但是，正如很多美国人所说，西方国家对官员的控制主要是法治而不是选举，他们不理解中国人总是从民主层面谈腐败。① 另外，必须认识到，政治学首先不是理论和方法问题，而是政治问题，即政治学首先是研究利益分配问题的。竞争性选举不但选举出为选民做决定的代表，而竞争性选举的背后是多党制，而多党制必然是以民族、宗教为背景的。这样，竞争性选举必然涉及"国家性"问题。第三波民主化浪潮的结果之一便是国家分裂，其实历史上很多新兴民族国家都与以竞争性选举为核心的民主化分不开。中国的有识之士担心，21世纪中国面临的最大挑战则是因民族问题而导致的国家分裂；② 而鉴于世界历史上民主化与民族主义的孪生关系，我认为中国国家分裂的直接挑战则来自民主化。这就意味着，民主虽然已经成为宗教性信条，但民主本身需要被治理，而不单是财政、环境、安全等传统问题需要被治理。

第四，也正是本着正义原则，"治理民主"概念不但包括用民主观念、民主制度、民主程序和多元主体去治理社会，即流行的所谓"民主治理"，而且正如"治理民主"字面意思所明确传递的信息一样，对民主进行治理即治理民主本身，首当其冲的就是治理自由民主。因为民主已经成为宗教般的信条，我们已经习惯于谈论"民主治理"，而没有严肃地看待民主本身需要治理——虽然亨廷顿等人早在20世纪70年代就主张就像过热的经济需要降温一样，过热的民主也需要降温，③ 比较而言，今天"自由民主"对转

---

① 俞可平、李侃如主编：《中国的政治发展：中美学者的视角》，社会科学文献出版社2013年版。

② 马戎：《21世纪中国面临的最大挑战》。

③ [美] 亨廷顿等：《民主的危机》，求实出版社1989年版。

型国家带来的危害甚至灾难远远大于70年代的美国，因而更需要被治理。我认为，以竞争性选举为标志的"自由民主"的轻度危害是导致民粹主义政治而影响经济发展如委内瑞拉，中度危害则是不能形成决策权威因而更不能促进经济发展并增进民生福祉的"无效的民主"如印度、菲律宾、乌克兰，重度危害则是国内安全不保甚至国家分裂如伊拉克、阿富汗、苏联。因此，人类必须回归常识，以"自由民主"为代表的各种实证民主理论所强调的社会权利很重要并可以有效地制约那些曾经不受约束的政治权力，但是社会权利的过度张扬而无视国家权力本身的整合性作用和引导性作用又必然会招致治理的困境如当代美国等西方国家，甚至国家失败如海地这样的最悠久的"自由民主"国家。因此，"治理民主"不但包括重视社会权利的"民主治理"，还包括强调国家自主性的对泛滥的自由民主的治理。

总之，"治理民主"不但在社会科学理论上和正义原则上优于"自由民主"，而且更具有实践上的可行性和可欲性，是一种亚里士多德政体论意义上的治国理政之"道"。相比之下，"自由民主"充其量是在特定情势下出炉的辩护"术"，是用来"说"的甚至可以"信"的，但是很难拿来"用"。对于后发展国家而言，民主是不可避免的，但是选择什么样的民主形式，民主理论和民主观念是前提。必须打破"自由民主"信条一统天下的格局，"自由民主"不但在理论上难以自洽即不是政体意义上的民主政治，在实践上也会为其他国家带来种种后遗症甚或灾难，而且西方国家已经因为"自由民主"而失去其政治上的相对优势。

这就需要替代性的民主理论和民主思维。在相互竞争的各种实证民主流派中，传统的"人民主权"理论因为过于实质化而难以制度性实施，或者仅存在于规范性制度安排而难以在实践中有效推行，被"自由民主"弄得面目全非而失去其原本的挑战力和呼唤效应；和自由民主一样，参与式民主也不是政体民主理论；协商民主事实上要求太高而在政治生活中很难做到。

相对而言,"治理民主"既满足了目前流行的需要即治理,也在比较历史中找回真相即国家责任,更不回避大众政治时代的民主化趋势,而且还是一种对民主本身实行治理的理论,是一种最为可行的、具有操作性的而且最重要的是符合正义原则的替代性方案。

第二部分　民主与比较国家治理

早发达国家政治发展中的民主与次序

巴林顿·摩尔把从传统社会转向现代社会划分为以英、美、法为代表的自由民主道路，以德、日为代表的法西斯主义道路，以苏联、中国为代表的共产主义道路，他实在模糊了英、美、法之间的内在差异，或者说他刻意把历史道路的巨大差异作高度抽象化处理。在我们看来，英—美走的是一条先共和（即法治）后民主的道路，而法国走的是先民主后法治的道路。不同的道路使得它们之间的政治发展、进程和政治稳定状况完全不一样。亨廷顿以权威的合理化、结构的专门化和大众参与为标准，把早发达的英、美和欧洲大陆又区分为现代化的三种类型时，我们又认为亨廷顿过分夸大了三者之间的不同。如果说有什么不同，那是法国不同于英、美，以及后来的德国不同于法国。而当亨廷顿明确地指出发展中国家的政治精英在经济发展、社会平等和大众参与之间面临"艰难选择"时，[①] "难以抉择"的何止发展中国家的政治精英，早发达国家的政治精英面临同样的困境，要知道他们的"选择"要么曾经给国家带来富强的荣耀，要么曾经给国家带来失败的灾难，只不过他们的"选择"似乎已经是那么遥远的事，似乎只有今天的发展中国家才面临"艰难选择"。

[①] ［美］亨廷顿、纳尔逊：《难以抉择》，汪晓寿等译，华夏出版社1989年版。

为了理解民族国家成长中的共性问题或从传统社会转向现代社会的共性问题，对早发达国家做一粗线条的梳理，以让人明白发展中国家的很多问题，甚至包括政治发展道路这样的根本性问题不为发展中国家所独有，早发达国家也同样存在。这里选择民族—国家成长中的几个根本性指标，即法治、经济和民主，作为比较研究出发点。在当下，民主与法治是一对老生常谈的概念。我认为，"法治"在某种程度上相当于古典主义的"共和"，因此今天的民主与法治在古典主义那里其实就是民主与共和的关系。无论是过去的共和还是今天的法治，说到底是规制和约束权力的制度问题，关乎的是权力/权威的类型，是法治化权力/权威的还是人治化的权力/权威？而民主则是一个产生权力（即谁当官）的过程和制度问题。有共和/法治而无民主，是一个大众权利得不到保障的不平等的社会，而有民主无共和/法治，政治的稳定性则可能得不到保障。对此，和晚发展国家一样，早发达国家的选择是不同的。无论是早发达国家还是现代化的首要取向都是经济发展，这样，如同晚发展国家一样，政治现代化与经济现代化的先后次序就成为决定现代化成败的攸关因素。这样，我们看到，法治、民主与经济，虽然就是政治与经济的关系与次序问题，但是政治中的法治与民主在现代化历程中又难以作简约化处理，因为一个是关于权力/权威的合理化问题，一个是关于权力的大众性问题。据此，法治、民主与经济，就成为我们比较政治发展次序的基本变量。

按照法治、共和、民主与经济的基本标准，可以把早发达国家的政治发展次序分为三种"理想类型"，即以英国、美国为代表的"共和—经济—民主型"，以法国为代表的"民主—经济—法治型"和以德国、日本为代表的"威权—经济—宪政民主型"。

◇一 共和——经济发展——民主的发展次序

英国1688年的"光荣革命"所实现的,既是如洛克所说的"议会主权",甚至如卢梭所说的"人民主权",也是古希腊、古罗马所追求的共和国。"共和"乃众人之事,是民众之国,而非君主一人之国。因此,洛克、卢梭的"主权"思想在某种意义上只不过是古希腊、古罗马跨越千年中世纪后的思想再现,只不过"人民"从少数人扩展到多数人,从集体概念逐步演变为具有人的解放旗帜下的个体色彩。

"光荣革命"本身并没有改变英国的传统,只不过将"主权"从君主转移到议会,并经过此后一百多年的王权与议会的较量,直至形成了"王在法下"的几个世纪以来的追求。无论是"议会主权"还是"王在法下",体现的既有古典意义上的共和,也有当今意义上的法治。无论是国王还是当选官员,其权力和行为都受到法律的规制,而法律是由议会颁发的,议会则由选民选举的代表构成。因此,"光荣革命"后的英国政治既可以说是共和政体,也可以说是法治政体,即我们常说的君主立宪政体。只有在这种法治政体下,封建时代那种常见的"君主债务"现象(即君主可以借钱不还,从而压制经济发展,是一种无效产权)才一去不复返,产权在法治政体下得到有效保护。

受到有效保护的产权所焕发的能力是惊人的。保护了产权的法治政体不但有效地促进了经济的增长,也提升了国家的竞争力。在"光荣革命"之前,由于斯图亚特王朝信贷不足,债务很少有超过200万英镑的时候。而在"光荣革命"后的九年里,政府债务剧增到1700万英镑,而此时正逢九年战争(1689—1697年),是政府坚实的财政基础使英国赢得了这场战争。而在"光荣革命"30年以后的1720年,政府债务达到5400万英镑,几乎是该年岁入的 9 倍。之前发生过西班牙王位继承战（1701—1714 年），又是政府的信贷能力使英国赢得这场战争。在 18 世纪每一场连续性的战争期间，收入、支出和债务都有很大增长。到 1790 年，在英国与法国为争霸而开战的前夕，英国的债务是 2.44 亿英镑，相当于该年岁入的 15 倍。[1] 第二届皮特政府在下院宣布：这个民族的生机乃至独立建立在国债基础之上。在法国著名历史学家布罗代尔看来，英国的财富是一种"人为财富"。[2] "人为财富"其实就是"制度财富"。

政府之所以能大举举债，不但是因为政府信誉的提高，还是因为民间的富有，否则债从何来？英国坚实的公共财政是打败当时更为强大的大陆竞争者法国的重要基础。要知道，与英国相比，法国因其幅员辽阔和人口众多而居优势地位。更为重要的是，当时法国实实在在的财富即国民生产总值比英国高一倍多（法国为 16000 万英镑，英国为 6800 万英镑）。[3]

但是，法国实实在在的物质财富却败于英国的"制度财富"。正是这种制度财富所带来的开支的巨大增长能力，才使英国在一系列的战争中脱颖而出，成为难以撼动的霸权国家。

所有这一切，都因为"光荣革命"而产生的主权在议会体制，形成了对本国产权、经济活动、信仰自由以及个人自由的政治保护。这种新的政治安排产生了一个强国，使英国以一种前所未有的有效方式获取资源，并且促进了英格兰在国际关系中的强势地位、一个世界性大帝国的产生以及最终形成无人匹敌的格局。

但是，法治政体下的市场经济的主体即资产阶级却依然被传统的选邑

---

[1] 上述有关君主债务理论和数据，参见 [美] 温格斯特《有限政府的政治基础：17—18 世纪英格兰的议会和君主债务》，见 [美] 德勒巴克、奈主编《新制度经济学前沿》，经济科学出版社 2003 年版，第 253—293 页。

[2] [法] 布罗代尔：《15 至 18 世纪的物质文明、经济和资本主义》（第 3 卷），生活·读书·新知三联书店 2002 年版。

[3] 同上书，第 440 页。

制度所约束，他们没有选举权。"光荣革命"所形成的法治政体催生了一个新的阶级即自由市场制度下的资产阶级，而资产阶级的贸易活动和生产活动又必然带来另一个新阶级即工人阶级。就这样，自由市场制度催生了资产阶级和工人阶级，而他们进而又借助于市场制度拉开了第一次工业革命的序幕。但是，到工业革命80年后，即"光荣革命"150年后，已成为经济主导力量的资产阶级和工人阶级却依然是政治游戏中的局外人。就这样，争取政治权利的、以工人阶级为主体的19世纪30—40年代的"宪章运动"爆发了。有意思的是，工人阶级运动换来的不是自己的权利，而是资产阶级的权利，即1832年宪政改革所确定资产阶级的选举权。1867年的宪政改革使工人阶级中的一小部分获得选举权。但是，实现了民主权利的国家并不能从根本上摆脱危机，第二次世界大战以后福利国家的建成可以看做危机的应对之道。

从上面的简单勾画可以知道，英国的现代化走了一条典型的共和/法治—经济增长—民主政治的政治发展次序，而这种次序先后形成了公民的财产权、公民的政治权利以及公民的社会权利。

作为英国移民新大陆的美国，在政治发展的次序上选择了与其母国几乎完全相似的道路，尽管美国这个新国家是在反抗其母国统治中诞生的，尽管在革命中诞生的新国家被亨廷顿称为更具传统政治结构的"都铎政体"。[①] 其实，美国的政体何止是都铎王朝的特征，简直就是古罗马共和国的翻版。

我们知道，"希腊化的罗马人"所建立的共和国就是亚里士多德所说的最好的政体——混合政体，即将君主制、贵族制和民主制的优势结合在一起的政体。在罗马共和国，执政官相当于君主，推举执政官的元老院相当于贵族制机关，还有相当于民主制的平民代表大会。这样一个政体将上、

[①] [美]亨廷顿：《变化社会中的政治秩序》，王冠华等译，上海世纪出版集团2008年版，第98—110页。

中、下各阶层的人都纳入体制之中，其利益都得到适当表达。因此，罗马共和国兴盛几百年，与优良的政体密不可分。

美国开国之父们所设计的是罗马政体，并坚信人类社会能够"通过深思熟虑和自由选择来建立一个良好的政府，而不只是靠机遇和强力来决定他们的政治组织"①。汉密尔顿等人以"普布利乌斯"（Publius）为笔名而形成的《联邦党人文集》，其实就是要复兴罗马政体。事实上他们做到了这一点，即设计和建立了一个和罗马共和国一样的混合政体：总统相当于君主，参议院相当于贵族制机关，而按人口比例组成的众议院则是一种典型的民主制体现。但是，美国的开国之父们反对单纯的民主制，设计和建立的实际上是一种贵族共和国，也可以认为是一种典型的法治政体。"普布利乌斯"明确将民主政体与党争、动荡等同起来。"一种纯粹的民主政体——这里我指的是由少数公民亲自组织和管理政府的社会不能制止派别的危害。几乎在每一种情况下，整体中的大多数人会感到有共同的情感或利益。联络和结合是政府形式本身的产物；没有任何东西可以阻止牺牲小党派或可憎的个人的动机。因此，这种民主政体就成了动乱和争论的图景，同个人安全或财产权是不相容的，往往因为暴亡而夭折。"②

"普布利乌斯"寻求的是一种代议制性质的共和国。民主政体与共和政体的两大区别是：第一，共和国下的政府委托给其余公民选举出来的少数公民，"由人民代表发出的公众呼声，要比人民自己为此集会，和亲自提出意见更能符合公众利益"。第二，共和政体所能管辖的公民人数较多，国土范围较大，从而能包容更多的党派和利益集团，全体中的少数侵犯其他公民权利的共同动机的可能性减少。③ 总之，"在民主政体下，人民会合在一起，亲自管理政

---

① ［美］汉密尔顿、杰伊、麦迪逊：《联邦党人文集》，程逢如等译，商务印书馆2007年版，第3页。

② 同上书，第48—49页。

③ 同上书，第49—50页。

府；在共和政体下，他们通过代表和代理人组织和管理政府。所以，民主政体将限于一个小小的地区，共和政体能扩展到一个大的地区"①。

但是，代表和代理人也有可能背叛公共利益。"一百七十三个专制君主一定会像一个君主一样暴虐无道。"也就是说，选举也会产生专制政体，"政府的一切权力——立法、行政和司法，均归于立法机关。把这些权力集中在同一些人的手中，正是专制政体的定义。"②为此，必须实行分权和制衡，这是新政治学的发现，即"把权利均匀地分配到不同部门；采用立法上的平衡的约束；设立由法官组成的法院，法官在忠实履行职责的条件下才能胜任；人民自己选举代表参加议会"③。

在"普布利乌斯"看来，代议制、三权分立还只是停留在"单一的共和国"层面，他们面对的是一个比欧洲各国还大、空前广袤的国家，怎么办呢？可以说，"普布利乌斯"最伟大的贡献是设计一个联邦制，即让地方政府与联邦政府一道分享权力和共治，而且在地方政府中也实行三权分立。这就是联邦共和国或"复合共和国"。"在美国的复合共和国里，人民交出的权力首先分给两种不同的政府（联邦政府和地方政府——作者注），然后把各政府分得的那部分权力再分给几个分立的部门。因此，人民的权利就有了双重的保障。两种政府互相控制，同时各政府又自己控制自己。"④"对共和主义来说可喜的是，通过对联邦原则的合宜修正和混合，可以把实践范围扩充到极大的范围。"而在"普布利乌斯"的导师孟德斯鸠那里，共和国只适宜于小范围的国家。因此，联邦制的设计是美国人在政治上的独特贡献。

有关政体的基本原则一旦确立，修改起来难上加难。按照宪法第五条，国会有义务"因各州三分之二（目前为九州）之州议会之请求，召集会议

---

① ［美］汉密尔顿、杰伊、麦迪逊：《联邦党人文集》，第65—66页。
② 同上书，第254页。
③ 同上书，第40—41页。
④ 同上书，第265—266页。

提议修正案，经四分之三的议会或经四分之三的各州国民大会之批准，即作为本宪法之实际部分而发生效力"①。

有了限制民众直接管理政府的代议制、权力制衡、联邦制以及修宪的极为苛刻的规定，美国政体事实上就是一个限制简单多数的政体，直接地说，就是一种保护精英而排斥大众的政府，可以称之为贵族制共和国或精英主导式法治政体。

在限制多数人权利的同时，"生而自由"的美国人也不愿意看到其母国"议会主权"之类的"主权"在民。他们这样说："最高立法权所在之处，可以设想也存在着改变政体的充分权力。甚至在政治自由和公民自由的原则讨论得最多，和我们所说宪法权利也最多的大不列颠，仍坚持议会的权力就立法条款的一般对象和宪法来说，都是至高无上和不受管束的。因此他们在某些情况下，通过立法令确实更改了关于政府的某些最基本的条款"。② 以今天的眼光看，美国政体存在两个结构性问题，即公民权利和主权，这两个问题一个是通过政治抗争方式解决的，一个是通过战争解决的。

先简单地说一下主权问题，在美国建国近100年后，发生了南北战争，这不能不说美国宪政和政体面临的最大危机和最大的一次冲击。由于不主张联邦主权或国家主权而保护各州"主权、自由与独立"，也就为南方各州的叛乱提供了宪法上的依据。南北战争以后，重建国会在诸多重建法案中不再强调中央政府是各州民主生活的保障者（见美国宪法第13、第14修正案）。③

---

① ［美］汉密尔顿、杰伊、麦迪逊：《联邦党人文集》，第439页。
② 同上书，第273页。
③ 第14修正案规定：所有在合众国出生或入籍，并受制于其管辖权的人，都是合众国和其居住州的公民。任何州不得制定或实施任何法律，来剥夺合众国公民的优惠与豁免权。各州亦不得不经由法律的正当程序，即剥夺任何人的生命、自由或财产，或在其管辖区内对任何人拒绝提供法律的平等保护，联邦政府可以正当地插手各州的事务，以保证人民在各州能够平等地行使权利。从此，主权问题终于得到解决。参见欧阳景根《宪政挫败研究》，吉林人民出版社2007年版，第105页。

宪法中所排斥的公民权利在美国建国后半个世纪得到初步解决、美国建国后近200年才得到根本性解决。19世纪30年代，美国爆发了全国性的民粹主义运动，这一运动使得80%的成年白人获得了全国性或地方性选举权。选举的有限普及才使美国称得上一个"民主的社会"，之前充其量是一个"自由的社会"。自此，才有托克维尔在19世纪30年代遍访美国后写下的《美国的民主》。应该说，美国作为一个民主社会的称呼由此而来。

"美国的民主"的真正到来是民主运动所推动的1963年出台的《民权法案》，从此，美国黑人才有和白人一样的选举权。从美国的开国之父如麦迪逊，到贵族出身的托克维尔，他们大谈特谈人民的权利，黑人是不在"人民"之列的，因此才有所谓的"麦迪逊式民主"或"美国的民主"之说。如前所述，"人民"是一个不断变化着的概念，从最初的集合概念演变为后来具有个体权利属性的概念，再从只包括少数人即贵族的范畴扩展到被统治者阶层，"人民"因此变成了一个反对旧秩序的革命性概念。也就是说，随着现代化所推动的大众政治时代的到来，过去作为奴隶的黑人自然进入"人民"的序列。可以肯定地说，当黑人获得了和白人一样选举权的时候，美国才称得上一个民主的社会。

在美国从贵族式政体演变为民主政治的半个世纪或两个世纪内，美国迅速地从一个西半球的荒蛮之地变成经济第一强国，进而成为超级大国。和英国一样，革命后所建立的政体主要出于建国秩序考虑有序地继承了旧秩序下的制度框架，而这样的框架保护的必然是贵族的或精英阶层的利益。但是，这样的制度框架似乎特别有利于资本主义经济的成长，而资本主义的成长又必然催生出具有自主意识的资产阶级（有产阶级）和工人阶级，他们又必然有自己的政治权利诉求。但是，保护贵族利益的旧政体不会自动赋予新阶层以选举权和其他公民权利，新兴阶层以政治抗争的方式最终实现了自己的正当权利，这就是所谓的大众民主。

有意思的是，或最为值得研究的是，本着限制大众权利的政体，为何在大众权利实现之时没有受到冲击，或者至少可以说基本完整地保存了旧政体？从表面上看，是旧政体做到了适时、渐进地开放制度大门，让大众有序地进行政治参与。从深层上看，虽然英国政体具有罗马共和国特征，但说到底是一种法治政体，或者如韦伯所说的法理型统治。这种政体不但规制和培养着被统治者的政治文化和法律文化，也规制着统治者自身。也就是说，法治政体是所有人的行为准则。当行为规则被确立并深入人心以后，剩下的只不过是参与者（player）进场先后问题。因此，英国、美国走了一条典型的法治/共和—经济增长—民主政治的道路，这样的道路曾经为柏克这样的保守主义鼻祖所大加赞扬，并仍然为今天很多人所推崇。虽如此，不具有模仿性和复制性，但却具有研究和参考的价值。

二 民主——动荡——法治的发展次序

受美国革命的影响，法国爆发了 1789 年大革命。但是，二者的革命性质有天壤之别，美国的革命其实是一场独立战争，因而革命后的政体并没有改变最初 13 个州的政治形态。法国大革命是一场全方面的革命，包括意识形态、政治体制、经济制度和社会制度。如果说美国革命后建立的是一个贵族制共和国，法国则是一个典型的大众权利式共和国，即民主共和国。

集权政治失败后的国家往往呈现无序的大众权力形态或混乱的多党政治。法国是这种"规律"的典型反映。在 1789 年法国大革命之前，专制君主统治下的法国早已成干柴烈火之势。除大批为期不足一个月的城市起义以及发生在海外领土上的许多分裂活动，在整个 18 世纪（1700—1799 年），共发生 16 次革命事件，[①] 1789 年的大革命只不过是一次全方位的革命，根

[①] [美] 蒂利：《欧洲的抗争与民主（1650—2000）》，陈周旺等译，上海人民出版社 2008 年版，第 93 页。

本性地动摇了法国和欧洲其他国家的封建制。因此，法国大革命的丰功伟绩永载史册。

民族统一、国家成长是一个充满坎坷和血腥的过程。动摇了封建制的大革命把法国的民族国家建设向前推进了一大步，其中一个标志是国家集权程度更高了。如托克维尔所说，革命的第一部是摧毁旧的中央集权制，但秩序的混乱使得革命者开始了革命的第二步，即恢复中央集权制。不仅如此，革命者还建立起了第一个在大国中进行直接统治的体系。诚如蒂利的描述：

> 我们看一下警察系统的情况。在巴黎大区之外，法国旧政体的政府几乎没有自己专门的警察……革命改变了这一切。至于普通老百姓，他们从反对治安到维护治安并收集信心，而不是简单地坐等叛乱与集体违抗法律的情况的发生，然后残忍而又有选择地进行报复；他们开始配置机关，后者的职责在于预见和避免那些有威胁性的人民的集体行动。在富歇时代（1899年成为公安部长），法国成为世界上最严密的警察国家。①

法国在大革命后的一个半世纪的时间里，一直陷于革命和反革命的较量中，法国的历史一直在革命与复辟、共和与帝制、民主与威权之间徘徊。用今天的话说，法国大革命以后的民主政治一直未能得到有效巩固，呈现民主失败的特征。共识性的原因是，资产阶级力量不够强大，社会阶层呈现分裂和对抗态势。对此，马克思曾做过深刻分析。

阶级状况直接影响了法国大革命以后的民主进程。此外，根深蒂固的民族性格也在很大程度上影响了法国政治发展的走向。其实，17—19世纪，

---

① ［美］蒂利：《欧洲的抗争与民主（1650—2000）》，第101页。

欧洲各国，尤其是英国和法国都处于阶级矛盾上升和尖锐时期，为什么英国能以渐进方式实现民主政治，而法国却以激进方式最终实现和巩固民主？如蒂利所说："无论我们如何评价英国人的自我形象，巴黎公社期间英法政治的比较，在抗争的形式、动力和后果上，都显示出深刻的民族性差异。这种比较提出了一个关于民主政体根基的问题。"①

民族性是一个很含糊的概念，英法的民族性差异到底体现在何处？其中一个主要方面是前一章所能阐述的民族国家成长的不同道路，英国走的是社会力量主导下的自治、渐进与宽容，而法国则是战争制造的国家，推崇的是"朕即国家"式的强人政治，而英国一直处于"神法"进而"王在法下"的约束。这种差异必然体现在革命方式上。也就是说，法国不像英国那样存在一套约束革命者的法制观念。为此，在雅各宾专政时期，作为中派的罗伯斯庇尔先后处死左派的代表人物埃贝尔和右派代表人物丹东，并以"最高主宰"身份强迫国民公会通过了令人毛骨悚然的牧月法会，即简化审判程序，取消了预审和辩护人，将惩罚一律定为死刑；而且可以推理判决，不需要证据。于是，被处死的人数急剧增加。在从牧月法会通过到雾月政变的45天里，仅巴黎城就处死1376人，平均每周达196人，最多时每天达50人。被处死者多为商人、下层百姓、军人和官员，少有贵族特权等级。在这样的恐怖之中，罗伯斯庇尔等22人也被送上断头台。

处于恐怖和混乱之中的人们盼望秩序，进而期盼拿破仑式的强人。但是，无论多么强势的人物，都无法抹平社会阶级之间的分裂和鸿沟。因此，在大革命以后的150年里，法国政治处于动荡不安之中。按照蒂利的标准，1789—1945年，共发生过八次革命。

---

① ［美］蒂利：《欧洲的抗争与民主（1650—2000）》，第6页。

表1　　　　　　　　法国革命情况（1789—1945年）

1789—1799年	大量法国革命与反革命
1815年	百日政权（Hundred Days）
1830年	七月革命
1848年	法国革命
1851年	路易·拿破仑·波拿巴政变与起义
1870年	国家崩溃、占领以及共和革命
1870—1871年	巴黎公社运动
1944—1945年	反抗与解放

资料来源：蒂利《欧洲的抗争与民主（1650—2000）》，第92页。

从民主巩固的视角看，法国大革命以后的民主化进程可以做如下总结：

（1）1789—1793年，激进的民主化；

（2）1793—1814年，迅速地（充满斗争地）复辟为非民主政体；

（3）拿破仑战败时局部的、暂时的民主化；

（4）19世纪70年代到1939年，渐进且争斗不休的民主化；

（5）1940—1943年，德国控制下的威权政体；

（6）1944—1958年，低能力民主政体的建立；

（7）1958年至今，高能力民主政体。

可以说，比较而言，法国的民主巩固周期之长，在民主化进程中的各国中是少见的。一方面，可以认为历史具有必然性，即开启了民主之门的法国政治终究会实现一种不那么可怕且有点可爱的民主；另一方面，也可以认为历史的无效性，即人们以理想主义激情而进行的革命，革命之后的复辟与反复又是革命者和很多参与者所不敢想象的，卢梭的浪漫遭遇无情的现实。其实，这就是真实的历史，一个在历史无效性与历史必然性之间徘徊的历史。

必须指出的是，法国的民主巩固有赖于一个法治型权威政体。赶走法西斯之后的法兰西第四共和国崇尚"政党万能"，陷入"无穷的政治狂热"。

因而，巴黎成为法兰西的自由的炼狱。第四共和国的党派斗士们往往将自由使用至极点，超过了应遵守的法律限制，实际上竞选自由、议会辩论自由与抨击政府的自由经常被滥用。自由的滥用可以导致自由的专横，第四共和国在自由中摇摇欲坠。① 其实，何止第四共和国，从大革命一开始，以追求自由而闻名的法兰西人，从此就深受自由之累。虽然1789年颁布的《人权宣言》宣称"自由就是指从事一切无害于他人的行动"，同年10月的《戒严法》又告诫人们，"自由远不是为所欲为，它只因服从法律而存在"，但是法兰西依然在自由中走向混乱。1792年，4000名要求增加工资的里昂织工愤怒地打坏了卢梭的胸像并焚烧了自由村。1793年宪法宣布，人的不可动摇的权利是"平等、自由、安全与财产"。但宪法通过不久，罗兰夫人无辜地遭到处决，她临死前指着刑场附近的自由女神像感慨道："啊，自由女神，以你的名义，犯下了多少罪行！"滥用自由权而滥杀无辜的罗伯斯庇尔本人最终也被送上断头台。一个半世纪后，一个民主政体的第四共和国又葬送于享受自由的政党恶斗之中。

1958年诞生的法兰西第五共和国将自由予以管束，将政党得以规制，给政党施展拳脚的议会镶上框架。简单地说，1958年宪法所确定的法兰西第五共和国，原则是"主权在民"，即人民选举总统，由总统任命以总理为首的内阁并有权解散议会。一句话，这样一个混合了总统制和议会制双重特征的政体，加强了行政权，削减了立法权，在三权分立中突出了行政权。可见，法国的混合制政体一方面继承了法国历史上的强行政的特点，另一方面又学习和吸收了英—美体制中的议会制和三权分立，使总统有行动能力但又受到法律和其他机构的监督与制约。

---

① 郭华榕：《法国政治制度史》，人民出版社2005年版，第528页。

◇◇ 三　人格化权威结构——经济增长——宪政民主的发展次序

如果说法国大革命受美国独立战争的刺激，而德国的民族国家兴起则直接受到法国大革命的影响。我们知道，作为一个后来的民族国家，其国家意识的形成归功于以歌德、席勒为代表的知识分子的"狂飙突进"运动，而李斯特的国民政治经济思想把德国的统一向前推进了一大步。受法国大革命的影响，德国知识分子曾热衷于宣扬法国启蒙运动中的光辉思想，但是，大革命导致的混乱、失序很快让德国知识分子保守起来，回归普鲁士传统，寻找自己的民族国家成长之路。

德国作为一个民族国家而成长的重要转折点，是在宪政危机中出现的俾斯麦及其确立的名为君主立宪政体实为君主专制政体。1862年5月，选举使资产阶级政党即进步党在普鲁士邦议会的议席从109席增加到135席，这个自由派多数否决了威廉一世的军事改革方案，形成了政府与新议会的对峙局面。这种对峙说到底是军队归属问题，即是归属于议会还是国王本人。由于形势对国王非常不利，以至于威廉一世已在认真考虑退位，以避免像英国国王和法国国王一样被送上断头台的命运。

俾斯麦挽救了君主政体。"鼓吹强权就是公理"的俾斯麦，在发动三次王朝战争，即1864年的德丹战争、1866年的普奥战争和1870—1871年的德法战争后，使一个新的国家正式诞生，完成了普鲁士帝国到普奥帝国再到德意志帝国的转变，而德意志帝国成立的标志是1871年4月由德意志帝国议会通过的、由俾斯麦亲自制定的帝国宪法，生效直至1918年。

帝国宪法规定，新帝国由22个邦和3个自由市组成。形式上参帝国的各邦并未失去各自的原有地位，但是统治权已经转移到以普鲁士为核心的帝国政府。德意志帝国的首脑为"德意志皇帝"，由普鲁士国王担任并家族世袭。皇帝代表帝国，为军队最高统帅，并任免宰相和其他行政官员。皇帝以下设帝国宰相，只对皇帝负责。在皇帝—宰相体制下设由联邦议会和帝国议会组成的两院制议会。其中联邦议会为各邦代表组成，议员是各邦政府派出的代表贵族、容克利益的高级官员，而宰相兼任联邦议会主席。任何法律未经联邦同意均不得生效。帝国议会由选举产生，是人民代议机构。但是它不能单独制定法律，帝国议会通过的议案，只有经联邦议会同意才得生效。帝国议会的最大权力是拒绝预算。

这样，德意志帝国的政体实际上是普鲁士的现代版，帝国议会为资产阶级和其他阶级提供了表达意见的场所，联邦议会则充分实现着贵族和容克阶级的利益，皇帝和宰相在阶级利益上更多地代表了贵族和容克阶级。因此，虽然是一个君主立宪政体，实际上还是一个普鲁士模式的君主专制政体，俾斯麦塑造的依然是一个人格化的权威结构。

在这样一个权威结构中，如果政府以政治民族主义为导向，致力于经济发展，成就是显然的。倘若有俾斯麦这样一个理性且能把握大局平衡的强权人物，其固有的结构性紧张关系尚能被掩饰而不至于被推向不可收拾的地步，但是，在人格化的权威结构中，不同的人会给这种结构带来完全不同的结局。1890年3月，俾斯麦在"年高德劭"的嘉奖中下台，威廉二世（1888—1918年在位）完全替代了俾斯麦，威廉二世怎么样呢？用今天的话说，是典型的"病夫治国"。当时，许多医学权威人士警告说，"威廉不是一个正常的人，以后也不会好起来"，"他没有能力作出合理的、不极端的判断"。或许他不会变得精神失常，但是"他的有些行为也许完全不像正常人所为"。他们明确警告说威廉继承王位会是"一种欧洲的危险"。当时英国的外交大臣和法国外交部部长都根据柏林发来的报告得出结论："德国皇帝患精神病",且"思维不正常",总有一天要"闯下大祸"。① 在1897年2月的一次演讲中,威廉把俾斯麦和老毛奇说成是"走狗和侏儒",关于他患精神病的传说得到证实。其实,俾斯麦也早知道威廉二世不正常,并担心民族将遭遇大灾难。德意志帝国为此确实付出了代价,那就是第一次世界大战。1918年冬,当德国已经走向失败时,一位德国将军这样描述威廉二世:"我预言的一切都成为现实,我不是在最后几个星期预见到,而是很早很早以前就预见到了。德国现在要为近30年犯下的罪孽付出代价。由于德国盲从一个自命不凡、自吹自擂、趾高气扬的傻子,在政治上德国瘫痪了。"②

在第一次世界大战后走向失败的德意志民族,建立了魏玛共和国。1919年8月颁布的《魏玛宪法》规定国会议员按比例选举制由公民选举产生。这种制度在存在稳定多数或基本政治共识的环境下是没有问题的。但是战败后的德国又经历了一场革命,社会呈现分裂状况,因为选举出来的代表既有财产上的资产阶级,又有文化上的自由主义者,还有主张工人参与的社会主义者,以及保护旧官僚体系的威廉主义者。同时,宪法又没有规定禁止滥用反对权的条款,而关于行政权,宪法规定的总统由选举产生,任期七年,是行政首脑和军事统帅,有权任免总理、解散议会、下令举行新的选举、要求举行全民公决和宣布《紧急状态法》的权力。拥有"主权"的总统既可能是立宪主义者而维护政治稳定,又可能是独裁者而滥用"主权"从而葬送共和国。1930—1933年的政治实践说明了一切,第二任总统兴登堡因国会反对《紧急条令》而解散国会。这样,在政治动荡、民生无保障的条件(1929—1933年大危机)下,民众盼望一个能给他们带来安全

---

① [英]洛尔:《皇帝和他的宫廷:威廉二世与德意志帝国》,杨杰等译,北京大学出版社2004年版,第22—23页。

② 转引自[英]洛尔《皇帝和他的宫廷:威廉二世与德意志帝国》,杨杰等译,北京大学出版社2004年版,第27—28页。

感的克里斯玛型领袖。也正是在这样的政治、经济环境下，在这样充满漏洞的宪法安排下，希特勒登上历史舞台，建立了德意志第三帝国，德意志民族因而也遭受了更大的灾难。

《魏玛宪法》是战败后德国进行的西方文明史上一场史无前例的试验和冒险，它的成功取决于稳定多数原则、法治原则和福利国家的实现，但是，当时这些条件都不具备。[①] 除此之外，德国历史上形成的国家主义传统和强人政治传统，都不利于宪政主义的政治实践。但是饱受第二次世界大战灾难的德国人民经历被肢解的痛苦后，终于被迫服从命运的安排，接受由美、英等战胜国强加给自己的政治制度，即英美式的议会民主制度。

综上所述，在德意志民族国家的成长历程中，是人格化权威结构迅速推动了经济增长和富国强兵，又是人格化权威结构把这个好强、自尊的民族推向灾难的深渊，在失败中最终实现了政治结构的彻底转型，即议会民主制度。

德国道路充满了血腥和惨烈，结果是悲剧性的。但是，很多后来者自觉不自觉地走上德国道路，而最为自觉地学习和实践德国道路者自然是日本。这是常识，无须赘述。

◇ 结 语

作为后来的评论者，我们似乎能不费力气地指点三种发展次序的优与劣、得与失。但是，客观而言，对于民族国家建设的先行者而言，尽管美国的政体是设计的，但每一种发展次序似乎又都不是可选择的，是其民族性和历史文化的一种自然延续和反映。在现代化中，英、美似乎不可能产

[①] 李工真：《德意志道路：现代化进程研究》，武汉大学出版社2005年版，第236—237页。

生专制主义的发展次序，法国既不可能产生一个纯的专制政体，也不可能产生一个纯民主的政体，只能在专制与民主之间徘徊。而后来的德国和日本，国家主义传统又必然催生一个人格化的权威结构。并非武断地说，早发达国家的政治发展次序演化的成分多于选择，其中并不排斥自然演化中的偶然性。但是，在起点上不可选择的国家并不意味着不可学习和模仿。尤其是，那些经历一次又一次灾难的民族更应该善于学习。毕竟，尽管民族性不同、历史文化不同，但国家行为的主体都是人和组织，人和组织的存续说到底涉及管理问题，即人和组织运用什么样的方式去管理国家和管理自己、按照什么样的次序去发展国家。既然是管理问题，就是可以学习和借鉴的。当然，以什么样的方式去管理，以什么样的次序去发展，经历了多次失败的一些早发达国家可以学习和选择，而后发展国家则更应该学习和选择。

然而，尽管有早发达国家的经验和教训，一些国家刻意学习和模仿他国道路却失败了，而一些国家在自己民族文化传统上的学习和选择却成功了。所以存在巨大的不同，既存在选择是否合适的问题，也存在政治精英在自己利益、国家利益和人民利益上的平衡问题。因为已经存在诸多的现代化道路，后发展国家在现代化中面临更多的似乎是选择问题，而不是自然演化问题，这的确是一个"艰难的选择"，尽管后发展国家在选择中所经历的曲折和灾难并不一定比早发达国家多。

最后要指出的是，本文的目的不但是考察早发达国家的政治发展次序，还将为重新认识流行中的社会科学话语寻求新的经验基础。这将是另一篇文章的任务。

民主主义、民族主义与现代国家建设

◇ 一 导论：现代国家的蕴含——从主权者到谁之主权

有关现代国家建设的研究著作在学界早已汗牛充栋，学者们也早已达成共识，主权问题是现代国家的核心问题，但如同社会科学的其他领域一样，对该领域的研究同样充满了各种不同的路径和理论观点，民主主义是其中非常流行的一种理论解释。民主主义认为，现代国家是按照主权在民的原则构建起来的，主权是现代国家的内核，而民主又构成主权的内核，因为在现代国家中主权是归人民所有的，因此民主对于现代国家来说，具有特殊重要的意义。民主对于现代国家的重要性，不仅体现为它是推动现代国家建设的基本力量，在与各种传统的、封建的力量的斗争中催生了现代国家，而且也是现代国家建设的基本目标，即现代国家应当以民主政体作为它的基本形式。这一理论主要基于西方各国历史发展的经验，而且由于民主在当代的大行其道，成为影响最大的一种理论。

除此之外，民族主义也是影响较大的一种理论解释。民族主义认为，现代国家是以民族—国家（nation-state）的形态出现的，民族与民族主义是塑造现代国家的一股基本力量，作为思想观念或社会运动的民族主义与对国家主权的要求结合在一起，通过共同的历史、生活方式，共同的命运等塑造了人们共同的身份认同，为国家共同体的产生奠定了基础。民族主义是现代国家的强力黏合剂，即使是在国家产生之后，它仍然可以作为一股基本的力量，凝聚着人们对国家共同体的认同并推动国家的发展。由于苏东剧变后民族主义在世界范围内的重新高涨，民族主义理论获得人们越来越多的关注。

这两种理论都立基于对历史的深刻观察与总结之上，揭示了现代国家建设中某一重要的方面，为我们理解现代国家建设提供了有益的启示。但我们也应该注意到，以上两种理论很少有重合的地方，在强调各自重要性的时候，人们似乎忽视了二者之间是否有什么相通之处。实际上，二者之间关系非常密切，民主主义与民族主义之间的关系即使不是现代国家建设的核心内容，至少也是核心内容之一，二者关系的互动是塑造现代国家面貌的基本力量。

众所周知，主权问题是现代国家的核心问题。要搞清现代国家建设，首先要搞清主权的问题。关于主权，涉及两个基本的问题，第一，谁是主权者；第二，如何界定主权者的范围。关于第一个问题，经历了从君主主权到人民主权的过程，主要是民主主义的问题。在主权理论最初被提出来时，它的早期倡导者如法国的让·布丹和英国的霍布斯均主张君主主权的观点，由此所导致的结果必然是君主专制，这与新兴资产阶级不断发展壮大的历史潮流相背。其后经洛克和卢梭等人的大力倡导，主权的所有者从君主转变为人民，主权在民的学说逐渐成熟，国家主权的理论发展至此终于修成正果。

这一过程是民主主义的胜利，民主主义主要是对内的，解决了国家权力来源的问题，人民的同意为国家权力的产生与运作提供了合法性。但这里仍然存在一个困难，即如何界定人民，哪些人属于人民，哪些人不属于人民，也就是第二个问题。这是一个非常基本的问题，只有共同体内部的人,才会被界定为人民并享有种种公民权利,共同体外部的人是不会被界定为人民的。显然,这一看似简单的对边界的划分是无法依靠民主主义解决的,因为民主在行使之前首先必须要确定自己的边界,这就又回到了问题的起点。对这一问题的解决是通过民族主义完成的。民族主义通过对共同的历史、语言、种族、地域、风俗习惯等的强调,赋予人们明确的身份认同,这种身份认同落实在现实中即产生了边界的作用,产生了"我们""我们的"与"你们""你们的"的不同,有了边界之后才谈得上民主的运作,当然这种边界固化为明确的政治边界还需要经历复杂的过程。所以,在现代国家产生的过程中,民族主义起到了对外确定疆界的重要作用,同时也能够有效地凝聚内部。由此,根据主权的逻辑,我们可以看到民主主义与民族主义二者具有内在的相关性,民主主义要求民族主义,民族主义则为民主的实施确定疆界范围,在实际的政治运作中,它们必然会相互影响对方,二者关系的发展,必然会对现代国家建设产生根本性影响。

二 民主主义与民族主义的基本关系

民主主义与民族主义都是内在蕴含于主权的逻辑之中的,二者不是各自独立没有交集的发展,而是相互交织在一起,彼此塑造和改变着对方,并在这种相互的关系中,深刻塑造着主权的性质和现代国家建设发展的形态。

毋庸置疑,民主主义与民族主义二者之间的关系非常复杂,在不同的时间、不同的场合可以表现出完全不同的关系。已有许多学者基于不同的经验,指出民族主义与民主主义存在严重的冲突,二者难以兼容;也有许多学者从其他的经验出发,认为民族主义与民主主义关系非常密切,二者可以完美地兼容在一起。① 这些研究多从一时一国或数国的经验中提取出结论，并不具有普遍性。有些比较深入的研究，往往是在研究民主主义或民族主义时兼及另一方，令人感觉对于二者关系的论述并不深入透彻。本文并不试图对民主主义与民族主义的关系进行全面的概括，这远远不是一篇简短的论文所能做到的。由于民主主义与民族主义都是现代事物，都是随现代国家的出现而产生的，因此从现代国家生成与建设的角度所进行的研究便具有缘起性的重要意义，本文所要做的是正是从这一角度出发考察二者的基本关系，并探究其对现代国家建设的影响。总体而言，在现代国家生成与建设发展的过程中，民主主义与民族主义的关系表现出两个基本方面：一是二者有相互兼容、相互促进的一面，民主主义催生民族主义，民族主义又推动民主主义，二者相互交错融合，共同推动着国家建设向好的方向发展；二是二者存在相互矛盾、相互冲突的一面，彼此难以兼容对方，往往出现民族主义压制民主主义的情况，影响现代国家的正常发展。

1. 民主主义催生民族主义，民族主义推动民主主义

近代以来，民主主义的发展是与人民主权的思想联系在一起的，它要求废除封建的君主的与贵族的特权，实行人民的统治，在平等的基础上，按照少数服从多数的原则治理国家。这种类型的民主治理，正是现代国家所具备的一个重要的基本特征。民主主义无可置疑地对塑造现代国家的品性发挥了重要作用，这已被众多的经典著作所论述，几乎成为人人耳熟能

---

① 参见［美］里亚·格林菲尔德《民族主义：走向现代的五条道路》，上海三联书店2010年版；王绍光《民族主义与民主》，载于《公共管理评论》（第1卷），2004年；高全喜《论民族主义——对民族主义问题的一种自由主义考察》，载于《学海》2004年第1期；肖斌《民族主义的三种导向——从吉登斯民族主义的论述出发》，载于《开放时代》2007年6月；［以色列］塔米尔《自由主义的民族主义》，上海译文出版社2005年版；［英］安东尼·史密斯《民族主义：理论，意识形态，历史》，上海人民出版社2006年版。

详的常识。但与此同时，民主主义也催生了对现代国家至关重要的民族主义，并通过民族主义确定了民主政治实施的边界。民族固然是一个"想象的共同体"，但它绝不能只靠共同的历史记忆维系，实际上，民主主义在推动现代民族产生的过程中居功至伟。没有民主主义的推动，很难设想传统的种族的民族会转变为现代的政治的民族。诚如法国政治思想家马南所言，"现代民族在一方面是现代民主计划的一种表达"[①]。在很大程度上，德意志国家的诞生就是因为法国大革命对德国知识分子刺激的结果。

　　民主意味着自主治理，即共同体内部的人们是平等的，人们按照多数的意志实现共同体自身的治理。要实现自治，这意味着人们首先要形成自己的政治共同体的认同，而后才能按照民主的原则行使相应的权利。这一政治共同体的认同实际就是民族认同，在这一过程中民族主义必然会被大大地激发出来。民主主义不只是民族主义发展的原初目标，而且它还为民族主义的发展提供强大原动力。民主内在地蕴含着平等，它要求每个人不论其出身、经历、地位等背景，都应获得同等的权利和待遇，这种对平等的追求抹平了人与人之间种种的差异，使相互认同变得容易起来。平等是民族主义发展的强大推进剂，平等所到之处塑造着面貌相同的人们，为共同体提供了强大的内聚认同基础，从而推动了民族主义的迅速发展。由此而言，民族主义的产生与发展实际受民主主义的激发至深，最初民族主义在产生的时候都是与民主主义联系在一起的。

　　民主主义催生了民族主义，民族主义反过来也对民主主义的发展起到了重要的推动作用。民族主义对于民主主义的积极作用首先体现在民族主义为民主主义的作用范围划定了确切的边界，从而使民主的运作拥有了现实的政治基础，这一基础也就是民族国家。民主虽然具有普遍的属性，理论上可以包括所有的人在内，但受制于种种约束，现实中民主总是存在于

[①] 转引自［法］马南《民主的本性》，崇明、倪玉珍译，华夏出版社2001年版，"导言"第31页。

某一共同体范围之内的。民主本身不能有效地划定这一范围，民族主义则通过民族认同和疆界划定的方式，提供了解决的方法。易言之，通过民族主义运动所建立起的民族国家为民主政治的实施建立了现实基础。在此基础上，民族主义通过诸多方面推动了民主主义的发展。

如前所述，近代民族主义的产生是深受民主主义的刺激的，最初民族主义的发展大多认同民主的理念，以民主作为自己的目标，如英、法两国民族主义最初发动之时就是深深与民主嵌入在一起的，因此早期民族主义的发展本身就可以视为民主的一项成就。民族主义对民主主义的推动，还表现在由民族自决所推动的民族解放运动上。民族自决理念倡导全世界各民族不分大小，皆可以自主决定本民族的政治体制和前途命运，而不受其他国家与民族政权的干涉。民族自决理论具有反压迫反剥削的意义，鼓舞了各受压迫民族通过各种方式获取民族解放和独立的斗争。民族解放运动对于反对国际压迫，实现更广大范围的民主具有显而易见的意义，实际可以将之视为世界范围内民主运动的重要组成部分。民族主义在各国国内所推动的民族认同的加强、自主意识的产生、经济发展的加速等，也是一些有利于促进国内民主的因素。因此，民族主义对民主主义的推动是多方面的，二者几乎总是携手出现。

总体来说，在现代国家生成和建设发展的过程中，民主主义与民族主义具有极为密切的关系，二者相互兼容、相互推动，实际上民族主义最初是作为民主主义的一种表现方式出现的，同时它的出现又有力地推动了民主的发展。正如哈佛大学教授格林菲尔德（Liah Greenfeld）所说，"主权属于人民这一概念，承认不同阶层在根本上平等这一观念，组成了现代民族思想的精义（the essence of the modern national idea），而同时它们就是民主的基本原则（the basic tenets of democracy）。民主的诞生，伴随着民族性的自觉（democracy was born with the sense of nationality）。这二者是内在相互联系的，割断这种联系则不能充分理解任何一者。民族主义是民主呈现在这个世界上的形式，民主被包含于民族的概念，恰似蝴蝶生于茧中。最初，民族主义就是作为民主而发展的（originally, nationalism developed as democracy）"①。

2. 民主主义与民族主义相互冲突，民族主义压制民主主义

如果说在17、18世纪民族主义与民主主义运动发展初期，二者表现出更多的一致性，更多的是相互兼容、相互推动的话，那么随着民族主义运动的日渐高涨，二者的差异和不协调也逐渐显露出来，民族主义表现出与民主主义完全不同的兴趣方向，乃至一些新成立的民族国家根本就不是民主的国家，甚至是反民主的国家。比如在19世纪后期受高涨的民族主义热情推动而建立的德意志帝国就不追求民主，而是奉行某种"铁与血"的政策，对内强化统治，对外寻求扩张。其后的法西斯国家在这一点上表现得最为明显，民族主义获得推崇，民主主义则遭受打压。

为什么民主主义与民族主义会有这样的冲突？实际上二者之间的冲突源自二者基本取向的不同。民主主义本质上是一种个体取向的主义，以个体权利为最高宗旨，认为国家的成立主要就是为保障个体权利的，国家实际上是个体权利实现的场域，也就是公民民主政治生活实现的场域。民族主义本质上则是一种集体取向的主义，认为民族的利益和尊严是最高的，民族国家为个人的生存和发展提供了一切，当国家的利益与尊严受到威胁时，公民个人则应该站出来保卫它，乃至必要时献出自己的生命。事实上，民族主义鼓励为国家奉献生命的行为，视此为莫大的骄傲和荣誉。因此，奉行个体取向的民主主义与奉行集体取向的民族主义之间，存在着一股紧张的张力，当在个体与集体之间不得不做出取舍的时候，二者的冲突就是不可避免的了。历史上，民主主义与民族主义之间的紧张冲突，皆由此起。

---

① 转引自吴国光《再论"理性民族主义"——答陈彦》，豆瓣网，http://www.douban.com/group/topic/4645548/，2013/9/15。

在民主主义与民族主义发生冲突的时候，多数情形下是民族主义压制了民主主义，轻松获得了胜利，比如五四运动以后的"救亡"压倒"启蒙"。这是因为，对于国家来说，民族主义所涉及的是国家生死存亡的问题，民主主义所涉及的则是公民权利大小有无的问题，二者相比较，当然是国家生死存亡的问题更重大、更紧迫，而民主问题则是可以等、可以缓的，于是民族主义胜过民主主义也就顺理成章，用法国思想家马南的话说就是，"民族往往对于民主取得优势……一个民族和一个个体一样，先有出生、存在和成长，然后则需要决定是否选择自由或者选择什么样的自由"[①]。这种情形在新兴民族国家中尤其常见。对于新成立的国家来说，它们往往面临着比较糟糕的外部环境，在同其他国家所进行的竞争中，它们已经落后一截，而且随时有可能会受到强大国家或周围邻居的干涉；在国内则往往面临千疮百孔的局面，各种政治社会力量需要重新整合，国民经济急需恢复和发展，等等。在此背景下，多数国家选择了以民族主义来强化和巩固国家，民主则被视为是可以等以后再去解决的问题。这还是一种比较正常的情况，有时会出现故意利用民族主义去打压民主主义的情况，比如法西斯国家就利用民族主义来强化其民族认同和增强政治合法性，同时利用民族利益至上的观点来打压国内民众的民主权利，以此来强化自己的极权统治，此时民族主义实际是被极权政权利用的工具。第二次世界大战的结果表明此种民族加极权的国家发展道路是失败的，民族加民主的国家战胜此类极权国家成为历史发展的主流趋势。

综上所述，在现代国家生成和建设发展的过程中，民主主义与民族主义的关系呈现出双重逻辑，一方面民主主义内在地要求民族主义，它催生民族主义并使后者成为一股伟大的历史潮流，同时民族主义又为民主政治的实施提供了现实基础，并以多种方式推动民主的发展；另一方面民主主

---

① [法]马南：《民主的本性》，崇明、倪玉珍译，华夏出版社2001年版，中译本导言第32页。

义与民族主义又存在难以调和的基本矛盾，个人主义与集体主义的不同取向注定二者会有冲突，而这种冲突往往以民族主义压制民主主义完结。二者的关系状况常常直接决定着国家政权的基本面貌，对现代国家建设的方向产生深远的影响。

◇三 欧洲国家形成中的民主主义与民族主义

对民主主义与民族主义关系的历史考察必须首先从欧洲开始。众所周知，欧洲是现代主权国家最早产生的地方，也是民主主义与民族主义最早生成的地方，考察欧洲国家的历史对我们了解民主主义与民族主义的关系提供了绝佳的机会。在欧洲国家发展的历史中，民主主义先于民族主义登上历史的舞台，法国大革命本身首先是作为一场民主革命出现的，这场革命在震惊欧洲各封建主的同时，也直接推动了法兰西民族主义的形成，并最终产生强大的法兰西民族国家。其后法国对欧洲其他国家的军事扩张，更是直接把民主主义与民族主义的火把传向欧洲各处，于是变得一发而不可收拾，终成熊熊之势。民主主义在催生民族主义之后，也借助民族主义所推动建立的民族国家找到了实现自身的载体，在民族国家的体系之中，民主主义最终发展为一种成熟的国家治理理论，有关民主的实践也在民族国家范围内不断得到拓展。正是在民族国家成为一种普遍的、基本的形式后，民主主义变得成熟起来，成为一种流行的趋势，民族加民主成为最具影响力的一种新的国家形式。当然，在同时期或稍后也出现了民族加极权的国家形式，但它们本身都存在严重的弊端，没有协调好民族主义与民主主义的关系，最后败于前者并被前者所改造同化。

1. 从人民主权到民族自决：法国大革命及其影响

在现代国家建立和发展的历史中，法国是一个先行者。1789 年开始的法国大革命是欧洲近代历史发展的重要分水岭，它揭开了欧陆国家一场狂飙突进运动的大幕，经过短短几十年的时间，原来封建落后的欧洲国家一跃而成为世界上最先进的地区，占据了世界舞台的中央。这段历史是世界上最早期的现代国家建立的历史，是欧洲民主主义和民族主义勃发的历史时期，对这段历史的考察对于我们了解现代国家生成的逻辑，以及民主主义与民族主义二者之间的关系具有极为重要的作用。在这其中，对法国的历史考察是首要的。需要说明的一点是，虽然英国开启现代国家建设之路的时间比法国要早一些，但它对欧洲大陆其他国家的影响则比法国要小得多，因此以法国作为这段历史考察的起点是合适的。

1789年的法国大革命被认为是民主主义与民族主义的重要起点，但是这场革命首先是民主主义的。当时的法国处于路易十四时代以来不断强化的中央集权的统治之下，被视为是欧洲封建专制制度最坚固的堡垒，但是在大革命前夕，封建专制的堡垒已经开始动摇，一场以"人民主权"为核心的民主启蒙思想已经成为社会的潮流。启蒙运动的杰出代表人物有伏尔泰、卢梭、孟德斯鸠、狄德罗等，他们大多批判封建专制和特权制度，张扬人权，鼓吹进行深刻的社会变革。卢梭的思想更是对法国大革命影响巨大，他所论证的天赋人权、主权在民、权利平等等思想直接成为革命的基本思想武器，卢梭本人被视为大革命的精神导师。启蒙思想本来只在法国上层社会的沙龙中流行，但后来逐渐扩散到国家行政人员中，并向中下层民众扩散，最后终于爆发了革命。这场革命以反对封建专制和特权的三级会议的斗争和攻占巴士底狱开始，《人权与公民权宣言》的颁布是革命历史发展的辉煌篇章，确立起人的自由和平等的权利，革命在建立共和国、处决国王和王后的那一刻进入高潮，以再清楚不过的方式展现了其民主的色彩。随后由于革命形势的严峻，革命的范围也在不断拓展，几乎所有的社会阶层都参与了革命，雅各宾派的统治虽然变得越来越激进，但它在很大程度上却也表征着革命的不断深入，同时也是对革命成果的积极维护。法国大革命推动了民主的发展,后来拿破仑的军事征服则将大革命的精神播撒到了欧洲各处,民主成为一股不可阻挡的历史潮流,用后来托克维尔的话说就是,"民主即将在全世界范围内不可避免地和普遍地到来"①。

与这场民主革命相伴随的还有另外一项重要成果——民族主义。大革命的一项直接成果,就是它在法国民众中激发了一种普遍的民族认同:法兰西认同,经此整合,法国迅速蜕变为崭新的民族国家,焕发出强大的生命力,成为当时欧洲最强大的国家。法兰西民族主义的产生是多种因素促成的,美国学者里亚·格林菲尔德在其研究中揭示了一系列重要的国内社会变化以及外部竞争因素对法国民族主义形成产生的影响,并认为法国民族主义的产生最初就是与民主主义紧密相连的。② 法国大革命的发生深受主权在民理论的影响,主权在民既是一种民主的理论,实际也很容易从中引申出民族的观念来。主权是属于人民的,那么就需要对人民进行规定,在实际政治生活中往往就是从民族的角度进行规定的。卢梭在《社会契约论》中所论述的主权者与公民的关系,完全可以看作民族国家与公民个体之间的关系,雅各宾派的执政就是以卢梭的主权者思想作为指导的。法国大革命所要做的就是把主权从君主一边转移到人民一边,这是一个普通公民与国家权利关系重建的过程,实际也是一个民族构建的过程。这种构建是通过革命不断地向下扩散实现的,"遍布欧洲的论述能力,把'民族'的潜在范围从特权者扩展到所有拥有财富教养的人。在反特权的斗争中第三等级领导人把它打到了更下一层的范围"③,最终"法兰西"变成一个让全体法国人感到骄傲和激情的民族身份。法国的民族主义基本是内生的,但是英

---

① [法]托克维尔:《论美国的民主》,董果良译,商务印书馆1988年版,"第十二版序"第6页。

② 参见[美]里亚·格林菲尔德《民族主义:走向现代的五条道路》,王春华等译,上海三联书店2010年版,第89—224页。

③ [英]迈克尔·曼:《社会权力的来源》(第二卷·上),陈海宏等译,上海世纪出版集团2005年版,第213—214页。

国、普鲁士等国的干涉使法国的民族主义变得更广泛、更深入。

随后，伴随拿破仑的战争征服，在大革命中确立起来的民主主义和民族主义也一并输出，极大地改变了欧洲各国的版图，改写了欧洲国家发展的历史。拿破仑一方面在国内进行大刀阔斧的改革，巩固和增长新生国家的力量；另一方面则借助新兴民族国家所提供的强大力量，进行征服欧洲大陆的活动。拿破仑的军事征服具有双重性，一方面法军所到之处横扫欧洲的旧君主、旧贵族，废除封建义务和封建特权，扶持新的政权，推行拿破仑法典所确立的各种规范，这具有民主革命的性质，因而受到各国人们的欢迎，拿破仑被视为是欧洲的"解放者"，这在其军事征服的早期比较明显。另一方面，随着战争的持续胜利，拿破仑战争的侵略性、争霸性和奴役性也越来越明显，激起了被侵略国家的强烈反抗，刺激了当地民族主义的发展。

德国民族主义的发展就是受到法国大革命的直接推动产生的。德国民族主义往往被称为文化民族主义，因为18世纪中后期在文学和艺术领域兴起的"狂飙突进运动"对德意志民族性的形成产生了重要作用，但是这场浪漫主义运动却是受法国先进文化的影响而兴起的，德国人在大革命前后多数对法国的成就感到崇拜，对法国人也抱有极大好感。但是与拿破仑战争的失败使他们产生了一百八十度的转变，由崇拜转变为憎恨，共同的敌人强化了德国人的自我认同和民族意识，推进了德国民族主义的形成。"'德意志也是一个民族'这一信念，只是在西方那位征服者（指拿破仑）的胜利大军蹂躏了这一国度后，才在其中扎下了根；法兰西是德意志民族主义出现的最终原因。"[①] 在法国大革命的推动下，德国民族主义终于正式诞生，在普鲁士的带领下实现了分散的德意志邦国的统一，从此走上了一条快速发展的道路。

---

① [美]里亚·格林菲尔德：《民族主义：走向现代的五条道路》，王春华等译，上海三联书店2010年版，第464页。

法国大革命和拿破仑战争还对东欧和南欧许多国家民族主义的形成产生了重要影响，意大利、西班牙、希腊是其中的代表，从此民族建国成为现代国家建设的一条基本原则，民族运动获得蓬勃发展。

2. 从民族主义到民主建设：民族国家的民主发展

自法国大革命和拿破仑战争后，欧洲大陆民族解放运动风起云涌，掀起了一场民族国家建设的高潮，截至19世纪70年代中期，英、法、德、意等一些主要国家均建立和巩固了自己的民族国家，成为国际竞争的领先者，而经过第一次世界大战的洗礼，剩下的俄罗斯帝国和奥匈帝国也完成了向民族国家的最后转变。至此局势已经变得非常明朗，民族国家已取代各种其他的帝国、城邦等形式成为最主要的国家形式，民族国家的体系也逐渐向世界其他地区扩展。在民族国家建设开展得如火如荼之时，民主在民族国家的范围内也取得了同步的发展。欧洲历史发展的经验告诉我们，以民族国家作为载体，在民族国家建设取得重大进展的同时，曾经推动民族主义的民主主义也逐渐变得成熟起来，民主的理论体系趋于成熟，民主政治在现实生活中也得以实现并获得深入发展。现代民主只有在现代民族国家土壤的滋润下，才能得以茁壮成长。

现代民主理论是在民族国家的体系框架中得以成熟和完善的。现代民主理论建立于主权在民的核心思想基础之上，这一思想解决了现代国家的合法性来源问题，是现代国家成立的思想基础。洛克、卢梭等人对主权在民理论进行了深入的论述，使之成为现代国家的一种"常识"，他们解决了现代国家"何以存在"的问题，但并没有解决现代国家"如何治理"的问题。主权在民只是勾画了现代国家成立的基本原则，如果缺乏如何进行国家治理的内容，现代民主理论是不完善的。众所周知，现代国家都是依主权在民原则构建起来的民族国家，民族国家地域广大，人口众多，在这种情况下如何按人民主权的原则有效地进行治理是一个难题。卢梭所提出的建立小国寡民式的民主共和国进行直接治理，显然不符合现代国家的现实。这一问题伴随民族国家现实政治的发展而不断获得解决，其解决的办法就是代议民主制。代议民主制有效解决了在广土众民的国家中如何实现民主的问题，堪称一项伟大的创造。对代议民主制的最有力倡导首先来自托马斯·潘恩，潘恩认为代议制是一种理想的政府形式，"把代议制同民主制结合起来，就可以获得一种能够容纳和联合一切不同利益和不同大小的领土与不同数量的人口的政府体制"[①]。其后，英国功利主义思想家边沁和密尔也从功利主义的角度提出，直接民主在现代国家是不可行的，代议制民主是与现代国家唯一相称的最理想、最完善的政府体制。后来，美籍奥地利思想家熊彼特在对古典直接民主进行批判的基础上，提出了现代选举民主理论，"民主方法就是那种为作出政治决定而实行的制度安排，在这种安排中，某些人通过争取人民的选票取得作决定的权力"[②]，从此民主不再是人民直接统治的古典民主，而是选举政治领导者的现代选举民主，此后各国主要就是在这一意义上使用民主的。选举民主解决了现代国家如何治理的问题，是对现代民主理论的重要发展，至此民主理论体系才变得成熟起来。

民主政治的实践也在民族国家的体系框架中得到确立和不断发展。现代民族国家建立后所取得的一个重大成就，就是重新设置了国家政治的组织原则和形式，消灭了各种封建的贵族的特权，建立起民主的政治制度。三权分立是现代民族国家普遍采用的政府组织形式，国家权力被分作立法、行政和司法三个组成部分，其中立法机关代表民意，是由人民选举产生的，一切国家机关的组织和运作都必须按照立法机关颁布的法律进行，这是主权在民原则在国家政治中的具体体现。民族国家也通过宪法和法律的方式，

---

① [美]托马斯·潘恩：《潘恩选集》，马清槐译，商务印书馆1981年版，第246页。

② [美]熊彼特：《资本主义、社会主义与民主》，吴良健译，商务印书馆1999年版，第395页。

对公民的政治、经济和社会等方面的权利进行确认和保护，这些权利在民族国家成立后一直在不断的扩大。现代国家还通过种种方式对政府的权力进行约束，以保证政府权力的合法行使和不侵害公民权利。所有这些在政制方面的进步，都体现出民族国家对民主政治的积极促进。民主政治在民族国家发展的另一重要表现是公民参与政治的权利。政治权利是一种重要的公民权利，政治权利的扩展是民主政治发展的重要标志。现代国家普遍采用代议民主制的政治组织形式，在代议制之下，公民的参政权主要表现为选举权，所谓普选就是尽可能减少限制条件，让更多的人有机会参与政治，表达自己的意见，可以说普选权的扩大是现代民主政治发展的主要表现。在民族国家建立初期，各国均对选举权有严格的限定，比如财产、职业阶层的限制等，这种限制使选举权只局限于很少量的人口中。自18世纪后期以来，欧洲各国就在不断地打破财产、性别、教育背景、种族等因素的限制，使所有的成年人都具有选举权，这一过程在整个19世纪都在推进，但直到第二次世界大战结束后才最终完成。

四　民主与新兴民族国家

伴随民族国家建设的发展，欧洲各国的实力得到了很大增长，欧洲已经毋庸置疑地成为世界上最先进的地区，与此同时，各国对海外的殖民扩张也进入了加速发展期，竞相扩大自己的海外殖民地，相互之间的竞争也日益加剧。伴随海外殖民扩张，由欧洲所发展起来民主主义和民族主义也被一并输入到殖民地，由此获得了世界范围内的扩展。欧洲国家的殖民扩张不断对殖民地制造着灾难，殖民地人民则以民主主义和民族主义作为武器，一次次地掀起反抗列强、争取独立的民族解放运动高潮。第一次世界大战后和第二次世界大战后的民族解放运动高潮是其中最典型的代表。两次世界大战对于殖民地人民来说具有特殊的意义,它启迪教育了殖民地人民的民族主义情感,大大削弱了宗主国的力量,从而使殖民地的民族解放运动更容易取得成功。民族解放运动兼具民主主义和民族主义的双重属性,它使殖民地国家摆脱了被外族压迫和奴役的命运,同时也沉重打击了国内传统的腐朽落后势力,整个国家的面貌焕然一新,新型的民族国家得以建立。据统计,仅第二次世界大战后的民族解放运动在短短二十几年的时间里就诞生了几十个新的国家,第二次世界大战后新成立的国家数量的总和则高达近百个。[①]第二次世界大战后新兴民族国家的建立和发展,为我们展现了民族国家发展史上又一波澜壮阔的画面,众多新兴国家相继出现,各展所能,拉开了各自现代国家建设的大幕,有成功,也有失败。总体而言,新兴国家的建设与发展呈现出与欧洲国家不同的逻辑,各自经历的不同也表明现代国家建设具有相当的复杂性。

  民主主义在新兴国家独立和发展的过程中具有非常重要的意义。新兴国家在民族解放运动过程中,大多以"民主共和国"作为自己的奋斗目标,对民主的追求强烈激励着殖民地的民族独立运动。民主共和是一个源自西方的概念,强调国家主权属于人民,政府是公共的,权力的行使应该为了人民的利益,并且受到约束。西方国家对于殖民地来说,既是敌人,也是老师,它们所取得的政治成就无疑也成为殖民地国家意欲效仿的对象。就此而言,殖民地国家的民族解放运动可以划归世界范围内民主运动的行列中。第二次世界大战后的民族解放过程中,有些国家的民族解放运动,比如中国、越南、朝鲜、古巴等,实际是受苏联所推动的社会主义运动影响而产生的,它们在独立后也都加入社会主义阵营,但它们的民族解放运动同样具有民主革命的性质,它们不仅把自己从殖民地宗主国的压迫中解放出来,也把本国下层民众从腐朽落后的上层社会的统治中解放出来。新兴

---

  ① 遂宁教育网,http://www.snsedu.gov.cn/a7/yuandzyk/tiku/1/16/czls5.htm,2013/10/2。

国家在民族解放运动过程中一般都有一个民主启蒙的阶段，民主的思想受到知识阶层的大力倡导，政治阶层和中下层民众也或多或少地接受了一些民主的理念，对民主共和的追求成为一种较为普遍的建国理念。

新兴国家在成立后，大多创立起一套民主共和的制度体系，以民主作为其制度建设的核心，当然它们的民主共和制度是深受西方国家或者社会主义苏联所影响的。它们往往以"民主共和国"冠称自己的国名，在宪法和法律的条文中制定了大量有关民主的内容，比如规定国家权力属于人民，国家实行民主制度；规定所有公民权利平等，享有一系列政治、经济、文化和社会等方面的权利，并且以国家的力量保障权利的落实；规定国家机关应该如何组建，各自的权力范围如何，相互关系如何；对国家与公民之间的权利和义务关系也进行了规定，等等。新兴国家的民主制度显然具有西方民主的特点，它们的许多具体制度实际上也是照抄照搬或者借鉴移植了西方的制度内容。从制度的层面看，新兴国家的制度建设已经足够民主，有关民主的制度体系已经建立起来，但从现实来看，它们的民主至多只是"纸面的民主"，大多数的制度规定在现实中并未得到执行。

尽管民主在新兴国家民族解放运动过程中作用巨大，在独立后各国也意欲追求民主，但新兴国家的现实并不允许它们有充分的条件实现民主，对民主的追求让位于一个更为紧要的任务——国家的巩固和发展。在实现国家的巩固和发展的过程中，新兴国家多诉诸民族主义。同西方国家一样，新兴国家的民族主义也曾受到民主主义的有力推动，民主主义在推动民族解放运动过程中有力地推动了民族主义，最终促成民族国家的创建，但在国家获得独立之后，民主主义迅速让位于民族主义。新兴国家在独立之初所面临的问题可谓多样而艰巨，政治方面国家政权不够稳固，民众对国家的认同不高，经济方面生产力水平低下，经济结构畸形，文化方面民众素质偏低，教育水平落后，社会方面各项管理服务不足，缺乏充分社会整合。这些问题多数并不能够依靠民主解决，采用民主甚至会使国家变得更加涣散，问题更加严重。相比之下，民族主义则有更大的优势，它能够有效地凝聚认同和巩固国家，也能够集中国家的力量推动经济和社会的发展。特别在国际竞争当中，新兴国家已不可能通过社会自主发展的方式实现对西方发达国家的追赶，而必须集中力量以国家推动发展才有可能。以国家作为经济发展的主导，要求国家本身必须是统一的、有力量的，要实现这一点，必须先要以民族主义实现对国家的有效整合。新兴国家走了一条与英、法等国家不同的发展道路。在此过程中，新兴国家发展的前途也由此决定，不能有效整合国家并以国家力量推动发展的国家都出现了停滞或衰败，能够有效巩固国家并以国家力量推动发展的国家则实现了良好的发展。这一阶段民族主义胜过了民主主义，但在民族主义推动经济发展达到一定程度后，民众对于民主的要求也逐渐高涨起来。

◇五 民主转型与民族主义政治

20世纪70年代后，民主化的第三波浪潮席卷全球，众多威权的或专制的政权纷纷向民主转型，包括众多第二次世界大战后独立的新兴民族国家，民主主义在全世界范围内又一次吸引了人们的关注，与之前不同的是，第二次世界大战后人们几乎完全是在选举的意义上定义民主，"民主被看成是构建权威并使其负责的一种手段……一个现代民族国家，如果其最强有力的决策者中多数是通过公平、诚实、定期的选举产生的，而且在这样的选举中候选人可以自由地竞争选票，并且实际上每个成年公民都有投票权，那么，这个国家就有了民主政体"[1]。这一程序性民主的定义经熊彼特的阐发而成为人们普遍接受的观点，第二次世界大战后所说的民主转型正是此

---

[1] ［美］塞缪尔·亨廷顿：《第三波——20世纪后期民主化浪潮》，刘军宁译，上海三联书店1998年版，"序"第5—6页。

种意义上的民主。第三波民主的发生受诸多因素的推动,既有国内经济发展、社会阶级结构变迁的影响,也有外部因素的推动,其中最重要的就是民主逐渐成为一种全球性的规范,成为论证政权合法性的主要话语。不管接受还是不接受,民主及其论证话语都对非民主的政权产生冲击,要求它们转向民主,在滚雪球式的示范效应下,越来越多的国家被卷入民主化的潮流中。第三波民主形成了一股巨大的民主洪流,自1974年葡萄牙政变转型后的15年中,亚洲、南美和东欧共有30个国家实现了向民主的转型,还有更多的国家涌动着民主运动的浪潮或正出现有利于民主的转变。①

成功的民主转型无疑增长了公民的民主权利,扩大了民主的应用范围,但民主转型的过程通常伴随着混乱和无序,在转型之后也可能会出现治理不善和发展乏力的问题,甚至出现民主转型的回流,重新恢复到原来的威权政体,第三波民主化后许多转型国家所出现的就是这样的问题。在民主转型的过程中,人们常常忽视的一个重要问题是民主改革对民族主义的激发作用,民主改革凸显和强化了民族间的矛盾,并在一定程度上削弱了国家的控制力,在有些国家中,由民主改革所激发的民族主义常常成为国家政治生活的灾难,乃至成为分裂国家的祸源。苏联在戈尔巴乔夫时期所实施的民主改革被视为是苏联解体的重要动因,实际上戈尔巴乔夫的民主改革使原来被掩盖的民族矛盾大大暴露出来,各少数民族及其所组成的加盟共和国纷纷要求减少中央的控制,给予自己更多的权力,而戈尔巴乔夫根本无法解决这些矛盾,于是各加盟共和国的民族主义趋向愈演愈烈,最终酿成苏联分裂、社会主义阵营解体的结果。前南斯拉夫也是受国内日渐高涨的民族主义的影响而崩解的,不同的是它们的民族主义是受外部民主的诱惑和推动而高涨的。进入21世纪后,民主主义和民族主义联合继续在一些国家制造混乱和分裂,成为影响国家安全的重要因素。实际上,20世纪

---

① [美]塞缪尔·亨廷顿:《第三波——20世纪后期民主化浪潮》,刘军宁译,上海三联书店1998年版,第21页。

90年代后民族主义在世界范围内的勃兴，除受苏东剧变后国际局势混乱对国家安全的影响外，各国加强民族主义，还与民主在世界范围内的扩展有关系，民主不仅鼓舞了人们去追求自己的公民权利，也鼓舞了一些少数民族去追求自己的族群权利。

民主并不总是意味着秩序和保障，有时民主的实施带来的恰恰是混乱和无序。在政治整合的国家里，也就是说国内各种不同的利益群体都已被整合进国家的政治生活里，国民之间的种族、宗教和文化等背景都已经淡化，并且拥有同样的国家认同，民主的实施通常比较顺利，也容易取得良好的效果。但在政治非整合的国家里，民主的实施更可能突出了差异，强化了不同群体之间的对立，引起国家政治生活的混乱。民主政治遵循的是多数决定的原则，在政治非整合的多民族国家里，特别是民族关系紧张的国家里，少数族群所提出的保持民族传统和提高民族地位的要求可能永远不能被满足，因为按照多数决的原则他们是不可能占到多数的。民主政治则将民族间的矛盾显露在公众之下，进一步强化了少数民族的自我认同，在正常的渠道无法满足他们要求的情况下，最终可能发展为民族自治或自决的运动，国家的安全与统一因而面临严重的威胁。伊拉克在经美国的民主改造后，原来遭受萨达姆压制的库尔德人的民族主义热情开始高涨，当下逊尼派更是以极端形式反抗多数派的执政，他们通过各种方法力图实现民族独立的目标，伊拉克的政治生活也因此而陷入非常混乱的状态。在其他一些存在民族问题的国家里，可以想见，民主政治的实施也会鼓励少数民族争取更多的权利，乃至可能发展为民族分离主义。我们需要注意到的一个事实是，90年代后民主的扩散和民族主义的加强是两种并行不悖的现象，二者并驾齐驱。实际上，民主政治的实施并不只是刺激民族主义，它也会激化不同宗教、不同阶级、不同利益群体和不同地区之间的矛盾，给国家政治生活带来更多的挑战。民主转型及其所带来的民族主义冲突对政府是一大考验，如果政府不能有效应对挑战，它将陷入混乱无序的状态，如果采取强力压制的做法，政府又可能会回到原来威权专制的旧框架中去。

◇六 中国的双重压力

改革开放后，中国社会发生了巨大的变化，伴随经济的快速发展，中国的社会结构以及思想文化观念也都发生了巨大变化。在经历巨大社会变迁的同时，民主主义和民族主义也一同成长起来，成为影响未来中国社会发展的重要因素。民主主义在中国经历了曲折的发展，但毫无疑问的是，目前中国社会正出现越来越多有利于民主的因素。这一方面是因为民主已获得了某种普遍性，成为全世界最流行的话语体系，中国也不能例外；另一方面，就中国社会自身的发展来说，对民主有了更多的认同，一个不完全依赖于政府的自组织的民间社会正在快速的发展中，社会对于民主的需求将会对政府形成巨大压力。虽然在许多政治家和普通民众看来，保持稳定是中国的头等大事，但对于民主的压力确实在不断的上升。而以目前的情况来说，中国并未做好迎接民主的准备，社会利益仍然是高度分化的，缺乏足够的整合和必要的妥协，总体的社会文化也并未形成明显有利于民主的转化。一旦实施民主，不同社会群体和派别之间的差异将会凸显，政治分化现象严重，难以整合的政治分化将成为撕裂国家政治的主要力量，严重影响中国的政治稳定和发展。

民族主义在中国近代史上一直是一个重要主题，自20世纪90年代后，一度沉寂的民族主义重新焕发力量，国人的民族主义热情不断高涨，民族主义成为影响中国政治稳定与发展的一股重要力量。中国的民族主义主要是以国家民族主义的形象出现的，国家民族主义追求民族国家认同，以增强国家力量、提升国家地位为主要诉求，相当程度上是加强国家建设的一股有力力量。中国国家民族主义在90年代后的复兴，既受苏东剧变后国际局势变化的影响以及美国、日本等外部行动者的刺激，也受中国迅速崛起所带来的民族自豪感和自信心提升的刺激。国家民族主义对于加强国民的国家认同、增进政权的政治合法性以及提升国家地位和形象方面都有积极作用，在外交中也可以作为一个重要的讨价还价的砝码，但有时候它也会对政府产生强大压力，迫使政府在外交中采取强硬态度，否则便会被视为软弱，过于激愤的民族主义有时候也会对中外关系的发展产生消极的影响。总之，民族主义对于中国来说是一柄双刃剑，尽管促进国家建设是其主要方面，但其对政府所产生的挑战也非常值得注意。除国家民族主义外，族裔民族主义也是中国民族主义中不可忽视的一个重要方面。族裔民族主义以强化民族自我认同、追求更多民族权利为主要内容，它的产生与民族矛盾密切相关，同时也受外部行动者的刺激，极端情况下表现为民族分离主义，如"藏独"和"疆独"分离活动即是此种类型的民族主义，它是影响国家安全和统一的重要问题。

民主主义与民族主义毫无疑问都已成为中国政治发展的关键词，它们的关系状况深深地影响着中国国家建设的发展。如果民主主义和民族主义是分别出现的，政府将有更充分的时间去应对它们，但问题的复杂性在于二者是一起出现的，相互交错在一起，向政府的应对能力提出了更大的挑战。民主主义可能会使政治变得越来越分化，鼓励不同的群体追求自己的利益，削弱对国家的认同和国家的控制力，使政治变成不同利益群体追逐自己利益的混乱的竞争场域。民族主义则有可能借着民主主义的旗号，加紧追求自身权力和利益的行动，从而对国家的统一与稳定产生更严重的威胁。民主主义与民族主义夹杂在一起，有可能会对政治的稳定产生严重的威胁，这是中国未来国家建设所面临的一个重大挑战。

作为民主形式的分权

——理论反思—历史启示—政策选择

◇ 一　引言：我们究竟为何谈论民主？

　　我们谈论民主，不仅是因为其价值上有多美，更是因为其有用。100多年来，中国人一直在高呼民主而现实中民主的制度供给不足，是因为我们一直在价值层面谈论民主，从而使民主难以落地，有时甚至出现民主的灾难——谁能否定"文化大革命"的民主性质？但是这并不妨碍我们追求民主，说到底还是因为民主有用。既然因为其有用而对其寄予厚望，那么我们就需要弄清楚民主这个工具能解决什么问题，或者说当下中国的什么问题能用民主这个工具来解决，否则依然还是空对空，和过去100年一样在价值上争论民主，这不但对当下的中国并没有多少助益，甚至还有害！

　　转型社会的问题无疑是多方面的，我们只能就最重要的问题而论。第一，充满暴戾之气的社会。在当下中国，人们都能感受到社会的不满，而不满的原因来自社会不公正，而社会不公正则根源于官商结合下的权力垄断所导致的社会结构的利益集团化、集团利益的制度化。由此导致的社会矛盾是：民营企业难以进入法定的垄断部门从而使营商环境更加恶化；出生草根的大学生就业无门从而形成了一个强大的体制外不满力量。这是中国最当务之急。如果这个判断准确的话，用什么样的民主工具去解决这个难题？第二，腐败。人们的不满不仅来自社会利益的等级化和制度化，还因为生活中无处不在的腐败，而产生于腐败的不满无疑直接侵蚀着政治合法性。在中国，腐败的最重要原因是国家可掌控的资源太多，寻租的空间太大。从报道出来的腐败案看，各级、各种规模的腐败基本上产生于行政审批和工程项目，大到刘志军这样的高铁案，小到一个县的腐败案，莫不如此。如果腐败的根源是资源的国家化或集中化，那么又需要用什么样的民主形式去减少资源的集中化？

可见，无论是社会结构的利益集团化还是资源集中化而导致的腐败，都源于一个问题，即资源垄断。如果说改革开放之初的"总病根"是邓小平所说的权力过分集中，特别是书记这个一把手，而改革开放30多年后的中国的"总病根"则是市场化积聚的庞大资源又被国家所垄断，即政府资源垄断。为此，我们必须而且最好就政府资源垄断问题而寻求民主的解决之道。我们熟悉的民主形式即选举显然是不能解决这个问题的，这是早发达国家和发展中国家的多国经验告诉我们的，无须过多举证。不仅如此，在很多转型国家，已经私有化的资源又有可能由选举民主产生的政府而重新国有化，比如普京治下的俄罗斯。无需论证我们还可以知道，协商民主和参与式民主显然也不能解决政府资源垄断这个"总病根"。那么，除此之外，是否还有其他的民主之道解决这个问题？这就需要我们对民主形式做进一步的分解和研讨。

遗憾的是，截至目前，尽管中国人追求民主已经有100年以上的历史，但中国人对民主的认识和100年前的民主观并没有什么重大突破，甚至依然停留在先辈的遗产里，即主要停留在民主的价值层面。中国近代史的主线是在反对专制、腐败和外强的斗争中救亡图存，从而有了孙中山的民有、民治、民享的民主共和国，人们相信一旦推翻了帝制、建立了民主制度之后,个性解放、国家富强和民族独立都会实现。从近代早期的魏源(1794—1857)、冯桂芬(1809—1874)、郑观应(1842—1922),到19、20世纪之交的严复、康有为、孙中山、谭嗣同和梁启超,他们对"民主"的思想共识是:(1)民主就是中国之"民本"与"民贵"理想的再现;(2)民主包括一些新的制度,如政党、议会、宪法、分权、地方自治等;(3)民主是一个道德上完美的政治社会体系,民主不但可以解放个性,而且官民互动;不但可以达成团体内部的和谐,而且可以达成社会整体的和谐。(4)民主与科学相联系,因而可以对世界形成完整而可靠的认识;(5)民主是历史的潮流,必须顺应,最终会实现;(6)民主理想与政治现实有所冲突,因此实现民主是知识分子的使命感的体现,要用他们所掌握的正确的理论来改造世界。①

这是在救亡图存的特定历史环境中传播进来的民主观,即企图以民主这个最高价值观来挽救危亡中的中国。不客气地说,当代中国知识分子,尤其是公共知识分子的民主观念并不比100年前有什么进步,上述作为政治理想的民主观依然鼓励着今天中国的大批知识分子。与此相适应,既因为学术界对民主的研究不够,也因为观念传播中的路径依赖,官方的民主观更是无比高调,比如"社会主义的本质是民主"②"民主是共和国的生命"③

---

① 黄克武:《近代中国转型时期的民主观念》,见王汎森等《中国近代思想史的转型时代》,(台北)联经出版事业公司2007年版,第367—368页。

② 根据对近代世界民主史的考察,民主是推动社会主义价值的一种重要工具,因此民主在本质上具有社会主义属性;作为一种意识形态或价值体系的社会主义的价值目标是多元的,除了民主以外,还有自由、平等和公正。因此,不能简单地说什么"社会主义的本质是民主",这样的话就把民主当做社会主义的最高价值甚至唯一目标,这是不符合社会主义的本质规定性的。参见杨光斌《民主的社会主义之维》,《中国社会科学》2009年第4期。

③ 共和制和民主制是两种不同的政体形式,共和制包含民主的因素,但更多的是权力制衡和法治原则。在历史上,建国设计者所涉及的共和制往往是为了限制大众民主。

这样高调的但似是而非的口号响彻祖国大地。结果，在中国，除了极少数精英主义者或保守主义者，至少在口头上并没有几个人拒绝民主，这不仅因为民主在价值观上是普世性的，它也是中国共产党近百年的口号和追求，以至于中国人除了追求民主以外就几乎没有别的追求了。但是，中国人似乎又是理性的，若问中国应该走什么样的民主道路或选择什么样的民主形式，分歧立刻出现了。根据《环球时报》舆情中心2011年的调查，近80%的受访者认为民主值得追求，但是当问及是否应该实行西方式民主时，只有20%的人接受，而近80%的人认为中国应该走自己的民主道路。而自己的民主道路是什么？一般人又说不清楚，因为在理论上对于民主的形式和民主道路没有答案。

学术界负有一定的责任。学术界一直在推销西方教科书上的民主概念如"民主等于竞争性选举"即多数决民主，而没有从既有的政治理论中寻求更丰富的其他民主理论资源，以至于今天政治已经发生了结构性变化的中国依然被认为是"非民主"甚至是专制政治之列。事实上，在西方的宪政理论中，在多数决民主形式的背后，更重要的是作为多数决民主基础的宪政民主。可见，在中国的语境中，民主的形式依然是一个值得深究的话题。

不仅民主的形式有待探讨，民主与其他领域的关系更值得重视。这涉及民主的世界观问题。我们应该清楚，民主是一种政治形态，而在当下的中国社会，政府资源垄断这个"总病根"告诉我们，政治和经济是纠缠在一起的，即政治权力对经济权力的宰制。这就意味着，不能就民主论民主、就政治论政治，不能只限定在政治的领域内谈论什么民主形式好，应该实行什么样的民主，而应该从政治经济学或政治社会学的视野，看看我们的经济改革所导致的社会问题的政治根源在哪里，以便对症下药，这样的民主研究才更体现其本性，即工具性价值。因此，我们到底为什么追求民主，或者说民主到底能解决什么问题，是我们讨论民主最重要的前提。而在比较政治发展视角下探讨不同的民主形式实现的先后顺序,也将为中国的民主实践以及道路选择提供些许借鉴。

二 民主政治的诸种形式及其"词典式序列关系"

"民主政治"是最笼统的说法,目前几乎所有国家的宪法都自称自己为"民主国家"。但是,"民主国家"之间怎么会差别如此之大?有的"民主国家"实际上比传统的专制国家更加专制,而有的实行了西方民主形式的国家却属于"失败国家"之列。因此,一个国家是不是民主政治,尤其是不是一个好的民主政治,需要区隔其所实行的具体的民主形式。在这里,形式决定了内容,或者说形式决定了本质。

我们熟悉的民主形式无怪乎有选举民主(多数决民主)、协商民主和参与式民主。这些形式固然很重要,但为什么实行了这些形式的民主国家依然会出现无效治理甚至国家失败?美国著名的民主理论家英格尔哈特称之为"无效的民主":多数决民主是一种最简单的民主形式,"我们可以在几乎任何地方建立选举民主,但是如果民主不能扎根于使精英回应人民的基础之中,选举民主基本上没有意义"[1]。不但在治理意义上无效,还有可能导致国家的分裂和失败。今天国际社会的一个流行观念是所谓的"民族国家"即单一民族基础上的主权国家以及由此而产生的民族自决。既然如此,谁能阻挠民族自决呢?因为今天的民主公理是:多数人的统治而又保护少数人的权利。这样,在民主政治时代,选举就成为一种分裂国家的形式或力量,冷战后很多新兴的所谓民族国家就是以全民公决的形式实现的。

---

[1] [美]英格尔哈特:《现代化与民主》,见[俄]伊诺泽姆采夫主编《民主与现代化:有关21世纪挑战的争论》,徐向梅等译,中央编译出版社2011年版,第151页。

但是，这似乎并不妨碍人们追求选举民主。我认为，我们今天之所以推崇选举民主，既是因为选举是一种最古老、最直接、最简单的民主形式，也因为西方国家推销的观念就是选举式民主。有趣的是，在这个概念出笼的时候西方国家尤其是美国还没有实行普选。也就是说，在普选实行之前，西方国家已经自认为是民主国家了，比如托克维尔的《论美国的民主》。那么，选举式民主之前的民主又是什么样的呢？因此，这里不专门论述我们已经耳熟能详的民主形式即选举式民主、协商民主和参与式民主，而是寻求这些民主形式之前的就已经存在的民主形式。

1. "立宪民主"究竟是何物？

应该说，中国人对"立宪民主"或"宪政民主"也不陌生，多数宪政史或宪政理论的著作都有深入的论述。这里只简单指出两个问题：第一，立宪民主对应什么样的民主？第二，立宪与民主相联系，但立宪民主究竟为何物？

立宪民主对应的是多数决民主。或者说，对于西方宪政理论家而言，提到多数决民主，首先必须有立宪民主，只有多数决民主而无立宪民主只能是"多数人暴政"，民主变成了非民主甚至专制，只有有了立宪民主的多数决民主才能称为"自由民主"。可以认为，把保障自由的宪法说成是"民主的"，这应该一种高度智慧的历史叙事，因为西方历史上自由和民主具有根本的冲突性。这不是本文的重点。

在罗尔斯看来，政治分为宪法政治和日常政治，宪法政治即司法复审制度确保的基本权利与自由，而日常政治实现的多数决立法原则，而多数决立法当然可能侵犯个人的基本权利和自由。为此，"关键是要在两种民主观念（宪法民主和多数决民主）之间做出选择"。一方面，"民主的宪法应确保某些基本的权利和自由不受日常政治（与宪法政治相对）之立法多数决的影响"；另一方面，"即使那些支持司法复审制度的人也必须假定，在日常政治中，立法的多数决原则必须得到遵守"①。

我认为，罗尔斯是在"词典式序列"的意义上使用立宪民主和多数决民主。用他自己的话说，"我倾向于接受司法复审制度"②，但又不得不向多数决民主妥协。也就是说，宪法政治是第一位的，日常政治是第二位的，二者的次序不能颠倒。应该看到，萨托利虽然是"熊彼特式民主"即"选举式民主"的理论集大成者，但前提还是确保自由和基本权利的立宪民主，其理论上的多数决民主只不过是对大众民主政治的妥协和退让。在这一点上，布坎南和罗尔斯没有什么区别，都把"立宪时刻"放在第一位。

那么，相对于多数决民主的立宪民主到底是何物？无须系统的理论梳理，常识告诉我们，立宪民主就是宪政，或者说就是法治。无论是柏拉图还是亚里士多德，法治都是一切政体的基础，法治优于人治。到了近代，从洛克、孟德斯鸠到美国建国者如联邦党人，设计的政体都是以贵族为政治主体的宪政体制或法治政体，排斥的是大众权利或民主政治。就是这样一个明白无误的概念，宪政或法治怎么与民主勾连在一起呢？把排斥大众权利而确保精英权利和自由的宪政被说成是所谓的"宪政民主"，进而变成了一种民主的流行观念，不能不说是冷战中西方人意识形态建构的巨大成就。用萨托利的话说，第二次世界大战后西方社会科学的所有努力就是如何使自由与民主相融合，③ 即如何在理论上说得通。

明白了立宪民主其实就是宪政或法治，我们当然接受立宪民主相对于其他民主的第一位的重要性，因为法治是一切政体的基础。

---

① [美]罗尔斯：《政治哲学史讲义》，杨通进等译，中国社会科学出版社2011年版，第4—5页。

② 同上书，第4页。

③ [美]萨托利：《民主新论》，冯克利、阎克文译，东方出版社1993年版，第390页。

2. 为什么分权就是民主？

如果西方人把宪政称为一种民主形式，我们更有理由把分权政治与民主联系在一起，称为"分权民主"。这样说不仅有政治理论上的资源支撑，还因为分权本身最符合民主的本义。

首先，民主的最基本含义就是人民当家作主或者多数人统治。到了现代国家时代，原始意义上的民主变成了代议制民主或代表制，要么由皇帝作为"代表"，要么由选举产生的议员或官员作为"代表"。无论谁是代表，都与原始意义上的民主相去甚远。但是，分权却可能找回原始意义上的民主，即让"人民"直接行使各种权利。这是因为，对于早发达国家而言，现代国家的形成就是权力集中化或中央化的过程，从而大大削弱既有的地方自治。为此，托克维尔无比正确地指出，追求民主的大革命却强化了中央集权而削减了地方自治。就此而言，中央对地方的分权难道不是重新找回"人民"的过程？因此，中央对地方的分权其实就是一种民主化的过程。关于这一点，专门研究政治抗争的查尔斯·梯利又给我们智慧的启示：争取平等权、民族独立和地方自治的运动都是民主化的一个组成部分。①

对于中国这样的后发国家而言，国家建设与早发达国家的秩序不同，即早发达国家依次是社会（自治）、经济组织、政治权力集中化，而后发国家如中国则是在一盘散沙的基础上先有政治权力的集中与统一，然后再扶植大的经济组织，最后再建构社会。也就是说，政治权力湮没了一切，没

---

① 参见［美］梯利《民主》，魏红钟译，上海世纪出版集团2009年版。另外，根据对法国600年民主化的政治发展史研究，梯利把争议性政治划分为三种形式，即16世纪经常发生的"竞争性抗议"，即占有差不多同等资源的群体为了争夺同一资源而发生的冲突，比如村庄或家族之间为土地而发生的冲突；17—18世纪的常态性反应性抗议，诸如抗税、暴乱或抢粮风暴等现象，这是在资本主义市场力量上升时期农民和城市贫民为保卫被市场力量剥夺的资源的斗争；19—20世纪发生的"主动性抗议"，其主体是工人阶级，以积极的罢工形式而实现自己的权益。

有经济和社会，一切都政治化了。集中了一切权力并进而垄断了一切资源的国家又需要大转型，即培育自主的经济组织和自主的社会组织。在这一大转型过程中，中央不但要向地方分权以形成权力分享与共治的中央—地方关系，政府也要向企业分权以形成好的市场经济，国家也要向社会分权以形成好的公民社会。这样，权力和资源集中化或中央化是现代国家建构的第一阶段，而去中央化或去集权化的大转型又成为国家建设的第二阶段。后发国家的国家建设中的大转型，无疑是民主化的一个部分，或者可以成为"民主的去集权化"或干脆称之为"分权民主"。

其次，"分权民主"的理论资源。根据民主的常识或政治常识，我相信把分权化称为民主化并没有什么不当。为了严谨起见，还是让我们寻找一些权威的政治理论资源作为支撑吧。在《论美国的民主》中，托克维尔谈论的民主显然主要是平等、分权和地方自治，而不是选举——事实上在托克维尔看来选举势必导致多数人立法所形成的侵害富人的多数暴政，虽然当时的美国还没有实行普选。而托克维尔谈论的平等、分权和地方自治，显然是为了集权化的法国寻求出路，呼吁法国向美国学习。在《论美国的民主》中，托克维尔列举了大量的公共生活国家化的弊端以及民主化的地方自治的生动活泼的场景。

如果分权和地方自治就是民主，那么资源集中化或中央化的国家直接有违民主的基本原则，而公共权力的中央化是现代国家的一般特征，而现代国家的另一个重要特征则是权力的公共化即民主化，这两个特征具有内在的张力。中央化实际上是集权化，而民主化又意味着分权化。没有集权化，现代国家就建立不起来。但是，中央化的弊端是：且不说其行政成本以及部门利益所导致的官僚利益集团（事实上是一种国家利益集团），中央化必然要求官僚化，而官僚化的泛滥必然又导致国家与公民的疏离。在托克维尔看来，"行政集权只能使它治下的人民萎靡不振，因为它在不断消磨人民的公民精神"，"它可能对一个人的转瞬即逝的伟大颇有帮助，但却无补于一个民族的持久繁荣"①。

更重要的是,现代国家是一个不断强化权力的抽象性的过程,权力归属于任何个人、家族、特定团体都会受到越来越强大的质疑,即权力只能属于最为抽象的人民,因而民主化是现代国家的必然诉求。抽象的人民不会直接掌控或行使权力,要么通过代议制下的代表来行使权力,要么通过分权化而使权力落在职能部门、团体或民众所在的生活单位。

分权势在必行。但仅在中央政府各个组成部门之间进行权力的分割和制衡不足以对权力进行有效的制约,因为其中的一个部门必然具有最后发言权。为更好地制约权力并防止多数的专权暴政,托克维尔提出必须给予地方以一定的独立自主权,即实行地方分权。对于地方分权,托克维尔在美国的乡镇自治中发现了解决问题的具体方案。美国乡镇的权力独立而又强大,乡镇的权力范围比较明确,在处理自身事务的过程中,任何政府都不得干预。乡镇制度的这个特征能使乡镇成为有效制约政府的强大力量。

就连建构了严密的选举民主理论的萨托利也认为,分权是一种"民主方法"。在他看来,自由民主国家也离不开专家治国——对国家进行计划或规划,而专家与民主是矛盾的,为此需要需要找到一种解决政治权力问题的"民主方法",这个就是分权,用"抗衡的权力来牵制权力","这些制衡的权力应当尽可能具有民主性质,应当把它们明确地交给由自愿的社团、真正参与式的团体组成的多元群体社会"②。在这种结构里,既可以保留民主的政治结构,又可以容纳专家,从而解决民主计划问题。他认为"只要民主政体被理解为分权机制,我们就有了一个可以服从计划要求的民主政体"③。

关于多数决民主与分权民主的关系,萨托利事实上主张的是"词典式

---

① [法]托克维尔:《论美国的民主》,董果良译,商务印书馆1988年版,第97页。
② [美]萨托利:《民主新论》,冯克利、阎克文译,东方出版社1993年版,第441页。
③ 同上书,第444页。

序列"：分权不仅"是解决政治权力问题的民主方法，它还是整个西方政治传统绝对优先考虑的问题，因为整个西方传统一直在不停地关注这一基本要求：权力非个人化，非个人的权力代替个人的权力，在职的个人恪尽职守"①。

总之，现代国家权力的去中央化不仅是地方自治，完整地说是权力在中央政府、地方各级政府、社区以及其他公共组织中进行合理分配。"民主还需要去中央化，特别是当民主作为政治原则，需要在诸多不同层次的生活领域之间形成时，民主权限就要在联邦、各州以及社区组织之间进行分配。"②

需要指出的是，作为民主的分权不是没有限度的。比如，法律在任何国家都是国家的意志，法律权能不能无限分割，相反它是"民主的去中央化"的基础或前提，否则"去中央化"就变成了丛林乱象。不仅如此，民族自治也是在宪法的统一主权国家前提下的自治，而不是所谓的一族一国意义上的"民族国家"。可见，法治不但是选举民主的基础和前提，也是分权式民主的基础和前提。

3. 民主形式之间的"词典式序列关系"

西方民主理论家对于民主转型中的成败给予大量研究，比如就政治与解决关系而言的发展主义或新发展主义研究，强调解决发展与民主政治的必然联系；文化主义者强调民主的政治文化（阿尔蒙德的公民文化——普特南的社会资本以及英格尔哈特的公民表达权）的重要性；还有关于议会制与总统制的争论，等等。

我认为，在这个问题上，西方既有研究有重大缺陷，比如经济发展水

---

① [美]萨托利：《民主新论》，冯克利、阎克文译，东方出版社1993年版，第441页。

② [德]齐佩利乌斯：《德国国家学》，赵宏译，法律出版社2011年版，第228页。

平与民主的关系不如说是社会结构与民主的关系，而社会结构其实是一种阶级关系，在城乡二元化的社会结构中，总体经济发展水平再高，民主政治也难以巩固。再比如，民主转型研究没有看到，作为政治结构的民主不但与经济结构、文化结构有直接关系，民主政治结构的子系统即不同形式的民主也决定着民主政治的成败，如前，英格尔哈特所说，选举民主是一种最容易实现的民主形式，但最终却是"无效的民主"。这一点和经济结构的内在关系很相似：20世纪90年代叶利钦推动的休克疗法式市场化转型之所以失败，就在于其银行系统、土地系统以及交易系统等都还是传统的体制，新自由主义的三化即自由化、市场化和稳定化最终失败，形成了"无效的市场经济"。

如何实现"有效的民主"？这一命题涉及的变量当然很多，但是民主诸种形式的关系至少是不可忽视的变量——而以前总是被忽视。立宪民主、分权民主、选举民主、协商民主、参与民主之间到底是什么样的关系？我们无需在"无知之幕"中去假设，因为人类已经从正、反两方面提供了大量的经验。

借用罗尔斯的两大原则的"词典式序列"之说，民主诸种形式之间实际上是"词典式序列关系"①，即先后顺序或位置不能颠倒，否则必然是"无效的民主"。按理想类型，五种民主形式可以归类为三大顺位原则。

第一顺位民主：立宪民主或法治民主。立宪民主其实就是宪政或法治，

---

① 所谓"词典式序列关系"是借用罗尔斯的"词典式序列"（loxical order）的比喻，词典式序列的本意是指编辑词典时的次序安排，即只有列举完所有以A为首字母的单词，才能考虑以B为首字母的单词。在《正义论》中，罗尔斯以"词典式序列"来分析"作为公平的正义"的两个原则孰先孰后的问题。"词典式序列"要求我们在转到第二个原则之前必须充分满足第一个原则，同样，在充分满足第二个原则之后才可以考虑第三个原则，以此类推。一个原则要在那些先于它的原则或被充分满足或不被采用之后才能被考虑，那些在序列中较早的原则相对于较后的原则来说具有毫无例外的绝对重要性。

而法治旨在保障人的基本权利与自由。这是西方宪政理论中的法治。而鉴于现代国家转型带来的结构性解体即国家的解体，法治不但应该保障个人权益，还应该保障国家主权，否则原始意义上的民主含义就可以肢解现代国家。由此可以说，法治民主是宪政秩序或制度性秩序的民主，上保证国家主权，下保障个人基本权利和自由，任何形式的民主只能在特定秩序内发生。

法治由法律体系和法律文化构成，有完备的法律体系而没有规则意识的法律文化，法律体系也就形同虚设。在泰国，最高法院可以滥用法律而判决一个在电视上主持美食节目的总理"违法"——因为主持节目而接受了象征性或荣誉性报酬。这显然不是法治，而是人治。但是，法律文化具有传承性，不能因为文化中没有规则意识而就否定法治的第一顺位的重要性。一切以法律为准绳的法律文化需要慢慢养成，但法治的制度性框架则可以在"立宪时刻"确立，即确立合理宪法的最高权威并围绕宪法而建立权力结构。

第二顺位民主：分权民主。一般而言，现代国家就是权力中央化的过程。但是，在中央化过程中，大致又可以分为三类：第一类是英美式的保持传统的地方自治的弱中央化；第二类是法国德国式的削弱地方自治的中度中央化；第三类则是彻底铲除地方自治的强中央化。也就是说，除了英美式的弱中央化，几乎所有后来国家都需要集权后再分权。

分权式民主包括中央向地方分权以让各级地方政府获得更多的自主权甚至自治、政府向企业分权以形成多元化产权的市场经济、国家向社会分权以形成多中心治理。因此，如果说法治民主是保障基础秩序的民主，而分权式民主则是使制度合理化的民主。

在没有分权化民主的地方，即国家在形式和实质上垄断所有资源的地方，选举民主充其量是民众发泄的渠道，"选举的民主政体"和"非选举的非民主政体"在政治过程中可能并没有什么实质区别，依然是集权式统治或一元化治理。不仅如此，在有分权的地方，在政治过程意义上，"非选举的非民主政体"甚至比"选举的民主政体"有更多的民主，只不过人们因为沉溺于选举民主而没有体认到分权就是一种民主。

分权是有底线的。分权主要是指行政权力的下放，司法权力只能是国家性的，国家主权更不能在地方自治式的分权中被消解。托克维尔观察到，美国的政治事务是地方性的，地方自治，但法律和司法权限是国家性的；各州乃至乡镇的自治而不侵害国家的统一性，根本就在于司法权的国家性。由此再次显示了立宪民主的第一顺位原则。

第三顺位民主：选举民主（及其他民主形式）。大多数人既不反对法治民主和分权式民主，也不反对协商民主和参与式民主，民主的警惕者和鼓吹者的分歧就在于选举民主。鼓吹者主要是基于古典的人民主权理念以及选举民主的普世化，而警惕者则是基于历史的经验。确实，普选是从几个少数国家日益普及到绝大多数国家的民主制度，仅此一点，抗拒选举民主就似乎失去了道德上的优势。但是，另一方面，对于一个尚未大规模推行竞争性选举的国家，尤其是多民族构成的巨大规模国家而言，对未来的不确定性以及基于历史经验的担忧同样是可以理解的：有谁不担心不确定的未来呢？而不确定的未来有着大量的历史经验为基础。选举民主的鼓吹者指责警惕者总是举希特勒这样的极端事例，其实这并不极端，最极端的还导致国家解体，而一般性的结果则是"多数人暴政"下的平庸政治。也就是说，我们不得不面对选举民主带来的三种可能性后果。

第一，就是托克维尔早就说过的多数决所导致的"多数人暴政"（阶级立法）和庸人政治。如果仅此并不是不可以接受，因为大众民主相对于贵族政治和精英民主，就是以平庸和多数人意志为主要特征，既然我们回不到过去，那么我们只能接受。也就是说，表现为"阶级立法"的多数人暴政和庸人政治是时代的必然，我们虽不满意，但是却没有选择的余地。

第二，选举民主导致的非民主甚至专制。由普选产生的希特勒式的人物已经不是一次两次了，而是在反复重演着。① 魏玛共和国是人类历史上一次大冒险，结果以大失败告终。靠选举进入国会、后来任希特勒的宣传部部长戈的培尔早在1928年就对民主有过血淋淋的嘲讽：

> 我们进入帝国议会，就是要用民主的武器来武装自己，我们成为帝国议会的议员，是为了借用魏玛精神的支撑来摧毁魏玛精神。民主是如此的愚蠢，为我们这些游手好闲之人提供了免费车票和饮食，但这都是民主自己的问题。我们并不用为此费心。我们利用任何合法资源，对现状发起革命都是正当的……我们要求证明、投入和努力！这些声音只是我们的工具……我们要用坚定的脚步踏踩议会的地板，将人民大众的革命意愿带入议会……我们来此不是作为友人，也不是作为中立者，而是作为敌人。我们进入议会就像狼进入羊群。②

魏玛共和国的失败意味着，在一个缺乏保障个人自由和基本权利的法治国里，普选不仅可能导致多数人暴政，而暴政直接导致独裁和对个人权利的大规模侵犯。因而，没有法治的选举民主其实就是民主的反面。

第三，选举民主与国家失败。民主曾对民族国家的形成起着重要的作用，比如德意志民族国家的形成就受到法国大革命的直接影响，后来很多国家的民族解放运动也是民主运动的产物，以及冷战后的民族独立运动的复兴。所有这些，都和前述的"民族国家"理论有关。对于一个多民族国家而言，"民族国家"就成为内政外交上的双刃剑。对外，要支持所谓的民族自决和民族独立基础上的民族国家；对内，"民族国家"的不同理解则变

---

① 在美国人看来，无论是普京还是内贾德或是查韦斯，都是选举产生的"独裁者"。

② 转引自 [德] 齐佩利乌斯《德国国家学》，赵宏译，法律出版社2011年版，第291页。

成一个巨大的破坏性力量。200年的民族国家的历史证明，选举民主既是民族自决的一种最直接形式，也是最有力的动员方式。所以，在西方的"民主和评论者"看来，民主国家无战争，但是向民主国家过渡中则最有可能发生战争，原因就在于民族分裂分子在普选中动员民族主义进而爆发民族国家之间的战争或种族冲突。

因此，对于一个多民族的国家而言，选举民主的前提是"国家认同"，即各民族都认同宪法确认的统一的最高主权；没有这个根本性的认同，多数决民主中的"保护少数人的权利"就会演变成分裂国家的权利。我们应该知道，基本上西方世界的普选制度发生的前提都是国家认同，多数决民主不会变成一个分裂国家的力量。但是，今天，对外推广民主的西方国家看中的恰恰是选举的肢解性功能——虽然也没有必要否认其对民主价值的信仰。

另外，选举民主一开始就定位在如何产生政治家的过程，即主要是回答"代议制民主"，而不能被用于决策过程——因为在熊彼特、萨托利等自由主义民主者那里，大众就是勒庞笔下的"乌合之众"，最多可以选举，不能参与决策。但是，时代变了，很多制度性挑战也出现了，比如与代议制平行的非政府组织的"有机治理"、互联网参与，这些都是与代议制民主一样重要的民主形式。为此，在吉登斯看来，西方国家也需要一个再民主化过程，需要"对话民主"即解决决策过程中的民众参与问题。① 但是，我们任何领域和任何形式的参与，说到底都是利益分配问题，强势参与者都是那些组织得很好的利益集团，而不是分散的、无组织化的选民或"人民"；因此，参与的前提是合理的制度安排，否则政治参与就变成了强势利益集团对弱势利益群体的合法性掠夺。也就是说，参与式民主的前提是法治民主尤其是分权式民主，即中央向各级地方政府分权、政府向市场而不是简

---

① ［英］吉登斯：《超越左与右：激进政治的未来》，李惠斌、杨雪冬译，社会科学文献出版社2009年版，第87页。

单地向企业分权；即使向市场分权，也需要遏制市场的力量，因为即使在所谓"好的市场国家"，资本都是最有组织、最有能力的利益集团，资本集团不但可以掠夺社会，也可能掠夺国家。

至此，我们可以总结出，五种民主形式之间的关系是词典性关系，不能颠倒的词典式秩序依次是"法治民主——分权民主——选举民主"。法治民主不但保障个人权利和自由，也保障国家主权，因而是一种基本政治秩序的民主；分权民主则是为了实现民主初衷而去中央化的一种使制度安排更加合理化的民主，但分权不是无度的，既不能形成无政府主义式的分权，也不能在分权的旗帜下分裂国家；选举民主则至少是一种在形式上保障大众平等权利的民主，但是"大众"既可能用选举来拥护非民主政体，也可能通过选举而分裂国家。

这些关系恰恰说明，第一顺位民主是法治民主，这是一切民主形式的最大公约数。借用马克思的"经济基础"和"上层建筑"的比喻，法治民主和分权民主可以并称为"基础性民主"，即是好的民主政治的最重要基础，而选举民主、协商民主（对话民主）和参与民主则是"上层性民主"，即是民主的表面化形式。一个国家可能实行各种形式的"上层性民主"，但是没有"基础性民主"，"上层性民主"就可能演变为"无效的民主"，进而导致国家的无效治理甚至国家失败。

三 词典式民主关系的正经验与反经验：英国—美国VS法国—转型国家

"基础性民主"和"上层性民主"的关系并不是单纯的理论抽象或哲学知识，而是各种历史逻辑和现实政治逻辑的经验化知识，在理想类型意义上的历史叙事。西方成功国家的经验就是民主形式实现秩序的最好的历史逻辑，即先有"基础性民主"后有"上层性民主"，但是它们似乎忘记了自己国家建设的历史，对外推广的总是一套没有"基础"的"上层性民主"，结果很多国家因此陷于泥淖而难以自拔。就是早发达国家，也有因先有"上层性民主"而使政治社会长期处于动荡之中的国家。

（一）英国—美国：从基础性民主到上层性民主

英国—美国是典型的先有法治，以法治保护以自治为主要形式的分权，最后再实行普选制民主的国家。

1. 法治

美国的政治传统直接来自英国。英国人刚一登上新大陆，就在马萨诸塞州以及其他的最初12个州签订了社会契约论式的镇一级的法律和州宪法，并在州宪法的基础上形成了后来的美国宪法。而英国的政治传统则包括法治、自治以及渐进等基本原则。也就是说，在两国作为现代国家还没有建立起来之前，法治已经是它们最重要的基础。

就在法国太阳王路易十三宣称"朕即国家"的时候，英格兰流行的则是"神法"观念，即从国王到封臣都自认为是上帝的子民，不能胡作非为，而1215年的《大宪章》正是确定了"王在法下"。它宣布国王不可擅自征税，除非得到"全国人民的一致同意"；国民有被协商权、人身自由权和监督国王与反抗政府暴政的权利。《大宪章》标志着法律至上、王在法下的宪政原则的正式确立，同时为数十年后议会的产生奠定了坚实的基础，为数百年后新兴资产阶级争取议会主权的斗争提供了法理基础。

作为英国革命形式的内战并没有带来政治结构上的革命性变革，议会和国王依然存在，倒是"光荣革命"将权力从国王转移至议会。有人这样说："英国内战不是要废除君主制，而是要控制它；不是要削弱现存社会显贵的权力，而是要使之制度化。"①

2. 地方自治

治安推事制度直接反映了源于英格兰小镇的直接民主或地方自治传统。从很早开始，英国的地方事务（包括城市和乡村）就完全是自治状态，即使在"光荣革命"以后的100年依然如此。到了18世纪，正当欧洲大陆的大多数国家的权力日益加强时，国家的作用主要表现在对外贸易上，地方事务完全由不领报酬的地方乡绅即治安推事管理。治安推事的权力相当大，事权包括年赋、军队、贸易、济贫、食品供应、物价、工资和其他事务。在18世纪，治安官受权建立并管理监狱，有权批准建立并管理疯人院，征收一项通用税。权力很大的治安官的一切行政工作仅仅是完成习惯法或成文法所规定的各种任务，他们的工作是执行法律，而不是服从中央政府。②事实上，直到近代，英国中央政府的核心内阁除了三位古老的职衔（枢密院长、掌玺大臣、宫廷大臣），事实上由五位大臣组成，包括大法官、两位国务大臣、财政大臣和海军大臣。内阁讨论的事项主要是外交政策，绝少讨论国内事务，国内事务由地方治安官自己负责。③由于存在这样古老的政治传统和政治安排，宪法只是一个模糊的概念，但是英国人一致认为宪法的主旨是个人自由和基本权利，这种主旨既被认为是英国民族所特有的，也是英国人用智慧和牺牲换来的。

而且，有了限制民众直接管理政府的代议制、权力制衡、联邦制以及修宪的极为苛刻的规定，美国政体事实上就是一种保护精英而排斥大众直

---

① ［英］莫里尔：《英国革命的性质》，载王觉非编《英国的政治和社会现代化》，南京大学出版社1991年版，第100页。

② 参见［英］林赛编《新编剑桥世界近代史》（第7卷），乐瑞夫等译，中国社会科学出版社1999年版，第203、313页。

③ 同上书，第329—331页。

接管理政府的权利,难怪亨廷顿称之为"都铎式政体"。①

法治所确保的是以个人基本权利和自由为核心的自治权,这一点在托克维尔的《论美国的民主》中分析得最为透彻。其是一个从地方自治成长起来的国家,不同于很多其他国家的自上而下的建国历程,美国是民众通过投票先建立基层政府、州政府,再建立联邦政府的过程。事实上,作为美国国家出生证的《独立宣言》没有一处提到国家,所有内容都是关于各州的权利。《独立宣言》的正式文本的标题是《美利坚合众十三州共同宣言》,宣言的结尾部分宣告"自由独立的州"独立,并确认这些州"作为自由、独立的州,它们完全有权宣战、缔结和约、结盟、通商和采取独立国家有权采取的一切其他行动"。因此独立战争带来的不是一个国家,而是13个。独立战争以后,真正意义上的关于政体的宪法是1780年的马萨诸塞州宪法,该宪法由该州全体人民在市镇会议中逐条表决通过。马萨诸塞州宪法为1787年制宪会议提供了样板,但是制宪会议在一致通过的新政体的名称时,保留了"合众国"而摒弃了"全国","全国"一词随即从文件其余部分撤去。实际上,宪法确定的政体的性质部分是全国的,部分是联邦的(即拉丁文中的"条约")。② 美国的制宪历程和宪法所确定的政体充分说明了美国建国的自治与自发传统。这种建国历程在当时的国家观念看来是不可思议的,因为当时流行的是布丹的国家理论即国家主权说。另外,以法治为精神的自治还体现在美国开发过程中。在向西部开发的过程中,没有政府,没有法庭,如何维持秩序就成为首要问题。这时,法治则起着重要作用,移民们在多数决原则的基础上实行"自警制",自己管理自己,依靠多数决而维持秩序。自警制的出现"不是为了超越法庭,而是为了提供法庭;不是因为政府机构太复杂,而是因为根本就不存在政府机构;不是未

---

① 参见本书,第161—164页。
② 参见[美]布尔斯廷《美国人:建国历程》,中国对外翻译出版公司译,美国驻华大使馆新闻文化处(香港)1987年版,第511页。

来平衡已有的各种机构，而是为了填补一个空白"①。

美国从镇到州都是高度的自治，问题是，看上去乱哄哄的地方自治为什么"乱"而有序？在托克维尔看来，关键在于表现为"政府集权"的国家性法律或司法制度。这一看法反映了《联邦党人文集》的制度设计，即政治是地方性的，即以联邦制保护地方权利，但司法制度则是国家性的，联邦最高法院下设"下级法院"即今天的联邦巡回法院。但是，由于1787年宪法不主张联邦主权或国家主权而保护各州"主权、自由与独立"，也就为南方各州的叛乱提供了宪法上的依据。南北战争以后，通过的宪法第14修正案则明确了联邦政府事实上的主权。②

3. 选举民主

英国革命只是改变了国王和议会的权力关系，建立在旧社会结构上的很多权利关系并未改变，比如选举权。工业革命根本性地改变了英国的社会结构，产生了新生社会力量——工业资产阶级，同时原有的土地贵族也资产阶级化了。在这种条件下，选举改革水到渠成，1832年废除选邑制度，将有选举权的人数扩大了约50%，选民人数达到100万。在工业革命进行100年的时候，英国基本上实现了城市化和工业化，社会和经济的发展自然反映到政治上来。1867年的第二次选举改革法使选民总数达到230万，其中城市选民的增加人数大大超过农民选民的增加数量，中产阶级、城市中

---

① ［美］布尔斯廷：《美国人：建国的历程》，中国对外翻译出版公司译，美国驻华大使馆新闻文化处（香港）1987年版，第95页。

② 第14修正案规定：所有在合众国出生或入籍，并受制于其管辖权的人，都是合众国和其居住州的公民。任何州不得制定或实施任何法律，来剥夺合众国公民的优惠与豁免权。各州亦不得不经由法律的正当程序，即剥夺任何人的生命、自由或财产，或在其管辖区内对任何人拒绝（提供）法律的平等保护，联邦政府可以正当地插手各州的事务，以保证人民在各州能够平等地行使权利。从此，主权问题终于得到解决。参见欧阳景根《宪政挫败研究》，吉林人民出版社2007年版，第105页。

的手工业者和大多数家境富裕的产业工人也有了选举权。① 虽然中产阶级并未立即当选议员而进入下院，但是下院从此受到广大民众的更直接的压力，政党政治因而也更加活跃。后来，在经历 1887 年第三次选举改革和第一次世界大战后的第四次选举改革即 1918 年改革，英国最终才实现了普选制度。

上述制度和事件经典地诠释着英国国家建设中从基础性民主到上层性民主的渐进性特征。与英国相比，美国建国历程中的民主秩序和英国如出一辙。美国宪法确定的是一个法治国而非今天所说的民主国。

（二）法国：从"广场民主"启程的政治道路

从 17 世纪到 19 世纪，欧洲各国，尤其是英国和法国都处于阶级矛盾上升和尖锐时期，为什么英国能以渐进方式实现民主政治，而法国以激进方式最终实现和巩固民主？如蒂利所说，"无论我们如何评价英国人的自我形象，巴黎公社期间英法政治的比较，在抗争的形式、动力和后果上，都显示出深刻的民族性差异。这种比较提出了一个关于民主政体根基的问题"②。英法的民族性差异到底体现在何处？英国走的是社会力量主导下的法治、自治、渐进道路，一直处于"神法"进而"王在法下"的约束。法国则是战争制造的国家，推崇的是"朕即国家"式的强人政治即人治。这种差异必然体现在革命方式上。也就是说，法国不像英国那样存在一套约束革命者的法治观念。

法国大革命实际上开启了现代大众民主政治的新形式即"广场民主"。在雅各宾专政时期，作为中派的罗伯斯庇尔先后处死左派的代表人物埃贝

---

① 参见［英］伯里编《新编剑桥世界近代史》（第 10 卷），丁钟华等译，中国社会科学出版社 1999 年版，第 259、456 页。

② ［美］蒂利：《欧洲的抗争与民主（1650—2000）》，陈击旺等译，上海人民出版社 2008 年版，第 6 页。

尔和右派代表人物丹东，并以"最高主宰"身份强迫国民公会通过了令人毛骨悚然的牧月法会，即简化审判程序，取消了预审和辩护人，将惩罚一律定为死刑；而且可以推理判决，不需要证据。于是，被处死的人数急剧增加。在从牧月法会通过到雾月政变的45天里，仅巴黎城就处死1376人，平均每周达196人，最多时每天达50人。被处死者多为商人、下层百姓、军人和官员，少有贵族特权等级。在这样的恐怖之中，罗伯斯庇尔等22人也被送上断头台。

不能简单地说法国大革命后法国就变成了一种集权化的社会，但是对传统的地方自治的动摇是毋庸置疑的，集权程度更高了。如托克维尔所说，革命的第一部是摧毁旧的中央集权制，但秩序的混乱使得革命者开始了革命的第二步，即恢复中央集权制。不仅如此，革命者还建立起了第一个在大国中进行直接统治的体系。诚如蒂利的描述：

> 我们看一下警察系统的情况。在巴黎大区之外，法国旧政体的政府几乎没有自己专门的警察……革命改变了这一切。至于普通老百姓，他们从反对治安到维护治安并收集信心，而不是简单地坐等叛乱与集体违抗法律的情况的发生，然后残忍而又有选择地进行报复；他们开始配置机关，后者的职责在于预见和避免那些有威胁性的人民的集体行动。在富歇时代（1899年成为公安部长），法国成为世界上最严密的警察国家。[①]

法国在大革命后的一个半世纪的时间里，一直陷于革命和反革命的较量中，法国的历史一直在革命与复辟、共和与帝制、民主与威权之间徘徊。处于恐怖和混乱之中的人们盼望秩序，进而期盼拿破仑式的强人。但是，

---

① [美]蒂利：《欧洲的抗争与民主（1650—2000）》，陈周旺等译，上海人民出版社2008年版，第101页。

无论是多么强势的人物，都无法抹平社会阶级之间的分裂和鸿沟。因此，在大革命以后的 150 年里，法国政治处于动荡不安之中。按照蒂利的标准，1800—1949 年，发生过八次革命。

用今天的话说，法国大革命以后的民主政治一直未能得到有效巩固，呈现民主失败的特征。

直至 1958 年诞生的法兰西第五共和国，才将自由予以管束，一方面继承了法国历史上的强行政的特点；另一方面又学习和吸收了英—美体制中的议会制和三权分立，使总统有行动能力但又受到法律和其他机构的监督与制约。① 至此，法国漫长的民主巩固才得以完成。

今天，很多转型国家在既没有法治保障更没有地方自治的基础上搞起了多数决民主即选举民主，其实就是德国人所说的"极端民主模式"。有的选举民主导致国家分裂如苏联等国家，有的加剧了宗教冲突如战后的伊拉克和阿富汗，有的加深了城乡二元对立如泰国和印度。面对如此乱象，渴求选举民主的民众转而又支持强权领袖如普京。普京、内贾德和查韦斯都是竞争性选举而产生的政治家，但是，西方人却说他们是"独裁者"。至少在西方人看来，选举产生希特勒式的人物并不是极端的案例。这是西方人对自己一直信奉的二分法民主观的否定：竞争性选举成为划分民主与非民主的唯一标准。② 看来，竞争性选举固然是民主的一种重要形式，但是西方国家之所以如此推销竞争性选举，更重要的是意识形态战争的需要；而当竞争性选举产生一个又一个"独裁者"的时候，他们又在自己建构的民主理论中纠结不堪了。其实，道理很简单，没有基础性民主的选举民主就会变成"极端民主模式"。由此我们不得不想到联邦党人的伟大洞见：靠选举产生的几百个议员同样可以像一个皇帝一样暴政，为此必须权力制衡和分

---

① 参见本书第 169—170 页。
② 参见杨光斌《政体理论的回归与超越：建构一种超越左右的民主观》，《中国人民大学学报》2011 年第 4 期。

权,即不但这样层面的权力要相互制衡,更重要的是中央——地方关系中的分权和地方自治。

三 中国的民主实践与民主选择

由于对民主理论和民主经验的认识上的限制,一些要民主的人没有意识到中国的民主化进程早已开启,所要的只不过是竞争性选举,而不管竞争性选举的后果;一些反对民主的人事实上也并不了解中国政治中的民主化成就到底在哪儿,所反对的也只不过是竞争性选举,而无视竞争性选举的普遍意义,不知道如何补救竞争性选举带来的负面作用而盲目反对竞争性选举。"词典式关系"的民主理论的提出并以比较历史来检验这个理论,就是为了解决中国未来的民主问题。如本文开篇所言,"未来"基于现实,即要弄清楚中国现实中最大、最让人头疼的问题到底是什么,唯其如此,"未来之道"才是可信的。

第一,是一个前提性问题,中国有没有民主政治?在我看来,中国不仅已经进入民主化时代和处于民主进程之中,有的民主形式甚至出现"爆炸"现象,比如参与式民主。与国外的网络参与相比,中国的网民更积极,同时也可能更非理性化甚至非法化;与国外的基层政治相比,中国的"上访政治"更普遍,很多地方出现了以"上访"为职业的"上访专业户";与国外的街头政治相比,中国发生的频率更高而且往往以"把事情闹大"为取向。所有这些参与形式,谁能否定这就是民主政治?

甚至可以这样说,因为中国的基础性民主和间接民主制度不发达,直接民主就成了常态,而且直接民主往往以非制度性参与的"把事情闹大"的形式表现出来,由此才会出现"维稳政治"。在过去若干年里,"维稳"的目标是"和谐",而"维稳"的手段是金钱收买即收买"上访专业户"

和用钱平息"群体性事件",而不是以法治的办法去"维稳"。对此,在管理上,地方政府叫苦不迭,因为除了收买没有他策,他们害怕被"上访专业户"上告。在理论和文化上,有识之士忧心忡忡——靠金钱而不是法治的办法"维稳",不但带来极高的行政成本,更严重的是纵容人们不守法。

为此,我们呼唤法治。法治有三层含义:法律文化意义上的规则意识即规则最大、法律现实意义上的"依法治国"、保障法律文化和"依法治国"的法治体系。没有完备的法治体系,既不可能养成和维护人们的规则意识,也不可能落实"依法治国",即再完备的法律体系也难以得到执行。在中国,构成法治体系的制度是"一个中心两个基本点",即以人民代表制度为中心、司法制度和行政制度为两个基本点,我称为"以人民代表大会为平台的法治民主"。"法治民主"不但是公民的行为基础,也是塑造"有限政府"的制度条件。对此我已经有专文论述,不再赘述。[①] 国外研究中国政治的专家中很多持法治优先于民主的观点,比如美国著名的中国法治与民主问题专家、牛津大学社会法律研究中心的裴文睿(Randall Reerenboom)认为,鉴于第三波民主化的失败和衰退,中国应该汲取教训,继续坚持"东亚模式",推迟民主化进程,优先进行法治建设,直到国家变得更加富有和稳定。[②] 下文魏昂德(Andrew Walder)教授和白·霖(Lynn White)教授所讲的行政改革和功能性分权,事实上也与法治有着密切关系。

第二,如何排解社会的暴戾之气?比较历史告诉我们,有了竞争性选举并不能排除"非民主";而中国的现实告诉我们,有了如此多元的参与渠道,公民依然很不满。说严重点,上层性民主是表面化民主,其民主的象征意义大于民主的实际意义。为此,必须寻求基础性民主的解决之道。如

[①] 参见杨光斌《呼唤"法治民主"的中国政治改革》,《中国政治发展的战略选择》,中国人民大学出版社2011年版。

[②] 裴文睿:《法治与民主:中国从亚洲吸取的经验和教训》,《国外理论动态》2010年第8期。

前，中国社会不满的重要根源在于政府资源垄断而导致的社会结构的利益集团化和社会不公正。对于这个"总病根"，民主的药方就是"分权民主"。

没有权力制约和地方自治而形成的力量均衡，不但西方国家的民主政治会严重受挫，中国的宪政历程也证实了这一点。在《中国为什么不易实行民主》的访谈中，杨奎松根据中外宪政历史总结道："民主共和政治形成的要件首在分权，而分权的前提是要存在力量均势和相互制衡的条件与需求。"① 这种对民主历史的规律性总结，同样也适用于现在和未来的中国。

中国是以分权为起点而开启政治改革和经济改革，因而才形成了今日的民主政治格局。中国的"总病根"也迫切要求进一步功能性分权，有时局外人的观察值得重视。斯坦福大学的著名中国问题专家魏昂德教授所言，当美国19世纪末大规模地反腐败的时候，人们并没有说这是民主政治的原因，因为这是行政体制和法制的范畴，为何今天的中国都把这些问题归结于民主（选举）问题？普林斯顿大学的白霖教授则这样说，事实上即使在西方国家，很多领域也不是民主（选举）制度，大多数公司、学校、教会和其他的政治网络都是不民主的；他坚持认为中国的功能性分权应该优先于选举民主，反对轻率的选举民主，除非"在重要的选举来临之前产生了严肃的功能性分权"。白·霖教授主张首先在中国做好横向的功能性分权，即政府部门之间合理的职能划分。他还认为，功能性分权是现代政体的应有之义，由于外交、司法、检察、学校、军队、银行和企业各领域，的确需要不同种类的知识和精英人才。但是，中国政府的职能性分权还很不够，比如拥有交叉管辖权的不同机构追求更多资源，并互相隐瞒信息。② 这些见解都值得认真斟酌，毕竟，在比较政治的意义上，他们对自己国家政治发展道路的理解更为深刻，对自己国家的民主与法治、政治与行政的认识更

---

① 该文章见于人民网，2012年3月5日。
②《中国政治发展：中美学者的视角——中美高层论坛》，2010年10月29—30日。

具历史性。

如果说当下中国的紧急出路在于分权,那么如何分权?思想界讨论的很多了,笔者也有一些专门研究。① 其实,我们有现存的经验性路线图:政府体制——政治与市场——社会管理,即实行大部门制并转变政府的计划性和部门主义的职能,改革因权力垄断而形成的资源和市场垄断,在此基础上培育多元化的、自治的社会管理体制。没有政府体制的改革和改革权力垄断资源体制,社会管理的重新就困难重重,新型的社会管理是行政改革的自然结果。从中国过去30多年的历史看,在某种意义上,新型的社会管理体制不是人为"制造"(made)的,而是自然"发生"(happens)的。

之所以说有一套我们已经熟悉的经验性路线图,是因为30多年的改革开放中就是在做这些事。所不同的是,这些问题是在改革开放中形成了,其中最大的不同是权力与资本的结盟而形成的权力对资源的垄断,其中来自利益集团的阻力是自然的。但是,今天的这些阻力并没有邓小平当初面对的所有领域的计划经济改革的阻力那么大,邓小平依然能"突围"成功。今天的阻力也没有20世纪90年代开放互联网、建立分税制、改革银行体制、军队与商业脱钩,甚至加入WTO时遇到的阻力大,这些已经是中国发展的"制度红利"。我相信,不同于有可能牵制经济发展的"选举民主","分权民主"仍将为中国进一步发展带来"制度红利"。

我曾指出,以分权为起点的改革基本上解决了中国老百姓的经济权利,目前中国政府重点解决的是以社会保障为中心的社会权利。② 加大社会保障的社会权利的解决之道是国家自上而下的单向行为,我认为还有另一种路

---

① 杨光斌:《中国政治过程中的利益集团及其治理》,载杨光斌《中国政治发展的战略选择》,中国人民大学出版社2011年版;杨光斌:《中国的分权化改革》,载杨光斌、寇健文主编《中国政治变革中的观念与利益》,中国人民大学出版社2011年版。

② 杨光斌:《中国政治发展的战略选择:2000—2030》,载杨光斌《中国政治发展的战略选择》,中国人民大学出版社2011年版。

径，即通过分权民主而保障经济权利，并通过增量的经济权利而促进百姓的社会权利。换句话说，当大多数老百姓的经济权利更有保障时，就减轻了对国家提供的社会保障的依赖。因此，分权不仅刺激了经济权利，还有利于社会权利。更重要的是，分权本身就是一种基础性民主权利。看来，在公民的所有类型的权利中，分权民主成为问题的焦点，因而也是出路——分权能够同时推进经济权利、社会权利和政治权利，而且能保障稳定的政治社会秩序。

◇◇ 结语（理论启示）

本论文是关于中国政治发展道路的现实问题研究，对于学者而言，这样的研究在实践上到底有多大的价值并不是学者自己能把握的，但是学者能把握的是这种现实政治研究的理论蕴含。本书告诉我们，基于既有的概念而形成的观念已经严重地束缚着我们对现实问题的认知能力和判断能力，从而把我们已经在做的并带来结构性变化的政治依然断定为"非民主"，原因就在于我们所习以为常的并当作常识的理论本身就有问题，至少在中国被认识得不全面。因此，中国社会科学需要花大力气去研究那些最基础的理论和概念。

不仅如此，中国今天的国际政治地位尤其是转型社会的处境，呼唤发达的比较政治研究。比较政治研究的落后，在国家建设和道路选择上，我们并不清楚别的国家到底是怎么走过来的，总是期望国家在自己的有生之年变成模范国家，为此总是沉溺于美好的终端性的"模式"而不问人家的曲折漫长甚至是残酷的政治发展"过程"，忽视"过程"而直奔"模式"的政治选择必然会将国家引向歧途。在理论研究上，比较政治研究的匮乏，使我们不问理论和概念的经验基础是什么，在理论和观念上将错就错，同样会误入歧途。

　　错误的政治理论导致政治的错误，这是中国过去 100 多年政治发展留给中国政治学的遗产。

公民社会的"民情"与民主政治的质量[*]

> 挑战流行的观念要冒道德上的风险。这样的工作肯定会使很多人从理论上和道德上感到不安,因为挑战了有很多他们以为是理所当然的,甚至是被当作坚定信仰的说法;这并不是说新的研究更具有道德上的优越性,只是期望能够使那些长期处于争议中的模糊问题(没有历史根据,甚至是道德层面的争议)变得清晰起来。
>
> ——张夏准(Ha-Joon Chang),《富国陷阱:发达国家为何踢开梯子》

◇ 一 中国人对于公民社会与民主政治的美好愿景

我们亟待建设基于公民社会之上的社会自治,因为再英明和勤政的政府都不可能管理好老百姓的形形色色的生活,只能让老百姓自己管理自己。我们也亟待建设民主政治,因为我们的民主制度基本上规范性的,处于待激活的休眠状态。正是因为这两个都重要都是急需,在中国,与公民社会紧密联系的社团、第三部门这样的政治社会学研究无疑是最热门的显学,

---

[*] 本文中国人民大学研究基金(中央高校基本科研业务费专项资金资助)项目《国家理论的反思与重建》(10XNL015)的阶段性成果。

因为大家都把它们视为实现民主政治的法宝，看成是民主政治的前提和基础，甚至是民主政治本身。因此，在中国的社会学界和政治学界，涉及这个问题的文章数不胜数，有多少文章就有多少公民社会鼓吹者，几乎没有人、没有文章怀疑过公民社会与民主的复杂关系甚至是负面关系，更没有想过公民社会与治理的复杂关系甚至是负面关系。关键在于，社会自治是地方性的，而民主政治是全国性的，好的地方自治不一定必然会有好的民主政治和国家治理。道理其实很简单，地方与地方之间的关系既可能有利于全国性政治，也可能有损于全国性政治。本文将论证公民社会与民主政治的关系到底如何，即作为公民社会的"地方"之间的关系是否有利于民主政治和国家治理取决于公民社会的"民情"，不同"民情"的公民社会与民主政治的关系可能南辕北辙，既有美国式的好，也有南部意大利式的坏，还有印度式的无效治理。

但是，对于这样一个非哲学而是经验的重大课题，国内学者基本上一厢情愿地按照规范的而非历史的路子去想象美国式的好。这是可以理解的。如晚清和民国时期的状况一样，一百年来，处于困境中的知识分子总是在以最浪漫、最美丽的目标作为奋斗的彼岸，但对"目标"的认知很哲学化也很有限。崇尚规范的哲学学者，比如王海明教授在其《论民主的社会条件》一文中，更是把公民社会与民主政治的正向关系绝对化。[①]

深受二元对立思维影响的哲学学者或许认识到这种官民对立的思维方式得出的结论太绝对，因为作者提及20世纪80年代末90年代初的俄罗斯和罗马尼亚并没有什么公民社会，却仍然实现了非民主制向民主制的转型；有些国家，如新加坡，虽然公民社会发达，实行的却不是民主制。于是，在文章的结尾处便来了个自我保护性、意义绝对模糊的陈述：

---

① 王海明：《论民主的社会条件》，《学习论坛》2012年第6期。

公民社会和社会资本既不是民主的必要条件，也不是民主的充分条件，显然意味着：不论公民社会和社会资本如何，既不必然导致民主制，也不必然导致非民主制——公民社会及其社会资本不是实行民主制或非民主制的必然因素。公民社会和社会资本与民主制或非民主制并没有必然联系，它们对于民主制或非民主制的实行只具有有利还是不利的关系。发达的公民社会及其充裕的社会资本是实行和保持民主制的重要条件，不发达的公民社会及其匮乏的社会资本是实行和巩固专制等非民主制的重要条件。

作者的这个辩证法式的自我保护性陈述显然有违自己文章的初衷："公民社会不仅是实现民主制的唯一的社会条件，显然也是保持和巩固民主制的唯一的社会条件。"所谓的"重要条件"其实既可以理解为"必要条件"，也可以理解为"充分条件"。

这篇文章既代表在这个问题上国内学术界的"定论"，也暴露出国内学术界在这个问题研究上的遗憾：（1）对国际社会科学界的研究状况不甚了了；（2）公民社会与民主的关系是经验问题，而不是哲学问题，但是这里却完全没有经验基础，既不是建立在比较历史基础上，也对现实性的比较政治发展缺乏了解，而历史和现实经验甚至和国内流行的"定论"完全相反；（3）流行的二元对立的思维方式即官民对立是西方政治社会历史的写照，也是冷战的产物，但有违中国、印度（后面我们将会看到印度的官民如何一体化）等东方国家的历史；（4）"民主"概念混乱不堪（如这篇文章认为俄罗斯是民主的而新加坡不是民主的），更没有从本体论上区别不同国家的"公民社会"的实质性不同，结果更不会认识到不同国家的"民主"的本体论上的实质性差异。

国内思想界是怎么把这个"经"念歪的？因为中国的社会科学基本上是"拿来主义"，欧风美雨自然把"公民社会"也带进中国，读美国书的人或美国到中国进行田野调查的机构或学者几乎无不对中产阶级与民主、社团与民主这样的课题宠爱有加，而美国人之所以如此，是因为美国的民主是建立在发达的公民社会的基础之上，这样"美国人"就把中国和世界的问题当成美国的问题，或者以美国之道来解决世界的问题。这就是我所说的"身份意识"决定了学者的"问题意识"，搞不清楚自己的身份，丧失了主体行动的意向性，最终就很难发现"真问题"，把"伪问题"当作"真问题"。

那么，在理论脉络上，公民社会和民主政治到底是什么关系？

◇二 公民社会的"民情"：基于美国—意大利历史的托克维尔主义

在理论上，公民社会是民主政治的前提和基础这样的命题无疑来自伟大的托克维尔的《论美国的民主》。托克维尔把"人民主权"置于公民社会的语境下讨论，而不是卢梭式的抽象的民主政体或"公意"。托克维尔认为"人民的多数在管理国家方面有权决定一切"这句格言是渎神的和令人讨厌的，但他又相信，一切权力的根源存在于多数的意志之中。[①] 因为无论是从卢梭式的民主理论上，还是从对美国民主实际的考察来看，在人民主权引导下的美国革命，人们走出乡镇而占领了州政府，人们在人民主权原则的名义下进行战斗并取得胜利，美国社会由人民自己管理，人民自己治理自己，这种多数人统治并有权管理社会的观念已风行于美国社会，深入美国的政治生活。[②] 人民是一切事物的原因和结果，凡事皆出自人民。[③] 真正的

[①] [法]托克维尔：《论美国的民主》，董果良译，商务印书馆1988年版，第287页。
[②] 同上书，第61—64页。
[③] 同上书，第64页。

指导力量是人民,尽管政府的形式是代议制的,但人民的意见、偏好、利益甚至激情对社会的经常影响,都不会遇到顽强的障碍。①

这样的公民社会能有效防止政治专制。在这样一个"人民自己治理自己"的公民社会里,公共精神得以养成。公民通过自己的社会活动积极参与社会和政府的管理,行使一定的权利。在此过程中,公民认识到,别人的权利应该受到尊重,这样自己的权利才不会孤立或者受挫。就像托克维尔所说成年人把权利看得很高,因为他们都有政治权利;为使自己的政治权利不受侵犯,他们也不攻击别人的这项权利。这种认识逐渐形成一种普遍原则,培育了一种公共成员的感觉。同时人们也认识到个人利益与国家利益是相统一的,从而形成爱国心和公共精神。"我要说,使人人都参加政府的管理工作,则是我们可以使人人都能关心自己祖国命运的最强有力手段,甚至可以说是惟一的手段。在我们这个时代,我觉得公民精神是与政治权利的行使不可分的。"②

公共精神必然培养了公民对法律的尊重。因为立法时每个公民都有参与,法律是经由大多数人同意之后才实行,这样,作为法律制定者的公民就有义务去服从法律。虽然民主的法律并不总是值得尊重的,但却几乎总是受到尊重的。"因为一般来说,打算违法的人,还不能不遵守他自己制定的并对他有利的法律,而且即使从违法中可能获利的公民,也要考虑自己的人格和地位而去服从立法者的任何一项决定。"③

这样,人们积极参与而又尊重法律,从而构成了一个充满活力的公民社会。人们积极组织社团、举办各种活动,力图做好种种与自己利害相关的事情。托克维尔写道:"在民主制度下,蔚为大观的壮举并不是由国家完成的,而是由私人自力完成的。民主并不给予人民以最精明能干的政府,

---

① [法]托克维尔:《论美国的民主》,第 194 页。
② 同上书,第 271 页。
③ 同上书,第 276 页。

但能提供最精明能干的政府往往不能创造出来的东西：使整个社会洋溢持久的积极性，具有充沛的活力，充满离开它就不能存在和不论环境如何不利都能创造出奇迹的精力。"①

通过简单梳理应该知道，在托克维尔那里，"公民社会"和民主是同义词，即公民社会就是民主社会，而民主社会通过充满活力的公民社会而表现出来。这就是后来的新托克维尔主义者的知识和思想源泉。但是，当新托克维尔主义者大力建构公民社会与民主的正向关系时，似乎刻意忘却了托克维尔所说的民主社会（公民社会）的社会基础即公民社会的性质问题。

这是一个本体论性质的问题，有必要给予讨论。众所周知，托克维尔那里的美国民主的社会基础就是自然环境、法制和民情，其中，托克维尔认为法制大于自然环境，而民情大于法制："民情是使美国得以维护民主制度的重大原因之一……法制比自然环境有助于美国维护美国的民主共和制度，而民情比法制的贡献更大。"② 托克维尔所指的民情，不仅指通常所说的心理习惯方面的东西，而且包括人们拥有的各种见解和社会上流行的不同观点，以及人们的生活习惯所遵循的全部思想。因此，民情事实上就是国民性，是一个民族的整个道德和道德面貌。③ 民情包括宗教信仰、教育、习惯和实践经验。美国实行宗教信仰自由，政教分离，宗教"只依靠自己的力量发生影响，但这个力量任何人也剥夺不了。它的活动领域虽然只有一个，但它在这个领域里可以通行无阻，并能毫不费力地控制这个领域"④。

---

① ［法］托克维尔：《论美国的民主》，董果良译，商务印书馆1988年版，第280页。
② 同上书，第332—334页。
③ 同上书，第332页。
④ 同上书，第346页。

在我看来，美国的"民情"就是一帮逃避宗教迫害而有追求自由和法治的人们在新大陆上结成的契约型社会，具体来说就是自由、自治、法治等要素，尽管托克维尔把"法制"和"民情"并列。也就是说，美国的"民情"来自其母国英国，这是毋庸置疑的历史的连续性。英国"民情"中的两个重要因素不得不提：地方自治和法治。治安推事制度直接反映了源于英格兰小镇的直接民主或地方自治传统。从很早开始，英国的地方事务（包括城市和乡村）就完全是自治状态，即使在"光荣革命"以后的100年依然如此。到了18世纪，正当欧洲大陆的大多数国家的权力日益加强时，国家的作用主要表现在对外贸易上，地方事务完全由不领报酬的地方乡绅即治安推事管理。治安推事的权力相当大，事权包括年赋、军队、贸易、济贫、食品供应、物价、工资和其他事务。由于存在这样的古老的政治传统和政治安排，宪法只是一个模糊的概念，但是英国人一致认为宪法的主旨是个人自由和基本权利，这种主旨既被认为是英国民族所特有的，也是英国人用智慧和牺牲换来的。

其次是法治。就在法国太阳王路易十三宣称"朕即国家"的时候，英格兰流行的却是"神法"观念，即从国王到封臣都自认为是上帝的子民，不能胡作非为，而1215年的《大宪章》正式确定了"王在法下"。它宣布国王不可擅自征税，除非得到"全国人民的一致同意"；国民有被协商权、人身自由权和监督国王与反抗政府暴政的权利。《大宪章》标志着法律至上、王在法下的宪政原则的正式确立，同时为数十年后议会的产生奠定了坚实的基础，为数百年后新兴资产阶级争取议会主权的斗争提供了法理基础。

美国是一个从地方自治成长起来的国家，不同于很多其他国家的自上而下的建国历程，美国是民众通过投票先建立基层政府、州政府，再建立联邦政府的过程。英国人刚一登上新大陆，就在马萨诸塞州以及其他的最初12个州签订了社会契约论式的镇一级的法律和州宪法，①并在州宪法的基础上形成了后来的美国宪法。事实上，作为美国国家出生证的《独立宣言》没有一处提到国家，所有内容都是关于各州的权利。《独立宣言》的正式文本的标题是《美利坚合众十三州共同宣言》，宣言的结尾部分宣告"自由独立的州"独立，并确认这些州"作为自由、独立的州，它们完全有权宣战、缔结和约、结盟、通商和采取独立国家有权采取的一切其他行动"。因此独立战争带来的不是一个国家，而是十三个。独立战争以后，真正意义上关于政体的宪法是1780年的马萨诸塞州宪法，该宪法是由该州全体人民在市镇会议中逐条表决通过。马萨诸塞州宪法为1787年制宪会议提供了样板，但制宪会议一致通过的新政体名称，保留了"合众国"而摒弃了"全国"，"全国"一词随即从文件其余部分撤去。实际上，宪法确定的政体的性质部分是全国的、部分是联邦的（即拉丁文中的"条约"）。②美国的制宪历程和宪法所确定的政体充分地说明了美国建国的自治与自发传统。

另外，以法治为精神的自治还体现在美国开发过程中。在向西部开发的过程中，没有政府，没有法庭，如何维持秩序就成为首要问题。这时，法治则起着重要作用，移民们在多数决原则的基础上实行"自警制"，自己管理自己，依靠多数决而维持秩序。自警制的出现"不是为了超越法庭，而是为了提供法庭；不是因为政府机构太复杂，而是因为根本就不存在政府机构；不是为来平衡已有的各种机构，而是为了填补一个空白"③。

---

① John Camp, *Out of Wilderness: The Emergence of an American Identity in Colonial New England* (Middleton, Conn.: Wesleyan Univ. Press, 1990); Morison's "The Mayflower Compact" in Daniel Boorstein, ed., *An American Primer* (Chicago: University of Chicago Press, 1966). 转引自［美］施密特、谢利、巴迪斯《美国政府与政治》，梅然译，北京大学出版社2005年版，第24—25页。

② 参见［美］布尔斯廷《美国人：建国历程》，中国对外翻译出版公司译，美国驻华大使馆新闻文化处（香港）1987年版，第511页。

③ 同上书，第95页。

所以要花篇幅讨论美国的"民情",因为托克维尔所说的"民情"具有本体论意义。作为新托克维尔主义者的普特南在"民情"研究的基础上提出了"公民性强的社会"和"公民性弱的社会",即已经不再是笼统地谈论公民社会与民主的关系,而是区别因"民情"不同而导致的不同性质的公民社会与民主治理的关系。

秉承托克维尔的"民情"传统,普特南详细考察了900年前意大利南、北出现的两个截然不同的政治制度:在11世纪的南部,中央政府的解体过程相对短暂,一个强大的诺曼王国在拜占庭和阿拉伯人的基础上逐渐形成了,在政治和社会制度上形成了专制国家。而在北部,复兴帝国权力的企图都失败了,地方独立自治的原则几乎大获全胜,自由得到充分发展,形成了自治城镇,北部因而被称为"公共的意大利"。而北部的自治城市起源于由众多邻里街坊组成的自发组织,它们为了共同安全和经济合作而相互提供帮助,因而城市共和国的权威结构在本质上要比同时代欧洲其他地方的政权更为自由和平等。在中世纪意大利北部的城市共和国,各种有关公民参与的规范和网络,使得政府行为和经济生活出现重大改进成为可能,在这种独一无二的社会环境中,政治和经济的根本制度出现了革命性变革,这些政治和经济上的发展,以其横向的合作和公民团结的纽带,反过来又促进了公民共同体的成长:合作、互助、信任、公民承担义务,这些都是北方的显著特点。即使到了17世纪以后因西班牙和法国在15—16世纪对意大利的战争而破坏了中北部的城市共和国,从南到北出现了庇护—附庸的关系网络,但是北方依然不那么专制,依然承担着公共责任,而南方则更加封建化和专制,更具剥削性因而也更少"公共精神"。随着19世纪欧洲民主革命的到来,1860年意大利独立后,各种互助会在意大利迅速发展起来,从1860年到1890年的这30年,是意大利互助会的"黄金时代"。到了世纪之交,意大利出现了几种大众政治力量,其中社会主义运动规模最大,出现社会主义政党和天主教政党,形成了意大利的红(社会主义政党)—

白（天主教政党）政治格局，它们都继承了社会运动的传统，利用底层的组织结构，借助于互助会、合作社和工会的力量，从而把意大利基层政治中流行的庇护—附庸网络嵌入大众政党之中。尽管如此，传统界定了，意大利中北部的城市共和国的公共精神依然存续，而南部则是"非道德的家族主义"——黑手党当道。庇护—附庸制是黑手党的基础，国家行政和法律制度薄弱是其产生的诱因，反过来，有组织犯罪进一步削弱了行政和法律权威。历史很有力量：一千年的历史意味着，具有公共精神的地区，同样也是繁荣富裕和工业发达的地区；南北之间的公共精神差异比经济差异更为持久。20世纪末公民参与积极的地区，几乎都是那些在19世纪拥有众多合作社、文化团体和互助会的地区，在那里，12世纪时，邻里组织、宗教组织和同业公会共同促进了城市共和国的兴旺发展。①

公民共同体的历史如此不同，由此而来的不同公民共同体的社会资本也就大不一样。社会资本是指社会组织的特征，诸如信任、规范以及网络，它们能够通过促进合作行为来提高社会的效率。在普特南看来，其中信任最重要，信任破解了神话中休谟的农夫互不信任的"农夫困境"、奥尔森的"集体行动的逻辑"以及博弈论中的"囚徒困境"。而在现代复杂的社会里，社会信任能够从两个相互联系的方面产生：互惠规范和公民参与网络；互惠是一种具有高度生产性的社会资本，有效的普遍互惠规范，又与密集的社会交往网络相连。意大利北部的公民传统保存了各种合作形式的全部历史功能，这种传统今天仍然可以用来解决新的集体行动问题；而南部的庇护制和由此带来的附庸关系及依附性，更有可能出现投机行为。结论是，托克维尔是对的："当存在一个强健的公民社会时，民主政治就会得到加强，而不是削弱。"②

---

① ［美］普特南：《使民主运转起来：现代意大利的公民传统》，王列、赖海榕译，江西人民出版社2001年版，第140—189页。

② 同上书，第189—214、217页。

历史所造就的不同的社会资本,最终形成了今天意大利的"一国两制",即北部"公民性强的社会"和南部"公民性弱的社会"。普特南衡量公民性强弱的四项指标是:公民参与、政治平等、团结—信任—规范、合作的社会结构即社团,它们共同构成了具有公民美德、公共精神的"公民共同体"。①"公民性强的地区的集体生活比较轻松,因为人们可以期望别人遵守规则。知道别人会这样做,你也就同样会去满足别人对自己的期望。在公民性弱的地区,几乎每一个都会认为别人会破坏规则。"② 这就是普特南描绘的意大利"一国两制"的图景。

显然,作为托克维尔的信徒,普特南没有简单地停留在托克维尔那里,而是把一个国家不同地区的"民情"进一步沿着历史脉络展开,结果一个国家出现了两种完全不同类型的"公民社会"。即使在一个国家内部的不同地区,"民情"不一样,不同"民情"下的"公民"的思维方式和行为方式也就不一样,以"公民"为主体的"公民社会"就很可能南辕北辙。美国的"公民社会"有利于民主甚至就是民主社会本身(即亨廷顿所说的美国未经历革命就已经有了一个现代社会),而另一个国家甚至一个国家不同地区的"公民社会"则可能导致专制政权或者导致民主政治的无效治理。正是由于"民情"这个本体论意义上的因素,决定了同一个名称下的"公民社会"具有完全不同的存在性意义和行为方式,而本体论性质的"民情"既不可移植又不可复制。

普特南的社会资本概念使得一度衰落的政治文化(公民文化)研究再度复兴,全世界的政治学和社会学学者都开始关注社会资本与民主的关系,中国学者更难例外。但是,国内学术界应该知道的是,普特南并没有笼统地推崇公民社会与民主政治和民主治理的正向关系,而是在历史制度主义的线条上指出了不同类型的公民社会与民主政治的不同关系,甚至是逆向

---

① [美]普特南:《使民主运转起来:现代意大利的公民传统》,第99—104页。
② 同上书,第128页。

关系。匪夷所思的是，国内学者几乎完全不顾托克维尔—普特南的"民情说"，而是盲目宣扬公民社会与民主政治的正向关系。

拓展了托克维尔主义的普特南似乎又很无情，因为他把好的公民社会和坏的公民社会都归结于历史。"社会环境和历史深刻地影响着制度的有效性。一个地区的历史土壤肥沃，那里的人们从传统中汲取的营养就多；而如果历史的养分贫瘠，新制度就会受挫。用公民人道主义的话说，有效的、负责任的制度取决于共和的美德和实践。"[①]

这样，不但意大利南部继续受困于其贫瘠的历史，发展中国家和转型国家似乎更加无望。"在那些缺乏公民参与规范和网络的地方，集体合作的前景十分暗淡。对今天的第三世界和明日的欧亚苏联共产主义国家——它们都在想着自治方向跟跄前进，意大利南方的命运是一种客观经验。'永远欺骗'式社会均衡，可能就是世界大部分缺乏或没有社会资本的地区之未来命运……没有公民参与规范和网络，在意大利南方，出现霍布斯式结局（非道德的家族主义、庇护制、无法无天、效率低下的政府以及经济停滞）之可能性，似乎比取得民主和经济发展的成功要更大得多。巴拉莫（意大利南部城市）代表着明日的莫斯科。"[②]

虽然普特南贡献巨大且其悲观预言发人深思，但普特南研究中的问题也很严重。我认为，普特南不但存在我们将在本文后面将要提及的"故意隐瞒历史"的嫌疑，在方法论上也不无瑕疵。作为比较方法的一种重要方法即"反事实法"告诉我们，即在中国不存在西方式的民主和公民社会的情况下，那么中国东部一个城市和西部一个城市之间政府绩效差异、地区经济发展水平差异难道是因为历史留存下来的"社会资本"不同？西部的"社会资本"难道比东部少？其实，更直接的原因就是固有的经济水平、受教育水平、人们的观念、政策开放程度等因素，与"公民社会"和"社会

[①] [美]普特南：《使民主运转起来：现代意大利的公民传统》，第214页。
[②] 同上书，第215—216页。

资本"联系不起来。进而，如果与"社会资本"没有关系，那么是否能够抛开公民社会和社会资本而另搞一套？毕竟，没有参与传统和公共精神的社会即使出现了公民社会，也不过是霍布斯式的结局。这样，托克维尔主义者的心灵必然被重创，托克维尔、普特南的正确性乃至正当性必然会受到拷问。

在理论脉络上，不但政治科学奉托克维尔主义为圭臬，政治哲学也深信不疑，最典型的莫过于汉娜·阿伦特的观点。根据阿伦特的观点，为了避免军官艾希曼那样的悲剧即没有判断力地盲从希特勒和法西斯主义而迫害犹太人，公民应该积极投身于公共活动，去"交往"和"行动"，形成自己的"判断力"。但是怎么解释希特勒的法西斯主义也正是产生于公民社会更为发达的德国？德国社会主义运动史的常识是：当俾斯麦在1872年出台禁止社会民主党活动的法律后，社会民主党就利用当时已经非常活跃的社团活动，渗透各种社团之中而保护并壮大自己，最终使社会民主党成为德国政坛的一大政党。怎么解释这种公民社会沃土所产生的"艾希曼"？①

在西方学术界，伯尔曼（Heri Berman）的《公民社会与魏玛共和国的崩盘》犹如当年亨廷顿的《变革社会的政治秩序》对当时深信不疑的"发展带来民主"的当头棒喝一样，伯尔曼的研究成果告诉人们，是德国活跃的社团组织和社团活动直接把希特勒送上台。这无疑给了迷信公民社会的人们一服清醒剂。②

伯尔曼的结论是：德国的案例应当使我们对新托克维尔主义的许多方面保有怀疑。特别是，德国政治发展的故事反证了流行的丰富的社群生活

---

① 阿伦特用艾希曼作为例子没有意义，因为他是军人，军人的责任就是服从。如果阿伦特分析同情法西斯主义的海德格尔、分析法西斯主义化的学者施密特，其反思才真正有意义。

② Heri Berman, "Civil Society and the Collapse of the The Weima Republic", *World Politics* 49 (April 1997), 401 – 29.

与稳定的民主之间的直接且积极的关系。在德国的语境下，社团主义（associationism）没能导致稳定的民主政治。新托克维尔主义学者强调的许多社团主义的理想，包括为个人提供政治和社会技巧、创造公民间联系、便利动员、降低集体行动阻碍等，都受到德国案例的挑战。社团主义既能促进民主发展，也能转化为反民主的结果。因此，也许社团主义应当被看作一个中立的政治变量，本质上既不好也不坏，其积极或消极作用要视政治环境而定。

伯尔曼警告说，如果人们想知道市民社会活动何时会呈现相反甚至反民主的趋势，我们需要将分析根植于对政治现实的深刻理解之中。如果一个国家的政治制度和结构能够传递和纠正不平等，现存政权享有公众支持和合法性，那么社团主义很可能会通过有利于现状的资源安排和利益配置来支持政治稳定。这是托克维尔所描述的模式。相反的，如果政治制度和结构脆弱，以及/或者现存政权被认为无效率和不具有合法性，那么市民社会活动可能会成为国家权力的一个代替性选项，逐渐地榨取公民活力、满足其团体的自私需求。在这样的情况下，社团主义很可能会通过加深分裂、助长不满情绪和为反对运动提供丰富土壤等方式破坏政治稳定。这样，繁荣的市民社会活动预示了政府和政党的失败，对政权的未来并非吉兆。

在我看来，伯尔曼的结论有很大的局限性。政治环境对于公民社会与民主政治的关系固然很重要，但是公民社会对于民主政治而言绝不是简单的"因变量"，而是因"民情"而有的"自变量"重要性。德国案例是重要的，因为魏玛共和国是人类历史上一次史无前例的政体转型实验，其失败和希特勒极权政权的产生这样的人类历史分水岭性质的案例自然值得深度研究。更重要的是，这个案例并不是极端的个案，正像选举民主选出希特勒一样并不罕见，后来的民主历史已经告诉我们，选举民主能一次又一次地选出西方人眼中的"独裁者"。所以说德国案例并非个案，就在于公民社会不但与政体类型（民主政治或极权政治）呈现复杂的关系，或正向关系或反向关系,而且公民社会与国家治理的关系更为复杂,一个组织化的但碎片化的公民社会直接妨碍着国家治理,甚至是无效治理和无效民主。而根本原因都在于,此"公民社会"非彼"公民社会",而美国民情下的公民社会又是不可移植的。

不仅德国发达的公民社会催生了法西斯政权,意大利的墨索里尼法西斯政权同样诞生于意大利北部"公民性强的社会"。因为普特南过于强调意大利北部民主善治的历史渊源,以致刻意"隐瞒历史"。1919—1921年产生的墨索里尼法西斯主义,正是诞生于具有公民精神传统的意大利北部。对于这个重大史实,普特南只是一笔轻轻带过:"在1860—1920年这60年里,社团和政治动员的所有现代表现形式,即,互助会、合作社和群众性政党,都是互相紧密相连的。"① 在这里,"群众性政党"湮没了法西斯主义。事实上,和德国一样,法西斯政权的诞生同样离不开意大利北部发达的公民社会。正如著名的欧洲政治研究者塔罗(Sidney Tarrow)所质问的:如果说北部的公民共同体有助于今天的民主治理,那么在历史上具有同样的公民共同体的北部,能否说墨索里尼统治下的北部比其他地区更民主?塔罗还进一步指出,就在普特南歌颂意大利北部的20世纪90年代,意大利政治中的几个重大事件,如分离主义者上层的腐败丑闻、黑手党大规模的危害,都发生在北部;普特南笔下的公民社会活动都直接或间接地由意大利政党而组织。在塔罗看来,公民社会可能不是普特南所声称的自变量(an independent variable),而是一个因变量(an intermediary variable)。②

如果说发达的"公民性强的社会"曾导致民主政治的对立面即德国—意大利的法西斯政权,那么"公民性弱的社会"则直接导致民主的无效治

---

① [美]普特南:《使民主运转起来:现代意大利的公民传统》,第172页。
② Sidney Tarrow, "Making Social Science Work across Space and Time: A Critical Reflection on Robert Putnam's Making Democracy Work", *American Political Science Review* 90 (June 1996).

理。在这一点上,印度似乎是意大利南部的升级版和放大版。

根据普特南以及很多学者的观察,在意大利南部"公民性程度低的地区,政治生活以权威和依附的垂直关系为主要特征,这体现在庇护—附庸网络上"①。而在这种庇护—附庸的网络中,政治参与比如投票,往往会有支持特定派系的"特别支持票",这是用来检验个人化的、宗派化的、庇护—附庸政治的一个重要指标,因而也是检验公民共同体强弱的一个指标。从1953年到1979年的六次选举中,南部选民的特别支持票指数一直很高。因此,积极参与虽然是衡量"公民"的一个重要指标,但是很多人的投票行为并非出自"公民"的心理。"在半岛的许多地方庇护—附庸的网络盛行,这些地方普通选举时的投票是直接以即时的个人庇护利益作为交换的,不能作为'公民'参与的尺度。"② 但是,如果意大利南部的选民不是"公民",他们又算什么呢?只能说他们是公共精神弱的公民。而根据"历史很重要"定律,"民情"的改变是很难的,即很难将公民性弱的社会改变为公民性强的社会,而公民性弱的"民情"是今天发展中国家的一般情形。和意大利南部一样,在被西方人称为代议制民主典范的印度,公民更是因为族群政党的庇护制而积极参加选举,大部分选票都可以算成"特别支持票"。这就是普特南的预言:今天意大利南部的公民性弱的社会就是明天很多发展中国家公民社会的景象。

◇三　公民社会与"印度式民主"的无效治理

我曾这样界定"印度式民主":有结社—表达自由而无决策—执行权

---

① [美]普特南:《使民主运转起来:现代意大利的公民传统》,第116页。
② 同上书,第107—109页。

威，结果是无效的治理。① 因此，"印度式民主"应该和"无效的民主"画等号。那么，印度的"无效的民主"是怎么形成的？有可能变成"有效的民主"吗？

印度的无效治理根源于其"印度特色的公民社会"。西方式的社会中间组织在印度并不发达，而印度特色的公民社会即建立在族群之上的政党组织非常发达，族群性政党组织就是构成印度公民社会的基本单元。这就是印度的"民情"。这也就意味着，印度的公民社会必然呈现分裂的碎片化特征。

印度的"民情"本来就具有碎片性特征。根据温克（A. Wink）、鲁道夫夫妇（Rudolphs）和其他学者的研究发现，在印度形成了一种主权的概念和实践，它强调不同群体、不同社会部门有多样的权利，它不是一个一体化的存在（现实的或理想的），几乎是一个关于国家的本体论概念。在艾森斯塔德看来，这种相对灵活、开放的社会体系和政治组织的"主权"特征，对于理解印度的各个领域的构造、政治参与和"历史"印度的动力，大有帮助。在印度，主要社会部门和社会网络均有相对自主性，种姓、村庄、行会和职业团体（如商人组织）都有自己自主的复杂的网络，这些不同的"公民社会"的部门具有高度自主权，而且它们往往被嵌入特定社会秩序的光谱中而难以被改变。②

这种社会部门一直享有高度自主权的"民情"在现代政党政治中就自然形成了碎片化的族群政党。统计印度到底有多少政党是一个数学难题，至少2000个以上，在2009年全国选举中，参加选举的政党数1000多个，创历史最高纪录，其中全国性政党只有6个，邦一级的42个，其他则均为地方性族群政党。在参加选举的1000多个政党中，绝大多数政党的执政纲领都是族群利益，是典型的族群型政党。因为政党的族群性和小范围的地

---

① 杨光斌：《民主观：二元对立或近似值》，《河南大学学报》（社会科学版）2012年第5期（庆祝河南大学建校一百周年专刊）。

② 艾森斯塔德：《大革命与现代文明》，第63—64页。

方性，影响力往往只限于范围有限的地区。但是，高度分化和高度自治的印度式公民社会意味着，地方政府权力较大，种族群性政党的影响也就不小。为此，即使全国性政党也不得不建立以依靠族群策略吸引选民的地方分支机构。即便如此，在印度的很多地区，族群性政党的影响力在很多地区要大于全国性政党，这一点在近来立法议会的席位分配上反映出来。①

族群政党与选民之间是典型的恩主庇护关系。庇护主义是一种将国家与社会联系起来的政治关系，其核心含义是统治集团或精英通过为特定社会阶层提供好处的办法来换取他们的支持、忠诚或默认。② 在印度历史上，人按照种姓制度被嵌入社会秩序并从事自己种姓的工作，不同种姓按照等级形成垂直的保护人与被保护人的互惠关系。这样，在印度大部分农村地区，恩主庇护关系非常普遍，存在着提供保护和恩惠的强势人物，以及提供忠诚和个人服务作为回报的追随者之间所建立的庇护网络。③

因此，印度的公民社会事实上是由庇护关系之下的自主性族群政党构成。谁也不能否认这种社会关系的公民社会属性，只不过是印度特色的公民社会而已，正如法国的公民社会不同于英国—美国的公民社会。那么，印度的公民社会具有什么样的民主效果呢？我归纳出以下三个方面。

首先，选举民主中的高投票率。因为是庇护性关系，而且是地区范围有限的多族群政党，族群政党的政治动员就特别有力量，底层选民的投票率就特别高，高于印度中上层阶级的投票率。在印度，每当选举之日，即便天气恶劣，投票点依然排起长队，在一些地区，选民甚至在选举日当天

---

① Narendra Subramanian, *Ethnicity and Populist Mobilization: Political Parties, Citizens and Democracy in South India*, Oxford University Press, 1999.

② [美]戴维·瓦尔德纳、刘娟凤：《国家构建与发展》，包刚升译，吉林出版集团2011年版。

③ Bernard Cohn, *An Anthropologist among the Historians and other Essays*, Oxford University Press, New York, 1987. 转引自王红生《印度的民主》，社会科学文献出版社2011年版，第25页。

停止工作，放弃收入，换上新衣前去投票。在印度广为流传的埃米尔·阿里（Amir Ali）提前结束探亲，乘坐火车、大巴、渡船，经过36个小时的旅程只为在投票站关门前送出自己选票的例子，在印度人看来既不夸张，也无特别之处。①

最早对这一现象进行详细阐述的是约根德拉（Yadav Yogadra），他在对印度1971年与1996年选举结果的对比研究中得出，底层选民的投票率并不低于上层阶级（表1）。② 对1996年以后四届选举数据的详细研究继续印证了这一发现。此外，表2、表3证明，农村地区、社会身份低下的选民在投票率上与其他群体相比也毫不逊色，这些数据说明，印度的底层民众有着相当高的投票参与积极性。这使得印度投票模式与其他采取普选民主制的国家相比有很大不同，底层民众的投票率远远高于美国。

表1　　　　　　　　　社会阶层与投票率　　　　　　　　　单位:%

阶层	上层	中产	底层
投票率	57.6	56.5	58.6

资料来源：NES 2009 印度选举相关数据。

表2　　　　　　　　　居民投票率　　　　　　　　　单位:%

地区	1999年	2004年
农村	60.7	58.8
半城镇	61.5	59.1
城镇	53.0	53.7

资料来源：CSDS Data Unit。

---

① Mukulika Banerjer, "Scared Elections", *Economic and Political Weekly*, April 28, 2007.

② Yadav Yogendra, "India's third Electoral System—1989–1999", *Economic and Political Weekly*, 1999.

表3　　　　　　　　　　各阶层投票率　　　　　　　　　　单位:%

	1996 年	1998 年	1999 年	2004 年	平均
全体	58	62	60	58	60
贱民	62	67	63	60	63
原住居民	56	62	52	61	58
其他落后阶层	60	61	59	58	59
上层	54	62	62	56	58
穆斯林	56	65	67	46	59

资料来源：CSDS Data Unit。

那么，印度的高投票率是怎么来的或怎么维持下去的？各种形式的"金钱政治"必不可少。这其实就是腐败。

其次，买卖选票的腐败。印度的腐败是有名的，印度政坛长期存在"小官贪小钱，大官贪大钱"的腐败之风。美国一份报告称，印度平均每年流失193亿美元的非法资金（黑钱）。反腐斗士拉姆德夫方面称，现存在海外的账户、原属印度"国家资产"的"黑钱"总额高达400万亿卢比，而这些黑钱往往与大人物有关，印度内阁成员中有1/4都曾或正在遭受腐败指控。[①]

印度特色的现代公民社会助长了腐败。在印度，传统的庇护主义仅发生在部落族群和乡村社会中，庇护关系仅是存在于微观社区中的一种社会交换机制，如地主阶层与农民所形成的保护与被保护关系，这种庇护关系体现的是一种工具性的互惠关系，涉及的是庇护双方各自拥有资源的交换，几乎不涉及公共权力，因而传统庇护主义与腐败联系不深。而现代庇护性民主将庇护制与选举结合，官员所利用的是间接控制的他方（通常是公共部门）的资源或权威来施以恩惠，换取选票，不仅庇护网络的范围更广，同时这种借助公共资源来构建庇护关系，并利用公共权力为私人或特殊团

---

① http://news.ifeng.com/world/news/detail_2011_08/20.

体服务的做法，是典型的腐败。①

例如，德拉维达进步联盟党（DMK）是泰米尔纳德邦目前的执政党。据报道，在2011年4月举行的泰米尔纳德邦立法院选举的前期竞选活动中，该党领袖、86岁的前剧作家、泰米尔纳德邦现任首席部长卡鲁纳尼迪（M. Karunanidhi）承诺，将向贫穷家庭提供搅拌机或研磨机，向工程专业的学生发放笔记本电脑，向渔民赠送保险，还承诺不定向地派发洗衣机和冰箱。而邦内主要反对党ADMK，即由前影星贾雅拉莉妲（J. Jayalalithaa）领导的全印安纳德拉维达进步联盟，为赢回权力而进一步升级了赠品规模，给所有女性每人一台搅拌机、一台研磨机和一台电风扇；向每个贫困家庭提供四头羊；向每个贫穷的新娘赠送四克黄金（用于打造婚礼上新娘戴的金项链）；给6000个村庄发放60000头牛，并给所有村民开通免费的有线电视。除两大党外，还有一位独立参选人则承诺，如果当选，他将向每位选民发放一辆汽车（单价约为2200美元）。②

根据印度有关法律，一名候选人用在参加议会选举上的竞选费用不得超过250万卢比（约合5万美元），邦立法议会选举经费则限制在2万美元之内，然而，在一般情况下，候选人的实际开支都在法定限额的10倍到数百倍之间。据统计，在2009年分五阶段举行的十五届大选投入费用达20多亿美元，这还不包括29个邦议会和其他基层组织选举的花费。而这仅仅是为维持选举流程的花费，若将各政党用以收买选票的话费计算在内，则总数高达上百亿美元。相较于美国2008年选举花费的50亿美元，"金钱政

---

① Paul D. Kenny, *The Institutional Origins of Patronage and Corruption in Modern India*, Yale University Press, 2011. 通常认为，腐败与庇护始于英迪拉·甘地任总理时期，甘地夫人打破了国大党原有的政治制度，使得错误的执政理念遍布印度各政府分支机构，她在20世纪70年代以经济利益和安排官位等手段拉拢了一批唯命是从、阿谀奉承的政客，利用他们达到分裂反对党的目的。腐败风气致使一些较廉洁的官员遭同行排挤，并导致近年来腐败率高于独立以来的任何时期。

② 《华尔街日报》2011年4月25日报道，http://cn.wsj.com/gb/20110425。

治"无疑更适用于印度。

因印度政党竞选费用庞大,常常会出现官商勾结的"黑金政治"。而印度的司法体系不透明、没有足够合格的法律从业人员等问题,使反腐败法律成为一纸空文。由于政党内部就充斥着腐败,政府为自身统治而不得不向那些有背景的腐败分子"投降",反腐议案迟迟不能通过。

另一种买卖选票的形式是发放低保卡以收买选票。印度贫困人口众多,需要一定的救济,其中一种形式就是发放低保卡。在规定贫困线以及低保卡的发放问题上,部分邦的执政党与中央政策存在出入。为何相对于其他邦而言,有些邦的执政党要发放更多的低保卡,进而将更多的选民纳入国家福利政策的保障范围内?在笔者看来,安德拉邦、卡纳塔克邦、喀拉拉邦、中央邦等邦的执政党如此动作,绝非考虑到民生问题,而是试图以低保卡的发放为利益出让,以换取下次选举中选民的选票。

持有低保卡意味着可以享受国家所提供的一系列福利待遇,对于选民而言意义甚大。因此,政党及政治家将贫民身份的赋予以及低保卡的发放视为达成自身政治目标的手段。现有研究显示,在拥有任意判定何种群体可享受国家福利的权力的情况下,政党往往会利用这一权力来换取自身利益。[1]在印度,这种对自身利益的交换主要表现在对政权延续性的追求方面,即换取选民的投票支持。在举行竞选的邦内,政党为增加政治支持,减少获选不确定性,纷纷致力于建立庇护网络。在大选前的竞选过程中,更多的低保卡会被发放到选民手中。

莎丹南丹(Anoop Sadanandan)对喀拉拉邦78个村庄的考察发现,

---

[1] Besley, Pande, and Rao; Benjamin Crost and Uma S. Kambhampati, "Political Market Characteristicsand the Provision of Educational Infrastructure in North India", *World Development*, 38 (February 2010): 195 – 204; René Véron, Stuart Corbridge, Glyn Williams, and Manoj Srivastava, "The Everyday State and Political Society in Eastern India: Structuring Access to the Employment Assurance Scheme", *Journal of Development Studies*, 39 (June 2003): 1 – 28.

2005 年大选前，作为考察对象的所有村庄中，有 28% 的村民被增加到低保卡的发放群体中，在部分村庄，贫困人口比例从 15% 上升至 47%，而当年并无灾害或物价飞涨情况发生。莎丹南丹通过对当地选举前政党竞争情况的研究得出，激烈的政党竞争是低保卡发放率大幅上升的主要原因。喀拉拉邦的竞选状况十分复杂，在该邦内，印度共产党的分支左翼民主阵线（Left Democratic Front）以及国大党分支民主联盟阵线（United Democratic Front）势力相仿，获得选举与组建邦政府的可能性不相上下。如图 1 所示，每次选举中总有一小部分选民在两党间摇摆不定，并决定着哪个阵营将获得选举的胜利。在 2005 年大选前，UDF 宣布将原本不在中央规定贫困人口行列的部分村民，纳入贫困线以下，发放低保卡并享受联邦政府提供的福利政策。[①] 该党给出的原因是这些家庭的收入仅略高于贫困线，很容易因突发事件降为贫困人口。该党利用低保卡而建立的庇护网络成功吸纳了中间选民的支持，并赢得次年选举的胜利。

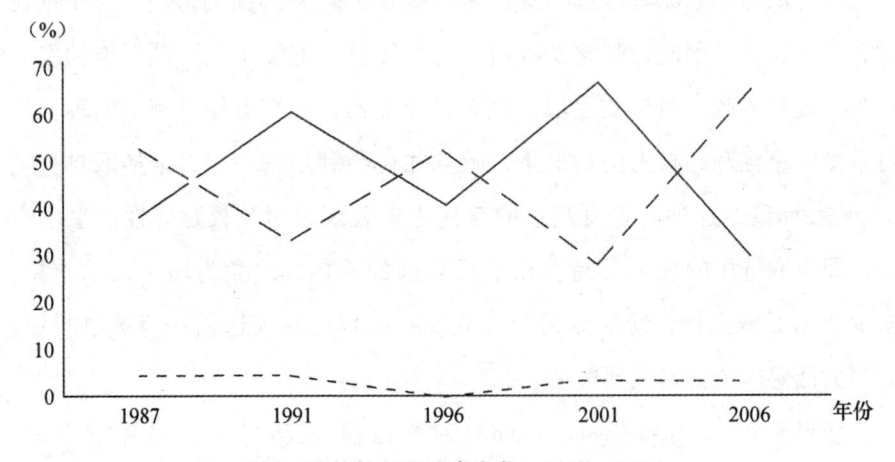

图 1　喀拉拉邦的政党竞争：1987—2006

注：— — —：两党获得票数差异；———：左翼民主阵线议席比例；- - - -：民主联盟阵线议席比例。

资料来源：转引自 Anoop Sadanandan,"Patronage and Decentralization: Politics of Poverty in India"。

---

① 数据来自作者在喀拉拉邦所做的调查，June - July 2006 and June 2007.

将部分家庭纳入低保体系中并使他们得以享受国家的福利,是印度政党为赢得选举常用的策略。无论对于执政党或是反对党,利用低保卡或其他物质利益向选民施以恩惠,并用以交换下次选举中选民手中的选票,在印度极为常见。如图2所示,实物的派发或类似于低保卡发放的政策倾斜,所形成的政党及其候选人与选民以利益交换为基础的庇护制,是印度各级议会选举中选举动员的主要方式。结合表1中的数据,利用低保卡建立庇护网络,并用以选举动员的各邦,整体而言选民参选率要高于低保卡发放率低的邦。

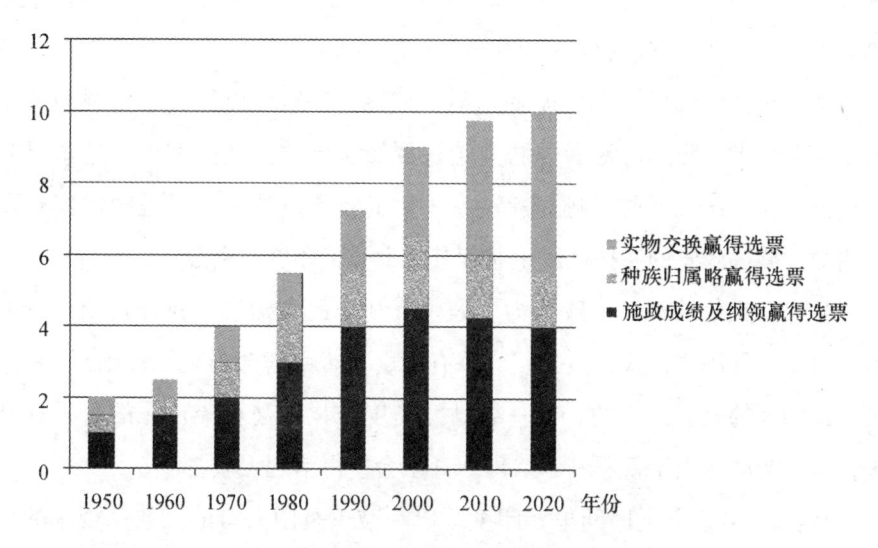

图2 竞选过程中政党争取选票所采取策略①

通过为选民发放物质利益,政党得以换取选民的投票支持。根据Scott的界定,这种交换关系以及为各自提供的服务是基于是双方互利性的需要,在典型的庇护交换活动中,较低地位的行动者(选民)得到那些有助于自

---

① Steven I. Wilkinson, *Explaining Changing Patterns of Party-voter Linkage in India*, Cambridge University Press, 2007, p. 111.

已减少和缓解来自环境威胁的物质和服务,而较高地位的行动者(政党及候选人)获得的是相对无形的回报,例如投票这种直接具有政治性质的服务。作为政治动员的方式,利益派发吸引了更多的选民参与投票,同时也给予穷人暂时性改善生活条件的机会。然而,物质交换难以带来长期的收益,正如许多选举观察员不无忧虑地指出,美国式的"金钱政治"和"利益驱动"正在侵蚀着印度的"选举政治和民主程序"。

在庇护性民主的影响下,印度的全国性政党的广泛性组织支持的努力常常以失败告终,因为大多数选民的公共责任观念极其狭隘:得不到即期物质回报就不投票。这样,那些以公共政策为导向的政党很难拉到选票。和族群政党一样,它们也不得不通过行贿来收买短期的支持者和议会中的变节者。这样就形成了恶性循环。不仅如此,甚至可以通过暴力或犯罪团伙敲诈赞助者,吓跑反对者并胁迫选民屈服来建立所谓的实力,这就是扎卡里亚(Zakaria)所称的强盗民主。[1] 因此,印度的选举民主根本阻止不了腐败,族群政党的庇护性民主制度甚至助长了印度的腐败。

再次,无效治理。一般认为,分权有利于民主治理。我曾指出,分权本身就是一种民主形式,但分权应该有限度,否则就会出现无效治理。[2] 这是根据印度的分权而言的。在一个已经高度分化的甚至碎片化的公民社会里,进一步的分权不仅不利于治理,甚至会使得治理无效。

在长达60多年的时间里,印度政府在减少贫困人口的人数、资源的再分配等方面所取得的成效并不乐观,甚至相较于独立之初,贫富差距的问题反而更为突出。事实上,贫困治理问题是庇护性民主在印度的又一个恶果。

在庇护性民主下,印度各级选举中的参选政党往往将精力放在即时物品的提供方面,而非提出并贯彻具有长期意义的公共政策或公共物品的发

---

[1] [美]弗里德·扎卡里亚:《民主的局限性》,[美]《新闻财刊》2007年第1期。
[2] 杨光斌:《民主与中国的未来》,《战略与管理》2012年第3—4期。

放。在印度，各政党及候选人为拉拢选票，通常以实物发放的方式赢取选民支持，而选民的政体素质较低以及政党信用度的普遍低下，使得选民对于即时物品的获得更为认可。在这种情况下，政党为获取执政地位，多致力于同选民的物质交换，而忽视了长远的更为有益的公共政策构建。而对于缓减贫困问题而言，实物的发放固然有其意义，但减少贫困的根本手段还在于长期的政策安排。庇护性民主使印度的政党及选民变得短视，贫困人口减少困难因而成为印度一个久治不愈的难题。

事实上，印度中央政府从未停止关于缓解贫困的努力，但因庇护制的存在却收效甚微，甚至适得其反。自独立之初，印度的历届政府热衷各项福利计划，其受益者往往是所谓的不可接触群体，包括表列种族（Scheduled Caste）、表列部落（Scheduled Tribes），以及其他落后群体（Other Backward Class，OBC）。[①] 然而，社会福利项目的目的虽在于福利物品的分配，但更多的则是激发了庇护制的出现。政府的福利项目多集中在农村地区，这使得农村地区的大部分公共资源为政府所掌控，同时由于政党竞争激烈，福利项目反而成为各政党建立庇护制的关键。[②] 相关数据显示，中央政府用以改善贫困人口生活的各项政策中，仅有不到1/4的资源顺利送至底层民众的手中。[③] 在这种情况下，在当地影响力较小的底层选民往往难以获得福利项目的支持，富农不断获得政府补贴，但更需要补贴的贫农们却很少获得。

上层尽管高效，但将政策和服务贯彻到基层的能力低下。由此，便像

---

① Paul D. Kenny, *The Institutional Origins of Patronage and Corruption in Modern India*, Yale University Press, 2011.

② 如上文所论述的有关各邦低保卡的发放问题，中央政府发放低保卡目的本在于改善底层民众的生活条件，但具体到各邦，则成为政党在竞选过程中建立庇护网络的资本。

③ Amit Ahuja, *Civic Duty, Empowerment and Patronage*: *Patterns of Political Participation in India*, Cambridge University Press, 2008.

大脑控制不了脚趾一样，印度变成了"双截棍国家"。这其中的中介因素是庇护网络，而它的关键在于精英拥有资源，而且又有分配的自由裁量权。①在庇护网络下，政党及政治家更加依赖庇护关系下的选择性施惠来保障获取政治支持和兑现租金，对于通过政纲和许诺提供公共物品来动员不感兴趣。他们不是将公共开支施惠到个人上，就是集中到特定利益团体上。公共资源经常被大量浪费在非生产性的转移上。

最近的一份研究报告指出，印度最贫困的八个邦中越来越多的贫困人口挣扎在最低生活线以下，人数多达4.21亿，超过非洲最贫穷的26个国家总人口数，②对此，印度政府采取的措施是补贴以缓解因贫困带来的饥荒。这一治理模式，不仅导致执政成本过高，同时亦无法从根本上缓解贫困压力。我认为，造成贫困难题的根本原因在于治理模式的缺陷，而治理模式的背后则是庇护性民主的影响。

在庇护性民主下，印度各级选举中的参选政党往往将精力放在即时物品的提供方面，而非提出并贯彻具有长期意义的公共政策或公共物品的发放。在印度，各政党及候选人为拉拢选票，通常以实物发放的方式赢取选民支持，而选民的政体素质较低以及政党信用度的普遍低下，使得选民对于即时物品的获得更为认可。在这种情况下，政党为获取执政地位，多致力于同选民的物质交换，而忽视了长远的更为有益的公共政策构建。而对于缓减贫困问题而言，实物的发放固然有其意义，但减少贫困的根本手段还在于长期的政策安排。庇护性民主使得印度的政党及选民变得短视，贫困人口减少困难因而成为印度一个久治不愈的难题。

族群政党的庇护关系构成了印度特色的公民社会和政治动员模式，因庇护关系而产生的利益交换是选民参与投票的重要原因。然而，高投票率

---

① John Harriss, *Is Government in India Becoming More Responsive: Has Democratic Decentralisation Made a Difference?*

② Http://news.163.com/10/0811/14/6DQJAP5C000125LI.html.

并不能反映印度的公民参政水平,更不意味着好的民主政治。在印度,底层选民的投票率虽高,其他形式的公民参与行为却较少。[1] 印度的问题并非在于缺乏民主,而在于缺乏良好治理。对于一个民主国家而言,重要的不仅仅是民主的广度,同样还有民主的深度。[2] 在庇护性民主下,高投票率带来的并非印度民主制度的繁荣。印度的各级选举参与在近年来继续增加,在贫民、少数人群和弱势群体中间实际上正在以加速度增加,而在富有者和城市中产阶级中间参与反而有所下降。[3] 这种现象再次反映出印度特色的公民社会与无效治理的关系。

四 理论发现:作为连接公民社会与民主政治的中介机制的"民情"

我们急需社会自治,因而无论称为公民社会也好,社会组织也罢,作为社会自治的组织必须得到发展,对此不能有任何质疑。我们也需要民主政治。但是,有了以社会组织为基础的社会自治,就必然有好的民主政治吗?本文的研究已经给出了部分答案:公民社会与民主政治的关系如何,并不是简单的直线的因果关系。在某种意义上,社会自治是地方性的事务,民主政治是全国性事务;好的地方自治并不意味着好的全国政治,因为不以公共性为导向的地方性事务之间充满着张力甚至是血腥。除了本文所提供的案例,"阿拉伯之春"也是一部鲜活的教材,基于著名的公民社会组织

---

[1] 赵刚印:《现代化研究中公民政治参与的比较研究——以中国和印度为例》,上海人民出版社2010年版。

[2] Patrick Heller, Degrees of Democracy: Some Comparative lessons from India, *World Politics*, Vol. 52, No. 4, July, 2000, p. 487.

[3] [印度]帕萨·查特杰:《被治理者的政治:思索大部分世界的大众政治》,田立年译,广西师范大学出版社2007年版,第89页。

即穆斯林兄弟会的埃及穆尔西政权居然成为压制自由的力量。因此，公民社会与民主政治之间的关系到底如何，除了政治环境以外，最重要的还是公民社会的性质即"民情"；民情是偏公共性还是狭隘的恩主庇护性，直接决定着一个国家民主政治和国家治理的质量。这样，看上去都有现代性的公民社会，因为民情不一样，现代性下还是固有的政治生态。比如，都是代议制民主，事实上英国还是那个英国，印度还是那个印度，并没有因为印度建立了选举民主就变得和英国一样了；不仅如此，选举政治这样现代政治形式的出现反而恶化了本来就存在的庇护关系，使得全国性的公共政策难以执行。

讲到公民社会与民主治理的关系，不得不提及中国。中国的"公民社会"将会是什么样式的或什么性质的？有一点是肯定的，不要指望出现英美式的公民社会。因为我们还没有成熟的公民社会，我们只能从自己的历史中汲取某些信息，因为文化和历史的传承性所构成的"民情"无论如何都不能低估。至少以下历史故事和历史概念所构成的"民情"是不能忽视的。

第一，历朝历代的农民起义是怎么起来的？中国人常说"反贪官不反皇帝"，其实，起义的农民哪里看得到什么官，看到的都是豪强，与其说是反遥远的庙堂上的贪官，不如说是反江湖中的豪强。那么，豪强是谁，难道不是今天意义的"社会分子"吗？我认为，西方思想史的命题如"国家是必要的恶"根本不能用来分析中国历史上的"国家"，因为在绝大多数时间里，"国家"即统治者奉行的是"民本"思想。相比之下，倒是中国历史上的"社会"属性值得讨论。西汉初年奉行最正宗的自由主义即"无为而治"，结果便是百年之后的豪强政治。也就是说，且不说中国历史上到底是否存在西方意义上的国家—社会关系（因为中国的"家—国—天下"是一体化的概念），即使存在，至少也不能拿产生于西方近代政治社会的国家—社会关系理论来分析或对照中国。

第二，假设中国历史上存在"社会"，那么这个"社会"到底是什么？在"家—国—天下"一体化社会秩序观的儒家思想那里，历史上的"社会部门"自主性是真实的吗？很多人自然会想到晚清的商会多么发达，那么其作用到底如何？对此，很多中国人大概需要看看外国人是怎么看这两个根本性问题的。就中国历史上的"社会部门"的地位而言，艾森斯塔德这样说，一般人认为中国广泛的社会部门具有自主性，但与欧洲和印度相比，在中国所谓的自主性都是假象，统治阶级并没有将社会部门自主性合法化，大多数社会生活领域都受到儒家官僚制的政治控制和思想控制，即社会部门的政治价值观与国家完全一致，其自治活动的范围受到严格限制。与欧洲和印度的另一个重大不同在于，中国的任何社会部门、"地方性"公共机构都没有获得过进入国家或中央的自主权，国家完全垄断和控制了社会部门进入中央的权利，中央的政府部门只对宫廷官宦、官僚和一些儒士团体开放；家族集团、地方团体和类似的团体可以成为地方自治活动的基础，但是，除非在社会动荡和帝国灭亡时期，它们没有任何进入中央领域的自主性机会。也就是说，在儒家思想构建的一体化的总体性社会秩序蓝图中，不可能孕育出西方意义上的"社会"和"公民"概念，没有出现公民参与政治的普遍原则，而这些原则是可以用来批评政策和制度的。①

重新发现中国"社会"的学者似乎对晚清的商会和自治组织情有独钟，对此，法兰西学院院士魏丕信关于18世纪中国荒政问题的研究值得一读。1743—1744年在直隶省和山东省部分地区发生了空前严重的饥荒，这场灾害持续时间长、范围广、受灾人口多，而且发生在京畿之地，政治危害很大。在国家官僚机器的有效运作和管理下，基本上平稳地渡过了灾难。类似这样的荒灾还很多，甚至比1743—1744年的灾情更严重，前清政府都能有效应对。但是，嘉庆朝以后，即在19世纪20年代以后，政府的官僚体系

---

① 艾森斯塔德：《大革命与现代文明》，第74—75页。

开始衰败，更不用说"太平天国"以后的晚清官僚体系了。为此，地方慈善机构和商会开始承接过去由国家负责的救灾和救济事务，结果众所周知，荒灾中的灾民变为流民，流民进而又变成"暴民"。[①] 一般认为，这本书根本性地改变了20世纪90年代以前史学界的流行观点，即否定明清时期国家及其对社会经济的作用。不仅如此，在我看来，与此相联系，这本书的第二个贡献就是质疑甚至颠覆传统的否定国家作用因而鼓吹（夸大）清朝民间组织作用的观点。

第三，缺少公共性的几个历史概念。首先，历史上流行的"江湖社会"这个概念，这是一个崇尚无法无天、替天行道的"社会"，"法治"在"江湖社会"是没有用的，没有法治，自然就与保护公民权利为宗旨的"公民社会"联系不起来。其次，"土围子社会"概念。"土围子"现象就是把自己的辖区变成封建豪强的独立王国，"豪强"的另一种表达，它有两个密切关联的特点：对老百姓实行强权统治并无视国家法律法规。在这些"土围子"，支配者按照自己的意愿，想怎么办就怎么办。再次，"蜂窝状社会"概念，即社会群体之间彼此隔离而难以因大局意识联系起来。有了这几个概念，即使出现所谓的"公民社会"，和印度特色一样，肯定是中国特色的，比如因"蜂窝状社会"和"土围子社会"而难以建立起来具有真正公共关怀的公民组织，关心的只是自己的狭隘的利益，而这样的组织越发达，政治就越具有离心性；而离心性组织很可能对"江湖社会"那一套烂熟于心。

第四，与第三个特征相关，100年来鼓吹民主政治的中国人到底有没有或者到底有多少公共精神？陈水扁靠社会运动当了"总统"，结果大行家族之私；被认为是好公民的马英九最终也在运用党主席的权力而违宪。由此观之，大力鼓吹民主和宪政的中国人，在自己的日常生活中是奉行封闭的

[①] ［法］魏丕信：《十八世纪中国的管理制度与荒政》，徐建青译，江苏人民出版社2006年版。

排他性的"土围子"原则还是开放的包容性的公共性原则？这种民情上的性质，是好坏民主政治的关键。

总之，对于一个尚未出现的自治社会，人们翘首期待传说中的"公民社会"是可以理解的，因为它与民主政治的神话尽人皆知。但是，如果我们熟悉自己的历史，了解别人的历史，我们或许对一个想象中的"公民社会"这样的美好愿景更加谨慎，而不会像曾经梦想共产主义社会那样，梦想拥有一个美好的"公民社会"。中国将来即使出现了"公民社会"，中国特色的"公民社会"与民主是什么样的关系、与国家治理又是什么样的关系，都需要抱有历史的忧患，而不是盲目的乌托邦幻想。中国的"公民社会"将是什么样式的，绝对不是几个善良的知识分子能够想象的，更不是由我们知识分子所能建构、所能决定的，决定未来的是历史。

一些国家推动民主化进程中的利弊得失、深层次原因、对我启示与对策建议

◇ 一 民主化政治的常见性和易发性

从亨廷顿所说的第三波民主化（即1974年开始的西班牙、葡萄牙民主化到20世纪80年代中后期东亚国家和地区的民主化、南美民主化以及苏联东欧的易帜），到有第四波民主化之称的中亚国家的"颜色革命"和中东国家的"阿拉伯之春"，再到今天的乌克兰—泰国政治的乱局，民主化政治是世界政治上最常见的也是改变国际格局的最重要政治形式。那么，为什么民主化政治如此常见或者说具有易发性？

第一，民主观念的普遍化。冷战的起源在于意识形态竞争，因此两大阵营在全球范围内竞相推销自己的思想观念。有意思的是，二者推销的都是民主观念，只不过一个是自由主义民主，一个是社会主义民主，结果自由民主占了上风，赢得了冷战。以至于，当人民对政权不满或对当下政治不满时，都把民主当作灵丹妙药，甚至视为宗教信仰加以追求。

第二，公民权利意识越来越强，行动更积极，抗争活动更加频繁。经济增长不必然带来民主，但是经济增长的一个后果便是青年人价值观的变

化以及相应的行动能力的提高。根据密执安大学英格尔哈特教授的"世界价值观调查"项目对 81 个国家的长达 20 年（1981—2001 年）的研究发现，对于那些成长于经济不稳定和经济短缺时期，并且价值观形成于这一时期的人们而言，一般都具有"物质主义"的价值观，更加强调经济和物质安全，因而事实上是一种"生存型价值观"；而成长于经济繁荣和安稳时期的人们一般有着"后物质主义"的价值观，比如更加重视自由和清洁环境，是一种"自我表现型价值观"。随着经济发展和代际变迁，物质主义价值观明显地向后物质主义价值观转换，从"生存型价值观"向"自我表现型价值观"转变。英格尔哈特根据数据得出结论，不管其传统文化如何，经济发展都会使社会朝同一方向演进，即朝向"自我表现型价值观"发展。这种价值观在政治上的表现就是"摆脱威权的控制"，从而产生更多挑战执政者的和平示威活动。[1]

一般认为，无论是第三波民主化还是随后的起始于突尼斯的第四波民主化即"阿拉伯之春"，以及当前的乌克兰事件和泰国周期性街头政治，都是"自我表现型价值观"的政治表现。

第三，国际背景（主要是西方国家）的决定性作用。如果没有苏联态度的变化即让东欧国家拥有更多的自主性，以及欧盟成员国身份的诱惑，很难设想东欧国家在如此短的时间内走得那么远、变得那么快，今天的乌克兰更是国际力量拉扯的结果。具体而言，两类国际背景的组织搅动了一些国家的民主化进程：第一类是致力于提升民主和提升人权的国际非政府组织或准政府组织，包括私人协会、运动组织、基金会、咨询公司、政党组织等所提供的思想、联系和财政上的支持；第二类是区域性和全球性组织如欧盟所承诺的成员国身份，其他的如美洲国家组织、英联邦、非洲联盟等，都实行一种全新的外部干预模式即"政治附加条件"，对"违宪"政

---

[1] Ronald Inglehart and Christian Welzel, *Modernization, Cultural Change and Democracy: the Human Development Sequence*, Cambridge: Cambridge University Press, 2005.

体加以惩罚。①

上述三种因素，尤其是国内经济发展所带来的价值观转型和西方世界的支持和拉拢，使得民主化政治成为当今世界最为常见的政治形式。但是，民主化所带来的结局大多数并不符合追求者的预期，而是多元化的，而且是人们的不满占主导地位的政治格局。

二 民主化政治的国家类型

目前，世界上最流行的国家分类法是"自由之家"（the freedom house）按照个人自由和竞争性选举两大标准的分类，1代表最自由，7代表最不自由。据此，印度平均得分是2.5，新加坡是4.5，中国则是6.5。但是，按照联合国颁布的人类发展指数（即幸福指数），印度在过去十年中一直居127位，中国从101位上升到91位，更不用说新加坡的指数有多高了。所以，"自由之家"的分类根本不靠谱。我们将在后面看到，竞争性选举其实是党争民主，而党争民主对于发展中国家而言往往是政治陷阱和发展的障碍。

我们应该从人类基本理性和常识出发，来对国家尤其是转型国家进行分类。比如，政治是否稳定、人民能否参与政治、基本权利是否得到保护、经济增长是否正常、社会公正程度而带来的人民满意度如何。按照上述指标，根据这些国家这些年的实际表现，对第三波民主化以后的国家做如下分类。

I类国家，政治转型为西式民主，经济社会发展卓有成效。这类国家主要有东亚的韩国和东欧的波兰、匈牙利、捷克、斯洛伐克、爱沙尼亚等

---

① ［意］施密特：《25年的时光，15项发现》，见［美］奥唐奈和［意］施密特《威权统治的转型》，新星出版社2012年版，第115—116页。

国。韩国从转型前的"亚洲四小龙"之尾而超过经济规模比其更小的我国台湾地区，成为创新型国家；东欧的几个国家人均GDP接近2万美元。

Ⅱ类国家，政治转型为西式民主，但陷入治理困境。这类政治体有我国的台湾地区、东南亚的菲律宾和印尼、南亚的印度、拉丁美洲的大多数国家，其中墨西哥、阿根廷最甚。20世纪80年代，"亚洲四小龙"中我国台湾地区排在韩国前面，但现在远远落后于韩国，也与新加坡和中国香港地区的差距进一步拉大。而对于菲律宾和印度（虽然是老牌民主国家）而言，西式民主即竞争性选举事实上是强化了其固有的封建制或古老的社会结构，结果两极分化和贫困问题根本得不到解决，印度贫困人口依然达4.2亿，是非洲人口的总和。墨西哥于2000年首次政党轮替，但是十几年来毒品暴力泛滥、腐败猖獗、贫富悬殊、发展乏力、失业严重，整个社会充斥着悲观情绪和对政党—政治家的不信任，整个国家在世界上面临被边缘化的危机。在这种背景下，曾经执政60年的墨西哥革命制度党在2012年的大选中重新夺回执政权。

Ⅲ类国家，政治发生转型，威权政治色彩强，经济社会发展基本正常。最典型的当属俄罗斯，叶利钦时期实行完全的西式民主，结果是"失去的十年"，俄罗斯上下呼唤强人政治，普京应运而生，"普京式民主"即"可控的民主"让西方如刺在喉，但国内百姓拥护，经济社会发展基本正常。其他国家包括苏联的加盟共和国，如白俄罗斯、中亚国家，以及中东的伊朗。

Ⅳ类国家，政治转型导致国家周期性政治动荡、内战，甚至分裂。这类国家有苏联、南斯拉夫，以及当下的泰国、乌克兰、叙利亚、巴基斯坦以及非洲的不少国家。

可以肯定，自第三波民主化以来，只有极少数国家即Ⅰ类国家的民主政治结果是人们所欲求的，即追求民主是为了实现最大限度的"公共的善"，而大多数国家即Ⅱ类、Ⅲ类和Ⅳ类的政治结局都事与愿违，而且在可以预见的将来，这些国家（地区）的人民的失望情绪不会消失。即使连大力推进民主化的美国人拉里·戴蒙德（Larry Diamond）也承认，民主化席卷了全世界，结果"治理不善"如同难以摆脱的幽灵。① 很多国际机构和国际非政府组织认为民主可以缓解发展中国家的贫困，结果不过是南柯一梦。用著名民主理论家施密特的话说，"过去25年来大多数的政体变迁确实导致了质量低下的政体，枉费了当年为此而付出的斗争和牺牲。而且特别值得注意的是这些幻灭并不仅仅限于新的民主政体，在已经建立的民主社会里，也充斥着类似病态征兆"，而其根本原因则是相关社会中的"基因上的缺陷"使得民主制度和民主实践举步维艰。②

其实，在我看来，民主化导致世界范围内大规模的政治衰败不但是因为"基因上的缺陷"，还因为流行的民主理论本身有问题。这就是下面讲的两个深层次原因。

◇三 民主化问题的深层次原因

大多数民主化国家都出了问题，而且不是一时的难题，这就不能不追问究竟了。原因固然很多，比如经济发展水平、政治文化、公民素质等。我认为，这些原因固然有一定的相关性，但不是最根本的，而最根本的则是一内一外，"外"是外部传导的民主理论以及基于民主理论的民主形式有问题，"内"则是缺少民主政治的最根本条件即同质性这个"基因"。

---

① ［瑞典］罗斯坦：《政府质量：执政能力与腐败、社会信任和不平等》，蒋小虎译，新华出版社2012年版，第236页。
② ［意］施密特：《25年的时光，15项发现》，见［美］奥唐奈和［意］施密特《威权统治的转型》，第107页。

1. 民主理论本身的问题：选举式民主—党争民主

美国和国际机构大力推行的民主化政治，其实就是竞争性选举；而当世界范围内的民主化政治不如预期甚至出现政治衰退的时候，它们也开始反思，但是它们绝不会从"根"上加以反思，即它们所奉行的、所推行的民主化政治是否在理念上、在理论上就是一种错误的，或者至少是不符合其他国家国情的民主化理论和民主化政治？例如，因"历史的终结"而一炮走红的福山这样说："民主的失败，与其说是在概念上，倒不如说是在执行中。"[①] 这里，福山和其前次著名的"历史的终结"一样，再一次暴露了其理论修养不足的底色。世界范围内的民主政治的危机，绝不能简单地归因为民主执行问题，在我看来，是流行的民主理论、民主观念本身的问题。那么，流行中的民主观念是什么？

目前在世界上流行的民主观念就是被称为"竞争性选举"的"熊彼特式民主"。在熊彼特那里，流行几千年的"人民主权"即人民当家作主的民主理论被改造为"竞争性选举"：民主就是选民选举政治家做决定的过程，而政治家如何做决定、议会如何立法，均不是民主政治的范畴。[②] 这样，熊彼特来了一个简单的颠倒：传统的人民主权理论把人民当家作主当做作第一位的，而在他那里，选举过程是第一位的，人民当家作主是第二位的。经过西方社会科学几代人的努力，"人民主权"就被置换成"人民的选举权"。

人民有选举权本身并没有错，但问题是这种形式的民主与各种政治思潮联姻就会招致民主政治的变种。民主政治本身是一种大众权利政治，而

[①] ［美］福山：《政治秩序的起源》，毛俊杰译，广西师范大学出版社2013年版，第11页。

[②] ［美］熊彼特：《资本主义、社会主义与民主》，吴良健译，商务印书馆1979年版。

大众政治会与各种政治思潮相结合，比如与民族主义、宗教势力、民粹主义，或者说这些政治思潮、政治势力必然会借助于民主政治形式而实现自己的政治目的，结果出现了埃及的穆兄会式的伊斯兰主义民主、乌克兰式的民族主义民主、南美的民粹主义民主，其结果有目共睹。

也就是说，在理论上，作为民主形式的竞争性选举本身并没有错，但是，谁来组织竞争性选举？当然是政党，因此竞争性选举必然是"党争民主"。党争民主的实质又是什么呢？政党是有其特定的群众基础的，可能是不同的阶层（阶级）、宗教势力和民族（种族），这样党争民主势必变成事实上的阶级斗争如泰国，变种宗教极端政治如埃及的穆兄会政权，变成分裂国家的民族之争的政治如目前的乌克兰。

在理论和历史经验上，民主形式事实上是多样化、多元化的，而且有的民主形式比竞争性选举更重要，发生得也更早，比如作为规定根本性秩序的宪政民主（我们可以称之为法治民主）、作为是制度安排合理化的分权民主，还有其他的如协商民主、参与式民主等。在民主发生学上，西方国家的选举民主来得比宪政民主、分权民主都更晚，而且美国的立国原则即宪法是通过协商民主而建立起来的。但是，在对外政策中，美国忘记了自己的历史，刻意对发展中国家推广一种形式的民主即事实上的"党争民主"。而"党争民主"如果发生在缺少同质性"基因"的社会，势必会导致前述的种种恶果。

2. 民主政治的社会文化基因：同质性条件

不同于君主制和贵族制，民主是关于大多数参与甚至"人民当家作主"的政治，实现条件自然比其他政体要多要高，其中最攸关的应该是同质性条件。民主是关乎多数人的政治，多数人如果分别处于对立或异质化结构中，冲突必然发生。民主的同质性条件，是很多西方思想家和学者根据自己或比较政治发展的基本历史经验而得出的规律性总结。事实上，上述四类国家，其民主化的成与败，在很大程度上也看它们是否拥有同质性条件。根据世界民主化成败经验，民主的同质性条件至少有以下三个要素：

（1）共同的国家认同。如今的国家，尤其是很多发展中国家，都是多民族国家，如果按照英国、德国、日本那样的一族一国，发展中国家将四分五裂，因此，研究民主转型的代表学者林茨等都把"国家性"即对同一个国家的认同，当作民主成败的前提条件。如果没有国家认同，政治派别之间就会为反对而反对，而不是在忠于国家的反对（英国叫"忠于女王陛下的反对"），结果可能撕裂国家。在德国魏玛共和国时期，自由主义的最有力评判者卡尔·施密特也是从这个角度谈论其民主同质性理论的。在施密特那里，同质性首先是指同一个民族。[①] 今天，后发国家与早发国家的最大不同之处是，早发国家的民主都是在同一个民族内进行，而后发国家则是多民族的事。事情到了这个地步，不能说多民族国家不能搞民主，但至少有多元一体的国家认同，否则就是国家分裂。苏联解体、南斯拉夫分裂、今天的乌克兰，都是因为民族之间没有基本的国家认同。我国台湾地区的情况虽然没有乌克兰那么严重，但是性质是一样的，因为存在本省外省之间的蓝绿对决，纯是为反对而反对，结果有利于台湾岛的两岸贸易服务协议被长期杯葛，台湾地区也因此从过去的东亚经济领头人而被边缘化。

（2）共享信念。连自由民主的最有力论证者萨托利也这样说，没有政治观念上的共识，多党制是很危险的。确实，在英、美等西方国家，不管是什么党，哪怕是共产党，信奉的都是法治和以自由主义为基调的意识形态。因此，同质化条件至少包括一个国家中存在基本的，至少是大概的共享信念。第三波民主化以来的历史是，很多国家恰恰是因为缺少共享信念而内斗不止，甚至导致国际冲突。"阿拉伯之春"国家的问题事实上就是教派之间的冲突。

---

① ［德］卡尔·施密特：《当今议会制的思想史状况》，第165页。

（3）平等性的社会结构。民主本身就是社会平等化的产物，因而平等性也是同质性的首要条件。在托克维尔看来，美国基于平等的社会自治本身就是人民主权的生动体现。今天，很多失败的民主化转型就是因为社会结构的极端不平等。在不平等的社会结构里，民主不过是民粹主义的另一种说法。泰国、南美就是最典型。

第三波民主化以后之所以出现那么多问题，甚至是国际—国内冲突，大概都可以从民主理论本身以及民主的同质性条件那里找到答案。党争民主本身具有冲突性，而冲突性的党争民主如果发生在政治信仰对立、主张一族一国的异质性国家或者社会结构严重不平等的国家，冲突是必然的事。值得再次重复的简单道理是，党争民主本身是冲突的，而竞争性选举更强化了冲突，因为在异质性国家，竞争性选举是以党派、信仰、民族为基础的而展开政治动员。

◇四 对中国的启示与对策建议

一些国家的民主化政治对我们的启示无疑是多方面的，但最重要的思考与对策如下。

（1）经济增长结果的双面性。经济增长的短—中期政治效益是增加合法性，长期政治后果则是对执政者本身的挑战。一方面，我们常常把中国共产党执政的合法性建立在经济发展之上，即所谓的绩效合法性，这也没有什么问题，但其前提是对成长于经济贫困时期的人来说很有效；另一方面，我们必须重视"世界价值观"调查而得出的规律性结论。也就是说，当经济长期增长以后，成长于经济繁荣时期的人们并不简单地满足于物质消费，要求更多的精神层面的东西，即自由、清洁空气、政治参与等。在英格尔哈特看来，在中国，"自我表达型价值观"将在2025年左右到来。

也就意味着，届时执政者将很可能面临更强大的政治参与浪潮。

（2）创新民主制度的迫切性。如前所看到的，"自我表达型价值观"驱动下的民主化政治并不必然导致好民主和良政，很多时候是坏民主和劣政。即便如此，还是阻挡不了人们的政治参与热情，执政者治理得再好，百姓还是要自主地表达利益诉求，比如新加坡和中国香港的情况。比较而言，中国大陆不具备民主政治的同质性条件：外部有"台独""港独"势力，内部有"疆独"、"藏独"势力；意识形态上左右对立严重，不存在基本的政治共识；社会结构上城乡二元化，严重不平等。在这种异质性的国情里搞竞争性选举即党争民主，结果是可以预期的。

为了避免坏民主和劣政的出现，必须创新民主政治的形式。在这个方面，中共中央第十八届三中全会关于全面深化改革的决定指出，建立全方位、各个层次的协商民主制度。这是一个好的设计，也可以作为一种替代竞争性选举的民主形式。但是，应该看到，这是一种弹性的、实行起来比选举民主更难的民主形式。更应该看到，在所有的改革规划中，建立协商民主制度是最困难的领域。即便如此，为了避免竞争性选举即党争民主带来的劣政，执政者也必须下大工夫建设协商民主制度，以有效地将社会需求和社会参与纳入决策过程之中。

（3）加强民主话语权研究的迫切性。习近平同志在去年全国宣传部部长会议讲话上指出要求"新概念新范畴新表述"，其实是很有针对性的战略思路。但是，在现实中，一方面执政者自己把民主口号喊得很响亮，比如"社会主义的本质是民主"，"民主是社会主义的生命"，世界上没有哪个执政者像中国这样如此高调地呼喊民主，因为民主一直是反对派、弱者的武器；另一方面我们却没有自己的民主话语权，流行的或人们观念中的民主还是西式的竞争性选举，把选举等同于民主。结果，无论是国际社会还是国内的一般百姓，甚至党内知识精英，都以选举标准来衡量中国的民主政治。这无疑是自己把自己置于被动境地。

为此，必须加强民主历史、民主实践和民主理论的研究，搞出原创性的民主理论话语，在民主领域出"新概念新范畴新表述"。事实上，当年美国的"选举式民主"就是针对第二次世界大战后来势汹汹的社会主义运动即人民主权而搞出来的。结果，美国不但靠经济、军事、技术等"硬实力"与苏联对抗，更依靠自由、民主等"软实力"而击败了对手。

我们认为，当前中国最大的危险不是来自金融风险、环境污染、外来渗透等，而是来自因为没有自己的话语权而导致的不自信。对于中国这样一个大国而言，其治理无疑要比印度、墨西哥等国好很多，但很多精英分子却认为中国错了，因为他们习惯于以西方的理论和政治标准来衡量中国。危险莫过于此！

第三部分　民主与中国国家治理

公民参与和当下中国的治道变革

　　经典的政治参与概念是公民通过一定的方式直接或间接地影响政府的决定或与政府活动相关的公共政治生活的政治行为。政治参与的主体一般是指公民个体，政治参与活动主要包括公民个体的投票、选举、主动接触和结社活动。在这些活动方式中，除了结社活动具有群体性特征外，其他活动都是高度的个体化。显然，一些团体性活动，比如利益集团的活动，并不在政治参与的研究之列。更重要的是，政治参与是制度框架下的合法政治行为，而且活动目的仅仅是为了影响政府的决定或政府的相关活动。

　　中国的政治发展状况意味着不能简单地套用西方语境中的政治参与概念，其主体和活动方式都可能有所不同，且政治参与的目的指向也有"中国特色"（除了影响政府的活动，还有大量的"维权"行动）。第一，选举政治并不是中国政治过程中最为常见的政治活动，间接选举制度让一般公民不能参与中、上层的人事安排，县及县以下的直接选举制度还有很多需要完善的地方，因此一般公民较难通过选举而表达自己的利益诉求。第二，中国的法治化程度不是很高，且有些制度安排并不合理，很多利益纠纷在制度框架内不能得到及时而有效的解决，被迫采取非法律或非制度性手段来捍卫自己的权益。第三，中国政府体制是由五级政府（中央—省—市—

县—乡）构成的金字塔结构，且实行以"干部委任制"为支柱的政治单一制。[①] 在这种体制下，很多发生在村、乡一级的利益纠纷以及村民与基层政府的冲突不能得到有效化解，被迫选择非制度性的行为来表达自己的利益诉求。

特定的语境决定了不能简单地套用既定的"政治参与"概念而分析中国的政治发展与政治过程，因而选择"公民参与"概念。公民参与的主体不但包括公民个体，还包括无组织的群体、民间社团以及网民这样的新兴公共群体，公民参与的活动不但包括为了影响公共权力的行为，还包括因受公共权力侵害而捍卫自身权益的活动，有的甚至因为纯粹为发泄对社会的不满而发生。因此，公民参与是一个比政治参与外延更广的概念。尽管如此，根据不同的语境，这两个概念还是会在本文中交替出现。

肇始于1978年的改革开放把新中国并不长的历史划分为两个绝然不同的时期。改革开放带来了社会结构的深刻变革，阶级化政治向利益化政治转变。为了适应这种政治转型，政府的价值取向和行为方式也发生了重大转型。所有这一切，都推动了公民参与，这也是其他国家的民族国家建设所碰到的政治经济关系。有意思的是，这种基于历史经验而总结出来的、流行于20世纪60—70年代的现代化理论又碰上了互联网这样的技术革命。政治生活的网络化既是对现代化理论的挑战，也是对遭遇网络的转型国家的重大挑战，公民参与以前所未有的速度扩展，以前所未有的方式出现，从而对政治形成前所未有的冲击和影响。参与的主体、参与的形式和机制都发生了革命性变化，公共参与也推进了中国治道变革，尽管有序的公民参与亟待建设。

不可能以一文的篇幅深入研究30年来公民参与与中国治理变革的关系，本文只能算是一个宏观上的评论性观察，并因此具有更多的划分类型的

---

① 杨光斌：《转型时期中国中央—地方关系新论：理论、政策与实践》，《学海》2007年第1期。

"类型学"特征,并提出相关的理论思考。

◇一 公民参与主体:理想型—利益型—泄愤型

在公民参与的制度环境发生变化的条件下,公民参与的主体类型也在发生着变化。中国政治发展的基本状况就决定了,公民参与的主体不但有参加选举政治的公民个体,更多的是无组织的"群体"(大学生、弱势群体以及网民)以及为实现特定利益而结成的"团体"。在某种意义上,这种主体特征是由制度环境以及由此而导致的政治行为方式决定的,可以分为制度性与非制度性的公民参与,这些参与方式决定了中国的公民参与既有影响政府的活动,也有为了直接维护参与者自身权益的活动,而有的政治性活动只是为了泄愤。根据公民参与所要实现的目的,我把公民参与的主体划分为"理想型公民参与主体""利益型公民参与主体"和"泄愤型公民参与主体"。

1. 理想型主体公民参与

理想型主体主要是指20世纪80年代的大学生群体和21世纪以来的部分网民。

(1) 大学生群体

在整个80年代,中国的政治参与活动主要表现为以大学生群体为主体、以追求政治理想为目标的"街头政治"活动。为什么整个80年代的政治参与主体都是只有理想而无个人利益的大学生群体?原因很复杂,至少以下两点是不容置疑的。第一,政治体制改革的浪潮。十年"文革"使很多人认识到,中国决不能再发生因不能纠错体制而导致的灾难,因而以民主政治为取向的政治改革在"文革"结束以后立即启动,80年代的政治改革和经济改革一样轰轰烈烈，1987年党的十三大把政治改革推向高潮。这些改革诱发了充满激情和理想的大学生群体的参政热情。第二，国家与社会关系。反思"文革"与改革开放同步进行。在反思中，很多人产生信仰危机；在改革开放中，人们更多地了解了外部世界，而改革不同于革命，不可能和过去断裂。这样，思想与思想之间、理想与现实之间都形成巨大冲突。国家与社会的紧张关系必然在充满激情和理想的群体中爆发出来。

在上述政治和法律背景下，在改革开放后的第一次换届选举即1980年选举中，候选人尤其是一些高校的大学生候选人，以竞争式选举的方式向选民推广自己的政治主张。可以认为，1980年选举是"文革"以后第一次大规模的以民主政治为取向的政治参与活动，尽管此前还有以"西单民主墙"为代表的"大鸣、大放"活动。从此以后，在整个80年代，几乎每年都发生规模不等的学生运动，其中规模最大的是1986年年底和1989年春天的学生运动。不管是因为什么原因而诱发的学生运动，运动中的口号和目标最终都是"民主、自由"，比如1986年年底的学生运动因北京大学物理系学生被一社会青年伤害致死而引发，1989年学生运动因纪念胡耀邦而诱发。

自由与民主是人类的普世价值，因而追求这样的普世价值本身并没有错。但是，值得反思的是，"街头政治"是否是实现民主政治的好形式？今天很多人会给予否定性回答，尽管他们曾可能是"街头政治"的参与者。

即使在利益政治的今天，大学生群体依然可能是理想型主体，他们的活动方式可能从"街头政治"转向互联网参与。当然，理想型网民绝不止包括大学生群体。

（2）理想型网民

和大多数国家一样，中国的社会经济转型和经济增长带动了公民参与，经济增长和公民参与要求的增加又推动着政府的制度化建设。和早发达国家、早转型国家不一样的是，中国和其他国家类似的政治经济关系遇上了其他转型国家没有见过的互联网。这个前所未有的技术革命对中国的政治发展构成重大挑战，也为中国民众的公民参与提供了一个前所未有的平台。从无到有、从少到多，近十年运用网络技术的人以几何基数增长：上网电脑数量从 1997 年的 29.9 万台增加到 2007 年的 7800 万台（家庭上网电脑）；网民从 1997 年的 27 万人增加到 2007 年的 2.1 亿人；① 手机拥有量突破 2.5 亿部。

网民是近十年来新兴的政治力量，但是不能把网民当作一个整体。不但网民之间存在巨大分歧，同一个网民还可能充当多个角色或彼此冲突的角色，对待不同的问题有不同的态度。作为一个群体而言，有的网民更关注理想性议题，有的网民更关心利益性话题，有的网民只不过泄愤而已，有的网民甚至同时可能在上述三个领域游走。（据此，我把网民也分为理想型主体、利益型主体和泄愤型主体，并在本节三种公民参与主体中分别论述。）

理想型网民是指那些因公共利益或公共话题而影响公共权力的网民。盛行于 20 世纪 80 年代的理想型政治参与在 90 年代一度沉寂，但是到了 21 世纪，网络技术为理想型政治参与提供了一个新的平台和契机，理想型政治参与又重新成为中国政治过程中的一个重要的政治变量。但是不同于 20 世纪 80 年代的理想型参与，21 世纪以来的理想型参与大多着眼于具体的公共议题，而非 20 世纪 80 年代的那种动辄自由民主这种抽象的诉求，因而通过网络而进行的理想型参与更能到达目的。例如，从几年前的南丹矿难和宝马车主故意碾人案，到 2007 年的"黑砖窑"事件和"最牛县委书记"案②，都因网民的参与而东窗事发或改变了事件的结局。参与这些公共性事

---

① 据中国互联网络信息中心（CNNIC）数据。
② 2008 年 1 月，《中国法制报》下属的《法人》杂志刊发了一篇报道辽宁西丰县商人赵俊萍遭遇官司的文章。西丰县县委书记张志国派警察到京称记者涉嫌"诽谤罪"，并要拘传。此事在网络上引起强烈反响，西丰县公安局 1 月 8 日正式撤销立案、撤销拘传，张志国因此被撤职。

件的网民就属于理想型主体。

2. 利益型主体

由于20世纪80年代的经济改革在计划与市场之间徘徊，传统的利益结构并没有发生革命性变化。1992年邓小平南方谈话所推动的社会主义市场经济体制使社会结构发生了深刻变化，并开启了中国利益政治的新纪元。市场经济其实是一种经济权力，权力主体是企业家阶层，企业家阶层的利益最大化必然造就了一个社会弱势群体。市场经济的推进又是政府退出某些领域和政府职能转变的过程，因而一种新型社会组织出现了，替代政府而行使传统的管理职能，或者与政府一道而成为治理的主体。因此，这里的利益型主体专指具有公民属性的弱势群体和新兴社会组织，而不包括其他的具有"官"的属性的利益集团，比如行政垄断特征的企业型利益集团和官商同盟性质的企业型利益集团。[①]

（1）社会弱势群体

大体包括农民、农民工、蓝领产业工人与雇员、个体工商户、城乡贫困人口和失业半失业人员等，他们是一种潜在的、非组织化利益集团。这种潜在的利益集团因为具体的特定利益而形成，具有来得快、去得快的组织特征。他们既是社会弱势群体，更是政治弱势群体，政治上处于原子化生存状态，没有组成社团的动力、能力、资源与相应而有效的法律制度支持；他们掌握的经济资源仅能维持生存，大规模地转换成政治资源的可能性很小，几乎没有政治上和文化上的话语权；但在实际政治运作中，其政治权利又被排斥，还不时受到政治权力的侵犯；利益表达能力低下，在与其利益相关的决策制定与实施过程中没有发言权，其利益受到政府侵犯时，出于"搭便车"意识、解决成本过高等因素考虑，一般很少采取集体行动，

---

① 关于这些问题的深入讨论，参见杨光斌、李月军《中国政治过程中的利益集团及其治理》，《学海》2008年第2期。

除非其群体性生存受到极度威胁。总体来说，他们在阶级现实和阶段意识方面都处于一种碎片化的状态，按照查特吉的说法："底层历史是碎片化的、不连续的、不完整的，底层意识的内部是分裂的，它是由来自支配和从属阶级双方经验的元素建构起来的。"① 由于上述诸多原因，其基本上是一个被遗忘的"忍气吞声的集团"。②

非组织化利益集团虽然不如组织化利益集团那样明晰可辨，但并不能因此而忽视它们在中国政治过程中的重要性。部分无组织利益集团恰恰是暴利行业利益集团崛起的产物。尽管由弱势群体形成的非组织化利益集团在多数情况下采取忍气吞声策略，然而，一旦采取行动，就可能对政治过程产生重大影响。这些群体的活动已经是过去十年里最重要的一种社会政治现象，并对于公共政策的改变有着重要影响，因而是一种不可忽视的利益政治现象。

（2）自治性民间社团

改革开放以来，由于经济结构和社会结构的变化与国家治理的需要，党和国家也逐步而谨慎地退出一些原来严格控制的领域，交由民间社会实行自治，并允许一些有共同利益的群体组建社团。官方统计表明，近十年，民间组织（主要包括社会团体、民办非企业单位、基金会）迅速发展，从1996 年的 18.4 万个增加到 2005 年达到 32 万个（其中全国性社团 1500 多个），在 2015 年已达到 61.3 万个。③

在这些民间社团中，有相当一部分组织者是新兴中产阶级或企业主阶层，由于巨大的攸关利益，企业主阶层既以个体身份参与政治过程，也以组织化的方式即组建社团而表达自己的利益。中国的民间组织还不是典型

---

① ［印度］查特吉：《关注底层》，《读书》1988 年第 8 期。
② ［美］奥尔森：《集体行动的逻辑》，上海三联书店、上海人民出版社 1994 年版，第 191 页。
③ 资料来源：中华人民共和国民政部网站，http：//www.mca.gov.cn。

意义上的政治性利益集团，但其中也包括许多能够在相关政策决策过程中起不同程度作用的利益集团。也就是说，很多全国性社团在政治过程中并没有西方背景中的社团型利益集团的作用那么大，但是在一些地区，地方性民间社团在地方治理中的作用已经不可忽视。

(3) 利益型网民

利益型网民是指那些自身权益受到公共权力侵害而通过网络进行利益表达的网民。不同于传统的无组织的社会弱势群体，能够利用网络而表达利益的网民往往是那些受过良好教育或有体面职业的公民群体。在2003年安徽芜湖市发生"乙肝歧视案"后，全国乙肝病毒携带者通过一波又一波的网络讨论，迫使国家人事部和卫生部在2005年1月出台的《公务员录用体检通用标准》中规定，乙肝病毒携带者可以任公务员。同样，2007年夏天，厦门市民通过网络动员而抗议政府规划的威胁到居民健康和生活质量的化工项目，迫使厦门市政府停建能为厦门市带来巨额财政收入的历史上最大的化工项目。这样，为特定利益而通过网络参与的利益攸关者，都是典型的利益型主体。

3. 泄愤型主体

泄愤型主体是指那些无特定目标、为发泄私愤而临时聚集起来的无组织化社会群体和网民。在泄愤型网民中，其中不排除与理想型网民和利益型网民部分重叠的可能性。

现代性社会的一个重要特点是受挫人群急剧增加，他们可能在家庭中受挫、在社会交往中受挫、在体制中受挫。而在中国这样的转型社会，受挫人群更加庞大，他们除了面对现代性困惑外，还可能面临失业、生活困难的压力。从心理学上说，发泄有利于纾解因挫折而形成的压力和郁闷，网络事实上已经成为一种最大的发泄渠道。很多非理性、非规范化甚至违法的"群体性事件"和网络事件，其实都是在发泄私愤，有的进而演变为

"暴民政治"和"网络暴民",不顾法律和道德底线而一味地宣泄情感和不满,[①] 由泄愤导致的"群体性事件"甚至演变为打、砸、抢、烧。[②] 在这类事件中,看不出参与者除私愤以外的动机和目的。

我们将会看到,不同类型的参与主体以不同的方式表达愿望和诉求,从而也产生了不同的政治结局和政治产品,有的公民参与事实上中断了既定的政治建设方向,而有的公民参与则积极推动着政治建设,促进治道变革。

二 公民参与的形式与机制

在学术界,人们习惯于把那些根据法律规定而参与政治的活动称为制度性参与,比如投票、信访、网络参与以及民间组织的公共治理行为,而把那些没有法律规定或在某种程度上与法律有冲突的行为称为非制度性参与,比如街头政治和被称为"群体性事件"的政治抗争。这种分类并不十分准确,因为所谓制度性参与含有非法律性的行为,比如网络参与中的一些违法言论;所谓的非制度性参与也并非没有合法的成分,比如"群体性事件"中的"依法维权"行为。为了描述上的方便,本文还是接受公民参与形式的"二分法"。[③] 在此需要指出的是,在泄愤型活动中,泄愤型网络事件在法律上具有模糊的空间,而由泄愤导致的具有暴力色彩的"群体性

[①] 一个跳楼自杀女子在博客中控诉丈夫的婚外情,引发无数网民对"第三者"的违反道德底线的"讨伐",甚至不断地打电话骚扰、恐吓"第三者"及其家庭。

[②] 比如重庆万州事件和安徽池州事件,分别参见范伟国《重庆万州临时工冒充公务员打人引发群体性事件》,《北京青年报》2004年10月20日,王吉陆《安徽池州群体性事件调查:普通车祸变打砸抢烧》,《南方都市报》2005年7月1日。

[③] 除了这里列举的参与形式外,还有公民加入社团(党、团)、党政系统的利益表达等机制。因篇幅的限制,本文只评论那些影响较大的活动。

事件"是典型的违法活动。

1. 制度性参与

（1）选举与信访

民主选举尤其是村民选举是我国政治发展中的新生事物，因而得到学术界的重视，本课题有专题讨论，这里不再赘述，在此主要观察作为制度性参与的信访问题。

依据1996年国务院《信访条例》，信访是指社会成员利用来信、来访等形式，向社会组织管理者（包括党政机关、人民团体、企事业单位及其领导）反映情况、提出要求和建议、申诉问题以及检举揭发，并依法由相关机关进行受理和处理的活动。可见，信访既是公民因自己的利益而主动接触公共权力机关的一种渠道，也是上级了解社情民意、监督下级的一种制度安排。

信访制度在新中国成立时就有了，只不过那时是为了了解民意，而到改革开放以后信访制度才具有更多的利益表达功能。处理信访的重要原则是"分级负责、归口管理"，做到"小事不出村、乡（车间），大事不出县"。但是，在实践中，信访制度的功能出现变形。比如信访条例规定的"回避制度"（即案件有关的政府一方当事人应该回避案件的处理）不能落实。更重要的是，信访主管部门在整个体制中的地位决定了它不能有效地实现信访制度中的利益表达功能，因为它只不过是党政机关的一个职能部门，而被诉对象大多是信访部门的上级领导或者同级同僚。这样，"越级上访"就成为一种制度的必然。据国家信访局局长周占顺透露，信访涉及的问题主要有拖欠工资、农民负担、土地征用补偿、拆迁安置等，其中80%以上反映的是改革和发展过程中的问题，80%以上有道理或有一定实际困难和问题应予解决，80%以上是可以通过各级党委和政府的努力得到解决的，

80%以上是基层应该解决也可以解决的。①

为了避免过多越级访和集体访对中心城市正常秩序造成不良影响，进而威胁到整个社会的稳定，《信访条例》作出了有关"收容""遣送""由所在地区或单位带回"等制度规定。但在实施过程中，这些手段变成了打击上访人的便利途径和有力武器。大量的新闻报道却把这一信访运作的潜规则揭露出来。"劫访"，就是上访者针对这一现象创造的新名词，指的是当地政府派人把上访者"劫"回去。中办、国办人民来访接待室因此曾发出过通告，规定：各地驻京工作组和来京工作人员今后不得在中办、国办人民来访接待室门前及附近路口拦截、盘查上访人；各地要撤走在中办、国办人民来访接待室门前及附近路口的工作人员和车辆。由此可见这种现象的盛行。

从正常的来信来访到越级上访，制度性参与和非制度性参与之间并没有一条不可逾越的界限，而这种转化的常规性正好说明制度安排的性质与参与形式之间的因果关系。对此，我们将在最后一部分加以讨论。

（2）民间组织的公共治理

在一定程度上可以这么说，信访是弱势公民个体或弱势公民群体的非组织化的制度性活动，而改革开放中的新兴阶层（比如企业主阶层和其他中间阶层）则以组织化的方式成为公共治理的主体，比较有效地表达和实现自己的利益。

作为新出现的现代社会组织，民间组织在保持基本自治的基础上积极地与国家进行互动。同时民间组织面临法律、人力、资金、信任和知识技术方面的困境，②在政治过程中处于弱势地位。因为，国家对民间组织的态度具有二重性，即国家意识到必须让这些社团承担一定的功能，以

---

① 转引自何增科《民主化政治发展的中国模式与道路》，《中共宁波市委党校学报》2004年第2期。

② 朱健刚：《草根NGO与中国公民社会的成长》，《开放时代》2004年第6期。

减轻政府的负担，促进政府职能的转换，也有利于实现"良治"。同时，由于中亚国家"颜色革命"以及国内不良组织如"法轮功"的影响，执政者自然担心一些社会组织的政治性目的。因此，可以理解的是，国家对民间社团必然要实行分类控制，限制其自主性和在具体区域或行业内的数量与密度。即使是这样，在个人力量与资源无法完成利益诉求或实现时，一些公民组成社团，利用可利用的资源和手段，[①] 努力参与到政治过程中去，以表达自己的利益诉求。比如在邮政法草案的审议过程中，民营快递业发达的上海由多家快递公司选出代表，进京联络多个相关部门。[②] 当然，在中国政治过程中，民间组织的利益诉求是否能够输入政治体系，能否以及在何种程度上得以实现，最终还是取决于政府的意志。北京的著名自治社团"自然之友"，保护滇金丝猴、保护藏羚羊行动是两个比较成功的案例，其成功在于其行动得到中央政府及相关部门的支持。[③] 相反的一个典型案例是：在京密引水渠修砌过程中，三个环境保护自治社团认为用水泥封砌原有渠道的两侧和底部没有经过环境影响评估，违反了国家的有关规定，而且会带来严重的生态问题，并为此促成了与北京政府对话，但对话没有取得成功，该工程已经按政府原计划方案完成。成功与不成功的案例都表明国家对社会仍然有着绝对的优势，决定权仍然在国家和政府手中。

在地方治理中，尤其是沿海发达地区，一些民间组织起到了聚合、表达其成员利益的角色。2007年3月24日，在上海律师代表大会上，会长吕红兵直白地表达了上海律师参政议政的要求："抓住明年市人大和政协换届

---

① 赵秀梅：《中国NGO对政府的策略：一个初步考察》，《开放时代》2004年第6期。Tony Saich, *Negotiating the State: The Development of Social Organizations in China*, The China Quarterly, No. 161 (Mar., 2000), pp. 124 – 141.

② 欧阳斌：《大陆立法游说集团浮现》，《凤凰周刊》2006年第35期。

③ 赵秀梅：《中国NGO对政府的策略：一个初步考察》，《开放时代》2004年第6期。

时机，争取进一步增加律师进入人大和政协的名额。"在 2007 年上海"两会"上，律师人大代表及政协委员又新提出了近 20 份颇有见地的提案、议案。在温州，2002—2003 年，82.3% 的温州商会向国家或当地政府有关部门提出过建议；超过 50% 的温州商会中有 1—3 人甚至多达 15 人参与人大和政协。① 另外，在外经商的温州商人也纷纷在经商地组建商会，并以其独特的组织优势公开地介入当地的社会公共事务治理之中，成为不同于国家力量的一种自下而上的组织力量，对社会的运作甚至是政府的决策和目标都产生了重要的影响。

中国新兴的民间组织不但影响和改变着政府的政策，还直接推动着治理结构的创新，从而为"善治"提供了可能。

(3) 网络参与

网络的出现为公共领域的重构提供了可能。网络公共领域的舆论力量有时候非常强大，足以促使事件和人物发生重要的变化，以凸显其影响力。网民的网络参与议题主要集中于公共政策、公民权利、民族主义、自身利益以及情感宣泄等方面。我把围绕公共政策、公民权利和民族主义的活动称为理想型参与，但是其中并不排除泄愤的成分，比如利用民族主义议题；因自身利益的参与是一种典型的利益型参与；为纯粹宣泄情感的活动是泄愤型参与。

①参与公共政策讨论

网民参与公共政策的讨论，既是网民的主动诉求，也是政府法治化建设的推动。当中国最高领导人说从网上了解民意后，网民参加公共政策讨论的热情更加高涨。2006 年《劳动法（草案）》在全国范围内征求修改意见，短短 1 个月的时间里就收到了 19 万件意见，其中报刊刊登的有 145 件，群众来信 1280 件，其他都是通过网络的方式得以传达的。全国人大常委会

---

① 郁建兴：《行业协会：寻求与企业、政府之间的良性互动》，中国选举与治理网，http://www.chinaelections.org/NewsInfo.asp? NewsID = 107649。

法制工作委员会副主任信春鹰列举了该次征求意见的三个特点：一是参与面很广，有用人单位、社会团体、专家学者和普通劳动者。这些意见，来自全国的31个省、自治区、直辖市和香港、澳门2个特别行政区。二是基层普通劳动者的声音表达比较充分。来自劳动者的意见，占收到意见的65%左右。三是很多意见都经过认真的准备，很有建设性。① 网络使得公民参与公共政策的意识增强，同时也降低了参与的成本。

②伸张公民权利

在现实政治中，司法不公正是诱发事端的一个重要原因。司法不公既可能表现为对弱势群体利益的侵害，也可能表现为对强势群体的不正当保护，因而网民维护公民权利的行为既可能是为受害的弱势群体伸张正义，也可能是对不当保护的强势群体的声讨，并最终改变司法结果，正义得到伸张。例如，沈阳黑社会头目刘涌案在网上公布后，新浪网、新华网、搜狐网、人民网等网站的留言一天之内合计就达到万条，对判刑轻重表示质疑，以至于最高法院后来要求重新审理。在2003年哈尔滨市"宝马车撞人事件"和2007年山西"黑砖窑事件"中，正是由于有了众多网民的热切关注，事件的真相才得以最终向公众披露，正义才最终得以伸张。

③张扬民族主义

2003年被称为网络民族主义的发轫年，其突出表现是一些网站组织了包括网上签名在内的多起抗议活动。6月，组织了登钓鱼岛的保钓活动。8月初，在网上组织万人签名反对京沪高速铁路使用日本新干线技术，赶在日本高官来华游说前将征集到的8万个签名送交铁道部。8月底，在北京和上海的日本使领馆进行小规模的示威，抗议日本政府允许本国民间人士登上钓鱼岛。"8·4"日军遗留齐齐哈尔毒剂泄漏事件发生后，又组织"声援

---

① http://www.newjobs.com.cn/news/newsmo.jsp?num=11513.

侵华日军化学武器受害者，网站联合声明和网络签名行动"，仅仅在一个月内就得到来自国内各省市和港、澳、台及海外民众人数逾100万之多的签名支持。网络参与的群体容易出现"群体极化"的表现，即团体成员一开始即有某些偏向，在商议后，人们朝偏向的方向继续移动，最后形成极端的观点。① 在民族主义问题上，更容易出现"群体极化"现象。因此，网络民族主义虽然具有价值追求和理想主义的成分，但是其中的非理性和情感宣泄成分也是不容否认的。其积极作用是，有研究者以"强国论坛"为例，网络民意具有强大的政治批判和监督作用，② 在于情感抒发和政治沟通，但不是获取政治权力或直接制约政治权力的实施。③

④维护自身利益

与涉及全国性的理想型议题相比较，维护利益型的网络参与往往限定于特定人群和特定地域，同时参与的目标更明确，网络表达也更理性。视利益的类型，维护利益型的网络参与不仅有可能改变国家的法律法规，让作为制度的法律更合理，如前述的"乙型肝炎病毒携带者事件"，还可能有能力直接改变政府的具体政策。厦门 PX 项目是一个典型案例。担心该项目对环境的影响，2007 年"两会"期间，全国政协委员提交了关于建议厦门海沧 PX 项目迁址的提案，一些居民、学者也对该项目环境影响问题提出较大异议。接下来的两个月间，手机短信和坊间传言带给更多的人环境恐慌。通过网络组织，厦门在 2007 年初夏发生了一场举世瞩目的"群体性事件"。厦门市政府最终决定迁址。可见，网络利益表达已经构成国家立法和政府决策的不可忽视的因素。

---

① ［美］凯斯·桑斯坦：《网络共和国——网络社会中的民主问题》，黄维明译，上海人民出版社 2003 年版。

② 赵金、闵大洪：《对话闵大洪：网络舆论——民意表达的平台》，http：//news.xinhuanet.com/newmedia/2004-10/22/content_2115745。

③ 王军：《试析当代中国的网络民族主义》，《世界经济与政治》2006 年第 2 期。

⑤网络泄愤行为

现实生活中的泄愤行为会有很多代价,而网络的虚拟性、匿名性和便捷性决定了很多人选择网络事件而发泄自己的情感和不满。一个 13 岁的女孩因为说一个网页"很黄很暴力",便成为很多网民的攻击对象,人肉搜索、谩骂、嘲弄甚至是侮辱,到处是攻击这样一个小孩子的视频、图片、漫画、文字,甚至充斥着真正"很黄很暴力"的谩骂和色情。针对类似的网络事件,有人这样评论:"全部是针对普通人:以真假难辨的事实,行道德判断之高标,聚匿名不负责之群众,曝普通人之隐私——所有事件,全部是被煽动的弱势网民,去伤害更弱势的个体。让群众去斗争群众,让弱者去攻击更弱者,让谎言去揭露谎言,让流氓去批判强权。"[①] 称这样的网民为"暴力群体"并不过分。事实上,泄愤事件往往会变异,在泄愤中否定任何权威,挑战现存秩序。因此,这种不受任何规范制约的自由参与极有可能导致政治信息的泛滥。

网络已经成为一种重要的公共领域,甚至是一种新型市民社会即网络市民社会。[②] 网络市民社会的虚拟性是网民们大规模直接参与政治的重要前提。

2. 非制度性参与

最为典型的非制度性参与是 20 世纪 80 年代的大学生"街头政治"和 20 世纪 90 年代开始的弱势群体的"群体性事件"。二者之间既有相似之处,也有不同的地方。由于"街头政治"已经是过去时,而"群体性事件"已经成为中国政治生活中的常态,论说的重点是常态性政治现象。

---

① 麦田:《"很黄很暴力"事件背后的文化怪胎》,《新京报》2008 年 1 月 10 日。
② 曾凡斌:《BBS 的信息传播与政治民主》,《暨南学报》(哲学社会科学版) 2007 年第 3 期。

(1)"街头政治"

如前所述,在整个20世纪80年代,几乎每一年都会发生规模不等的以大学生为主体的社会运动,无论是什么原因诱发,最终目标都是民主和自由这样的理想价值。1989年政治风波,标志着"街头政治"走上了不归路。

"街头政治"的首要特点是无组织性,或者说是无组织化政治力量的活动——尽管每次运动中都有主导者。无组织性就决定了它的无目标性,尽管每次都要求民主自由,但是民主自由这样的目标是空洞的,空洞的目标等于没有目标,没有目标的活动是不能达到其目的的。因而,无组织性和无目标性又决定了"街头政治"来也匆匆、去也匆匆的特点。

"街头政治"虽然来去匆匆,但是其后果和影响却是不容忽视的。虽然每次运动的兴起都有其一定的客观原因,比如因表达渠道不畅通而选择的一种手段,但是非理性成分也起了重要作用,影响了政治稳定,结果几次规模较大的"街头政治"都迫使正在进行中的改革中断,至少暂时中断。这是不容置疑的客观事实。

(2)"群体性事件"

弱势群体更关注与自己利益相关的具体问题,对改变宏大的国家结构和法律缺乏兴趣。当前的问题是,即使在与自己具体利益相关的问题上,弱势群体基本上不能通过制度化的政治过程表达个人利益和共同利益。这与制度安排有关。以人大制度为例,人大代表代表的是国家还是社会?在各级人大代表中,政府官员代表占总代表的比例高达60%—70%,近几届全国人大代表构成中,工人和农民代表比例呈下降趋势,尤其是一线工人、农民代表人数偏少。[①] 这无疑大大缩小了人大代表的代表范围与广度,实际上是使权力更加集中。一些重要的制度设计,也忽视了提高弱势群体的集

[①] 王贵秀:《是人民代表大会而不是官员代表大会》,《华夏时报》2005年2月23日。

体行动的合法性与能力。如中国劳动立法侧重增加工人的个人权利，而没有为他们提供有重要意义的集体权利，如承认工人的罢工和集体谈判等权利。工人集体权利的缺失，使个人权利很脆弱、空洞，不能得到有效实施，常常被忽视。① 如此的制度设计，无组织化利益群体没有利益表达机制，那么，参与决策过程也就无从谈起，冲突因之难以避免。普遍存在着对体制内利益表达渠道的"不利用"，以及"表达无门""表达无用"的现象。他们的表达渠道，基本上也被局限在最基层的行政机构，② 以及事后表达，即政策实施过程中权利受到侵犯后，再进行维权，以引人注目的"政治抗争"（在中国被称为"群体性事件"，mass disturbances）的方式进行利益表达。正如阿尔蒙德所说，"在贫富差距巨大的社会里，正规的利益表达渠道很可能由富人掌握，而穷人要么是保持沉默，要么是里面采取暴力的或激进的手段来使人们听到他们的呼声"③。

从20世纪90年初以来，"社会抗争"以几何级数增长。④ "社会抗争"在不同的历史时期有着不同的原因：90年代中期前后有30%是因为企业改制过程中职工工资、退休金、养老金、医疗保险等不到位引发的；到了21世纪初，由于"经营城市"和农村中的土地征用高潮，从2003年到2005年，"社会抗争"事件急剧增加，65%是由土地征用和房屋拆迁引起的，失

---

① Feng Chen, *Individual Rights and Collective Rights: Labor's Predicament in China*, Communist and Post-Communist Studies 40 (2007), pp. 59–79.
② 陈映芳：《贫困群体利益表达渠道调查》，《战略与管理》2003年第6期。
③ [美]阿尔蒙德：《比较政治学：体系、过程和政策》，上海译文出版社1987年版，第230页。
④ 1993年为8700起，2003年60000起，2004年74000起，2005年87000起。每起事件的参与人数少则几十人、上百人，多则上千人甚至数万人，冲击党政机关的事件2000年为2700起，2003年为3700起，而堵公路、卧轨、拦火车事件达3100起。有关数据参见汝信等编《2005年：中国社会形势分析与预测》，社会科学文献出版社2004年版，第235页；齐霞、许保疆《试析群体性事件的理性处置》，《云南警官学院学报》2006年第4期。

地农民多达4000多万人。① 但是，很多"群体性事件"并非因民生或经济利益而起，而是因为民众中存在不满情绪由一个偶然的事件而诱发的暴力活动。如果说大多数"群体性事件"是"维权抗争"，那么因不满情绪而诱发的具有一定规模的"群体性事件"则是"社会泄愤事件"，其特点是因偶然事件而突发、无明确组织者、参与者无利益关联而只是为了表达对社会的不满、有打砸抢烧等违法犯罪行为。②

可以对"街头政治"和"群体性事件"作一简单比较。无疑，它们都是制度化不高的政治选择，但是一个是典型的理想型参与，一个典型的利益型参与。这种差别就决定了其影响的不同。在理想型参与中，发生在一所学校或一个城市的事很容易波及其他学校和城市，甚至演变为全国性政治。这是因为大学生群体具有共同的或类似的理想与要求。因此，理想型参与具有共振性。在单一化的社会结构，这个特点足以威胁政治稳定。在利益型的"群体性事件"中，绝大多数事件都是针对特定的利益目标，彼此孤立而不相互结合，不具有共振性，因此它们又是个体性事件。在多元化的社会结构中，不具有利益关联性的"群体性事件"应该被当作利益表达的常态，它们与政治稳定没有必然的因果关系。

但是，近年来的群体性事件具有以下几个主要特点：第一，重大群体性事件连接发生，涉及面越来越广；第二，经济问题政治化；第三，暴力对抗程度明显增强；第四，境外政治力量涉足中国国内群体事件。③ 因此，"群体性事件"亦有可能危及社会稳定。数量如此大的"社会抗争"意味着很多领域内的政策出现了问题，社会不公正现象加剧，执政者必须对此做

---

① 汝信等主编：《2005年：中国社会形势分析与预测》，社会科学文献出版社2004年版，第177页。

② 于建嵘：《中国的社会泄愤事件与管治困境》，《多元化社会的政治参与论文集》，日本法政大学，2007年12月8—9日。

③ 转引自郑永年《中国群体性事件的崛起说明了什么？》，《联合早报》2007年1月16日。

出回应。有必要认真研究"群体性事件"与政治稳定的关系。

◇三 公民参与与治道变革

任何一个社会的进步都是国家和社会之间的博弈均衡,但是在不同的时间和不同的领域,国家和社会所起的作用是不一样的。总体上看,一个国家的宪法层面的制度结构更多的是国家的"人为设计",而制度结构之下的有关制度安排却可能是社会的"自发秩序"。但是,自发的观念和秩序只有被纳入国家的组织体系,才可能发挥更大的作用,并有可能最终促成制度结构的改进。这是比较制度变迁的一般性经验,当下中国的经验也正验证着一般性经验。也就是说,"自发的"公民参与推动着中国的政策转型和制度创新。与此同时,我们还必须充分认识到现阶段公民参与所存在的问题。

1. 公民参与与政策转型

在大多数情况下,利益型公民参与直接针对的就是政府的政策个案,因而最常见的结果是公民参与改变具体的政策,比如公民参与迫使厦门市政府PX项目迁址。这是第一个层次的政策改变。

第二个层次是政策的改变。一些能够直接影响到政治稳定和政治秩序的特殊群体,如知识分子、大型企业的工人和退伍军人,其"社会抗争"能够直接争取到有利于自己的政策。例如,20世纪80年代知识分子与党的矛盾经常转化为社会冲突(学生运动和意识形态对抗),在90年代后期大幅度改善教师的住房和提高工资以后,知识分子和共产党的关系空前融洽;当几万大庆石油工人上街抗议不利于自己的企业改革措施时,中央政府就决定停止执行"买断工龄"的改革;当退伍军人开始有组织地抗议时,中央政府出台了提高他们福利待遇的规定。①

第三个层次是公共政策的转型。那些看上去彼此不关联的"群体性事件",却因为其不断攀升的数量和规模而促使公共政策转型。任何国家政治现代化过程中都会出现"社会抗争"政治。我认为,西方国家的"社会抗争"主要是因为国家干预不力、劳资关系引起的,而中国的"社会抗争"则主要是由于政府过度干预引发的。根据中国官方的最新信息,80%的土地违法案件都是由地方政府引发的。② 我们已经知道,地方政府在土地开发中的过度干预是因为它们与房地产商形成了一个事实上的利益同盟。因此,在政府过度干预中形成的官商同盟是群体性事件的一个重要诱因。数量如此大的"社会抗争"意味着很多领域内的政策出现了问题,社会不公正现象加剧,执政者必须对此做出回应。作为对过去社会、经济政策重新审视的结果,就是胡锦涛、温家宝所提出的新型公共政策即"建设社会主义新农村"和和谐社会。在某种意义上,中国的"社会抗争"政治就如同西方的选举政治,是一种迟钝但有力地改变政策的方式。

2. 公民参与与民主政治

公民参与不但改变着不同层次的政府政策,还直接推动着国家的制度建设和制度创新,具体表现为选举民主、协商民主和直接参与民主的兴起。

(1) 选举民主

在公民参与的意义上,选举民主主要是指社会自治活动中所自发形成

---

① "新华社北京7月22日电,经党中央、国务院批准,国家有关部门针对当前优抚对象和部分军队退役人员存在的实际困难,本着需要解决而又能够解决的原则,统筹研究出台了提高优抚对象抚恤补助标准、给予部分曾参加作战和核试验军队退役人员生活补助、完善优抚对象医疗保障以及部分军队退役人员再就业、住房、社会保险接续等方面的政策措施。"参见 http://www.gov.cn/jrzg/2007-07/22/content_ 692768.htm。

② 《国土部要求严惩土地违法违规 县乡成重灾区》,人民网,2007年7月16日,http://news.sina.com.cn/c/2007-07-16/025613453036.shtml。

的、以村民选举和乡镇一级"公推公选"为代表的基层民主。党内民主是一种选举民主，但不能在公民参与的范畴内论说。

(2) 协商民主

选举是民主的第一要义。但是，选举只是解决"谁统治"的政治问题，并不能回答"如何统治"这种更具程序性的行政难题。正因为如此，虽然村民选举早就轰轰烈烈地开始了，但是"群体性事件"却越来越多，倒是协商民主提供了救济之道。例如，广东省惠州龙门县永汉镇马星村以前是出名的上访高发村，去年该村破天荒地成了"零上访"村。促使发生这一明显变化的是惠州市推广的"四民工作法"：民主提事，集智于民；民主决事，行权于民；民主理事，自治于民；民主监事，取信于民。① 显然，"四民工作法"和著名的浙江温岭民主恳谈会都属于协商民主的范畴。

中国没有像西方那样发展出一套成熟的协商民主理论，但存在着丰富的、多层次的体现协商民主特征的社会主义民主制度和政治实践，例如政治协商制度、听证会、民主恳谈、公民评议会、村民（居民）代表会等。协商民主的核心要素是主体在理性基础上的对话、讨论、辩论和审议。协商民主属于一种程序性民主，强调的是公共权力运行和达成共识的过程。如果将协商民主理解为"政府与公民之间的协商"，协商民主也是一种治理形式。② 何包钢归纳了这些制度和实践的共同特征：①在下结论前，让人们到桌边并鼓励他们畅所欲言；②参与者有充分的时间来参与协商过程，并有少量的时间参与讨论；③在协商的过程中，尽管有不同的意见，参与者被要求在相互尊重的基础上交换意见。他认为，社会主义政治系统和文化鼓励群众参与、强调磋商的传统已成为推动协商民主制

---

① 《广东农民通过"触摸式民主"享受权利》，新华网广州，2008年1月19日。
② 俞可平：《当代西方政治理论的热点问题》，《学习时报》2002年12月23日。

度发展的重要因素。① 因此，协商民主理论一登陆中国，就吸引了知识界和政界的关注。有人认为，选举加协商的互补性民主制度是中国特色的民主政治，协商民主可以弥补选举民主的不足。② 有学者甚至认为，协商性民主在价值上优于竞争性的选举民主。③

我认为，浙江和广东的一系列制度创新表明，④ 在基层民主中，选举本身并不能解决权力约束问题，也不能解决官民矛盾问题，协商民主则能有效化解官民矛盾。因而，协商民主不但是对选举民主的重要补充甚至是一种替代性的民主形式。事实上，经村民协商出来的政策，由选举出来的权力机关去执行。

（3）参与式直接民主

本文所指的选举民主和协商民主，在本质上都属于参与式直接民主的范畴。美国民主理论家科恩认为，民主政治无论采取何种形式，其关键都是民众参与。⑤ 但是，中国的国家规模和现行选举制度决定了，直接的选举民主只能停留在基层，直接的官民协商政治也只能限定于基层，县级以上只能实行间接选举，实行"代议制"。网络使得大规模的参与式直接民主成为可能，事实上公民已经通过网络参与各种议题。未来学家约翰·奈斯比

---

① 何包钢：《中国的参与和协商制度》，载陈剩勇、何包钢编《协商民主的发展：协商民主理论与中国地方民主国际学术研讨会论文集》，中国社会科学出版社2006年版，第94页。

② 李君如：《中国能够实行什么样的民主》，《北京日报》2005年9月26日；庄聪生：《协商民主是中国特色社会主义民主的重要形式》，《中共中央党校学报》2006年第4期。

③ 林尚立：《协商政治：对中国民主政治发展的一种思考》，《学术月刊》2003年第4期。

④ 参见《"民主执政"的基层范本——浙江温岭见闻》，新华网，2007年11月11日；《我国扎实推进民主法制建设：让群众享有更多更切实的民主权利》，新华网，2008年1月17日；《广东农民通过"触摸式民主"享受权利》，新华网，1月19日；《浙江："乡村典章"实践中国基层民主》，《法制日报》2008年1月11日。

⑤ [美]科恩：《论民主》，商务印书馆1988年版，第40页。

特认为:"在立即可分享信息的时代,代议民主制已过时,参与式民主变得重要。"① 传播学者马歇尔·麦克卢汉(M. Mcluhan)预言:"随着信息运动的增加,政治变化的趋向是逐渐偏离选民代表政治,走向全民立即卷入中央决策行为的政治。"② 这些预言在中国正在被验证着。

公民的全面参与是网络民主区别于以往民主形式的最典型特征。网络民主是一种成本低廉、操作简单并快捷地实现公民要求的一种民主形式。与流行的代议制民主体制比较,网络民主不需要中间环节,大大激发了公民参与的热情。因而,无论是在中国还是在西方,网络民主都是一种最受欢迎的新型民主形式。并不夸张地说,网络正在改变着中国执政党和政府的施政方式。原因在于,第一,互联网改变了传统的信息沟通体制和信息传递方式,传统的等级式的、以行政为主导的单一信息沟通体制不再有效,信息沟通变得平面化、快捷和多元,因而"黑箱信息"越来越困难,信息更加公开化和透明化。信息沟通体制的改变在很大程度上影响着人们对政治对象的认知、情感和评价。第二,政府面对的"群众"(网民)不再是一个固定的、具有明确身份的群体,而是一个流动着的甚至是身份不明的群体。网民的这种新型群众特征无疑是对习惯于传统"群众路线"的政府的挑战,执政党和政府必须走一条"新群众路线"。

从中央政府到地方政府,都建立起了电子政务系统,新华网、人民网、新浪网等几大网站既是网民了解信息的渠道,也是他们表达利益和传递信息的平台;从总书记、总理到省委书记、省长,再到市委书记、市长,都直接从互联网上了解社情民意。

但是,既然是一种参与式直接民主,今天的网络民主就不可避免地存

---

① [美]约翰·奈斯比特:《大趋势》,梅艳译,中国社会科学出版社1984年,第161页。

② [加拿大]马歇尔·麦克卢汉:《人的延伸:媒介通论》,四川人民出版社1992年版,第234页。

在着奴隶制社会的直接民主一样的问题，那就是"暴民专政"和无政府状态的可能。网络技术带来"数码鸿沟"（digital divided），将大部分公民"拒之门外"，使公民参与处于不均衡状态，形成了少数人的"信息霸权"和事实上的"少数派权力"格局。在信息化时代，在网络民主中，似乎有无数个参与者，但由于他们很难达成共识，结果整合严密的少数派异军突起。"以那些能最有效地动员自己特殊利益的部队的人为特征的时代即将到来。少数派的否决代替了多数派的表决。"[①] 少数派通过"信息轰炸"和"信息伪造"，使互联网成为全世界都在阅读的"一面大墙"。例如，在网络泄愤事件中，铺天盖地的"民意"并不是社会多数成员的意志；在网络民族主义事件中，以极端言行构建"我们"和故意捣乱的意识也不容忽视。[②] 因此，"少数派权力"可能导致无政府状态或控制的强化，"在直接民主的幌子下，建立以公民投票为基础的专政"[③]，必须认识到大规模的参与式直接民主的痼疾。

3. 公民参与与"善治"

民主政治其实就是一种治理结构。但是，无论是当下的选举民主还是协商民主，都局限于基层政治层面，中层政治中的治理问题似乎还没有涉及。何况，以选举为核心的民主政治并不必然导致"善治"，因为它主要解决"谁统治"而不能回答"用什么统治"和"如何统治"这样的行政问题，不能回答如何实现"善治"。改革开放以后兴起的公民参与在某种程度上自发地创造出实现"善治"的治理结构，即官民共治和"民"作为治理

---

① ［美］莱斯特·瑟罗：《资本主义的未来》，周晓钟译，中国社会科学出版社1998年版，第255页。

② 王军：《试析当代中国的网络民族主义》，《世界经济与政治》2006年第2期。

③ C. I. Alexander and L. A. Pal，*Digital Democracy*：*Policy and Politics in the Wired World*，Toronto，Oxford University Press，1998，p. xiv. 转引自刘文富《网络政治——网络社会与国家治理》，第289页。

主体。

(1) 官民共治

如果说统治和管理的主体是国家和政府，治理的主体则是国家、政府和社会力量。治理是国家、政府与社会力量之间的合作博弈。官民共治主要体现在两个利益方面：一是公共利益；二是参与者的切身利益。在公共利益如动物保护和环境保护上，有时国家或上级政府需要民间组织的参与以制约地方政府或特殊部门的利益，如前述的金丝猴保护和"怒江争坝"项目中，民间组织与政府合作而达到初衷。但是，同样是环境保护项目，比如在太湖水污染问题上，环保组织的作用就很有限。因此，民间组织在中国政治过程中的作用，因组织的类型、所处政治时空等因素而存在很大差异。整体上看，民间组织显示出一定的自主性和行动能力，"仍然受到国家的控制，总体上还是属于'国家法团主义'（state corporatism），同时也表现出向'社会法团主义'（social corporatism）过渡的一些特征"[①]。

同样，在涉及参与者切身利益的议题上，官民的合作博弈已经出现在沿海发达地区的中层政治中。例如，2005年开工的公路在深圳遇到20多万居民的反对，因为担心每天6万辆车的流量会严重污染环境和影响生活质量。居民们组织起来，捐款集资，聘请名律师与政府谈判。在这种条件下，政府也没有强行施工，而是聘请北大和清华的环境工程专家参与评估。最后，政府修改了施工方案，从原初的地上公路修改为半地下公路，最后变为全封闭地下公路。在该事件中，官民谈判持续两年，政府增加预算13亿人民币，但是居民却很满意，把公路上面的城市公园命名为"和谐公园"。该案例说明，在一些发达地区，公民的权利意识已经成为公共政策过程中的不可忽视的因素。当然，在利益攸关问题上，官民合作的程度以及最后

---

① Jonathan Unger, "Bridges: Private Business, the Chinese Government and the Rise of New Associations", *The China Quarterly*, No. 147 (Sep., 1996), pp. 795 – 819.

的结果取决于参与者的组织能力和谈判能力。

(2) 自主性治理

在一些地区，在政府退出的领域，民间组织已经享有完全的自主性治理权，并且效果比政府管理得更好，有效地促进了地方治理的转型。例如，浙江省义乌市是中国小商品交易中心，假冒伪劣商品曾经泛滥，政府屡禁不止。不得已，1995年，义乌市政府把治理责任交给"义乌市个体劳动者协会"所组织的"义乌市保护名牌产品联合会"，假冒伪劣产品基本得到抑制。[1]

这些案例说明，在地方治理中，一些自治性民间组织具有较强的公共参与意识，能够积极汇聚、表达成员共同利益，与政府达成良性互动。这既改善了地方政府的形象，也实现了社会利益最大化，因而国家应该大力推动这类组织的发展。倡导发展这类民间组织还有更重要的政治逻辑，即根据一般经验，基于私有产权的民间组织最终必然在政治上形成自主性利益诉求并推动民主政治建设。但是也有研究并不完全支持这种政治逻辑，认为"红色资本家"虽然有自己的利益要求，但是他们更愿意在既定的体制内进行利益表达。[2]

必须指出的是，看起来这么多的变革和制度创新，其实只不过是中国政治中的"新生事物"，且具有巨大的地区不均衡性，远非制度安排中的一般性建制。我认为，中国的"新生事物"的效应被媒体和西方学者放大了，还应该鼓励更多的公民参与以推动更多、更广泛的制度创新。也正是在这个意义上，俞可平教授提出"民主是个好东西"，意思是需要进一步的思想解放。无疑，民主的演进是一个非常漫长的过程，民主实现的过程也并非

---

[1] 参见余晖等《行业协会及其在中国的发展：理论与案例》，经济管理出版社2002年版，第39—42、43—45页。

[2] Bruce J. Dickson, *Red Capitalists in China: The Party, Private Entrepreneurs and Prospects for Political Change*, Cambridge University Press, 2003.

没有痛苦,这恰恰是人们追求美好生活的必须代价。因此,中国的大多数学者对渐进式中国民主持肯定态度。但是,对于公民参与尤其是新生社会阶层参与到什么程度,社会上和学术界有着不同的看法。比如对官商勾结而形成的"权贵资本主义"已经成为一种普遍忧虑,有的学者则明确提出私有企业主的政治参与应该有一个限度,"私营企业主中的优秀分子可以加入共产党,被选举为党代会代表、人大代表和政协委员,但是不宜担任国家公务人员、人大常委等职务。……不容许、不重视私营企业主的政治参与是错误的。但是,不加限制地参与,不讲原则的'突破',同样是不妥当的。这两种倾向在政治上都是有害的"[①]。

四 公民参与中的主要问题

当前,公民参与中的最主要问题是非制度性参与。非制度性参与是怎么形成的?笼统地说,非制度性参与盛行是制度性参与不足的结果。那么,制度性参与不足的制度障碍又在哪里呢?

首先,非制度性参与与政府法治化程度成反比。在计划经济时期,政府职能更多地体现为统治和管理,政府行为具有更多的人治特征,因为在统治高于一切的政治中,法律必然居次要地位,甚至没有地位。市场经济体制建设的过程也是政府本身法治化的过程。这些年来,政府行为的法治化表现为公开性立法、行政决策程序化、改革行政审批制度和实施《行政许可法》。法治化政府既是政府的自觉诉求,也是应对市场经济压力和各种突发性事件中学习、建构的产物。无论如何,法治化政府的形成反过来又推动着公民参与,为公民参与提供了更多的制度化渠道。比如,在公开性

[①] 朱光磊、杨立武:《中国私营企业主政治参与的形式、意义和限度》,《南开学报》(哲学社会科学版)2004年第4期。

立法方面，每件法律法规草案公布后，收到各方面提出的意见少则几千条、多则上万条。当程序化决策包含民主化和科学化因素时，比如专家咨询论证和听证制度，专家就会在体制内而非体制外在贡献自己专长的同时表达自己的利益偏好，民众也会踊跃地参加火车票涨价、地铁票降价、电信资费等关乎自己切身利益的各种听证会，并在这种制度性参与中培养公民人格，提升公民权利意识。因此，法治化政府本身就有利于公民参与，政府法治化程度越高，制度性参与就越多，非制度性参与就可能随之减少。

不仅如此，由法治化政府的内涵可知，由于法治化政府本身包含着公民参与因素，公民参与的规模、形式与法治化政府程度成正比：政府法治化程度越高，制度性公民参与的规模越大；相反，政府法治化程度越低，民众就越可能在体制外以非制度性方式表达自己的利益诉求。因此，从公民参与的角度看，政府法治化建设不仅推动着公民参与，还规范着公民参与行为，引导公民朝有序的制度性参与方向发展，形成稳定的政治发展。这样，法治化政府所带来的链条性政治关系就是：法治化政府——有序的公民参与——稳定的政治发展。

其次，制度本身的合理性对政治参与的形式和性质有着直接影响。信访制度的利益表达功能缺失必然酿成众多的非制度性的"群体性事件"。再如，在中央—地方关系中，政治单一制（即自上而下的干部任命和下级主要对上级负责）和经济联邦主义（地方政府分享治权和财政权）的二元化结构，势必导致地方政府发展经济的强烈动机并必然与社会强势集团即企业家阶层结盟，侵害社会弱势群体的利益，社会弱势群体表达无门必会诉诸社会抗争。[①] 因此，非制度性参与不但与政府的法治化程度有着直接的关联，也与制度本身的合理化程度有着直接关系。在某种意义上，法治化以及与之密切相关的制度化只是一种程序上的规定，而当制度安排本身有问

---

① 杨光斌：《现行中央—地方关系下的社会公正问题及其治理》，《社会科学研究》2007年第3期。

题时，法治化和制度化就不能得到有效保障，最终还是以程序外的渠道解决问题。

再次，非制度性参与与政府有着密切关系。在现代民族国家成长过程中，任何国家都会面临冲击政府甚至是政治体制的政治参与行为甚至是革命性政治行为。比较而言，欧洲历史上的工人运动主要是因为国家作用不到位、劳资冲突引起的。而在中国，大大小小的群体性事件则是因为发展型政府的过度干预造成的。

在现实政治经济关系中，企业影响地方政府的行为和倾向与其他转轨国家颇为相似。一方面，由于计划经济下的政府垄断一切资源的制度安排，又由于官本位的政治文化传统，企业没有政府资源的支持就难以为继；另一方面，很多地方政府在税收上形成了对某个行业或企业的依赖，不仅如此，很多地方政府官员也不满足于制定规则和政策，对丰裕的物质世界情有独钟。互利性需求决定了企业与政府的相互依赖性关系。只要到各地去看看，政府官员与企业家之间交杯换盏、莺歌燕舞的场景绝非个案，出现地方政府被俘获的现象。对于俘获型地方政府而言，企业利益渗透到政府决策过程，从而形成有利于企业的规则或政策，结果就会带来社会公正问题。最明显的行业就是城市发展房地产市场过程中的非法拆迁问题，很多城市中由不公正的房屋拆迁而导致了群体性事件。

如果说俘获型地方政府是市场经济初级阶段因为难以抵御的物质诱惑而自然性形成的权力与金钱的联姻，那么侵害型政府形成的直接原因则是国家权力太强大而不受约束；如果说俘获型政府是权力与金钱的联姻而造成的对社会弱势群体的侵害，那么侵害型政府不但会侵害社会弱势群体的利益，还可能侵害其他阶层的利益。在地方政治中，尤其是在转轨政治过程中，原有的约束干部行为的理想和道德，如为人民服务受到挑战，而新型的约束干部行为的法律法规又不完善，权力制约机制有待建设，使一些地方政府和干部处于事实上的放任状态，从而招致一个又一个的群体性事件。在现实政治中,侵害型地方政府主要侵害的是公民的财产权和公民权,从而引发众多的"群体性事件"。

如果说法治化程度不高、制度安排不合理以及政府价值取向本身是导致非制度性参与的制度诱因,那么相应的对策就是建立法治化政府,改革不合理的制度安排,将发展型政府转变为发展与服务并重的政府。此外,在体制之外的公民社会意义上,如何让弱势群体合法、有序、畅通地进行利益表达,形成社会各阶层利益表达的平衡机制,是建设和谐社会的关键。

◇◇ 五 公民参与的理论思考

改革开放以后的公民参与不但改变着政策,还直接推动着民主政治建设和治理结构的创新。公民参与的意义不仅体现在政治层面,还有很多值得深思的理论问题,其中既有一般性的理论问题,也有政策性理论问题。关系最密切问题是,中国的公民参与与政治发展理论是什么关系?技术对民主与政治形态有着怎样的影响?怎么看待公民参与所形成的自发秩序?

1. 发展与民主的关系

中国利益政治的出现验证了政治发展关于公民参与的一些假设。[①] 第一,经济发展导致各种组织和协会成倍地增加,大量的人加入了这些团体。在中国,目前仅全国性社团组织就多达 1524 个,[②] 根本性地改变了过去由工、青、妇等八大人民群众团体一统天下的格局。第二,经济社会发展在社会群体之间造成了某种紧张关系。市场化塑造的是一种新型的经济权力,

---

[①] 参见〔美〕格林斯坦、波尔斯比编《政治学手册精选》,商务印书馆 1992 年版。

[②] 《中国全国性社会团体目录》,中国大百科全书出版社 2002 年版。

遵循"赢者通吃"的规则，必然在强势集团和弱势群体之间制造紧张关系，很多的非制度化公民参与就是在这种背景下出现的。第三，社会经济发展促使政府职能转变并扩大其职能。政府转变职能就意味着要从某些领域中退出，取而代之的必然是一些新兴组织。在市场经济中，政府转变职能并不意味着政府行动范围的缩小，政府职能由过去简单的统治和控制转变为主导经济发展、规制企业和服务社会，政府职能更加复杂和多元化，因而受影响的个人和团体就越多，使他们感到政府行为与自己的利益密切相关，促使他们更积极地去影响政府的人事安排和政策过程。不仅如此，政府职能的转变带来了公民参与类型的变化，从过去更多的支持性公民参与转变为要求性公民参与。

中国的公民参与同时还对传统的政治发展理论提出了挑战。比如，西方国家历史上作为政治参与的一种形式的劳工运动，其发生背景是国家的不作为而引发的劳资冲突。而中国的"群体性事件"在很多时候则是由制度安排本身不合理或地方政府干预过度而引起的。因此，研究中国特殊背景下的公民参与，就必须讨论政府行为以及制度安排的性质对公民参与的影响。

2. 技术、民主与政治形态

技术推动着民主。技术推动着公共领域的形成，而公共领域正是民主政治不可或缺的基础和平台。① 众所周知，历时中的出版物、广播和电视等公共领域先后对民主政治都起了推波助澜的作用，但是，与信息技术即互联网相比，它们的作用都是小巫见大巫。如前所述，作为一个后发国家，中国在面临经济发展与民主政治的挑战的同时，还面临着互联网技术与民主政治的挑战，这是很多发展中国家所不曾遭遇的。首先，前述的互联网

---

① 参见［德］哈贝马斯《公共领域的结构转型》，曹卫东等译，学林出版社1999年版。

的一系列特性决定了公民参与的自由性、便捷性,随之而来的是公民政治效能感的空前提高以及参与规模的急剧增加;其次,互联网参与的特征使得直接式政治参与得以回归。直接民主转向间接民主是因为国家规模的扩大,而互联网空间的无限性和自由性使得国家规模不再是直接民主不可逾越的障碍。当然,即使在互联网时代,直接式政治参与的利益诉求还得通过间接民主即代议政治而实现,因为技术不可能改变权力的"寡头统治的铁律"。

技术改变着政治形态。互联网在改变公民参与方式的同时,也在改变着一个国家的政治形态。人们耳熟能详地划分政治形态的标准无外乎政党制度、选举制度、政府体制等"硬制度"。在互联网时代,我们必须重新思考"硬制度"的合理性和实用性,必须思考网络技术对政治过程的影响:为什么两个完全不同的"硬制度"国家,其政治过程具有很大的相似性?以传统标准所定性的"威权"政府为什么有可能比一个"民主"政府更在乎媒体所传递的社情民意?在以互联网为主要平台的媒体的压力下,"孙志刚事件"和"肝胆相照网"都改变了中国既有的相关法律,进而促进着治理结构的完善。这些都是互联网的"议程设置"功能的典型事件。人们应该知道,"议程设置"概念本身就是民主政治下的话语,被"硬制度"定性为专制和威权下的国家基本不存在所谓的"议程设置"。因此,互联网已经改变了我国的政治形态,不能再简单地用西方政治学中的传统概念和标准乱贴标签。

3. 公民权利形成中的"自发"与"人为"

无论是经济发展与民主政治的关系,还是技术与民主形式和政治形态的关系,其中的一条主线是公民权利问题。那么公民权利是怎么形成的?可以把公民的权利分为三类:经济权利(民生)、政治权利(民主)和社会权利(福利)。除了社会权利的实现是更多的国家(人为)设计外,经济权利和政治权利的实现似乎都具有自发性。

但是，国家对于不同的自发性权利具有不同的态度。就民众的经济权利而言，当国家无能为力时，国家也乐于让民众自食其力，不管以什么样的经济形式来实现他们的利益。这是因为，民众经济权利的满足虽然有可能触动作为国家代表的有关阶层的利益，但是经济领域说到底不触及国家的根本即统治权，何况经济权利的满足还往往能够巩固统治权。因此，对于自发性的经济权利秩序，明智的统治者（国家）往往采取宽容甚至鼓励的态度。这就是为什么"自发的"经济权利能够容易实现。但是，自发的经济权利载体的所谓的"自发的经济秩序"，也只不过是哈耶克式的极端经济自由主义的神话，因为经济从来不能脱离政治而单独存在，而脱离政治规制的经济秩序最后必然走向破产并带来大灾难。[1] 即使英国和美国在经济大萧条之前的"自由放任"称得上"自发秩序"，英美之后的后发国家则均是国家主导下的发展，德国和日本是这样，第二次世界大战以后的新兴国家更是如此。[2]

和经济权利一样，政治权利的实现需要民众去争取，尽管国家也和努力保护民众的经济权利一样保护并增加民众的政治权利。我们已经看到，无论是政策的转变，还是新型民主形式的出现，或者是治理结构的创新，都是公民自发参与的结果，具有自发秩序的特征。但是，和自发的经济秩序相比，自发的政治秩序具有更多的"人为设计"和国家权力特征，要来得更加艰难、更加漫长。原因何在？

第一，不同于经济权利的是，政治权利直接关乎统治权的存续或"谁

---

[1] ［英］波兰尼：《大转型：我们时代的政治与经济的起源》，冯钢、刘阳译，浙江人民出版社2008年版。

[2] A. Gerschenkron, *Economic Backwradness in Historical Perpective*, Cambridge: Harvard Univ. Press, 1962. ［美］科利：《国家引导的发展：全球边缘地区的政治权力与工业化》，朱天飙等译，吉林出版集团公司2008年版；杨光斌：《制度变迁的路径及其理论意义：从社会中心主义到国家中心主义》，《中国社会科学内刊》2007年第5期。

统治"这样的最根本问题。第二，任何一个民族国家的成长都有一个秩序问题。经济发展或博弈均衡只能在一个稳定的制度结构内实现，而国家本身对之负有最终责任。① 因此，无论是为了政治统治还是全社会利益，国家本身具有天然的稳定诉求。第三，民族国家成长中的发展次序。除了极个别的例外国家（美国），不论是早发达国家还是后发达国家，几乎所有的国家都是先实现民生权利再实现民主权利，最后是社会权利。过去我们往往把历史简单化，以为资产阶级革命以后民主政治就自然到来了。其实，英国在光荣革命以后的150年的时间里，资产阶级得到的只是作为公民权基础的财产权，即事实上我们今天所指的民生权，并没有什么政治权利。② 如果说早发达国家基本如此，发展中国家似乎更没有别的选择了。为什么大家都走了一条共同的道路？恐怕还是人的本能的自然反应，即民生需求的优先性。

因此，在政治权利和政治秩序问题上，中国表现出应有的审慎和渐进，一方面对基层民主进行鼓励和规范，比如出台村民自治组织法，官方媒体宣传和推广基层政治中的制度创新；另一方面则努力设计"以党内民主带动人民民主"这样的中国式民主政治发展道路，保证中国发展的有序性。比较现代化的基本结论是，和没有民主与自由的结果一样，太多的民主和自由同样不利于经济发展。③ 然而，每个国家到底应该有多少自由民主，走向自由民主的道路是什么样的，自由民主的进度如何，历史文化很重要。对于中国这样的发展中国家而言，国家在自由民主的演进中的作用更不能

---

① ［美］诺思：《经济史的结构与变迁》，陈郁等译，上海三联书店、上海人民出版社1994年版，第17页。

② 参见 T. H. Marshall，*Sociology at the Crossroads and Other Essays*，London：Heinemann，1963。转引自［英］迈克尔·曼《社会权力的来源》（第2卷）上，陈海宏等译，上海世纪出版集团2008年版，第21—22页。

③ Robert J. Barro，*Determinants of Economic Growth，A Cross-Country Empirical Study*，Cambridge，MA：The MIT Press，1997.

忽视，因而自发秩序中必然具有更多的"人为"特征。

◇◇六 结语

一个国家的民主政治程度取决于民众的参与程度以及通过公共参与而监督和控制政治的程度，因此，公民参与是衡量一个国家民主政治的主要指标，尽管大规模的政治参与并不必然导致理想的政治状态。[1] 在当代中国的历史语境中，"文革"式政治参与[2]曾带来政治动荡，因此人们对无序的公民参与依然心有余悸。在当代中国的现实语境中，制度化参与的不足以及非制度化参与的盛行，使得人们对公民参与既有更多的期待也有不少的疑虑。

无论如何，民主自由已经成为中国所接受的一种价值观。中国改革开放所形成的自由环境使公民得以参与政治生活，创造着活生生的民主形式，改善着地方的治理结构。因此，我们应该有信心。但是，政治权利和政治秩序的性质决定了，进步只能是渐进的。因此，我们又必须有耐心。

---

[1] 关于公民参与价值的争论参见［美］J. 沃科尔《精英民主主义理论批判》，《美国政治科学评论》1966年第60期；［美］R. 达尔《对"精英民主主义理论"的回应》，《美国政治科学评论》1966年第60期。

[2] 西方学术界一般把公民个体的主动性参与叫作公民参与，而对于动员式参与则有诟病。在我看来，划分主动性参与和动员性参与是一种西方中心论的体现。即使在西方国家的公民参与中，大选时期的政治行为难道不具有更多的动员性？

中国当下法治体系的问题与出路

从官方到坊间,"民主"已经成为出现频率最高的一个政治词汇。在党内民主方面,地方党委中的决策机制由常委会移向全委会已经成为普遍现象,乡镇一级的党委书记和镇长的公推直选在很多地方已经铺开。在人民民主方面,基层政治中的选举民主、决策中的协商民主以及以网络为平台的参与式民主正在齐头并进。中国民主政治的建设成就有目共睹。与此相适应,我国的法治体系应该跟进,甚至应该走在民主的前面。这是因为,民主在很大程度上就是一个产生权力的过程,而通过民主的方式产生的权力如果不受到约束,民主本身并不会带来更好的治理绩效。而约束权力的机制就是法治体系。简单地说,民主是产生权力的过程,而法治是约束权力的制度安排。或者说,法治体系是民主的载体,是民主运作的平台。因此,只有当民主与法治协调发展,或者说只有使权力得到约束,民主政治才是健康的。

在民主政治建设突飞猛进的时候,我国法治体系的改革与完善也取得了令人瞩目的成就,比如公安系统的卓有成效的整治警察不正之风的制度建设,一些地方人大常委会的旁听制度,深圳市人大代表工作站制度,目前正在推行的铁路法院划归地方的改革,等等。但是,总体上看,法治体系还不能满足民主政治的需要,有很多制度空间去改革和完善。我认为,"法治"不但是一种制度,还是一种文化,即是否习惯于遵守规则的法律文化。从文化层面看法治，往往会得出并不乐观的看法，因为中国是一个熟人社会、一个"人情与面子"社会，在县一级，公、检、法各部门，即监督部门与被监督部门之间都被人情所笼罩，监督与制约从何谈起？这里仅从制度层面讨论法治问题，故称"法治体系"。法治体系或者说作为依法治国的制度架构，是由三个相互联系又相互支撑的结构构成的，即作为立法和监督机关的人民代表大会制度，作为司法执法的司法体制和作为行政执法部门的行政体制。这里不可能对它做全面的讨论，主要围绕"法治"做结构性或框架性分析与线条勾勒。

◇一 人民代表大会常务委员会

人民代表大会制度涉及的问题很多，比如我党十七大提出的城乡同比例代表问题、代表产生方式、会议制度或议事规则，等等，这里仅论及人大常委会制度。和任何国家的立法机关一样，人民代表大会的主要功能也包括立法权、决定权以及监督权，而监督权是否到位，是衡量一个立法机关权能的最主要指标。我们过去习惯认为，中国的主要问题还是发展，发展就要讲速度，讲速度就不能有部门间的"扯皮"，人大的监督权被认为拖了政府工作的后腿，是"扯皮"。改革开放30年后的今天，我们必须抛弃这种基于特定历史阶段而形成的所谓"扯皮"观念。我们早已看到，追求速度不仅给我们带来了很多福利，同时也给我们带来不胜枚举的后遗症。如果说在我们一穷二白的时候片面追求速度是可以理解的，那么在国强民富的今天，依然因为速度、效率的考量而不要部门之间的监督就不符合科学发展观了。相对于西方发达国家，我们在很多方面依然是落后的，但绝不能以此为理由而不加强监督制度的建设。何况，落后与先进永远是一对相对的概念。就整体而言，比如，中国很多地区难道比南欧的所谓发达国家落后吗？就行业而言，难道中国的互联网应用程度比西方国家落后？无可置疑地说，中国已经进入了综合发展和协调发展时期，而这里的协调发展，就是改变强行政弱监督的结构性弊端，加强监管部门的制度建设。

人大的监督不可能靠全国人大代表大会的近3000名人大代表开会时集体监督，只能靠各级人大的常委会。要履行监督功能就要有专门的监督部门，即靠人大常委会的专门委员会去监督。专门委员会的设置原则应该是与监督对象的对应性，即除了人大常委会自身运转所需要的机构，如立法委员会或法制工作委员会外，有什么政府部门就应该设置什么样的专门委员会，做到对相应的政府部门的人与事的监督。

改革开放以来，人大常委会专门委员会从无到有，先后建立了九个专门委员会，它们分别是民族委员会、法律委员会、内务司法委员会、财政经济委员会、教科文卫委员会、外事委员会、华侨委员会、环境与资源保护委员会、农业与农村委员会。此外还有正在成立的隶属委员长会议的办事机构如法制工作委员会、预算工作委员会等。

中央政府下面的行政机构有多少呢？除国务院办公厅以及4个国务院办事机构外，国务院组成部门有27个，国务院直属特设机构1个（即国务院国有资产管理委员会）、直属机构16个、直属事业单位14个、部委管理的国家局17个，除议事协调机构（28个）外，共计80个左右的部门。

客观地说，人大常委会专门委员会太少，中央政府下面的行政部门太多，是一种严重不对称的权力关系。假设很多行政部门自愿被监督，自己的权力自愿受到约束，那么监督和约束来自何方？在我们的制度设计中，监督和约束机制包括驻部委纪检组、社会和新闻监督、审计监督。我认为，所有这些监督都有"事后性"，即当事情发生以后才有机会监督。在语义学上，监督与决策等权力运行过程并行。"事后监督"已经不再是严格意义上的监督，充其量是曝光或追究。这并不符合我党关于从源头上约束和监督权力的战略布局。这就是为什么每次审计中都能发现一些部委的预算过头，一些部委可以擅自挪用预算资金而建立一些特殊用途的项目或工程。

如何从源头上监督和约束权力？一切政治无怪乎是"人"和"事"，即用人和办事。用什么样的人，应该有来自人大常委会的严格监督，部委及其他部门办什么事，即立项，应该受到人大常委会相关部门的审核与批准；事情办得如何，应该受到严格审计和人大常委会的严格听证和审查。也就是说，权力的产生（上游）、行使（中游）和后果（下游）都必须受到约束和监督。

政府部门那么多而人大常委会专门委员会又那么少，这种现状不可能使政府权力受到相应的约束和监督。因此，必须在有计划、有步骤地增加常委会的作用时，还应该有计划、有步骤地实现人大常委会委员和专门委员会委员职业化。目前，作为监督机关的人大常委会和作为被监督部门的政府机关并没有真正脱钩，利益纠结在一起，比如退休后到人大工作的委员，有的工资关系和住房都属原单位，这种现状当然不利于真正开展监督活动。

需要指出的是，作为一个非常重要的监督部门，审计机关应该改设在人大常委会，而不是一个政府部门。常识告诉我们，审计部门目前的地位并不利于全面、客观、公正地审计，它的权威来自政府首长，而不是法定，因而具有不确定性。审计哪些部门和地方、审计什么，主要取决于行政首长的意志，而不是法定的无区别的审计。因此，需要借鉴成熟的治国理政之道，将审计部门的设置科学化，以便于真正的发挥审计监督的作用。

概言之，人大常委会委员职业化，增加专门委员会的数量，将审计部门改设在人大常委会。

◇二 司法体制的问题与出路

人大的立法既为了实现国家意志，也为了保护公民的权益，是"国家性"与"公民性"的统一。尽管法学界一直存在工具主义和权利主义之争，但是不容置疑的是，没有"国家性"的法律，公民的权益就不能得到有效保护，尽管有时一些体现国家意志的法律可能会侵害公民权益。正因如此，美国的开国之父们在设计其政体和法院体制时，特别强调在地方自治的美国实行充分体现国家性的最高联邦法院及其"下级法院"（即今天的联邦巡回法院），"其目的在于使全国性政府在合众国各部或区域内设立或授权设立一种能够审理其辖区内属于全国性司法权性质案件的法庭"，原因是"纵有高瞻远瞩之人也难预测地方主义情绪能否发展到使地方法院失去审理国家案件资格的程度"[①]。

讨论中国的法治体系似乎不对照美国的体制。但是，美国体制的设计者给我们的启示是，政治事务可以是地方性的甚至是地方主义的，但法律必须是国家性的，法律的地方主义必然侵蚀或分割着国家的权威。因此，美国的联邦主义一方面保障了政治事务和其他方面的地方自主权，另一方面用集权式的司法体制保证地方自主性不至于侵蚀国家权威，这不能不说是一种富有远见的制度设计。

与此相对照，中国实行单一制政体，即中央集权制，作为政体延伸的司法体制也应该是中央集权的。但是，可以这么说，政体上的单一制并没有相应的司法体制的集权性，因为中国的司法体制是按地域设置的，即从上到下依次为全国人民最高人民法院、省/市高级人民法院、市中级人民法院和县/区基层人民法院。地域性设置原则必然体现为管理上的地方性，即不但法院法官的身份由地方党委和地方人大决定和确认，连法官的工资也来自地方财政。这样法院的"独立审判"就会受到质疑，才会有一些地方法院实行地方保护主义的现象。当法院的公正性受到质疑并进而沦为地方保护主义的工具时，其后果一方面在侵蚀着国家权威；另一方面在动摇着

[①] ［美］汉密尔顿、杰伊、麦迪逊：《联邦党人文集》，程逢如等译，商务印书馆1980年版，第404—412页。

公民对司法公正的信心并进而导致对执法公正性的怀疑，因为老百姓都知道党领导司法的常识。因此，为了加强国家权威，增强执政的公正性，必须对现行的司法体制进行改造。

还因为法院审理的事务不但是公民个人的，还有越来越多的公民诉政体的行政执法问题，以及涉及地方政府的官商关系的案件。目前的地域性设置显然不利于法院公正、独立审判。因此，无论从党的利益、国家利益，还是现实的司法权与行政权的关系看，司法体制改革都是亟待迈出的一步。

改革现行司法体制的基本目标应该是，实现司法体制与单一制政体的一致性，因为司法体制是政体的一种延伸。为此，需要改变司法体制的地域性设置，实行跨地区设置。我以为，现在的最高人民法院规模太过庞大，应该精简，把国家最高法院建成真正能代表国家司法权威象征的机关。在改革最高法院的同时，应该将相关职能和编制分配给最高法院的下级法院。至于最高法院的下级法院的数目多少，需要做具体研究。为了保证下级法院的司法公正性，其人事管理和财政预算都应该直属国家，实行垂直管理，而不能与地方有染。地方法院只审理本地属性的并不重要的刑事、民事和经济案件。

司法体制改革能达成两个目标：减少司法的地方性，提升司法的国家性；克服国家权威的碎片化，提升国家权威的整体性。

◇三　行政体制的问题与出路

行政体制由我们传统上所说的"条条关系"和"条块关系"构成。本文所讨论的"条块关系"，不是简单的中央—地方关系，还包括城市管理体制。

并不夸张地说，行政体制改革的滞后为中国政治—经济过程中的利益集团政治提供了温床。作为国家代表的政府部门，本应是公共利益的代表者。但公共选择理论的研究表明，政府官僚机构与官员并不必然是公正无私的"道德人"，反而具有追求自身利益最大化的"经济人"的特征。据此，西方学者和一些国内学者把政府官僚机构当作一种利益集团，起着利益表达与综合的作用。我们不同意这种划分方法。不能因为任何时间和地点都存在本位主义和部门利益，而把作为国家权力建制的有机组成部分称为利益集团，因为利益集团是特指国家权力机构之外的政治社会力量，如果把存在组织化利益的团体都归类为利益集团，利益集团就成为解释一切政治现象的概念，"国家权力"等经典概念就失去了应有价值。尽管如此，什么是国家权力的有机组成部分，在市场经济的体制中需要进一步界定。一般而言，维持国家正常运转的政务部门（如司法部、外交部、民政部、文化部、教育部等）和宏观经济调控部门（如央行、财政部、发改委、国资委等）是任何国家都必须有的，不能因为它们或许存在部门利益而把它们称为利益集团。但是，目前，中国政府部门设置依然具有计划经济的特征。例如，在国务院下属的行政管理部门中，还有各种以行业和产品为基础的主管部门。例如，有主管邮政与信息产业的信息产业部、主管铁路产业的铁道部，等等。正常来说，中央各部委应该是中央政策的执行者，自身保持政治中立，只努力追求政策执行的效率。但是在当今的中国，因为中央决策机制的不健全，在很多场合，实际上部委决策，中央背书，很大程度上中央各部委成了中央政策的决策部门。这就使它们有能力将自己的"部门利益"凌驾于社会公共利益乃至于国家利益之上，通常被称为"特殊利益集团"。[①] 不仅如此，由于行业和产品的交叉性，以行业和产品为标准而设置主管部门必然导致部门的重叠和功能的交叉与利益冲突。以文化领域为例，最高主管部门是中共中央宣传部，在国务院则有文化部、国家新

---

① 杨军：《部委"利益分殊"进行时》，《南风窗》2006年12月B期。

闻出版广电总局、国家文物局;以交通为例,有主管水路交通和陆路交通的交通部,也有只管水利而无权管理水上交通的水利部;再以水污染为例,国家环保局和水利部都在管理,都在争夺管理权。① 这些部门的行政级别相同,而功能和利益存在交叉,利益冲突是常见的现象。在市场经济的今天,这些行业主管部门很容易演变为该行业或产品的利益代言人,利益冲突导致机构之间的矛盾。

因此,本文特别把那些建立在产品和行业基础上的所谓经济主管部门称为机构型利益集团。在经济转轨过程中,有些部门的存在具有时代的合理性和必要性,比如为了加快信息产业的发展而组建的信息产业部;有的没有被改革则因为国家当时没有足够的资源去同时解决那么多的部门政治难题,因此,一下子撤销13个部委的朱镕基总理在1998年说,此改革是过渡性的,还不够,还要改。进一步的行政改革已经非常迫切、必要,因为在市场经济体制基本建立的条件下,有的部门的历史使命已经完成,有的已经成为市场经济的阻碍力量,代表着特殊的行业和利益。从这个角度来看,可以说一些政府主管部门是最强大的利益集团。如果缺少外部竞争、外部约束、缺乏内部的自觉性,政府有些部门会有非常强烈的动机去争取自己的利益最大化、法定化、国家化甚至是国际化。② 对于这种现象,决策者已经有充分的认识,因此中共十七大政治报告明确提出实行大部委制。

在实行大部门制的同时,立法体制必须改革。在全国人大常委会成立立法室,专门负责各种法律的起草工作,取消各行政管理部门的法律起草权,它们的立法权限只限于为执行法律而制定的规则。这些制度建设,可以减少部门或机构型利益集团之间的利益纷争,消解这类利益集团用法定的国家权力而扭曲公共政策、侵蚀公共利益的行为,规避机构型利益集团

---

① 《中国水利部淮河委员会公布,2006淮河流域各省全部超标排放,治污十年仍未达标》,新华网,2006年7月27日,http://news.qq.com/a/20070727/003014.htm。
② 《警惕部门利益膨胀》,《瞭望新闻周刊》2006年10月号。

利用立法过程中的信息、权力优势,谋求自身利益,置国家利益与公共利益而不顾的行为。

"条条关系"中的问题似乎尽人皆知,"条块关系"中的政府层级也是热议的问题,比如正在实行的省管县财政的改革。我认为,财政上的改革只是过渡性的,应该实行宪法上的四级政府制(中央—省—市/县—乡)而不是没有宪法根据的五级政府体制(中央—省—辖区市—市/县—乡)。县和辖区市的行政关系应该是平行的,尽管有的辖区市的地位可以单列,比如作为省会城市的市的地位。这样的设计不但可以极大地降低行政费用,更重要的是可以提高行政效率并促进经济发展。这里面的道理并不需要过多地论证,说到底是如何破解辖区市的利益阻力问题。

在"条块关系"中,目前尚未被广泛关注的是城市管理体制问题。因为地区的差异性和权力之鞭的有限性,才设立地方政府。作为地方政府一个环节的市政府,就是范围极小的"点",不需要下级政府。目前,从北京市、上海市这样的巨型城市,到地级市这样的微型城市,管理体制如出一辙,即市政府—区政府—街道办事处,区政府与市政府的机构设置完全雷同。且不从行政费用和行政效率说这种体制的问题,更重要的是这样的设计破坏了城市发展和城市规划的整体性。以城市规划为例,市政府有规划局和房产局,区政府也有规划局和房产局。既然是一级政府部门,必然具有规划本城区的权力。区规划局、房产局的规划和行动就可能破坏一个城市的未来。比如,很多开发商似乎都能有办法减少容积率,很多开发商都有办法突破楼宇的限高规定;在开发商的游说下,很多社区本来应该有的绿地和公园都变成了座座高楼。当我们抱怨贪婪的开发商、腐败的官员破坏了我们的城市时,何曾想到城市管理体制的问题?同样,市政府有环保局,区政府也有环保局。并不夸张地说,有的区—县环保局变成了协助区—县政府应对上级环保执法的工具。

我认为,除非大都市,一般城市都应该取消区政府,改区政府为规模极为有限的代理机构。这样的改革首先应该在地级市推行。就是在大都市，也只能有一个规划局、一个国土资源与房屋管理局、一个环保局。

总之，我国的行政体制改革不仅仅是大部门制问题，还有同样涉及刚性利益结构的政府管理层级和城市管理体制问题。所有这些问题不但事关交易费用、行政效率、权力结构的合理化和国家权威的一体性，还关乎亿万居民的环境与安全。

以立法和监督体制、司法体制、行政体制为中心的法治体系建设应该协同并进，因为它们是三位一体的有机体，单一领域内的改革效果必然会有违改革设计的初衷。比如，行政体制改成大部门制以后，大部门的行为由谁来监督和约束？不受监督和约束的大部门，可能会提升行政效率，但不一定会提升其行政责任。因此，大部门制改革离不开立法与监督体制的改革。按照我们的制度设计，行政部门不仅应该受到立法部门的监督，还应该受到司法部门的约束，即行政部门的违法行为受到司法部门的裁决。成为大部门制的行政部门并不必然会事事合法，也可能与地方政府合谋而形成不利于民众的政策和项目。在这种情况下，地域性的司法机关就无能为力。更重要的是，当地方政府的职能部门成为大部门制以后，地方行政部门又如何保证不与民争利甚至做出违法之举？这些都需要具有国家性的司法机关的介入。因此，大部门制的同时也必须有计划地推行司法体制的改革。就大国治理而言，这些都是重大问题，同时也是技术性的制度安排，毕竟，诸如完善人大常委会之内的改革都是在宪法框架内进行的。

即使是技术性的制度安排，一旦出现就必然要发挥作用，正所谓有什么样的结构就有什么样的功能，并在履行其功能中将自己的利益结构化和刚性化。因此，即便是破解技术性的制度安排，存在阻力都是很自然的。但是，我们有政治体制上的优势，我们的政体是民主集中制。只要有决心和意志，破解刚性的利益结构依然是民主集中制体制的技术性问题。时不我待，利益结构刚性化越强，行动的阻力就越大，难度也就越大。中外历史上有太多的教训。因利益集团太强大而俘获政府,轻者导致治理危机,重者导致国家失败。

◇ 四　建设以法治为最大公约数的民主政治

最后,不得不再次回到法治与民主的关系。在我们的公共舆论中,谈论更多的是民主而非法治。民主政治已经扑面而来,很多地方政府也热衷于民主政治的种种创新。不客气地说,很多地方的制度创新不具有复制性,也就难以制度化,因为很多举措都是把既定的制度结构撇在一边,比如在干部的公推公选中居然见不到同级人大常委会的影子,人大制度形同虚设。这样的制度创新有多少生命力?应该以人大为中心而创新干部的产生方式,并约束干部的行为。在大众政治时代,民众的权利意识已经觉醒,民主政治势不可当。即便如此,如何处理民主与法治的关系,历史上和当下很多民主转型国家的故事依然值得我们研究和深思,以取他山之石。在历史上,以对外推行民主为己任的美国其实是先建法治体系(共和),后渐进地实行民主。英国也如出一辙。与此相反,近代法国则是先民主政治,结果不受法治约束的民主政治给法国带来一个半世纪的动荡,直到确立了戴高乐牢固的法治体系。类似的故事还在反复重演着。在"第三波"民主浪潮中,俄罗斯的案例最值得研究。不受约束的民主给俄罗斯带来的是转型失败,结果那些曾热情拥戴民主的知识分子和劳动阶级转而又欢呼沙皇般的强势人物普京。历史的和当下的故事告诉我们,大国治理有其自身的内在逻辑,政治发展有其逻辑性的次序。而大国治理的逻辑背后则是不能否认的人性与政治关系的法则,即民主是张扬人性,而法治则是约束人性,世间有很多好事以民主之名而为之,很多坏事也同样是在民主的旗帜下发生的。因此,民主张扬的不仅有人性的权利意识,也有肆意妄为的东西。这就需要法治约束和抑制人性中的"恶性"，弘扬人性中的"善性"。一句话，民主本身虽然是一套规则，但是还要有根本性规则即法治去约束民主，这样的民主才能成为大家都接受的"城里的唯一规则"。

民主是抽象的概念，需要具体的民主形式去落地。民主形式来自政治现实，不可能只有一种民主形式。政治生活是分层次的，中央到地方分很多的层次，除了纵向的以外还有横向的。横向来说，基层单位的选举民主还是要提倡的。哈佛大学和北京大学联合进行了一个调查：当下什么人对中国最不满。我们一般会认为很多群体性事件是基层老百姓对中国最不满。调查报告出来发现错了，基层老百姓都只是程序上的不满，如果得到了补偿和校正，这些老百姓恰恰是现状的接受者。什么人最不满呢？既得利益阶层。既得利益阶层为什么不满？比如说知识分子、基层公务员、一些商人，他们为什么不满？我们不能笼统地讲制度不好或者是制度有问题，我们一定要找出切入点。他们对发生在身边的不公正感到不满。比如 A 不如 B 能干但 A 提拔得更快，这就不公正。我们不能指望人们像理论家那样去抽象化处理生活中的经验，很多人的不满来自生活，生活的不满被放大到体制。他会说这是制度造成的，这是体制造成的，他会这样放大。因此我觉得选举民主对于基层单位是重要的。

再有，政治也是多功能的，比如说立法、决策等，选举式民主理论家也说，民主不能用于立法和决策，决策和立法只能是政治家的事。而如果在这个领域中没有民主，你看我们在现实生活中看到很多问题，很多部门太有钱，钱是怎么来的？我认为是随便立项，搞各种各样的政绩工程，各种各样的名目乱花钱，这就是政治功能性的东西，选举民主肯定是没办法解决的，恰恰也是需要协商民主或者是什么样的民主机制去约束政府部门乱作为，他们掌握的资源太多了，原因是什么？如果笼统地说是因为没有民主也可以说得通。

因此我们说不搞党争民主并不意味着中国现实生活中不需要民主，恰恰相反，还有很多空间层次和功能发扬民主，建设民主制度。

在民主建设中，法治是前提。我们看到农村村民选举了，结果怎么样？过去政治学对村民选举很有兴趣，但这十年基本上研究得很少了，提得很少了。小到一个村，大到一个国家，如果没有法治，选举所有的权力机构又怎么样呢？如果不受法律的约束，选出来的人干坏事，危害更大，因为他会依仗民意基础，有着多数合法性。尽管没有法治传统还是需要建设法治，但这个过程肯定比西方国家更难，因为法治对他们来说是与生俱来的，而对中国这样的国家来说建设法治也是某种意义上的学习过程。

近代社会科学二元对立的思维无处不在，我们在讲法治的时候自然排除人治。我的观察是，中国的自由传统中断了。从老庄到黄老哲学，之后到汉代实行的无为而治，这是最经典的自由主义，这个自由主义传统到宋朝就中断了。可是中国唯一没有中断的传统是民本主义，从周朝"民惟邦本"，到一直现在的"民本主义"，这个传统没有中断。这当中当然包括了人治。当然我们说要法治不要人治，人治不是好东西，比如说我们认为美国是一个法治的国家，其实决策的时候都不是法治的，比如美国小布什总统开完内阁会议之后把国防部部长和副总统留下来，说交给你们一个任务，把萨达姆干掉，决策就这么简单和草率，副总统和国防部部长都惊讶不已，可是有什么办法呢？说到底政治决策的主体还是人，人必须要服从法治，道理上没有错，可是都太理想主义了，但现实生活中人治和法治是交替出现的。我们追求法治，但是在中国民本主义传统下想摆脱人治是很难的。

民本主义是中国延绵三千年的传统"为人民"的政治思想。林肯讲到"民治、民有、民享"的时候，社会自治即民治是可能的，超越了一个层次的政治生活（比如说高一级的或者是高两级的），这个民治就是不可能的。如果民都能自治的话，要政府和国家干什么？民有，即人民有财产权和人民主权。还有一个非常重要的是民享，这就是和民本主义一样的概念。

民治是基层的，更重要的实质性民主是为人民服务，所以说我觉得可以提出一个"民本主义民主",它的实现形式是什么?我觉得既包括了程序上的(比如说群众路线),也包括了实质上的。

民主是一个公共产品,但是参与的人群和人群之间的能力是不一样的,参与的结果是不公平的。如前所说,房地产商游说最后推动改变了人民银行的决定。这就是参与。因此自下而上的参与结果可能是不平等的。群众路线也是了解社情民意的一种办法,为人民做事。我觉得群众路线本身就是程序民主。民本主义民主最重要的是为人民。我们讲民主有两个层面,一个是程序上的、一个是实质上的,我觉得民本主义民主两方面都有了。

在西方,无论是法治还是民主,很大程度上都是与生俱来的。电影里面奴隶们起义,仗怎么打投票表决。这真的是与生俱来的,因此他们的血脉没有断,只不过是罗马共和国变成了寡头政治、寡头民主,因此法治、民主与其说是一种制度,不如说是一种文化。这也意味着,在中国建设一种可行的民主理论和民主政治,同样也离不开自己的文明基因,而且作为政治传统的基因很难移植,也很难被改变,只能在自己基因的基础上适应和包容,形成一种以法治为最大公约数的包容性民主制度。

在建设民主政治的实践的同时,话语建构同样很重要。我们本身做的事情可能是民主的,比如事实上的协商民主,但因为没有相应的话语权我们会认为这可能不是民主。中国社会发展到今天不单单是在政治上怎么走的问题,更重要的是话语权的建设。这是至关重要的,否则的话很容易形成做得可能还不错,但因为没有话语权只能用别的话语权来解释,结果自己否定自己。这就是话语权的重要性。

"以党内民主带动人民民主"还是"以党内民主带动国家民主"

"以党内民主带动人民民主"是关于我国民主政治的一个最常见的说法。但是，它在政治上是模糊的，理论上具有误导性，从而最终会影响民主政治制度的实际建设。其实，党内民主、人民民主并不是什么高深的理论问题，而是政治生活中的常识，只要我们追问其具体所指，便可以明白这种流行的说法存在理论逻辑上的张力。"党内民主"是一种制度形式，"人民民主"更多的是一种政治正确的理论主张，因此，"制度"带动"理论"之说存在理论逻辑上的别扭。而事实上，官方常说的"人民民主"其实是作为制度形式的"国家民主"，准确的说法应该是"以党内民主带动国家民主"，即以一种制度形式去推动其他制度形式。

◇一 作为制度形式的"党内民主"

在中国共产党的历史上，"党内民主"一开始就是一种制度主张，这一点既简单又清楚。到现在，无论是党章还是党的代表大会政治报告，"党内民主"指一系列制度安排。《中国共产党党章》总纲中关于"党内民主"的规定是："必须充分发扬党内民主，保障党员民主权利，发挥各级党组织和广大党员的积极性创造性。"当然，在党章的其他部分，还规定了作为党内民主构成的党员的权利等条款。关于"党内民主"的详细阐述还是体现在十七大政治报告中，我们认为"党内民主"主要包括以下五个方面的内容。

第一，关于党员权利的主张，即"尊重党员主体地位，保障党员民主权利，推进党务公开，营造党内民主讨论环境"。

第二，关于党的民主会议制度，即"完善党的代表大会制度，实行党的代表大会代表任期制，选择一些县（市、区）试行党代表大会常任制"。

第三，关于民主执政的要求，即"完善党的地方各级全委会、常委会工作机制，发挥全委会对重大问题的决策作用。严格实行民主集中制，健全集体领导与个人分工负责相结合的制度，反对和防止个人或少数人专断。推行地方党委讨论决定重大问题和任用重要干部票决制。建立健全中央政治局向中央委员会全体会议、地方各级党委常委会向委员会全体会议定期报告工作并接受监督的制度"。

第四，关于党内民主选举制度的规定，即"改革党内选举制度，改进候选人提名制度和选举方式。推广基层党组织领导班子成员由党员和群众公开推荐与上级党组织推荐相结合的办法，逐步扩大基层党组织领导班子直接选举范围，探索扩大党内基层民主多种实现形式"。

第五，党管干部制度中的民主原则，即"坚持民主、公开、竞争、择优，形成干部选拔任用科学机制。规范干部任用提名制度，完善体现科学发展观和正确政绩观要求的干部考核评价体系，完善公开选拔、竞争上岗、差额选举办法"。

我们都知道，中国的"党治国家"政制决定了"党国同构"的权力组织体系，即我们常说的"党和国家领导体制"。这也就意味着，国家生活（即国家的政制）的民主化有赖于党内民主，或者说党内民主是国家民主的前提。在"党国同构"的体制下，上述五个方面党内民主的落实，即从党员个体—党组织生活到党的决策—执政方式和用人方式的民主化，必定会推动国家政治生活的民主化。因此，在权力组织的逻辑上，"党内民主"对应的是"国家民主"，这种对应性也呼应了我们常说的"党和国家领导体制"。正是在这个意义上，我们应该说"党内民主带动国家民主"，即以一种制度上的民主带动其他制度上的民主。这种说法既符合语言逻辑，更符合中国政治的权力逻辑。

"国家民主"是政体民主，它与"人民民主"有联系，但有着重大区别，因为"人民民主"主要是理论性的政治主张。无论是党内民主还是国家民主，都应该是"人民民主"原则在政治制度上的体现。为此，有必要厘清"人民民主"。

◇二　作为现代性政治原则的"人民民主"

我们已经太熟悉"人民民主"以至于不再思考其特定语境下的特定意义。在当代中国政治中，"人民民主"的提法来自"人民民主专政"，慢慢地不再提"专政"而只说"人民民主"。1982年宪法规定"中华人民共和国是工人阶级领导的、以工农联盟为基础的人民民主专政的社会主义国家"。显然，这是极具中国特色的政治学术语即"国体"意义上使用"人民民主专政"。在20世纪80年代受过政治学教育的人都知道"国体"这个概念，这是西方政治学没有的概念，以至于在西方受过教育的人都不知道"国体"为何物，请教毛泽东，而毛泽东给出的答案就是国家政权掌握在哪个阶级手里。因此，在中国共产党的政治学词典中，"国体"讲的是谁当家作主的问题（这其实也是亚里士多德的以统治人数为标准的政体分类），而与之相联系的"政体"则是当家作主的人民如何组织政权的问题（如何组织政权是西方政治学的政体论）。换句话说，即使我们继续使用中国特色的政治术语或政治学术语"国体"这个概念,"人民民主"就等于"人民主权"即人民当家作主。那么,在这一"国体"之下,人民是如何当家作主的呢?这是政体民主即国家民主要回答的事。

在"国体"意义上看待"人民民主","人民民主"与"党内民主"的非对称性就非常清楚了。如前所述,"党内民主"是民主的制度形式,而"人民民主"的"国体"意义就意味着理论上的一种"人民性"主张或者说政治正确的表达,我们总不能说作为一种制度形式的"党内民主"带动作为"国体"的"人民民主"吧,或者说"国体"是不能被带动的。

作为"国体"的"人民民主"不但真实地反映了毛泽东领导的新民主主义革命的性质,同时还准确地把握了现代性政治的基本方向和原则。近代的资产阶级革命和无产阶级革命都是在"主权在民"或"人民民主"的旗帜下发生的,各路理论家和政治家都不会轻易放弃这个道德高地。比如,美国革命家潘恩讲人民的权力,19世纪30年代流行的杰弗逊式民主就是人民民主,后来林肯更是以"民有、民治、民享"而著名。因此,现代政权的"人民性"是任何统治者都必须强调的,托克维尔在《论美国的民主》中甚至还说人民主权原则是美国的源发性政治生态。所有这些,其实都是现代性政治的必然反映,即权力的归属从具体的个人、家族、王室、派别最终演变到抽象性的"人民",政治权力的抽象性原则得到确立,任何人掌握权力都需要以"人民"的名义,否则人民都不答应。

这样,在历史和理论的脉络上,"人民民主"只不过是现代民主政治的一种政治上正确的说法,是民主理论的最高抽象,也是现代政治的一种合法性表达、权力正当性的象征。

正是因为"人民民主"是现代性政治的不可或缺的正当性象征,同样号称"人民主权"的不同国家,其政体形式千差万别,比如在意识形态上有资本主义民主与社会主义民主之别;在政治制度上有共和制与民主制之分;在民主意义上有精英民主与大众民主之分,等等。因此,在理论上,

"人民民主"是一个各家各派都可以运用自如，然而又十分模糊的概念。比如，第二次世界大战后新兴的民族国家都自称自己是人民民主国家，而且在当时的历史背景下，这几乎是不用论证的政治正确的说法，因为没人怀疑这些革命的"人民性"。相反，倒是西方国家当时必须全力以赴地论证为什么自己也是民主国家。为此，在理论上，西方右派理论家不遗余力地解构"人民主权"，说什么人民主权中人民当家作主是第二位的，而第一位重要的是人民通过选举来选择政治家为他们做出决定，这就是著名的"熊彼特式民主"（又称"选举式民主"）。从此，西方国家因为有竞争性选举，和自称为民主共和国的新兴民族国家一样，都成为"民主国家"了。

可见，作为现代性政治原则的"人民民主"在中国共产党的政治词典里被解释为"国体"，而人民当家作主的"人民民主专政"无疑是一种最高阶位的"国体"。问题是，西方国家也把自己说成是民主国家，甚至以民主国家的代表自居。这些争论恰恰说明，"人民民主"说到底就是一套抽象的现代政治原则，而不是指具体的民主制度或民主形式。我们不能说作为一种制度的"党内民主"带动了"人民民主"这一现代政治的基本原则，而只能论说"党内民主"如何符合了现代政治的基本原则——因为党内民主也只能在作为现代政治最高原则的"人民民主"的范畴内发生。将任何民主或任何权力形态置于"人民民主"之上，都会和现代性政治原则发生冲突。在这个意义上，也不能说"党内民主带动国家民主"比"党内民主带动人民民主"更符合现代性政治原则。为此，需要阐述"国家民主"到底为何物。

三 作为政体形式的"国家民主"

无论是在"国体"意义上还是在现代政治原则上理解"人民民主"，人民民主都具有理论的抽象性，而衡量"人民民主"的实现程度则是活生生的、具体的国家民主，而"国家民主"是政体民主，即政治制度的民主化以及政治制度运行过程的民主化。事实上，今天中国共产党的政治学词典中所说的"人民民主"，已经不再只是现代性政治的抽象原则，更多的是政体意义上的"国家民主"。

在中共十七大报告之"坚定不移发展社会主义民主政治"部分，指出社会主义民主政治的指导原则是"人民民主"，"人民民主是社会主义的生命"，而作为社会主义的生命的"人民民主"体现在两个方面：政治生活与政治制度。

在政治生活层面，"人民民主"可谓无处不在。根据中共十七大报告，"要健全民主制度，丰富民主形式，拓宽民主渠道，依法实行民主选举、民主决策、民主管理、民主监督，保障人民的知情权、参与权、表达权、监督权"；"坚持国家一切权力属于人民，从各个层次、各个领域扩大公民有序政治参与，最广泛地动员和组织人民依法管理国家事务和社会事务、管理经济和文化事业"。

在政治制度方面，根据中共十七大报告，"人民民主"主要包括人民代表大会制度和政治协商制度的民主性、基层民主、依法治国、行政改革和权力监督机制。

无处不在的"人民民主"的政治生活需要具体的民主制度去实施，否则都只是实质意义上的民主而无程序性意义，无程序的实质民主也就丧失了实质意义。在这个意义上，"人民民主"的第一重要性还是国家民主即政体民主。

我们认为，民主政治建设是非常艰巨复杂而又非常具体的制度工程，不能把一切制度都纳入"民主"范畴，否则"民主"就成了"元叙事"，出了任何问题都从民主那里找原因，解决任何问题都从民主那里找答案，这样民主既是"原罪"又是灵丹妙药。这样既有悖民主的价值，也不利于民主政治的建设和成长。为此，只能在政体意义上即制度层面谈民主。

政体民主包括两大方面，即制度民主以及制度运行中的民主。在制度层面，首先，法治是一切制度的基石，因此首先重要的是法治建设。"无法"必然导致"无天"，如果大家都目无法纪，其对一个国家的危害程度无论如何估计都不为过。其次，是关于中国的根本政治制度即人民代表大会制度的民主建设，它既关于权力产生源头上的制约，又关乎权力实施结果的监督。因此，无处不在的"人民民主"的实现程度说到底取决于人大制度的地位和作用。再次，政体民主不但是指传统的宪政制度，还应该包括制约政治权力的社会力量——因为政体事实上就是一切权力关系的总和。分权和自治对于民主至关重要。分权不但是上级对下级分权、政府向市场放权，还应该包括国家向社会放权，把权力依法下放至社区。因此，政体民主不但包括传统的"高政治"的民主，还应该包括"低政治"生活的民主化即自治。

需要指出的是，在道理上，这些理论很容易理解，为此我国也提出了社会管理创新。但实际上，社会管理创新在地方政府那里变成了维稳或自上而下的行政管理，找不到"社会"的影子，社会管理的创新也就无从谈起。

对于政体民主的理解不是静态的，而是动态的。也就是说，从制度运动过程的民主化而理解政体民主，更能深化对于制度民主的认识。因此，民主在政治决策过程中很重要。用中共十七大报告的话说："推进决策科学化、民主化，完善决策信息和智力支持系统，增强决策透明度和公众参与度，制定与群众利益密切相关的法律法规和公共政策原则上要公开听取意见。"同样是说易行难，否则就不会出现四川的什邡铜项目所引发的群体性事件。事实上，全国大多数群体性事件都是因为地方政府无视决策民主化原则而引发的。

◇ 四 结论与启示

"以党内民主带动国家民主"的提法会给人更能把握、更具操作性的印象。通过前面的阐述,"人民民主"更多的是观念和道德上的正当性问题;和"党内民主"一样,"国家民主"则是实实在在的政治制度以及政治制度过程。也就是说,以一种制度带动另一种制度比制度带动理论的说法在逻辑上更自洽。更重要的是,"以党内民主带动国家民主"更加符合官方习惯上所说的"党和国家领导体制",即"党内民主"和"国家民主"具有权力关系上的对应性。

由此追问所得到的启示是,在理论上,我们对于民主的理解基本上停留在革命家那里,而"人民民主"不但是无产阶级革命家也是其他革命家都鼓吹的理论。当革命完成以后,革命的理论就应该适时地转化为建设理论,做到观念和理论上的与时俱进。革命理论和建设理论的"身份特征"是完全不一样的,前者表现出激进、浪漫而有诱惑的特征,而建设理论必须温和、务实而平淡。遗憾的是,现实中流行的很多理论依然具有革命理论的身份特征,把政治目标定得很高很浪漫,把政治理论提得很理想很激进,从而极大地调动了人们的味觉、刺激人们形成刚性需求。这实际上还在用革命的心态和革命的理论指导温和而务实的建设。因此,革命式理论的流行最终并不利于当家者当家。

不但把政体意义上的国家民主用抽象的"人民民主"来表述会达不到应有的政治诉求,目前流行的、看上去正确的,并具有鲜明的革命理论特征的民主理论和话语,也没有经过深刻反思而在高调地使用。比如,"民主是社会主义的生命"或"社会主义的本质是民主"等提法,虽然其政治价值毋庸置疑,但却需要认真反思。我们知道,作为三大意识形态之一,与自由主义和保守主义一样,"社会主义"才是一套价值体系和价值目标,而民主充其量不过是实现社会主义的一种工具或一种价值,社会主义的最高价值当然是公正,或者说公正才是社会主义的专利,[①] 社会主义的其他价值目标还有平等、自由、繁荣。在社会主义的几种价值之中,公正是第一价值,没有公正就谈不上社会主义;即使有了民主甚至繁荣,并不必然会有公正。而如果说"民主是社会主义的生命",等于说民主是社会主义的最高或终极价值,这样的话如何解释民主不发达的国家却自称是比资本主义国家更高一个阶段的社会主义国家?何况,历史上的民主政治总是一把双刃剑。另外,"社会主义的本质是民主"等于说社会主义是实现民主的工具(途径);而史实则恰恰相反,民主是实现社会主义的价值如平等的工具。[②]

我们绝不否认民主尤其是人民民主的价值和重要性,但它们与意识形态上的社会主义是什么关系、尤其是与实实在在而又迫在眉睫的中国政治发展到底是什么样的关系?都需要回到历史中加以深刻反思,而不能躺在老祖宗身上睡大觉。在政治发展过程中,体制改革和制度建设是重要的,至少同样重要的还有关于制度建设的那些基础理论,因为基础理论会变成流行的观念,而那些不那么自洽的或不合时宜的观念的流行必然导致对政治的误导。

[①] 公平和正义理论虽然源远流长,可追溯到柏拉图和亚里士多德,但是真正把"公正"当作一种制度目标而追求的则归功于社会主义运动,也是社会主义首先把公正引入哲学。参见饶勒斯《德国社会主义的起源》,《饶勒斯文选》,人民出版社2009年版,第1—31页。

[②] 参见杨光斌《民主的社会主义之维》,《中国社会科学》2009年第4期。

民主集中制是我国根本政治制度的优势所在

在庆祝全国人民代表大会成立60周年大会上,习近平同志指出,"坚持和完善人民代表大会制度,必须坚持民主集中制";"我们要坚持和完善民主集中制的制度和原则,促使各类国家机关提高能力和效率、增进协调和配合,形成治国理政的强大合力;切实防止出现相互掣肘、内耗严重的现象"。民主集中制既是以人民代表大会为核心的国家机构的组织原则,也是党的组织原则,是连接党和国家的中介机制,党和国家领导体制因此而有效地组织起来。在中国这样一个偌大国家,没有个人自由、社会自治、市场经济和社会活力,就没有民主,没有社会活力,没有改革开放以来的巨大成就。邓小平这样说,"调动积极性是最大的民主","把权力下放给基层和人民,在农村就是下放给农民,这就是最大的民主。我们讲社会主义民主,这就是一个重要内容"。① 笃信自由主义民主的人不应该忘记托克维尔在《论美国的民主》中就是在社会自治意义上大讲人民主权。因此,下放权力、让人民自由的改革开放本身就是民主权利实现的过程。同样,在中国这样一个空前复杂的国家,没有集中,民主就可能把国家变成一种碎片化的力量,集中的政治力量和制度既是有效民主的前提,也是国家发展和人民福祉的根本保障。中外思想界都在讨论"中国模式",给出了各种各

---

① 《邓小平文选》第3卷,人民出版社1993年版,第243、252页。

样的概括,但是各家各派似乎都忘却了我们非常熟悉的一个名词——民主集中制,殊不知民主集中制就是"中国模式"最核心的制度体系。如果说西方的政治模式是代议制民主,那么中国的政治模式则是民主集中制。支撑"中国模式"的根本制度则是人民代表大会制度,其生命力和优势自然来自民主集中制。

◇一 民主集中制 VS 代议制民主

当谈到制度优势的时候,不但是对自己发展的经验总结和理论概括,也是在比较意义上来说的。说民主集中制是我国根本政治制度的最大优势,当然是相对于代议制民主而言的。目前,世界上存在两大可以比较的政体——民主集中制和代议制民主。相对于代议制民主,民主集中制的优势何在?这是一个极为严肃的、科学的方法论问题,即比较研究必须确定"可比较性"前提。首先,在国家规模上,不能拿一个不过千万人的城市国家与一个十亿人口体量的巨型国家进行比较。其次,不能把不同发展阶段的国家放在一起加以比较,即不能把发展中国家的今天与发达国家的今天进行比较,只能把今天的发展中国家与早发达国家的相应的历史阶段进行比较。一些早发达国家今天看起来治理得还不错,是长期曲折的、血腥的历史过程的一个终端性结果,其发展到今天并不是因为其宣扬的所谓的民主,而是因为自由、法治、市场经济甚至是对内外暴力掠夺的结果。美国白人开发西部的过程是对印第安人的灭绝性掠夺,《马关条约》中国对日本的四万万两白银的"战争赔款"相当于日本两年国民生产总值,1905年日俄战争之后日本便在朝鲜半岛和中国东三省掠夺资源,沙俄也一直奉行的是帝国主义政策。对于早发达国家而言,大众民主是很晚近的事,比如美国直到建国以后近200年即1964年才基本保障黑人的政治权利,英国在

1688年"光荣革命"之后150年中产阶级才有选举权、230年之后才实行男女平等的选举权,法国在大革命之后的170年即1958年第五共和国建立才实现政治稳定。因此,不能把结果当作原因而颠倒了因果关系。

所谓"可比较",就是把中国与发展中国家进行比较,而且都是历史悠久、经历过殖民地半殖民地、人口规模相当的发展中国家。世界上有12个人口过亿的国家,除去早工业化国家美国、日本和俄罗斯外,其他九个均为发展中国家,包括10亿以上的中国、印度,1亿以上的孟加拉国、印度尼西亚、巴基斯坦、尼日利亚、墨西哥、巴西、菲律宾。在9个人口过亿的发展中国家中,除去中国是民主集中制政体以外,其他的均是代议制民主或者人们常说的宪政民主。

不比不知道,结果如何呢?不少人口过亿的国家连基本的秩序、温饱都成问题。先说拉美的大国,墨西哥的墨西哥城的贫民窟是世界上最壮观的,而且现在最发达的产业是防弹汽车,可见其国内秩序的一般现状,根据联合国开发计划署2014年度报告,墨西哥每10万人中杀人犯数是23.7,在全世界是最高的。巴西还是大地主制,当前劳工党的社会主义政策根本无力改变这种殖民地遗产,由此而导致的贫富差异永远难以缩小,而且75%以上的巴西人认为司法制度和警察是用来保护富人的,每10万人中杀人犯数是21.8,这个数字仅次于墨西哥。非洲的尼日利亚因为实行选举民主而时有种族和宗教冲突,每10万人中杀人犯数是12.2,在世界上排名第三,而且近70%的国人还处于国际贫困线之下。墨西哥、巴西和尼日利亚是世界上犯罪率最高的,也是最不把人命当回事的国家,要知道中国的这一数字是1,而印度是3.5,巴基斯坦是7.8,俄罗斯则是9.7。

亚洲的几个大国是我们比较熟悉的了,其中菲律宾还是典型的封建世袭制,议会议员清一色来自地主家庭,其政治秩序和巴基斯坦一样都没有基本的保障,被称为"3G"国家(英文中的"goon"代表流氓当道、"gun"代表暴力泛滥、"gold"代表金钱政治)。巴基斯坦政治内乱不止,恐怖主义势力渗透到军队和政府内部，以至于习近平主席这次不得不推迟对该国的访问。印度尼西亚和孟加拉国则是无效治理，两国的人类发展指数分别排名第108位和第142位，清廉指数排名第114位和第136位，国际贫困线人口分别是16.2%和43.2%。所有这些治理性指标，都远远落后于中国。

西方人和一些中国学者最喜欢拿印度和中国比较，总是盼望印度有一天超过中国，因为他们相信代议制民主是印度的最大福利。遗憾的是，半个世纪以来，印度与中国之间的差异不是越来越小，而是越来越大。我们就不惜篇幅来看看两国的差距。(1) 人类发展指数，根据联合国开发计划署《2014年人类发展报告》的人类发展指数排名，中国是第91位，印度是第135位，相差44位。2001年中国是第101位，印度是第121位，一个前进了10名，一个倒退了14名。人类发展指数是基于公共卫生、教育、性别平等、种族平等方面的加权，公共基础设施上印度与中国更没有可比性。(2) 贫困人口指数，中国低于国际贫困线的人口是11.8%，印度是32.68%。印度自进行反贫困斗争的20多年的时间里，贫困人口不减反增，目前仍然高达4.2亿，是非洲人口的总和。(3) 其他的如清廉指数，中国排名80位，印度是96位；营商便利程度，中国是第90位，印度是第134位；2013年人均GDP，中国是人均6629美元，印度是1592美元，相差4倍还多，比20年前的差距更大了。

看来，所谓民主是印度的最大福利只不过是无知的神话，这些难看数字下的平民百姓会觉得其生活中的政治制度很优越？我们还想知道的是，印度与中国的差距为什么越来越大？在社会结构方面，印度还是封建主义，封建制下的不平等是难以快速发展市场经济的，不管其政治制度如何。就其所谓"优越的"政治制度而言，当很多中国人因不了解而艳羡印度的民主时，印裔美国著名政治评论家扎克里亚说其祖国是一个"强盗式民主"，候选人昨天还在犯罪，今天就可能当选。不是吗？让西方寄予厚望的莫迪政府中有13个部长有犯罪记录，联邦议会中34%的议员有犯罪记录或正在被起诉。这样的民主哪来的优越性？印度是一个多党制国家，且是政党林立、变数较多的多党制，国家高度的碎片化而无力推动造福人民的公共政策。一句话，代议制民主的印度是一个拥有发达的碎片化民主而无权威性决策执行能力的国家，这样的国家怎么会实现人民福祉的最大化？因此，印度和中国的差距是命定式的。

相对于实行代议制民主的其他发展中大国，中国则是一个既有充满活力的自由、自治、市场经济等形式的民主，又有权威的政策机关的国家，因此在治理上遥遥领先于作为中国近邻的发展中大国。中国这种比较上的优势不但来自生活、来自治理的经验，还体现在规范的理论上。

◇二 人民代表大会制度的民主性

我们常说人民代表大会制度是一种最高权力机关即人民主权的象征。其实，人大制度不仅体现了民主理论中的人民主权原则，还有实现人民主权的中介机制即代表制民主和协商民主制度。

1. 人民主权原则

在社会主义国家的政治实践中，人民主权思想已是政权建设的基本原则。人民主权原则首先体现在人民代表大会的制度安排上，人民性是人大制度的首要民主特征，人民性贯穿在人民代表大会制度的各个方面：第一，各级人民代表大会的组成人员都是由广泛的、平等的定期选举产生的，人民有权监督、罢免其代表。第二，人民代表大会的权力来源于人民的委托，它统一行使国家权力，具有全权性。第三，掌握全部国家权力的人民代表大会将行政权和司法权分别委托给由它产生的"一府两院"，并保持对其进行监督。第四，国家机关及其工作人员接受人民的监督。国家权力是按照"人民—人民代表大会——一府两院"这样一种逻辑序列展开的，人民是主权的最终来源。

人民主权原则是以抽象理论原则和根本性制度形式而体现出来的，而人民主权的生命力则来自实现人民主权的具体民主形式。

2. 代表制民主

在大规模的现代国家，人民主权的实现形式之一便是代表制，即人民的代表代表人民实现自己的意志，其中代表与选民的关系至关重要。

人民从来不是抽象的，而是由无数具体层级部分构成的。各级人民代表大会作为人民行使主权的机关由能充分反映不同地区、职业、阶级和阶层特征的代表所组成。在我国，各级人民代表大会不但具有地域代表制的特征，而且还有按行业建制的色彩。从六届到十届全国人大，代表的总人数稳定在2970—2984人，工农代表比例保持在16.6%—23%；知识分子代表比例保持在21.1%—23.5%；干部代表比例保持在21.4%—32.4%；解放军代表稳定在9%；归侨代表比例保持在1.2—1.6%。从最近两届全国人大代表的行业和职业构成来看，各行业（职业）代表所占比例的变化也不是太大。总而言之，作为一种非竞争性的、非职业化代表的制度安排，代表组成具有选区（在中国是选举单位）和行业的双重特征，其中以行业性体现选区，也就是说，每个选举单位的代表主要是行业代表。按功能团体建制，是一种从程序角度保证人民性得以实现的制度安排。

3. 协商民主

协商民主属于程序性民主，强调的是公共权力运行和达成共识的过程。虽然西方民主理论中的"协商民主"（deliberative democracy）在20世纪后期才得以成型，但在政治实践中，中国共产党人却有着悠久的协商民主实践。"从群众中来到群众中去"是一种协商民主,延安时期的"三三制"是一种协商制度,新中国成立之后的政治协商制度更是协商民主制度的集大成者。可以说,协商民主是我国社会主义民主的独有形式。

在理论上需要深化认识的是,尽管人民代表大会制度建立在选举基础上,人民代表大会中存在着丰富的协商民主实践,协商性是人大制度运行的鲜明特色。在实践中,人大与政协之间、人大内部的代表团或小组之间、代表团或小组内部的成员之间,都强调对话、讨论和协商,以达成立法或决策方面的共识,使决策符合所有参与者的意志。正是因为这种制度运作方式,人大的各项立法和决策具有极高的民意基础。在地方人大,比如著名的"温岭民主恳谈会",由协商民主程序而制定的地方预算得到了所有参与者进而当地民众的拥护。协商民主正在以各种形式、各种名称出现在中国各地,并得到美国著名协商民主理论家的重视。本次全面深化改革决定要建立全方位、多层次的协商民主制度,协商民主方兴未艾。

作为一项民主制度,人民代表大会制度是实质民主与程序民主的统一体,其理论基础相应地包括作为实质民主的人民主权论和作为程序民主的代表制理论和协商民主理论。没有相应的可供操作性的程序民主,理想性的实质民主就难以落地,民主制度的价值就会打折扣。因此,正如习近平同志指出的,"切实防止出现人民形式上有权、实际上无权的现象"。要做到形式与实际的统一,迫切需要在改革中创新民主的程序性制度。

◇三 人民代表大会制度的集中性

人民主权原则的实现既要有程序性的民主形式,也要有能将各种程序民主统合起来的制度安排,否则就如同我们看到的,很多转型国家陷入代议制民主之下的党争民主而不能自拔。邓小平曾经说过:"我们实行的就是全国人民代表大会一院制，这最符合中国实际。如果政策正确，方向正确，这种体制益处很大，很有助于国家的兴旺发达，避免很多牵扯。"① 联想到当下很多转型国家党争民主下的困境，更能体会到邓小平他老人家的朴素语言中的大智慧。在我国，这种统合程序民主的制度既完整地体现在党章中，也在宪法中有着明确的规定，具体体现为党的领导原则和议行合一原则。

1. 党的领导

关于我国的根本政治制度，完整的说法应该是"党的领导下的人民代表大会制度"。习近平在人民代表大会成立 60 周年庆祝大会上指出："保证党领导人民有效治理国家，切实防止出现群龙无首、一盘散沙的现象。"② 这既是对中国历史和现实的客观描述，也是比较之后的经验总结。

西方的政党政治产生于资产阶级革命之后的议会政治，因此政党在议会活动中形成，在议会内部有党团，因此政党只是利益集团性质的政治组织。和西方政党政治完全不同的是，中国共产党是建国党，是一盘散沙的国家的组织者，建国路线图是"建党—建军—革命—建国（国家机构）"。因此，党领导人大是历史的内生性逻辑、一种事实性存在，不能用基于西方历史的宪政主义理论来"观照"中国的历史和现实。倒是有很多国家，包括本文中很多大型国家不顾自己的历史而搞起了党争民主式的宪政主义，结果如何呢？因此，在理论上，党领导下的根本制度的优越性应该得到更深入的研究和认识。

那么，党如何来领导人大？在制度设计上，人大内部有党组，人民代表大会期间有主席团，党的这些组织将党的意志变为法律和政策。正如习

---

① 《邓小平文选》（第 3 卷），人民出版社 1994 年版，第 220 页。
② 《习近平在庆祝人民代表大会成立 60 周年上的讲话》，《人民日报》2014 年 9 月 16 日。

近平同志在庆祝人大 60 周年大会上所言："要不断加强和改善党的领导，善于使党的主张通过法定程序成为国家意志，善于使党组织推荐的人选通过法定程序成为国家政权机关的领导人员，善于通过国家政权机关实施党对国家和社会的领导，善于运用民主集中制原则维护党和国家权威、维护全党全国团结统一。"① 这里，法定程序之上的民主集中制，是认识党与人大关系的基本原则。

2. 议行合一原则

议行合一原则是第一个无产阶级政权巴黎公社的首创，是民主集中制政体的一个重要组成部分，是和代议制民主下的三权分立相对立的理论和制度。因此，民主集中制相对于代议制民主的优势的实现的一个形式便是议行合一制度。在我国宪法中，议行合一原则主要体现在国家机构的组成原则上，"一府两院"由人大产生，对人大负责，人大并对之履行监督之责。

作为一种运行 60 年的制度，固然有其不完善之处，比如人大的监督职能有待充分发挥；但是相对于一些发展中大国因三权分立而导致的相互对立、相互扯皮而使国家发展、人民福祉裹足不前的困局，议行合一原则所表现出的制度优势有目共睹。

◈ 四　民主集中制的决定性作用

由"民主基础上的集中，集中指导下的民主"所构成的民主集中制原则，既是历史内生性演化的产物，也是把党和国家领导体制有效地组织起

---

① 《习近平在庆祝人民代表大会成立 60 周年上的讲话》，《人民日报》2014 年 9 月 16 日。

来的政体理论和政治逻辑。民主集中制历经革命时期的1.0版，新中国前30年的2.0版和改革开放后30年的升级版3.0版。这种从历史而来、在现实中管用的政体形式，其优势在大国治理比较中彰显得淋漓尽致。从中国历史、现实和比较历史的视野，我们完全可以说，政治制度决定了一个国家的命运，"古今中外，由于政治发展道路选择错误而导致社会动荡、国家分裂、人亡政息的例子比比皆是"。

好的管用的制度必然是特定历史文化传统所构成的历史文明基体的自然延续，"只有扎根本国土壤、汲取充沛养分的制度，才最可靠、也最管用"，"不能想象突然就搬来一座政治制度上的'飞来峰'"。① 比较历史和现实的经验是，同一个国家实行不同的政治制度会有不同的结局，比如俄罗斯在20年的时间内分别实行了代议制民主和"可控的民主"，结果是天壤之别。更值得深思的是，为什么那么多不同的国家实行了同一种制度竟然会有基本相同的命运？除去早工业化的美国、日本和俄罗斯以及实行民主集中制的中国，其他八个人口过亿的大国都实行了代议制民主，结果基本上都成了"无效的民主"，政府不能向老百姓提供好的公共服务。结果，"照抄照搬他国的政治制度行不通，会水土不服，会画虎不成反类犬，甚至会把国家前途命运葬送掉"。②

成也政治制度，败也政治制度。为此，我们耳熟能详的关于政治与经济关系的说法需要得到丰富和发展，政治制度并不是简单的反作用，很多时候起着决定性作用。正如习近平同志所总结的："一个国家的政治制度决定于这个国家的经济社会基础，同时又反作用于这个国家的经济社会基础，乃至于起到决定性作用。"③ 这个论断道出了国家权力的真相。如果把一个

---

① 《习近平在庆祝人民代表大会成立60周年上的讲话》，《人民日报》2014年9月16日。

② 同上。

③ 同上。

国家比作由若干同心圆构成，从核心到外围依次是政治制度圆、经济制度圆、社会制度圆和历史文化圆，其中最核心的政治制度要素固然要适应作为环境性要素的经济、社会和历史文化，但是最核心的力量怎么可能总是被决定而不起主导作用呢？

"政治制度的决定性作用"论断是历史唯物主义的一个重要原理，马克思早就说过在权力横行的地方商品经济发展不起来，中国五千年历史更是政治权力主导社会的历史。但是，就是这样一个明确无误的道理，长期以来被庸俗化了，政治的作用只是变成了"反作用"。明确提出"政治制度的决定性作用"，既还原了马克思主义的基本原理，也道出了中国历史的制度变迁规律。制度变迁具有渐进性和文化上的连续性特征，政治制度依然起着关键性作用，绝不是简单的"反作用"。在当代中国，这种起决定性作用的政治制度就是民主集中制，它既是党的组织原则，也是以人大制度为根本制度的国家机构的组织原则，因而是"中国模式"的规范表述。

民主重要,"致治"更重要

——基于九个超大规模发展中国家的发现

如果只聚焦于民主,民主就是一切。其实,这只是"观念战士"的信念问题。对于普罗大众来说,作为政治程序的民主固然重要,但最重要的还是"致治"即国家得到治理,有好生活——好的环境、好的住房、好的教育、好的工作、好的医疗,如果可能的话,最好是北欧式的从摇篮到坟墓的福利国家。千万别再高调地说什么"人不是猪,不只是吃饭",问题是别说"到达北欧",世界上还有几十亿人吃饭都是问题。即使通向北欧,也绝不是民主这一条路;相反,对于很多发展中国家而言,尤其是对人口过亿的超大规模发展中国家而言,民主尤其是党争民主,反而永远关闭了"到达北欧"的大门。这是比较政治研究的发现。

◇ 一 九个人口过亿发展中国家的"治理形式"与"治理程度"之比较

比较研究是一个极为严肃的、科学的方法论问题,即比较研究必须确定"可比较性"前提。首先,在国家规模上,不能拿一个不过千万人的城市国家与一个十亿人口体量的巨型国家进行比较。其次，不能把不同发展阶段的国家放在一起加以比较，即不能把发展中国家的今天与发达国家的今天进行比较，只能把今天的发展中国家与早发达国家的相应历史阶段进行比较①。

可以把12个人口过亿国家进行归类。第一类，早发达的美国和日本的发达不是因为其代议制民主，而是自由、法治、市场经济和掠夺。第二类，曾经的早工业化国家转型到代议制民主的俄罗斯，在20世纪90年代的损失超过1929年大萧条时的美国，国家分崩离析，恐怖主义泛滥，结果民众呼唤普京式的"可控的民主"，俄罗斯因此而得以复兴。第三类，那些长期被殖民的发展中国家，因为社会力量强大而国家力量羸弱，代议制民主恰恰是这些国家的发展和人们福祉实现的瓶颈，因为选举式民主背后的政党组织、家族势力让这些国家的地方社会势力更加强大，而国家能力则在党争民主下脆弱不堪，国家意志难以变成现实。

发展中国家为什么是这样？难道他们不想要良善的政治？让历史告诉未来吧。第二次世界大战后殖民体系的解体催生了一系列新兴国家，这些国家在形式上基本都建立起了现代化的构架和组织，从官僚系统到市场组织，再到卫生教育机构，都具备了现代国家的形态，并对民众的生活质量和价值规范产生了深刻的影响；另一方面，如果检验这些机构的实际绩效，却又发现国与国之间的运行效果相去甚远，很多国家都出现了绩效与初衷悖离的情形。亨廷顿的学生、美国著名政治学家米格代尔发现，第三世界很多国家的"国家的外壳可能相像，但内在的东西却惊人的不同"②。是什么造成了第三世界国家的分殊？

米格代尔的研究还原了问题真相。"如果我们不首先理解社会结构——

---

① 参见本书第344—347页。
② [美] 乔尔·S. 米格代尔：《强社会与弱国家：第三世界的国家社会关系及国家能力》，江苏人民出版社2012年版，中译版序言第8页。

国家仅仅是其组成部分——的话，我们将无法理解第三世界国家的国家能力。"[1] 而这个"社会结构"正是长期殖民化的产物。"殖民者们能将分配资源、机会和奖赏的权力在国内不同群体之间进行分配；而这反过来又能改变农民和工人们的生存策略。……权利的分配既可以有利于一个单一的、集权的群体，从而巩固其社会控制，也能向众多的其他社会组织倾斜，而造成社会控制的碎片化和冲突的环境。……无论殖民地国家最终将成为网状还是金字塔形社会，都不仅仅是旧有的社会结构的产物；社会控制的新分布同样源自西方列强的行为及其和本土势力之间的联盟。"[2]

米格代尔的发现是，第三世界国家历史遗留下来的碎片化的网状社会，使强人分割着权威和社会控制权，从而给国家能力造成了极大困难。他以埃及领袖纳赛尔 20 世纪 50—60 年代的土地改革、建造国家机构、建立单一政党的努力却最终失败的故事为例，展示了国家在改造社会时的无奈。因此，我们看到第三世界的国家在成长的过程中，"碎片化的社会控制影响了国家的特征，反过来说，国家特征也加强了社会的碎片化"[3]。

国家从社会之中来，而社会结构的碎片化无疑使追求国家能力的努力最终都成为"光荣的梦想"。在这些作为殖民化后果的碎片化社会结构中，"有限政府"在客观上是对既定社会结构的事后确认，即有分散的碎片化的权力而无统一的作为国家意志的国家能力。

相对于实行代议制民主的其他发展中大国，中国则是一个既有充满活力的自由、自治、市场经济等形式的民主，又有权威的政策机关的国家，因此在治理上遥遥领先于作为中国近邻的发展中大国。

由此不由得让我们再度想起亨廷顿 40 年前的洞见：国家之间的差异，

---

[1] [美] 乔尔·S. 米格代尔：《强社会与弱国家：第三世界的国家社会关系及国家能力》，江苏人民出版社 2012 年版，第 35 页。

[2] 同上书，第 107—108 页。

[3] 同上书，第 96 页。

重要的不是统治形式（the forms of government），而是统治程度（the degrees of government）。"government"还有"治理"的意思，因此，这句话同样可以理解为：重要的不是治理形式，而是治理程度。也就是说，作为治理形式的民主是重要的，然而更重要的是作为治理程度的"致治"。

◇二 作为致治良序的"有效能的有限政府"

比较发现，除了中国之外，很多巨型发展中国家只有有限政府而无有效能的权力，结果有限政府变成了国家发展甚至人们权利实现的瓶颈。相反，中国的成就来自一个走向"有效能的有限政府"，这是中国政府在过去所做的、关于全面深化改革的决定（"改革60条"）所要达到的一种政府类型，是一个规范性政治经济学概念上的"有效能的有限政府"——权力有效能＋权力有边界＋权力受约束，这是一个全世界都能明白的、可以量化的政体性概念。

如前，话语权其实就是"世界标准"。关于治理有形形色色的中外标准、国际标准。我们相信，"有效能的有限政府"是一个政体性的因而必然是指导性的、框架性的"世界标准"，没有指导性和框架性的政体标准，再多的标准都是技术意义上的，因而在实践中甚至也难以达到。比如，建议民主转型的失败或大量无效民主国家的出现，以推广民主为使命的斯坦福大学戴蒙德教授（Larry Diamond）提出了"好民主"即高质量民主政府的八大标准，诸如自由、民主、法治、责任等，但问题是，怎么来"到达北欧"？这些标准事实上是结果即目前的"北欧"，而没有告诉发展中国家如何"到达北欧"。

"改革60条"已经出台一年了。按照时间表和路线图，"改革60条"将在2020年完成。在过去一年左右的时间里，最吸引眼球的莫过于超预期的强力反腐和一系列超级权力机构的横空出世，还有打破常规的"新常态"即将法治作为中共中央全会主题的十八届四中全会；同时，为了达到让市场在资源配置中起决定性作用，国务院强力推行简政放权并超额完成了李克强总理上任时的承诺。所有这一切，无疑都在推进国家治理体系与治理能力现代化，而这些行动的内在逻辑主题则是建设一个"有效能的有限政府"。具体而言：

第一，国家有能力。所谓"国家能力"就是权力中枢超越社会利益集团和部门政治的约束而将自己的意志变为现实的能力。国家能力的实现首先要有一个强有力的没有部门利益的决策机关，其次是政府在市场经济中的合理作用。相比较过去十年只有改革愿望而无改革顶层设计机关而导致的种种改革的流产，比如红十字会社会化改革、新旧非公36条，"改革60条"中决定成立的中央全面深化改革领导小组，是一个比20世纪80年代的国家体制改革委员会更没有部门利益色彩的超级改革机构。

非常重要的一点是，"改革60条"在强调市场的决定性作用的同时，没有忘记政府这只看得见的手，因为市场失灵屡见不鲜，最近的失灵就是2008年开始的金融海啸，因此需要政府有作为。在随后我们将会看到，对于发展中国家而言，仅有市场而无国家能力和政府作为的国家正是其发展陷进的根本原因。

第二，权力有边界。与前几次以机构调整为主的改革相比，本轮改革的最大亮点是围绕政府职能转变，由此将形成权力有边界、权力受约束的有限政府。"改革60条"中大多数条款属于压缩政府的权力边界。让市场在资源分配中发挥决定性作用就意味着政府退出相应的领域，比如上海自贸区的负面清单制度、统一市场监管、城乡统一的建设用地市场、打破行政主导和部门分割而建设市场主导的科研经费分配体制、投资体制中减少政府审批，放宽投资准入，社会组织成立由审批制改为登记制，等等，所有这些都是在事实上压缩了政府权力边界，尤其是减少了地方政府对经济活动的干预。可以想见，压缩政府权力边界在客观上会激发市场主体的活力。比如，如果改革了传统的由部门分割的科研经费分配体制，相关的政府主管部门就不再是一个利益主体，由市场来决定的科研经费的分配会更加公平，不再因为"等级身份"比如所谓的"985学校""211学校"而获得不平等的资源，也不能因为部属、地方管理的身份不同而被区别对待。再比如，如果真的能统一城乡建设用地市场，乡政府、县政府和市政府等地方政府就不能在轻易地侵害农民的土地权益，因为征用农民土地的成本非常高，农民甚至因此和城市居民一样盼望被拆迁。因此，压缩政府权力边界的收益是难以估量的。

第三，权力受约束。过去十年地方一把手成为腐败重灾区，这是因为其既管人事资源又管经济资源，权力空前增大而又不受约束。有鉴于此，如何约束和监督权力就成为"改革60条"的一个重点。

约束权力的首要力量是法治，而法律必须能体现国家意志并统一执行。在过去，司法体制依附于行政体制而导致的地方化，完全背离了现代国家的基本特征。"改革60条"规定，省以下法院实行垂直管理，上级纪委提名下级纪委书记。法权集中化无疑是为了约束地方政府的权力，使得司法机关能真正做到独立审判、独立执法。但是，我们认为，这样的改革还是过渡性的，应该像改革人民银行体制一样改革所有的司法和行政执法体制，让执法系真正地代表国家意志而不受制于地方。

"改革60条"规定如加强地方人大的财政监督权和人事决定权，加上司法体制的改革无疑是从纵、横两方面加大对地方一把手的约束。

"改革60条"的其他规定如"事业单位去行政化"，既是压缩政府的权力边界，也是制约政府权力。过去若干年内很多事业单位问题重重，比如大学自主招生中的腐败，教育行政化难辞其咎；再则把大学区分为副部级的"985"学校和正局级的"211"学校，本身就是人为制造不平等的、伤害千千万万大学生利益的教育行政化的产物，为此"改革60条"决定事业单位去行政化。

"建立公开透明的预算制度"意味着，每一分钱到哪里、怎么化，都有了明确的规定，而预算不再是一笔糊涂账。预算公开透明，事实上就向有限政府迈出了一大步。道理很简单，怎么挣钱（税）怎么花钱（预算）就是一个国家的最大的政治。

以上三个方面，即国家有能力——政府有作为、权力有边界、权力受约束，用一个概念表述就是"有效能的有限政府"。当然，按照我们的改革路线图和时间表，这是一个到2020年才能达到的目标，所以，我们只能说"有效能的有限政府"在目前还是雏形。

在此需要纠正的一个观念是，有效能的权力不等于"新权威主义"。人们用"新权威主义"来形容习近平的强力改革。这种说法混淆了两种完全不同的语境、不同的意义，一种是转型学意义上的，一种是国家治理意义上的。

在第一种语境中，"新权威主义"是一种过渡时，说到底还是"转型学"的阶段论，即专制主义或极权主义—威权主义或者新权威主义—自由民主。把威权主义看成一种过渡阶段曾经很流行。但是，西方已经有大量的研究表明，很多转型国家进入了并非过渡性的混合政体，其中有自由、法治、民主和威权的东西，因此美国思想界已经呼吁放弃"转型学"。具体到中国政治研究上，权威主义理论也有各种变种，比如新权威主义、分权化威权主义、柔性威权主义、后威权主义、资本主义化的威权主义，等等，在一个词前加那么多意义不同的前缀，还有什么意义呢？给毛泽东时期的中国、邓小平时期的中国、今天的中国政治，都贴上威权主义的标签，只能说明这个词已经没有解释力了，要知道中国政治的结构性关系，包括国家—社会关系、政府—市场关系和中央—地方关系等，都发生了重大变革，自由、民主、法治、市场都是其主要组成部分。对此，贴标签者如美国哥伦比亚大学的黎安有（Andrew Nathan）只能妥协，说中国的"弹性威权主义"依然有巨大的空间。

在第二种语境上,"新威权主义"其实是想说国家治理中的强力手段问题。因为中国社会科学落后,没有自己的话语,总是拿一些西方的概念乱用。20世纪80年代末中国关于"新权威主义"的大讨论就是概念乱用的典型,意指改革需要权威。但是,改革即国家治理需要权威并不等于国家要变成一个"转型学"意义上的威权主义国家,威权主义是一种意识形态化的政体理论,而权威是一种常见的治理必需品,任何国家都需要权威,因为任何国家都有关乎国家向何处去的"关键时刻",此时此刻,没有权威就没有方向,改革性政策就会流产。这是中外历史和现实给予我们的绕不开的智慧。

◇三 如何建立良序政治?

很多人欢呼有限政府,但对于有效能的强势政府则持怀疑态度,认为二者之间存在紧张关系。本文将指出,基于比较政治研究的发现,没有有效能的权力,建立有限政府就是一种奢望。"良序"无疑是一种"历史综合",这里的焦点就是集权与分权的关系。

此轮改革以"减法"为主,即大力压缩政府的职能,培育市场的主体化地位。但是,很多人似乎在疑惑,在政府做减法的同时,在政治上做了"加法",建立了集权化的中共中央领导小组,那么,更多的中央集权如何能建立分权的改革?中央集权如何能推动旨在保护社会自由和个人自由的改革?这是被问及的一个问题,也经常听到这样的担忧。在很多人看来,就形成了所谓的集权的同时搞分权的悖论,似乎难以搞分权化改革。那么,真相到底是什么呢?

(一) 在利益集团化社会结构中，无效能权力则无有限政府

20世纪80年代西方学者研究苏联、东欧改革时提出行政性分权与市场性分权概念，我们认为其对认识中国的分权改革依然有帮助。所谓行政性分权就是上级向下级让渡、下放管理权和事权。这样，行政性分权既包括中央政府向行政主管部门分权，更多的是指中央政府向地方政府分权。行政性分权的问题是，收放自如，约束性不大，既可以分权又可以随时集权。中国20世纪50年代、60年代和80年代的改革属于行政性分权，结果形成了"收放循环"，一放就乱，一收就死。

市场性分权是指改变权力性质的分权，更多的是所有权和产权意义上的改革，即从国家所有或国家所有制一元化改变为多种经济成分共存或多种所有制平等的产权变革。相对于行政性分权，市场性分权更具有根本性和不可逆转性，因为任何正常的国家都不会随意侵害非国有的产权和权益。很明显，"改革60条"围绕让市场在资源分配中发挥决定性作用就是一种市场性分权。

行政性分权与市场性分权的关系。行政性分权和市场性分权的概念很好理解，分权的性质和范围也很好界定，这里的关键是二者的关系。中央政府或国家把权力下放给行政部门和地方政府，并不必然意味着有利于市场经济的发育，因为行政主管部门和地方政府都有自己的利益，为了自己的利益就有可能挤压市场的边界。因此，行政性分权和市场性分权之间事实上具有内在的冲突性，而且这种冲突性关系在现实中处处可见。比如，教育行政化意味着教育主管部门与公立大学、民营大学之间的权力博弈，形成了大学对政府的严重的身份依附关系。经济主管部门构成的"审批制"搞乱了能源市场，从钢产品严重过剩到光伏企业大批倒闭，都是主管部门"为了控制产量"而审批的产物。审批制同样使得社会组织发育不良，使得

大量的社会组织因得不到"批准"而事实上形成了"非法存在合法运营"的格局。

严酷的现实告诉我们，同样是分权改革，要看什么样的分权，是行政性分权还是市场性分权。在中国，通过分权改革而获得大量审批权的行政主管部门和地方政府，严重压制着市场和社会的活力。怎么办？

中央集权—行政性分权—市场性分权的关系。既然行政性分权和市场性分权存在利益上的冲突，那么如何培育市场性分权？这就需要借助于中央的权力（国家能力），依靠有能力的国家去破除行政部门的特权（垄断利益）和地方政府的特权，因此有能力的中央集权反而有助于推动市场性分权。要做到这一点，关键看国家的观念和定位，是倾向于政府部门和地方政府，还是倾向于保护市场。这样，中央集权与行政性分权存在两种可能性关系：共谋与压力。在分权问题上，中央与地方行政部门共谋就意味着市场的萎缩，中央对地方行政部门的压力就意味着市场的活力。由此带来的是中央集权与市场性分权的二重关系：紧张与和谐。

我们已经看到，本次改革就是中央政府鼓励市场性分权，也可以看成是上下的合力改变中间的权力，即以国家与社会—市场的合力来改变来自中间的阻力。在党的十八届三中全会前召开的政治局会议决定，改革的主题是地方政府职能转变、上海自贸区和反腐与廉政建设；"改革60条"更是力主发挥市场的决定性作用。所有这些，都是中央政府改革地方行政部门职能而培育市场的举措。如前所述，上海自贸区本身和社会组织登记制改革就是要彻底改变"审批制"，统一市场监管、城乡一体化建设用地市场、司法权的上收，等等，事实上就是压缩地方政府的权力边界。

这样，当我们把分权区分为行政性分权和市场性分权，并具体剖析二者之间的冲突性关系后，我们发现，原来强力权力有助于消减和压缩行政权力，有助于市场化改革而形成的"有限政府"。

（二）以法权的国家性（集权）保护治权的地方性（分权）

中国的改革以分权为出发点，但并不意味越分权越好，该分权的分权，该集权的集权，该放的放，该收的收。那么到底什么权力该放、什么权力该收呢？这就需要区分权力的属性。

1. 该集中的法权

法学界鼓吹的法律的权利主义只是立法的一个方面，其实任何法律首先都是工具主义的，即实现国家意志（且不说统治阶级意志）。也就是说，法律首先具有国家性，是国家意志的代表和实现。也正因为法权的国家性，法权必须是高度集中化的，或者说是统一化的。由此意味着，作为法权载体的司法机关，也必须是国家性的集权。要更好地理解这一道理，需要理解美国政治。美国开国之父们在《联邦党人文集》（事实上就是美国的宪法文本）说得明白，为了避免地方政治影响全国，须建立超越地方政治的司法体制，以把地方政治限定在地方范围内。为此，设计了超越地方政治的联邦最高法院和联邦巡回法院。这就很有意思了，美国的政体是联邦制即分权化，而司法体制则是国家性的即集权制。美国开国之父们深谙治国之道。后来，美国政治的最伟大观察家托克维尔在《论美国的民主》中指出，高度地方自治的美国所以能自治而不至于混乱，关键就是地方化的行政权力受制于"政府集权"（注：国家性集权在托克维尔那里表述为政府集权）。托克维尔主张政府集权，反对行政集权。

对比而言，中国的政体是中央集权制的，但是司法体制确是地方化的，即依附于地方政府，这样司法地方保护主义就在所难免，有的地方党政大员如薄熙来甚至在重庆滥用司法权"打黑"。因此，过去太多的教训告诉我们，司法权必须上收。如前，"改革60条"中有法院体制和纪检体制的集中化。

我们认为，在条件成熟时，还需要进一步改革，像人民银行（央行）体制一样，做到司法权力的国家性管理。

2. 该分权的治权

治权就是过去常说的政府的行政管理权，必须是分权化的。实践已经告诉我们，任何计划式的中央集权管理都不可能管理好形形色色的地方事务、部门政治与老百姓的生活，地方的事只能让地方去管，百姓的事只能让百姓自己去管，否则政府管不好百姓也有意见，社会也没了活力和动力。这是说的传统的分权思想。今天，治权的分权不但是中央向地方政府放权，还意味着中央与地方政府向社会分权，实现官民互动式治理。"国家治理"概念和思想的提出，本身就是一种新型的治权的分权，即从中央向地方政府分权转变为治权的官民共享。这里首先是社会自治问题，比如"改革60条"规定社会组织成立由审批制改为登记制，以及事业单位的去行政化；其次是官民共治，比如市场和政府的平衡作用。应该看到，如果真能做到社会自治以及官民共治，合法性结构会发生重大变化，过去总是老百姓问政府的权力合法性问题，而在社会自治和官民共治的情况下，社会和市场本身对治权的合法性负有责任。这也是治权的分权的好处，共担风险。

3. 法权之下的治权

我们强调治权分权的合理性，但无论治权如何分散和分权，都必须在统一的法权之下进行，尤其是在中央—地方关系维度上的治权的分权。如前，即使在一个联邦制的美国，自治的地方政治都服从统一的法律。这一点对一个已经习惯于地方分权的国家而言尤其重要。而要更好地做到这一点，需要进一步改革我国的司法体制，即司法体制、行政执法体制应该更体现国家性，应该更集权化，否则环保执法等行政执法就会被地方利益绑架，司法地方主义化程度不一。

(三) 比较改革历史发现，无效能权力则无成功改革

制度变迁分为关键时刻（即关键点）和常规时期，其中关键时刻所形成的制度与规则决定着常规时期的基本走向；而决定关键时刻成败的是观念和关键人物的权威大小。[1] 这当然是根据中国历史以及很多其他国家历史的基本经验而总结出来的。

19 世纪 60 年代，中国、美国、日本、德国、俄国五个重要国家同时启动现代化议程，但最后的大输家为什么单单是中国，而其他国家都更成功或基本成功？这就是关键时刻的观念与关键时刻的"玩家"（players）有没有权威以及权威大小。别国且不说，就中国的"同治中兴"以及随后的洋务运动而言，当最需要有权威的中央政府去推动现代化的时候，这一时期的清廷却因为太平天国运动而败落了，政权滑落到地方大员那里，而且愚昧的慈禧太后根本没有意识到"三千年之大变局"的挑战。相反，无论是日本的"明治维新"所强化的天皇，还是德国 1862 年宪政危机后出现的一代枭雄俾斯麦，甚至在废除农奴制中的沙皇尼古拉二世，都有与时俱进的观念和大变革所需要的权威。这里似乎特别值得一提的是美国。美国建国是"谈"出来的，但"谈"的目的是为了一个强大的国家，看看《联邦党人文集》中汉密尔顿的论证就知道了；而美国走向现代化的转折点无疑是"打"，即 1861 年开始的南北内战，"打"出一个既维护国家统一又保障民主秩序的现代化美国。

如果说中国曾经因为落后的观念和缺失权威政府而失去了第一次现代化的机遇，而 20 世纪 80 年代开始的中国改革的成功以及苏联改革的失败同

---

[1] 杨光斌：《制度的形式与国家的兴衰：比较政治发展的理论与经验》，北京大学出版社 2005 年版。

样证明了观念以及权威的重要性。首先，改革本身就是与时俱进的观念的体现，这没问题。其次，中苏改革的差异在于，邓小平多次说可以试错，不行就收回来。关键时能收得回来，这就是权威的最好证明。而戈尔巴乔夫的改革一乱就收不回来了，他本人没有应有的权威。

比较历史告诉我们，制度变迁中的"关键时刻"需要权威，只有权威才能把握得住关键时刻，摆平各方利益；而且在关键时刻的威权和集权所塑造的制度和规则恰恰可能是分权化的，成为常规时期的制度遗产。这是世界的历史，也是中国改革历史经验的写照。到目前为止，中国改革已经进行了37年，可以分为三波次，即20世纪80年代的改革、20世纪90年代开始的改革以及党的十八届三中全会所启动的第三波改革。前两波改革为什么能取得巨大成就？比如在20世纪90年代的改革中，无论是把中国与世界彻底联系起来的制度安排比如开放互联网和加入WTO，还是国内以社会主义市场经济为取向的分税制、金融体制改革所形成的今天超越于地方利益的人民银行体制、军队与商业脱钩、1998年国务院机构大改革，都是在新观念即社会主义市场经济的指导下硬碰硬、真刀真枪的改革，最终基本上建成社会主义经济体制。通过改革而破除旧体制并建成新体制，实在是人类改革史的创举。成功的密码就是观念与权威。

事情回到原点，即只有拥有威权式改革才能破除行政性分权所导致的社会结构的利益集团化。中国第二波次改革的一个意外后果是，由于进行的改革是以机构改革为主而不是政府职能转变，结果权力在市场化中更加重要，政府垄断的资源更多了。为此，2003年只有不到8万人参加公务员考试，今天则有140多万人，这个数字本身就意味着畸形的就业倾向，而这个选择的背后则是政府垄断资源所带来的诱惑。另外，国家行政权力保护下的行业垄断使得国有垄断企业成为重要的利益集团。这样，无论是触动政府的利益即压缩政府的权力边界还是制约政府的权力，以及破解垄断性利益，非威权性权力所不及。

◇ 四 结论:"发现"产生于比较

比较中国改革史、比较中外改革史、比较政治发展,都还原了一个常识性大道理:分权化治理的集权之道。为什么中外历史上有很多成功的革命而少有成功的改革?为什么说改革比革命更难?就在于,改革是自己和自己战斗,和自己战斗远比与外部敌人战斗艰难。

把分权与集权的关系简单化,是因为中国社会科学深受二元对立思维的影响,从而也把集权与分权二元对立化。这是政治学的责任,即对集权、分权等基础概念的研究或介绍不到位,对基础概念研究的缺失又是因为对国家权力结构的共性研究不够。因此,人们喜欢"有限政府",但不喜欢有效能的政府。真相是,无效能权力则无好的有限政府,甚至连有限政府都做不到。

我们当然理解对不受约束权力的恐惧和担忧,这也是对历史的一种条件性反应。为此,再强大的权力和权威都应该被置于制度的笼子里。以"新常态"面目出现的党的十八届四中全会以依法治国为主题,无疑也是人、组织的学习能力的一种写照,把法治置于国家治理现代化的核心地位,法治是"现代化"的命门,这当然让中国人充满期许和热望。